지옥에서도 악마들끼리는 서로

거짓말하지 않는다

말과 표정의 진실과 거짓 탐지 기술

유순근

박문사

- 인간의 몸은 진실과 거짓을 표현하는 언어이다.
- 몸의 언어를 통해 진실과 거짓을 탐지하는 이론과 기법을 제시한다.

　지옥에서도 악마들끼리는 상호간에 거짓말하지 않는다. 왜냐하면 거짓말은 상호신뢰를 훼손하게 되고, 신뢰훼손은 악마들이 공존의 질서를 유지할 수 없기 때문이다. 그런데 오늘날 인간사회는 어떠한가? 지옥보다도 못한 거짓말과 기만이 가득하다. 거짓말을 잘하는 사람이 잘 살고 존경받지 않는가? 국회 청문회에서 장관 후보자들이나 검찰 포토라인에 선 피의자들이 과연 진실을 말하는가? "전혀 아니다, 기억나지 않는다. 여자만 있는 집에서 압수수색을 했다. 컴퓨터에 파일이 어떻게 있는지 모른다. 부인이 한 일이라서 모른다." 등등 이러한 기만적인 사람들이 어떻게 장관을 하려는가? 지긋지긋한 거짓말이 만연한 사회를 개혁하고 상호간에 신뢰할 수 있는 사회를 조성하기 위해 말과 표정의 거짓을 탐지하는 기술이 필요한 시대이다.

　아니 땐 굴뚝에 연기나랴? 말과 표정을 살펴보면 진실을 알 수 있다. 인간의 진실과 거짓을 알면 사기를 당하지도 않고, 배신도 당하지 않을 뿐만 아니라 가짜 뉴스에 현혹되지도 않을 것이다. 가짜, 거짓이나 사기에는 생산자의 이기적 동기가 있다. 거짓 생산자의 동기를 탐지하는 것이 본서의 연구와 집필 목적이다. 거짓은 진실의 어둠이고 이기적 반사회적 공해물질이다. 이 어둠이 걷히면 진실과 거짓은 드러나기 마련이다. 어둠이 걷히려면 거짓말하는 사람의 말과 몸짓에서 나타나는 단서를 포착하고 해석해야 한다. 거짓말하는 사람은 진짜 감정을 은폐하고 가짜 감정을 연기하기 때문에 그 자체가 바로 속임수 단서와 누출단서가 되어 발각을 기다리고 있다. 이것이 바로 몸의 언어에서 나타나는 연기를 발견하는 이론과 기법이다.

　모든 인간은 거짓말하는 존재이다. 어떤 인간들은 특히 거짓말을 많이 한다. 남들이 듣기에도 좋고 자신의 이미지 관리에도 좋기 때문이다. 문제는 악의 거짓말로 기만과 사기로 연결되는 경우가 많다. 이것은 자신의 이익을 추구하는 만큼 상대방은 손해를 겪는다. 악의적인 거짓말은 사전에 치밀하게 계획한 후 언어와 행동을 연기하는 고도의 인지적·감정적 과정이다. 속이는 자가 기만과정에서 허위사실과 대화해야 하고, 진술의 모순성을 극복해야 하고, 그리고 진짜 감정을 차단하고 가짜 감정을 표현해야 한다. 이러한 과업수행의 결과로 드러나는 것이 속임수 단서와 누출단서이다. 거짓말을 하는 자는 입과 몸으로 거짓말을 하지만, 역설적으로 그 입과 몸으로 거짓말을 또한 알려준다. 어둠 속에 있는 상대방의 마음에 빛을 비추듯이 속이는 자의 입과 몸으로 스스로 알려준다.

속는 사람이 없다면 속일 사람이 생태계에 존재하지 않을 것이다. 사회가 정말로 진실하다고 믿는가? 모든 인간이 정직하다고 믿는가? 그들의 언어와 행동이 왜 다른가? 속았다고 놀랄 만하거나 분노할 사실도 아니다. 그들이 말하는 순간의 표정과 몸짓을 살펴봤다면 그들이 위선인지를 판단할 수 있다. 그것은 바로 인간의 몸은 언어이기 때문이다. 몸은 대화중에 또는 행동 중에 진실과 거짓을 항상 상대방에게 알려준다. 몸의 언어를 포착하고 해석한다면 거의 속지 않을 것이다. 이 진실과 거짓의 언어를 판독하는 기법을 본『지옥에서도 악마들끼리는 서로 거짓말하지 않는다』에서 제시한다. 본서는 대중을 상대로 하는 직업을 갖는 평론가, 언론인이나 교육자, 판매나 사업을 잘하려는 직장인이나 사업가, 연기를 잘하려는 연예인, 상담을 잘하려는 상담사나 종교인들, 위선적인 정치인을 퇴출하려는 유권자들에게 필요하다.

본서에 제시된 이론과 기법들은 상상이 아니라 많은 실증적 연구와 학문적 조사를 통하여 체계적으로 기술한 산물이다. 본『지옥에서도 악마들끼리는 서로 거짓말하지 않는다』는 총 13장으로 구성되었다. 제1장은 인간은 거짓말하는 존재인가?, 제2장은 거짓말이란 무엇인가?, 제3장은 기만의 감정요소, 제4장은 거짓말의 유형과 성공, 제5장은 자아개념과 자아노출, 제6장은 지각과 추론, 제7장은 기만전략, 제8장은 기만탐지전략, 제9장은 언어단서, 제10장은 비언어 커뮤니케이션, 제11장은 안면단서, 제12장은 몸동작 단서 및 제13장은 변명과 조종 등이다. 아무쪼록 본서에 제시된 이론과 기법들이 독자들의 인간에 대한 탐구에 도움이 되었으면 한다.

유 순 근

목 차

제1장

인간은 거짓말하는 존재인가?

Liars have short wings.

거짓말은 날개가 짧다(속담).

지옥에서도 악마들끼리는 서로

거짓말하지 않는다

말과 표정의 진실과 거짓 탐지 기술

모든 인간은 거짓말을 하는 자

모든 사람은 거짓말쟁이니라(시편 116). 모른다. 사실이 아니다. 이런 말은 매우 흔한 노골적인 거짓말이다. 거짓은 진실의 반대이며 거짓말은 누군가가 진실이 아닌 것을 믿게 하는 행위이다. 거짓말은 거짓말을 낳고 확대하고 전파하는 악성 바이러스와 같다. 또한 거짓말은 집단화하고 집단의 이익을 지키기 위해 집단적 행동을 유발하는 악마와 같은 존재이다. 또한 거짓말은 대부분 결국 부패한다. 모든 부패는 틀림없이 거짓말로 시작된다. 그러므로 거짓말을 나쁜 것이라고 하지 않는다면 거짓말을 하는 자에게 자신의 목적을 달성하는 아주 좋은 도구가 윤리적으로나 사회적으로 용인되는 것이다.

■ 거짓은 진실이 없는 어둠

거짓은 사실이 아닌 것이다. 빛이 없으므로 어둠이 있듯이 거짓이란 진실이 없는 것이다. 청문회에 선 장관들의 최근 거짓말 논란은 가히 충격적이고 청문회 자체가 무색해졌다. 특히 조국 법무부 장관을 둘러싼 의혹이 사실일 가능성이 매우 높지만, 그는 각종 의혹이 제기될 때마다 대부분 "모른다"거나 "사실과 다르다"는 입장을 견지해 왔다. 청문회 무용론이 대두되고 있는 것은 진실이 없는 대상자들이 난무하기 때문이다. 지옥 사회에서도 상호 간의 신뢰를 유지하기 위해서 악마들끼리는 서로 거짓말을 하지 않는다고 한다. 작금의 사회는 지옥만도 못한 사회인지 반성해 봐야 할 것이다. 이처럼 거짓은 진실이 없는 어둠이다.

• 거짓: 사실이 아닌 것

거짓말은 어떤 사람을 속일 의도로 진실을 은폐하거나 왜곡하여 전달하는 허위진술이나 행위이다. 사람들이 속겠다고 동의하지 않은 이상 실천이 없는 약속도 거짓말인 것이다. 거짓말은 그들이 힘을 가질 때 부패의 원인이 된다. 어떤 정치가들은 자신의 부정을 음해, 탄압과 공작정치로 규정하고 자신의 과오를 합리화하고 정당화하기 위해 또 다른 거짓말을 한다. 가족 앞에서, 신 앞에서, 그리고 동료나 직원들 앞에서 결백을 맹세한 사람들의 뒷모습이 뒷날 어떠했는가? 아름다웠던가? 가면이 벗겨지고 얼마나 추악했던가? 하루도 신뢰받지 못하는 하루살이만도 못한 거짓말로 이익을 얻으려는 탐욕에서 비극은 발생한다.

- 거짓말: 어떤 사람을 속일 의도로 진실을 은폐하거나 왜곡하여 전달하는 허위진술

■ 인간은 정말로 거짓말하는 존재

사회적 지능지수를 제안한 독일의 칼 알브레히트(Karl Albrecht)는 인류는 거짓말과 함께 지적 진화를 이뤘다고 한다. 영국의 니콜라스 험프리(Nicholas Humphrey)는 『지성의 사회적 기능』이라는 논문에서 인간이 생존전술을 익히는 과정에서 지적 능력이 발달했다고 한다. 인류의 선조들은 다른 영장류보다 훨씬 크고 복잡한 무리를 이룬 덕분에 외부의 위협에도 안전을 지킬 수 있었지만, 그 결과 먹이와 짝을 둘러싼 내부의 경쟁은 더욱 치열해졌다. 인류는 경쟁에서 승리하기 위해 속임수의 사용과 탐지 기술을 터득했다. 영장류 학자인 리처드 번(Richard Byrne)과 앤드루 화이튼(Andrew Whiten)은 『교활한 지능』에서 인간의 지능은 사회적 조작, 속임수, 교활한 협력에서 비롯됐고, 영장류의 속임 행동을 관찰한 결과 속이는 빈도는 뇌의 바깥층인 신피질의 크기에 정비례하고 거짓말을 잘할수록 뇌도 크다고 한다.

어떤 사람들은 거짓말과 사실을 구분하지 못할 정도로 너무 습관적으로 행동하는 경향이 있다. 이러한 거짓말은 사회적으로 매우 해로운 행위이다. 거짓말은 사회 지도층의 전유물만이 아니다. 미국 오클랜드대학교 세로타(Serota) 교수는 거짓말의 출현에서 성인의 40%가 매일 한 번 이상 거짓말을 한다고 주장한다. 사람들이 보통 하루에 평균 1~2개의 거짓말을 할 정도로 거짓말은 흔히 발생하는 생활 사건이다. 이러한 거짓말은 그리 사회적으로 심한 좌절이나 고통을 주지 않는다. 선의 거짓말(white lie)은 다른 사람의 기분이 상하지 않게 하려는 착한 의도로 하는 거짓말로 타인지향적이어서 특별히 해로울 것이 거의 없지만, 악의 거짓말(black lie)은 자신이 얻는 이익보다 훨씬 많은 손해를 타인에게 미치기 때문에 해로운 것이다.

■ 거짓말에 관한 학자들의 견해

거짓말에서 중요한 것은 속이는 동기이다. 상대방에게 아무런 피해를 주지 않거나 오히려 상대방에게 이로운 거짓말은 선의 거짓말이지만, 단지 자신의 이익을 위한 거짓말은 착취적 거짓말이다. 그리스 철학자인 플라톤(Platon)은 이데아(idea)를 사물의 공통된 속성이며 끊임없이 변화하는 현상의 세계는 불완전한 허상이라고 한다. 그는 이데아 지식만이 진리가 되기

때문에 세상의 사물이나 현상은 모두 거짓이라고 한다. 또한 그는 거짓말의 기술을 영리한 사람의 능력으로 여긴다. 영리한 사람은 거짓과 진실을 알고 있기 때문에 거짓이든 진실이든 말하는 것은 자신의 자유이다.

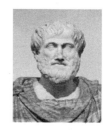

아리스토텔레스(Aristoteles)는 『형이상학(Metaphysica)』에서 "있는 것을 있지 않다고 하거나 있지 않은 것을 있다고 하는 것은 거짓이고, 있는 것을 있다고 하거나 있지 않는 것을 있지 않다고 하는 것은 참이다."라 하고, 무엇이 있다거나 없다고 말하는 것은 진실 혹은 거짓을 말을 하는 것이라고 주장한다. 『니코마코스 윤리학』4권 7장에서 거짓은 비열하고 비난받을 만하고 진실은 고귀하고 칭찬받을 만하다고 하여 거짓말을 비난한다. 가톨릭교회의 교부 암브로시우스(Ambrosius)는 행위를 통한 속임수인 가장과 말로 속이는 거짓말을 구분하고 가장은 정당할 수 있다고 한다. 로마 스토아학파 철학자 에픽테토스(Epictetos)는 거짓말이 세상에서 모든 범죄의 원인이라고 한다.

중세 교부철학자 아우구스티누스(Augustinus)는 『거짓말에 관하여』에서 "진실이 깨지거나 심지어 조금이라도 손상을 입는 경우가 있다면 모든 것이 의심스러워진다."라고 하였다. 그는 "어떠한 경우에도 거짓말을 해서는 안 된다. 진실은 모든 인간이 다른 사람에 대한 형식적인 의무이다. 비록 누구에게도 해를 주지 않더라도 거짓말은 허락되지 않는다. 왜냐하면 모든 종류의 거짓말은 죄악이며 거짓말을 하는 자는 공동체를 해체하기 때문이다."라고 한다. 그는 거짓말을 모두 나쁜 것이라고 규정한다. 그는 『삼위일체론(De trinitate)』에서 "나는 의심한다. 그러므로 나는 존재한다(dubito ergo sum)."와 "내가 만일 속는다면 나는 존재한다(Si enim fallor, sum)."라고 언급한다. 그는 거짓말이 가져다주는 이해나 결과와 관계없이 거짓말은 남을 속이고자 하는 의도를 지니는 거짓의 표명으로 허위 표명을 모두 죄로 간주한다.

중세 이탈리아의 스콜라 철학자인 페트루스 롬바르두스(Petrus Lombardus)는 『명제집』에서 거짓말의 동기를 농담, 선, 사악 등 삼분법으로 분류하고, 농담이나 선으로 하는 거짓말은 허용될 수 있다고 한다. 중세 시대를 대표하는 신학자인 토마스 아퀴나스(Thomas Aquinas)는 저서 『신학대전』에서 거짓말은 진리를 거스르는 죄라고 규정하고, 진리는 윤리적인 덕을 의미한다고 한다. 그는 거짓말을 유용한, 재미있는, 그리고 위험한 거짓말로 구분하고, 거짓말을 가장, 허풍, 자기과시와 같은 부정직한 태도와 구별한다.

독일 계몽주의 철학자인 볼프(Wolff)는 거짓말은 타인에게 해가 되는 진실하지 않은 말이라고 주장하고, 그리고 독일의 철학자인 바움가르텐(Baumgarten)은 타인을 해치는 도덕적 허언으로 정의하고, 진실하지 않은 언사 중에서 타인에게 해를 끼치는 것만이 거짓말이라 하여 악의 거짓말만 나쁘다고 한다. 영국의 철학자인 토마스 홉스(Thomas Hobbes)는 언어가 인간을 착하게 만드는 것이 아니라 더 큰 권력을 준다고 주장하면서, 거짓말을 하는 자들은 다른 사람들의 정당한 인식을 방해하여 속임수를 달성하는 것이라고 한다. 철학자 니체(Nietzsche)가 "가장 흔한 거짓말은 자기 자신에게 하는 거짓말이다."라고 하였듯이 자기기만은 스스로를 속인다는 뜻이다. 그는 위선을 인정하지 않았다. 프랑스의 철학자인 샤르트르(Chartres)는 인간은 자신의 역할에 충실함으로써 자기를 기만하게 되는데 자기기만 행위의 원인으로써 인간의 실존이 갖는 불안이라고 한다.

비판철학의 창시자 칸트(Immanuel Kant)는 "어떤 경우에도 거짓말을 거부한다. 선의 거짓말도 거짓말의 일종으로 도덕법칙에 위배되며, 이성을 가진 인간은 행동의 바탕이 되는 원칙을 얼마든지 보편화시킬 수 있는 진실한 말과 행동을 해야 한다고 주장한다. 회피할 수 없는 발언에도 진실을 담아야 하고, 진실원칙은 모든 사람을 상대로 지켜야 할 엄연한 의무이다.

아무리 큰 불이익이 닥치더라도 마찬가지이다."라고 한다. 그는 거짓말을 전혀 하지 않는 것이 엄격한 책무이며 법의 감각에 기초하는 것으로서 법적인 의미에서의 거짓말과 윤리적인 의미에서의 거짓말로 구별한다. 그러나 그는 어쩔 수 없는 거짓말의 문제에 관해서 폭력을 가하겠다고 위협하여 언명을 강요받거나 내가 말하는 것이 부당하게 이용되는 경우에는 거짓말을 대항 수단으로서 인정한다. 독일의 대표적인 염세철학자 쇼펜하우어(Arthur Schopenhauer)는 거짓말을 악의적인 호기심에 대항하는 수단이라고 하였다. 의사들은 다른 사람의 생명을 맡고 있기 때문에 거짓말을 허용하거나 권한다. 타인의 사생활을 알기 위한 호기심에 대항하기 위해서는 거짓말이 허용된다고 한다.

거짓말이 나쁜 이유

거짓말은 다른 사람을 속여 자신의 이익을 추구하는 이기적 행위이다. 거짓말은 어떤 개인이 사실이 아니라는 것을 자신이 알면서 특정인에게 사실인 것처럼 믿도록 꾸며서 하는 말이다. 그러면 이러한 거짓말이 인간의 삶과 사회에 어떤 영향을 미치는가? 자신의 이익을 추구하는 거짓말은 왜 나쁜가? 거짓말이 인간의 삶과 사회에 미치는 해악적인 요소를 중심으로 거짓말이 나쁜 이유와 그 영향을 설명한다.

거짓말은 왜 나쁜가? 거짓말은 특정한 개인을 속여서 자신의 이익을 추구하기 때문에 나쁜 것인가? 거짓말은 거짓말을 하는 자에게는 대체로 자아지향적인 이기적인 행동이다. 즉, 특정한 개인들은 대체로 이타심이 아니라 이기심에서 거짓말을 한다. 다른 사람을 속이는 자아지향적인 거짓말은 대인간의 신뢰를 훼손하여 인간관계를 단절하고, 더 나아가 사회적 불신을 초래하는 역기능이 있다. 거짓말이 나쁜 이유를 윤리, 인간의 가치 전도, 의사결정의 무용성, 보편적 원칙, 거짓말을 하는 자의 타락 심화, 종교적 관점, 그리고 철학적 관점에서 살펴본다.

[그림 1-1] 거짓말이 나쁜 이유

- 윤리적 관점
- 의사결정의 무용성
- 보편적 원칙
- 타락 심화
- 종교적 관점
- 철학적 관점

거짓말이 나쁜 이유

▪ 윤리적 관점

윤리 관점에서 남을 속이는 거짓말은 나쁘다. 사회문화적으로 남을 속이는 일은 나쁘다고 배워왔고 사회의 악으로 인식하고 있다. 진실한 말은 모두에게 이롭기 때문에 좋은 것이다. 만일 모든 사람들이 진실을 말하지 않는다면, 대인간의 신뢰는 감소하고 서로 간에 불신이 증가하기 때문에 사회질서는 붕괴될 것이다. 아무도 신뢰할 수 없고 듣거나 읽은 어떤 것도 신뢰할 수 없기 때문에 사람들은 자신을 위해서 스스로가 모든 것을 해결해야만 한다. 또한 기본적으로 좋은 행동은 좋은 사람들에게 미덕을 나타나는 도덕에도 어긋나기 때문에 거짓말은 나쁘다.

거짓말은 대부분의 사람들을 거짓말을 하는 자의 수단으로 만들 수 있다. 거짓말을 나쁜 것이라고 하지 않는다면 거짓말을 하는 자에게 자신의 목적을 달성하는 아주 좋은 도구가 사회적으로 용인되는 것이다. 오히려 거짓말은 거짓말을 하는 자의 목적을 달성하는 수단으로써 다른 사람들을 속이고 이득을 얻거나 빼앗기 때문에 거짓말은 나쁘다고 할 수 있다. 많은 사람들은 사람을 목적이 아니라 수단으로 취급하는 것을 나쁘다고 생각한다. 거짓말이 나쁘지 않다고 한다면 좋은 것이라는 사회적 규범이 용인되어야 하고, 인간의 목적은 삶의 가치가 아니라 거짓 행위자의 도구적 수단이어야 한다. 따라서 거짓말은 윤리적 관점에서 나쁘다.

■ 의사결정의 무용성

거짓말은 나쁜 것이기 때문에 사람들은 속지 않으려고 필요한 정보를 탐색하고 어떤 상황을 해결하기 위한 의사결정에 신중하다. 거짓말이 좋은 것이라고 수용된다면 의사결정하는 데 정보수집에 신중할 필요가 없다. 그러나 거짓말은 나쁜 것이라고 생각하기 때문에 사람들은 자유와 정보에 근거하여 자신의 문제를 해결하는 것이 매우 어렵다. 때로는 사람들은 거짓말 때문에 허위 정보를 근거로 의사결정을 하게 된다. 허위 정보에 근거한 의사결정은 인간의 삶의 가치를 황폐하게 하고 사회적 가치를 이상적으로 실현할 수 없기 때문에 거짓말은 나쁜 것이다.

■ 보편적 원칙

거짓말은 인간이 살아가는 삶의 보편적인 원칙이 될 수 없다. 거짓말이 모든 경우에 적용된다면 많은 사람들은 속고 속는 것이 정당하여 거짓말을 오히려 윤리 규칙으로 허용해야 한다. 사회적 규범이나 윤리가 거짓말이 좋은 것이라고 한다면 거짓말만 있는 사회가 되어 결국은 개인적으로나 사회적으로 어떤 것도 성취할 수 없어 개인이나 사회가 존속할 수가 없다.

■ 타락 심화

거짓말은 거짓말을 하는 자를 더욱 타락하게 만든다. 모든 사람들이 거짓말을 한다면 거짓말은 사용할 수 없고, 결과적으로 신뢰할 수 없는 세상이 되어 거짓말을 하는 자에게도 나쁘다. 거짓말이 습관이 되고 만일 어떤 사람이 일상적으로 거짓말을 한다면, 그는 거짓말 덕분에 점점 더 편안해질 것이다. 왜냐하면 할 수 있는 일 자체가 없기 때문이다.

■ 종교적 관점

종교적 관점에서 거짓말은 신이 부여해준 인간의 의사소통을 오용하는 것이다. 인간의 생각을 정확하게 공유할 수 있도록 신은 인간에게 언어를 부여했으나 거짓말은 이와는 정반대이다. 종교는 모든 인간이 정직하게 사는 것을 선으로 간주한다. 선한 자는 정직한 자이고 정직한 자는 거짓말을 하지 않고 거짓말을 하지 않는 자는 축복받는다는 교리를 갖고 있다. 따라서 거짓말은 종교적인 교리에도 위배된다.

■ 철학적 관점

마지막으로 철학적 관점에서 언어는 인간사회에 필수적이고 진실하게 사용할 의무를 갖고 있다고 철학자들은 말한다. 사람들이 언어를 사용할 때 사회가 공유하기로 한 독특한 방법을 약속하는 것이다. 이러한 약속을 기만할 때 언어는 생명이 없는 것이다.

거짓말의 영향

거짓말은 거짓말을 하는 자가 대체로 다른 사람들을 속이고 자신의 이득을 얻기 때문에 나쁜 것이다. 그렇다면 다른 사람을 속이는 거짓말은 인간의 삶에 어떤 영향을 미치는가? 거짓말이 사회와 인간의 삶에 어떠한 나쁜 영향을 주는지 살펴본다. 거짓말은 정직한 사람의 자기결정력 상실, 삶의 가치 상실, 부정직한 사람의 사회화, 쌍방향 사회적 고통거리와 사회체제의 붕괴 등의 역기능적인 영향을 초래할 것이다.

[그림 1-2] 거짓말의 영향

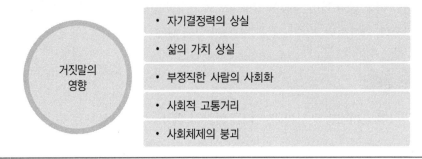

거짓말의 영향

- 자기결정력의 상실
- 삶의 가치 상실
- 부정직한 사람의 사회화
- 사회적 고통거리
- 사회체제의 붕괴

■ 자기결정력의 상실

정직한 사람들은 거짓말로 인하여 자기결정력을 상실할 것이다. 왜냐하면 정직한 사람은 거짓말을 하는 자가 제공하는 허위정보로 의사결정을 하고 그 결과 많은 손실을 감당할 수밖에 없기 때문이다. 사람들은 자유롭게 정보를 수집하고 선택하여 문제해결이나 의사결정을 할 수 없어 어떠한 사람도 자기결정력을 가질 수 없다. 정확하고 신뢰할 수 있는 정보를 얻기 위해 또 다른 투자나 모험을 감행하여야 하기 때문에 항상 불안과 긴장에 포위될 수밖에 없다. 정직한 사람일수록 더 많은 비용을 지불해야 하고, 결국은 정직한 사람도 거짓말을 하는 사회에 동화될 수밖에 없다. 그리하여 타인들에 의한 삶을 위탁하는 꼴이 된다.

■ 삶의 가치 상실

정직한 사람들은 삶의 가치를 상실할 것이다. 속은 사람들은 나쁘게 취급받았다고 느낄 것이다. 그렇기 때문에 많은 사람들은 삶의 가치를 상실하고 자아실현을 위한 노력을 기울이지 않을 것이다. 기만당하고, 조종당하고, 진실을 받을 자격이 없는 사람으로 간주되기 때문이다. 속은 사람들은 고통스런 손해를 입거나 진실을 평가하고 의사결정을 할 자신의 능력을 의심하게 된다. 속는 자는 자신감을 상실하여 삶의 의미나 가치를 훼손하고 사회로부터 더욱 고립되는 상황으로 몰리게 될 것이다. 이는 새로운 사회적 문제를 야기하고 이러한 것을 해결하기 위해서는 사회적 기만비용이 더욱 증가되어 사회적 효율성은 점점 악화될 것이다. 그렇기 때문에 모두가 정직과 질서를 평화와 공존의 사회적 가치로 두기 어렵게 된다.

■ 부정직한 사람의 사회화

속이는 자들이 많다면 사회의 경쟁력이 약화되고 정직한 사람이 경쟁할 수 있는 영역이 거의 없게 된다. 반대로 거짓말을 하는 자도 삶의 수단을 얻을 수 있는 부분이 더욱더 협소해진다. 이것이 거짓말의 악순환을 가져오고 역설적으로 사회의 규범이나 가치로 변질되는 사회화 현상이 초래될 것이다. 정직한 사람만 손해를 보는 사회가 되기 때문에 결국 다른 사람을 속이는 거짓말을 하는 자의 현실적인 사회화 과정을 촉진하게 된다.

■ 쌍방향 사회적 고통거리

속이는 자는 자신이 말한 거짓말을 기억해야 하고, 탄로 나는 것을 피하기 위해 더 많은 거짓말이나 인지적 노력을 해야 한다. 속이는 자는 속는 자를 의심해야 하고 관찰해야 한다. 탄로 나면 자신의 체면이나 수치심이 손상되어 사회적 관계를 유지하기 어렵기 때문이다. 속는 자가 거짓말을 발견하지 못한다면 더 많은 고통을 당하게 될 것이다. 속이는 자는 속는 자를 더 많이 속이기 위해 거짓말을 해야 할 것이다. 또 속는다면 거짓말을 하는 것이 쉽다는 것을 알게 된다. 그러나 속는 자는 속지 않기 위해 속이는 자를 더 많이 의심해야 하고, 속이는 자가 속이는지를 관찰하고 단서를 포착해야 한다. 또 의심이 가더라도 겉으로는 태연한 척하면서 추가적인 단서를 포착하기 위해 세밀하게 관찰해야 한다. 따라서 속이는 자나 속는 자 모두에게 거짓말은 고통거리가 된다.

■ 사회체제의 붕괴

사람들 간의 신뢰성이 떨어지고 거짓말의 이기적인 이익을 얻기 위해 어떤 사람들은 거짓말하도록 더 많은 자극을 받게 된다. 사람들이 서로를 신뢰하거나 사람들 간의 신뢰가 사회의 제도가 되는 것이 점점 더 어렵기 때문에 어떤 영역에서 거짓말이 일반적으로 인정된 사회적 필요악이 될 것이다. 이것은 사람들이 서로를 불신하거나 속이려고만 하는 악습이 되어 사회를 더욱 취약하게 하고 그 결과 사회적 유대를 약화시킨다. 사회는 거짓말로 인해 서로를 믿을 수 없는 불신사회로 전락하게 되고 결국은 사회는 붕괴되고 말 것이다.

제2장

거짓말이란 무엇인가?

One lie makes many.

바늘 도둑이 소도둑이 된다(속담).

지옥에서도 악마들끼리는 서로

거짓말하지 않는다

말과 표정의 진실과 거짓 탐지 기술

거짓말이란 무엇인가?

거짓말은 모든 사람에게 해를 미치기 때문에 사회의 고통거리가 된다. 거짓말은 분명히 듣는 사람에게 해를 미칠 뿐만 아니라 거짓말을 하는 자와 사회에도 나쁜 영향을 미친다. 만일 거짓말을 적발하지 못한다면 거짓말로 고통을 받는 경우는 더욱 증가할 것이다. 관련 문제를 정보에 근거하여 자유롭게 선택할 수 없기 때문에 결국 거짓말을 하는 자에게 자신의 미래에 대한 통제력을 박탈당하게 되는 것이다. 속는 자들은 완전히 거짓말을 하는 자의 행동을 예측할 수가 없기 때문에 거짓 정보로 잘못된 결정을 하고 그 결과로 손실을 입을 것이다.

■ 거짓말의 구성요건

거짓(falsity)은 사실이 아닌 것이며, 거짓말(lie)은 사실이 아닌 것을 사실인 것처럼 꾸며서 하는 말이다. 거짓말은 다른 사람을 속일 의도로 말을 하거나 문서를 작성하는 것, 또는 허위진술이나 주장을 공표하는 것이다. 표정, 몸짓, 목소리만으로 거짓말을 알아내고, 상대방이 어떤 감정 상태인지를 알아내는 비언어적 커뮤니케이션 분야의 세계적 전문가인 폴 에크만(Paul Ekman)에 의하면 거짓말은 상대방을 속일 것을 미리 알리지 않은 채 다른 사람을 고의로 속이는 것으로 사실을 숨기는 은폐와 사실과 다르게 말하는 왜곡을 포함한다.

- 거짓(falsity): 사실이 아닌 것
- 거짓말(lie): 사실이 아닌 것을 사실인 것처럼 꾸며서 하는 말

거짓말은 거짓말을 하는 자가 거짓으로 믿고 다른 사람을 속이기 위해 의도적으로 만든 허위진술로 말, 문장이나 몸짓 등을 포함한다. 또한 거짓말에는 거짓을 말하는 허위진술 이외에도 사실을 밝히지 않는 침묵을 포함한다. 따라서 거짓말은 다른 사람을 속일 의도로 사실을 은폐하거나 왜곡하는 허위진술이나 몸짓이다. 거짓말의 요건은 기만의도, 은폐, 왜곡, 진실기대, 허위진술, 송신인과 수신인을 포함한다.

[그림 2-1] 거짓말의 구성요건

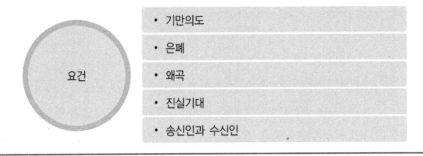

요건	• 기만의도
	• 은폐
	• 왜곡
	• 진실기대
	• 송신인과 수신인

▷ 기만의도

기만(欺瞞)은 남을 속인다는 의미이다. 의도는 고의성과 동기를 내포한다. 고의성은 사전에 속이려는 의도이고 동기는 속이려는 의도가 이기성이거나 이타성 여부이다. 마음속에 숨겨진 의도가 있는 것이다. 기만의도는 상대방을 속이려는 의도를 갖고 있다는 것을 뜻한다. 이는 거짓말을 하는 자가 상대방을 고의적으로 속일 의도로 속이겠다고 상대방에게 사전에 알리지 않았을 뿐만 아니라 상대방도 자신을 속여도 된다고 동의를 하지 않은 것을 의미한다.

▷ 은폐

은폐는 사실의 일부나 전부를 말하지 않는 것이다. 상대방이 사실적 판단을 못하게 하는 의도로 사실의 전부를 숨기는 침묵도 포함된다. 에크만(Paul Ekman)에 의하면 왜곡에 비해 은폐가 죄책감을 덜 느끼고 더 쉽기 때문에 거짓말쟁이들은 은폐를 더 많이 선호한다고 한다. 또한 소극적인 거짓말이기 때문에 나중에 발각이 되더라도 왜곡보다 비난을 덜 받는다. 탄로가 나더라도 무마하기가 쉽다. 은폐는 "몰랐다", "나중에 말하려 했다", "생각을 못했다" 등 변명이 가능하고, 지어낸 이야기를 나중에 애써 기억할 필요가 없다. 탄로가 나더라도 기억력의 문제이지 거짓말한 것은 아니라고 주장할 수 있다.

▷ 왜곡

왜곡은 거짓된 정보를 사실인 것처럼 꾸미는 것으로 사실과 다르기 때문에 사실이 아니라 거짓을 전달하는 것이다. 상대방이 진실한 의견을 갖지 않도록 하려는 목적으로 사실과 다른 내용을 상대방에게 전달하는 것이다. 객관적으로 진실이 아니며 상대방이 진실이라고 믿는다면 기만에 해당한다. 따라서 왜곡은 사실과 다른 허위진술이다.

▷ 진실기대

진실기대는 송신인이 전달한 내용을 수신인이 진실일 것이라고 기대하는 경우이다. 송신인이 수신인에게 사전에 거짓말이라고 고지한 것도 아니다. 또한 수신인은 송신인이 전달하는 내용을 속겠다고 동의하지도 않은 것이다. 따라서 전달한 내용에는 사전고지와 동의가 없어야 한다. 전달방법은 언어적이든 비언어적이든 관계없다. 만일 수신인이 진실이라고 기대하지 않았다면 거짓말이 구성되지 않는다. 영화나 드라마와 같이 배우가 연기하는 내용은 관객이 속겠다고 동의한 문화나 관습으로 거짓말에서 제외된다.

▷ 송신인과 수신인

거짓말 과정에는 사실을 은폐 또는 왜곡하여 전달하는 송신인과 송신인이 전달한 내용을 진실인 것으로 인식하는 수신인이 존재해야 한다. 수신인은 송신인이 전달한 것을 진실일 것이라고 기대해야 한다. 이러한 과정에서 송신인은 고도의 인지적이거나 감정적인 상호작용을 하는 것이다. 만일 수신인이 없다면 자기기만인 것이다.

▷ 거짓말은 이득을 보려는 잘못된 행동

거짓말은 고의로 진실을 말하지 않음으로써 이득을 보려는 잘못된 행동이라고 할 수 있다. 그러므로 거짓말은 다른 사람을 속일 의도로 사실을 은폐하거나 왜곡하는 허위진술이나 몸짓으로 고도의 인지적이고 감정적인 행위라고 할 수 있다. 상대방이 진실이 아닌 것을 사전에 알리지 않고 믿도록 의도한 것이라면 결과의 성공 여부와 관계가 없이 거짓말이다. 그러나 비의도적으로 사실이 아닌 것을 진술하는 것은 거짓말이 아니지만, 속이려는 시도가 성공하지 못했을 때라도 의도성이 있다면 거짓말이다. 그렇다고 특정한 정보를 말하지 않았다고 해서 거짓인 것은 아니다. 따라서 거짓말을 하는 자는 거짓 정보를 전달하거나 필요한 정보를 아예 전달하지 않고 상대방에게 자신의 진실함을 확신시키려는 사람이다.

거짓말이란 거짓말을 하는 자가 진실과 거짓을 알고 있는 상태에서 의식적으로 하는 말이다. 상대방은 자신이 속고 있다는 것을 모르며, 거짓말을 하는 자의 의도를 이해할 수 있는 어떤 언질을 받은 것도 아니다. 예를 들면 배우들의 연기가 사실이 아니라고 해서 그들을 거짓말을 하는 자로 생각하지 않는다. 왜냐하면 사람들은 이미 배우의 연기에 속겠다고 암묵적으로 동의하였기 때문이다. 이와 달리 어떤 사람이 거짓 정보를 제공하면서 자신이 사실이라고 믿는 경우나 다른 사람의 어떤 행동을 잘못 해석한 경우는 오해이지 거짓말은 아니다.

■ 사기와 사기죄

사기(詐欺: fraud)는 나쁜 꾀로 남을 속이는 것이고, 사기죄(詐欺罪: fraud pretenses)는 사기로 경제적인 이득을 얻은 경우로 법률적인 개념이다. 즉, 사람을 기망(欺罔)하여 재물의 교부를 받거나 재산상의 이익을 취득함으로써 성립하는 범죄이다. 이와 같은 차이에도 불구하고 거짓말은 허위, 기만, 협잡, 속임수, 가짜, 가식, 사기 등과 함께 문헌에서 동의어로 자주 사용된다.

- 사기: 나쁜 꾀로 남을 속이는 것
- 사기죄: 사기로 경제적인 이득을 얻은 경우로 법률적인 개념

■ 사실, 진실과 진리

방송에서 팩트라는 말이 자주 나타나고 심지어 광고에서도 등장하는 용어이다. 거짓말이 사실이나 진실과 어떻게 다른가? 라틴어 factum에서 기원한 사실(fact)은 실제로 존재하는 것, 실제로 이루어진 일이나 일어난 일이다. 사실(事實)은 실제로 일어났거나 현재 진행 중인 사건으로 인간의 관찰 행위나 경험에 의해서 인식되는 객관 또는 대상이다. 사실은 실제로 있었던 일이라는 점에서 환상이나 허구와 다르며, 속이려는 의도가 없는 점에서 거짓말과 다르다.

사실 중에는 진실과 진리가 있다. 사실은 실제로 있었던 일이나 현재에 있는 일이지만 사실이 진실로서 인정받기 위해서는 입증 가능한 객관적 관찰이나 경험이 있어야 한다. 진실(truth)은 거짓이 없는 사실이다. 즉, 입증 가능한 객관적 사실에 근거를 둔다. 대부분의 사람들은 관찰에 의해 입증된 사실만을 진실로 간주한다. 사실은 실제로 존재하는 것이나 진실은 일반적으로 사실이라고 입증된 것이다. 사실은 '어디에', '언제', '어떻게' 질문에 대답할 수 있는 반면, 진실은 '왜' 질문에 답할 수 있다.

진리와 진실의 차이는 보편성의 유무 또는 정도의 차이이다(배식한, 2003). 따라서 추구하는 것이 보편적일 때 진리(眞理)라고 하고, 특수한 것일 때 진실(眞實)이라고 한다. 진리는 참된 이치(理致)이고, 진실은 참된 사실(事實)이다. 과학은 진실을 탐구하고, 예술은 진리 자체를 구현하는 것이다. 과학은 객관성을 추구하지만 예술은 주관성을 추구한다.

- 사실: 실제로 존재하는 것, 실제로 이루어진 일이나 일어난 일
- 진실: 입증 가능한 객관적 사실, 참된 사실
- 진리: 참된 이치

거짓말은 왜 하는가?

인간들은 거짓말이 나쁘다고 아는가? 그렇다면 도대체 사람들은 왜 거짓말을 하는가? 거짓말을 통해서 얻으려는 것은 무엇인가? 사람들이 거짓말은 나쁘다고 믿으면서도 거짓말을 왜 자주 하는가? 이런 모순은 위선의 결과이지만 거짓말에는 많은 동기가 있다. 동기는 행동을 일으키게 하는 내적(內的)인 직접요인이다. 그 동기는 매우 다양하나 가장 일반적으로 곤경 모면, 책임 회피, 이익 획득, 좋은 인상 전달, 외관 유지, 타인 조력, 감정절제와 통제력 확보 등이다.

■ 거짓말의 동기

사람들은 대체로 자신이나 타인의 이익을 추구하기 위해서 거짓말을 한다. 존경, 애정과 관심에 관한 심리적 거짓말과 금전적 이득이나 물질적 이익이다. 심리적 거짓말은 자신을 보호하거나 향상하기 위한 것으로 당황, 체면 손상이나 나쁜 모습, 비난이나 감정손상, 걱정, 갈등, 불쾌, 신체적 처벌이나 고통으로부터 자신을 보호하기 위한 거짓말이다. 자신의 사생활을 보호하려고, 더 좋은 인상을 전달하려고, 자신의 느낌, 감정과 기분을 조절하기 위한 것이다. 이익을 위한 거짓말은 자신의 개인적 이익추구, 업무의 안락과 용이, 정보수집, 재산이나 안전보호, 신분이나 지위보호를 위한 것이다. 또는 사람들은 자신의 이익을 유리하게 하거나 보호하기 위한 것이다.

[표 2-1] 거짓말 동기의 유형

자아지향 거짓말	■ 이익획득
	- 물질적 이득
	- 손해회피
	- 정신적 이득
	- 존경확보
	■ 처벌회피
	■ 곤경회피
타인지향 거짓말	■ 곤경회피
	■ 물질적 이득
	■ 체면유지

■ 자아지향 거짓말

다비드 스트래커(David Straker)와 기존 연구자들의 논문을 정리하면 거짓말의 동기 유형을 자아지향과 타인지향으로 구분할 수 있다. 자아지향 거짓말은 이익획득, 처벌회피와 곤경회피, 타인지향 거짓말은 곤경회피, 물질적 이득과 체면유지로 분류할 수 있다.

거짓말의 동기는 자신의 이익을 얻거나, 처벌 또는 곤경을 회피하기 위해서 하는 경우가 대부분이다. 구체적으로 이익획득을 위한 거짓말에는 물질적 이득, 손해회피, 정신적 이득과 존경성취 등이 있다. 경제적인 것이나 심리적인 것을 획득 또는 확보하기 위해서는 위험이 뒤따른다. 위험은 거짓말을 사실로 대체할 때 발생된다. 또한 처벌과 곤경을 회피하기 위해서도 위험이 수반된다. 이처럼 수반되는 위험은 사실을 거짓말로 대체할 때 야기되기 때문에 성취와 위험은 상충관계라 할 수 있다. 그래서 거짓말은 위험관리가 필요한 것이다. 따라서 거짓말을 할 때는 기만전략을 사전에 수립하는 것이 기만의 위험관리이다.

[그림 2-2] 이기적 거짓말의 유형

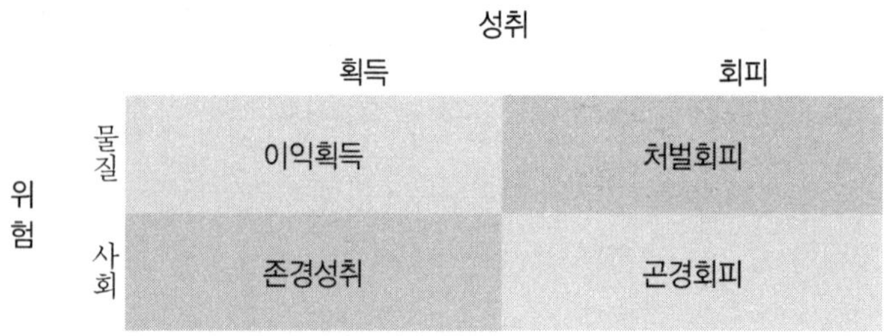

	성취	
	획득	회피
위험 물질	이익획득	처벌회피
위험 사회	존경성취	곤경회피

▷ 이익획득

대가를 얻는 것이 바로 이익이다. 거짓말은 물질적 이익을 얻기 위한 동기가 가장 많다. 이익획득은 거짓말을 함으로써 더 저렴한 비용으로 재산을 많이 얻거나 때로는 비용 없이도 재산을 얻을 수 있다. 그렇기 때문에 거짓을 말하는 것이 종종 가치 있어 보인다. 이익을 얻기 위한 거짓말이 가장 많이 발생하는 동기라 할 수 있다.

물질적 이득

물질적 이득은 가장 간단한 이득은 타락한 정치인이나 관료들이 공공기관의 입찰 부정이나 정부 정책으로 이익을 얻거나 뇌물을 챙기는 경우이다. 또한 기업이 제품을 제품의 과장광고로 고객에게 거짓말하는 경우 얻게 되는 경제적 이익이 해당된다. 권력과 권한이 기만과 결합되어 시장의 공정한 경제적 행위를 훼손할 때 사회는 매우 불안정하게 되어 국가나 사회의 유지 근간을 붕괴할 수 있는 심각한 사회불안이 야기될 수 있다.

- **뇌물**: 어떤 직위 또는 권한이 있는 사람을 매수하여 사적인 일에 이용하기 위하여 비밀리에 건네는 부정한 돈이나 물건을 취하는 행위이다. 대부분의 국가는 뇌물을 주고받는 행위를 정의에 반하는 사회적인 범죄로 규정한다.
- **사기**: 사람을 속이는 것은 사기이며, 사기죄는 사람을 기망하여 재물을 편취하거나 재산상의 불법한 이익을 취득하거나 타인으로 하여금 취득하게 하는 범죄행위이다.
- **과장광고**: 제품의 판매를 목적으로 제품의 실제 성능이나 편익을 과장하여 판매하는 경우이다. 자동차의 연비나, 건강식품을 실제 효용을 과장하여 판매하는 경우이다.
- **저작권 침해**: 저작권법에 의해 보호받는 권리를 침해하는 행위로 저작권자의 허락 없이 저작물을 무단으로 이용하는 행위이다.

손해회피

손해회피는 자신의 손실이나 곤경을 다른 사람에게 전가하는 형태이다. 손실이나 불편을 회피하기 위해 의도되는 물질적, 사회적이나 심리적 이익의 획득이나 손해의 회피를 목적으로 많은 거짓말을 한다. 즉, 이득을 얻기 위한 것도 있지만 손해를 회피하기 위한 것도 있다. 위험을 많이 지각할수록 거짓말할 동기가 더욱 커진다. 이와 같이 손해나 곤경의 기회를 감소하기 위해 거짓말한다. 거짓말을 하는 자는 미래를 생각하고 가능성을 예측하기 때문에 바람직하지 않게 생각하는 것을 회피하기 위해 거짓말을 포함하는 방법을 찾는다.

정신적 이득

자신의 행동이 자신의 가치와 모순되는 이유를 설명할 수 없는 것처럼 얻는 것이 없는데도 해야 할 내적 이유가 있는 경우이다. 정신적 이득은 물질적 이득을 원하는 것은 아니지만 심리적으로 인지적 고통이나 스트레스를 피하기 위해서 거짓말을 하는 경우이다. 때때로 사람들은 얻는 것이 없이 그리고 모든 관계자가 손해를 보는데도 거짓말한다. 또 거짓말하는 것이 손해를 본다는 것을 알면서도 다른 사람을 보복하거나 괴롭히기 위해서 거짓말하는 것이다. 주로 복수심으로 얻는 정신적 만족이 동기가 된다.

존경성취

존경성취는 거짓말이 다른 사람들에게 자신을 좋게 생각하게 할 때 찾는 특정한 이익과 다른 사람의 칭찬을 얻기 위해서이다. 인상관리는 사회적, 낭만적, 그리고 작업 상황에서 보편적이다. 다른 사람이 주는 인정과 보상을 얻기 위해 유능하고 성공적이라고 생각하도록 할 필요를 느낄 수 있다. 자신을 좋게 보이려는 거짓말의 대표적인 사례가 이력서의 뻥튀기이다.

▷ 처벌회피

거짓말은 종종 비행에서 시작된다. 이유가 어떻든 거짓말은 다른 사람이 좋지 않다고 생각하는 것을 하는 것이다. 다른 사람들이 더 큰 권력의 위치에 있을 때는 거짓말을 하는 자는 처벌을 받을 수 있다. 그렇지 않더라도 타인들의 반감은 처벌받기에 충분하다. 결과적으로 다른 사람들은 일부 거짓 변명으로 한 행동을 정당화하거나 비난한다. 예를 들면, 정부, 군대, 기업이나 단체 등에서 처벌이 두려워 부인, 은폐하거나 축소하는 보고가 있다. 또 범죄자가 처벌을 줄이거나 회피하기 위해 부인하거나 축소한다.

▷ 곤경회피

곤경은 다른 사람들이 직접적으로 처벌하는 것은 아니지만 비난한다고 가정하는 자해 처벌의 강력한 형태이다. 곤경으로 야기되는 존경과 사회적 지위의 손실은 강력한 힘이며 사회적 지위의 영향을 감소하기 위해 거짓말하게 된다. 정치 지도자들이 자신의 발언이나 행동이 문제가 되면 의도가 아니라고 부인하거나 사실을 왜곡·축소한다. 국민을 상대로 하는 실책이나 범죄의 부인, 축소, 왜곡이나 은폐는 큰 범죄로 지탄받을 만하다.

■ 타인지향 거짓말

종종 다른 사람을 돕기 위해 거짓말한다. 사회적 규범이 거짓말해야 한다고 말할 때 진실이라고 느끼는 경우이다. 거짓말이 사회적으로 인정되고 바람직하고 심지어 필요한 이유는 친구와 가족처럼 다른 사람을 돕기 위한 때이다. 때때로 자신이 속한 집단이 더 많은 이익을 실제로 얻을 때 다른 사람을 위해 거짓말하거나 변명한다. 또한 체면을 지키고 친구와 가족을 보호하는 경우이다. 타인지향 거짓말은 선의 거짓말(white lies)이며, 사회적 이득(social gain)에 해당하는 경우가 대체로 많다. 자신보다도 다른 사람의 이익을 위해 거짓말하거나 진술을 회피한다. 예를 들면 심각한 질병이 있다는 것을 친구에게 말한다면 그 친구를 슬프게 할 것이다. 선의 거짓말은 체면을 세울 때도 많이 사용된다.

▷ 곤경회피

다른 사람들이 문제를 피할 수 있도록 돕기 위한 거짓말이다. 예를 들면, 증인으로 나설 때 거짓으로 타인의 알리바이를 입증하거나 친구를 돕기 위해 법정에서 거짓말하는 경우이다. 그러나 이것은 위증죄를 짓는 것이다.

▷ 물질적 이득

다른 사람이 이득을 얻을 수 있도록 돕기 위해 거짓말한다. 이것은 사회적 교환의 과정이다. 이득을 얻은 사람으로부터 도움을 받을 수 있다. 거짓말은 나쁜 측면을 갖고 있기 때문에 다른 사람을 도울 때, 다른 사람을 위해 손해를 입었다고 말하는 경우가 있다. 이것은 사회적 자본을 증가하여 추가적인 신뢰를 구축한다.

▷ 체면유지

체면(face)은 어떤 사람에게 주는 사회적 존경을 가리킨다. 체면 차리기는 다른 사람의 존경을 유지하는 것을 돕고 곤경을 회피하는 것이다. 체면 차리기가 필요한 것과 어떻게 이루어지는지에 관한 매우 구체적인 규범은 문화에 따라 다르다. 다른 사람이 체면을 차리도록 도와주는 방법은 명백한 거짓말보다 진실을 더 많이 말하지 않는 것이다. 예를 들면, 구취를 가진 사람을 만난다면 냄새를 지적하는 것을 회피할 것이다. 체면을 차리기 위해 하는 거짓말은 완곡어법과 다른 모호한 진술로 넌지시 말할 수 있다.

■ 공포회피와 자아만족

인간은 공포를 싫어하고 가급적 멀리하고자 한다. 인간관계에서 정신적, 신체적, 물질적 공포를 회피하고자 하는 동기에서 거짓말이 나타날 수 있다. 또한 인간은 공포를 싫어하지만 자기과시나 영향력을 행사하려는 정신적 자아만족의 동기를 갖기도 한다. 공포회피의 동기로는 손해의 공포, 갈등의 공포, 처벌의 공포, 거절의 공포와 손실의 공포 등이 있다. 한편 정신적 자아만족의 동기로는 자기과시, 영향력 확보, 평화유지, 악의적 비방과 굳어진 습관 등이 있다.

[그림 2-3] 공포회피의 동기

- **손해의 공포**: 자신에게 신체적이나 정신적 피해를 방지하기 위한 경우이다.
- **갈등의 공포**: 어느 정도 논쟁하는 것을 대부분 두려워해서 거짓말하는 경우이다.
- **처벌의 공포**: 학교 성적이나 싸운 것에 대해 부모님의 처벌을 회피하려는 경우이다.
- **거절의 공포**: 다른 사람과의 관계에서 인기를 유지하기 위해 거짓말하는 경우이다.
- **손실의 공포**: 자신의 정보가 노출이 되면 손실을 입을 경우 이를 방지하기 위한 경우이다.
- **의욕의 공포**: 자신의 존경이 쇠락하기 시작할 때 이를 방지하기 위한 경우이다.

　　공포회피의 동기와 달리 타인들에게 자신을 더 바람직하게 보이기 위해 거짓말한다. 인간은 사회적 동물이면서 때로는 다른 사람들에게 영향력을 행사하려는 욕구가 크다. 좋은 관계를 유지하려는 것은 평화를 사랑하는 모든 인간의 속성이다. 이와 달리 다른 사람을 악의적으로 비난하거나 공격하고 증오하는 속성도 있다. 이러한 부분들은 정신적 자아만족의 동기이다.

[그림 2-4] 정신적 자아만족의 동기

- **자기과시:** 다른 사람들에게 더 훌륭하게 보이려는 거짓말이다.
- **영향력 확보:** 다른 사람이 자신을 좋아하고 긍정적인 이미지를 갖으려는 거짓말이다.
- **평화유지:** 원만한 관계를 위해 침묵하거나 다른 사람이 심각하게 질문할 때 진실보다는 오히려 거짓을 말하는 경우이다. 다른 사람들이 듣고 싶은 것을 의도적으로 말한다.
- **악의적 비방:** 고의적으로 비방하는 거짓말이다. 이러한 거짓말의 목적은 복수하기 위해, 자신을 좋게 보이기 위해, 친밀한 관계를 만들기 위해, 또는 재미를 도모하기 위해서이다.
- **굳어진 습관:** 진실을 말하는 것보다 오히려 습관적으로 하는 거짓말이다. 거짓말하는 것이 너무 악화되어 자신이 거짓말하고 있다는 것조차 알지 못하는 경우가 많다.

SENSE ● 한국 "촛불 집회 200만 명은 과장, 종북좌파 관제 데모"

어제 서울 서초동 검찰청사 앞에서 조국 법무부 장관에 대한 검찰 수사에 반발해 열린 대규모 촛불 집회와 관련해 일부 한국당 의원들은 집회 참석 인원이 과장된 것이라고 주장했습니다. 한국당 박성중 의원은 오늘(29일) 국회 정론관에서 기자회견을 열고, 어제 촛불 집회  참석인원과 관련해 "많아야 5만 명 정도로 추산되고, 서초구에서 주최한 서리풀 축제 인원은 7만 명 정도로 추산된다"며 "200만 명이라고 주장하는 것은 여론을 호도하기 위한 완전한 숫자 부풀리기"라고 주장했습니다. 그러면서 "어제 시위에 참가한 사람 대부분은 조직적으로 동원된 인원이고, 일부 언론에서 보도됐지만 전국에서 민주당, 다른 조직 차량을 이용해 집단 상경한 것"이라며 "이로 인해 어제 서초 지역의 교통체증으로 서리풀 축제를 즐기려는 시민들이 엄청난 피해를 입었다"고 덧붙였습니다.

출처: KBS 뉴스 2019.09.29

거짓말 행동의 특성

　속임수와 연상된 단서들은 개인에 따라 매우 다양하기 때문에 기만의 동기, 연령, 문화, 성, 양심의 가책, 행동의 강도와 상황에 따라 다르다. 때문에 속이는 행동의 일반적인 지표는 존재하지 않는다. 거짓말을 생성하고 거짓말을 탐지할 수 있는 능력에 영향을 미치는 공통적인 특징이 있다. 그것은 거짓말의 길이이다. 거짓말의 길이가 짧을수록 단서를 누출할 기회가 감소되기 때문에 거짓말을 하는 자는 교묘히 모면할 수 있다. 단서가 존재하는 짧은 기회 때문에 속임수를 판단하는 능력이 감소된다. 긴 시간 거짓말을 한다면 단서를 누출할 기회가 많아지게 되고, 상대방은 얼굴, 음성과 신체와 같은 다양한 경로로부터 정보를 얻어 판단할 수 있다.

　매우 애매모호하게 진술하여 상대방이 정확하게 추측하지 못하게 하거나 자신의 말실수를 피하려고 한다. 거짓말하는 것은 자율신경계를 통제하기 어려워 여러 가지 반응이 나타난다. 거짓말은 고도의 인지적 행동으로 많은 감정적 반응이 수반되기 때문에 거짓말을 하는 자는 스스로 상황에 따라 통제할 과업이 많다. 이러한 것들이 단서가 되기 때문에 거짓말을 하는 자들은 가급적 신중하게 자신의 행동을 통제하려고 한다. 거짓말할 때 나타나는 특성을 인지적 접근, 감정적 접근, 행동통제 접근, 그리고 사회적 상호작용 등 네 가지 방향에서 설명한다.

[그림 2-5] 거짓말의 특성

■ 인지적 접근

　거짓말이 인지적으로 복잡하다. 불러와 버군(Buller and Burgoon)에 의하면 거짓말하는 사람은 모순 없이 그럴 듯한 대답을 해야 하고 말실수를 피해야 하기 때문에 자신이 한 말을 모두 기억하고 있어야 하는 등 여러 가지 인지과제 수행으로 인해 인지적 과부하가 발생한다고 가정한다. 따라서 거짓말하는 사람은 응답시간이 길어지거나 발화 속도가 느려지고 세부적인 설명을 할 때 손동작이 줄어드는 등 어려운 과제를 수행할 때 나타나는 반응을 보이게 된다.

▪ 감정적 접근

거짓말할 때 사람들은 죄책감, 탄로에 대한 공포, 남을 속일 때 느끼는 쾌감 등 여러 가지 정서를 경험하기 때문에 자율신경계에 영향을 주어 생리적 반응을 유발한다고 가정한다. 감정의 유발로 인한 자율신경계의 영향은 호흡이나 심장 박동수, 체온, 땀, 침이나 동공이 증가되거나 확장된다. 이러한 감정으로 인한 표정은 대부분 위장하기 어렵다. 위장하더라도 위장행동이 노출되어 누출단서로 활용할 수 있다. 위장수단을 잘 준비하면 거짓말 탐지가 어렵다.

▪ 행동통제 접근

사회 심리학자인 벨라 드파울로(Bella DePaulo)는 거짓말하는 사람은 거짓말을 하고 있다는 단서가 노출되지 않도록 행동을 억제한다고 가정한다. 거짓말을 할 때는 감정적으로 되어 겉으로 긴장된 행동이 드러나게 된다. 거짓말을 하는 자는 거짓말을 드러내는 신호가 될 것이라고 생각하기 때문에 정직한 사람보다 더욱 정직한 인상을 전달하려고 자신의 행동을 통제한다. 따라서 거짓말을 하는 자는 행동을 계획하고 연습한 것처럼 보이고 발화의 속도와 음의 높이가 변하고, 말실수 등이 전혀 없는 등 부자연스러울 정도로 경직되어 있거나 억제되어 보일 수 있다.

▪ 사회적 상호작용

거짓말은 인지적, 감정적 과정일 뿐만 아니라 사회적 상호작용이다. 기만이 사회적 행동인 것은 상대방과 상황의 변화에 따라 거짓말을 하는 자의 행동이 수정되거나 새로운 거짓말을 생성하는 것이기 때문이다. 거짓말을 하는 자는 상대방보다 선제적이고 공격적인 동시에 한편으로는 상대방의 반응에 따라 상대적으로 행동하는 상호작용을 수행한다. 발각의 위험에 처하면 감정을 위장하거나 변명해야 하기 때문이다. 표정을 위장하고 자신의 위치를 객관적인 제3자 위치로 이동하여야 하고 새로운 생각을 창출하는 것은 상대에 따라 실천하는 것이다.

자기기만은 무엇인가?

거짓말은 다른 사람을 속일 의도로 사실을 은폐하거나 왜곡하는 허위진술이나 몸짓으로 고도의 인지적이고 감정적인 과정이다. 자신에게 거짓말하거나 실제로 진실하지 않은 것을 믿는 행동으로 나타나는 사람이 있다. 자기기만은 일반적으로 무의식 상태에서 발생하여 사람이 특정 목표를 달성하고 심리적 균형을 유지하도록 도와준다. 사람들은 대개 자신을 속이고 있다는 사실을 알지 못하며 누군가가 진실을 밝히려고 할 때 방어적이고 공격적으로 변한다.

■ 자기기만의 정의

자기기만은 사실이 아닌 것을 사실로서 받아들이고 정당화하는 현상이다. 즉, 자기기만은 스스로 자신을 속인다는 의미로 자신의 신념이나 양심에 벗어나는 일을 무의식중에 행하거나 의식하는 경우이다. 예를 들면, 어떤 환자들은 자신의 중병을 인정하지 않는다. 알코올, 마약이나 도박 중독 환자의 대다수는 자신이 중독자라는 것을 부인한다. 자신이 거짓말한다는 사실조차 알지 못하는 경우로 자기기만은 스스로를 속이는 행위인데 속이는 주체와 속이는 대상이 동일하다. 자기기만은 거짓이나 확인되지 않은 것을 마치 사실이나 검증된 것으로 믿는 과정이나 현상이다. 이것은 자기 자신의 거짓된 믿음을 정당화하는 방법이다. 완벽하고 이상적인 자기기만의 상황은 자기가 자신을 기만하고 있다는 사실을 전혀 모르는 경우이다.

자기기만은 반대되는 증거, 논리적 논증의 관련성이나 중요성을 떠나 거짓을 부인하거나 합리화하는 과정이다. 따라서 자신이 기만 사실을 알고 있는 것을 드러내지 않으려고 자기 스스로 확신하는 것이다. 합리화 과정을 통해서 자기기만의 의도를 은폐할 수 있다. 어떤 사실을 믿지 않는 사람은 의도적으로 그러한 행동에 관여함으로써 사실을 믿는 체하거나 계속 믿으려고 노력한다. 합리화는 사회화, 개인적 편견, 공포와 인지적 억압과 같은 요인에 의해 영향을 받는다. 그러한 합리화는 긍정과 부정적인 방식으로 조작될 수 있다.

■ 자기기만의 기능

자기기만 행위의 원인은 인간의 실존이 갖는 불안과 관련이 있다고 한다. 샤르트르(Chartres)에 의하면 인간은 미래가 불확실하기 때문에 불안을 느낀다는 것이다. 이러한 불확실한 미래가 자기기만으로 이를 수 있다. 고통을 회피하기 위해, 즉 인생을 좀 더 편하게 살기 위해 거짓말을 스스로 믿는다. 진실이 자신의 자아를 해칠 것이기 때문에 거짓말을 믿고 싶어 한다. 자신에게 거짓말이라고 인정하면 깊은 배신을 느낄 수 있다. 이러한 자기기만의 주요 기능은 자기보호, 목표달성과 타인의 기만이 있다.

[그림 2-6] 자기기만의 기능

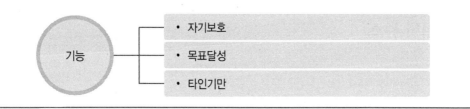

▷ 자기보호

자기기만은 자아 이미지와 손상된 자존심을 보호하려는 심리적 방어이다. 예를 들면, 암이 있다는 명백한 증거가 관찰되었는데도 불구하고 한 환자가 자신은 암이 있다는 사실을 부인한다. 이는 아는 것 자체가 너무 고통스러워 의식적으로 받아들일 수 없기 때문일 것이다. 이렇듯 자기기만은 자신이 스스로 사실을 부인함으로써 심리적 안정을 찾으려는 의도라 할 수 있다.

▷ 목표달성

대체로 사람들은 목표의 바람직하지 않은 모습을 의도적으로 보려고 하지 않는다. 이것은 신념이 목표를 방해한다고 생각하기 때문이다. 이와 달리 자기기만은 바람직한 목표를 보고 그렇게 되는 것을 수용할 수 있는 요소에 주의를 집중함으로써 목표를 성취할 수 있는 수단으로 인식하는 현상이다. 이런 경우 자기기만은 다양한 희망적 사고가 될 수 있다. 예를 들면, 신문을 읽기를 원하나 업무시간에는 근무해야 하기 때문에 신문을 읽을 수 없는 경우이다. 박학박식하기 위해 정보수집에 주의를 기울이고 신문을 읽는 것은 참으로 가치가 있다는 신념을 형성한다.

▷ 타인기만

스스로 자신의 정신 상태를 은폐하는 것은 기만하는 동안에 정보 노출을 피하는 아주 효과적인 방법이다. 자신이 스스로 진실이라고 믿는다면 자신의 감정표현도 진실한 것으로 나타날 것이다. 굳이 위장 감정을 드러내어 기만 단서를 노출할 필요가 없다. 따라서 타인을 기만하려면 먼저 자신을 기만하여 자신이 사실로 믿는 것이다. 자신이 사실로 믿는다면 위장 감정이 아니라 진짜 감정이 저절로 드러날 것이다.

가짜 뉴스

사람들은 보통 소셜 미디어 게시물을 때때로 환상적이고 믿기 어려운 이야기로 생각한다. 소셜 미디어에 공유된 게시물은 전통적 언론보다 가짜 뉴스가 훨씬 많기 때문이다. 가짜 뉴스는 종종 날조된 뉴스를 언급할 때 사용된다. 특히 소셜 미디어에서 온라인으로 읽는 많은 것들이 사실인 것처럼 보일 수 있다. 일반적으로 이러한 이야기는 사람들의 견해에 영향을 미치거나 정치적 안건을 강요하거나 혼란을 야기하기 위해 만들어진다. 많은 사람들이 소셜 미디어 사이트와 네트워크에서 뉴스를 받고 있으나 이야기가 믿을 만한지 아닌지를 말하기 어려울 수 있다.

■ 가짜 뉴스의 개념

가짜 뉴스(fake news)는 독자에게 고의적으로 잘못된 정보를 제공하는 속이는 뉴스, 이야기 또는 사기이다. 가짜 뉴스는 일반적으로 단체 또는 개인을 손상시키거나 재정적으로나 정치적으로 이익을 얻기 위해 오도하려는 의도로 작성된 거짓 뉴스이다. 가짜 뉴스 제작에는 저조한 저널리즘, 패러디, 도발, 열정, 당파, 이기심, 정치적 영향 또는 선전 등 다양한 동기가 있다. 허위 정보는 고의적으로 소셜 미디어에서 공유되고, 언론인에 의해 증폭되고, 또는 클릭 미끼처럼 단순히 돈을 벌기 위해 전파된다. 거짓 뉴스는 관련된 소셜 미디어 네트워크를 통해 메시지를 조작하고 전파하기 위한 도구나 서비스가 필요하다. 물론 이러한 도구를 사용하려면 선전을 전파하기 위한 플랫폼으로 소셜 네트워크가 존재해야 한다.

사람들이 최신 뉴스와 정보를 얻을 수 있는 방법으로 소셜 미디어에 많은 시간을 소비하고 가짜 뉴스를 퍼뜨린다. 가짜 뉴스는 신문, 방송, 잡지, 온라인, 팟 캐스트, YouTube, 라디오 쇼 정보를 전달할 수 있는 모든 형식의 정보를 변형하여 전달한다. 속이거나 오도하려는 의도로 구성된 이야기인 가짜 뉴스는 독자들이 출판인이 되어가는 변화하는 미디어 환경에서 나타나는 현상이다. Twitter 및 Facebook과 같은 소셜 미디어 플랫폼을 통해 가짜 뉴스가 공유되고 있다. 따라서 가짜 뉴스를 발견하고 뉴스 품질을 평가할 수 있는 능력이 점점 더 중요 해지고 있다.

도널드 트럼프 미국 대통령은 가짜뉴스라는 신조어를 유행시켰다. 트럼프는 자신에게 비판적인 주류 언론을 공격하는 데 가짜뉴스라는 용어를 사용한다. 가짜 뉴스는 사람을 속이려는 제작된 허위 뉴스이다. 종종 소셜 미디어에서 무의식적으로 공유되는 정보, 잘못된 정보 등의 불확실성을 퍼뜨리고 있다. 소셜 미디어는 아이디어를 교환하는 편리한 채널 또는 많은 인구를 통해 가짜 뉴스를 순환하는 예기치 않은 도관으로서 사회에 양날의 검이 될 수 있다. 허위 또는 확인되지 않은 정보는 웹상에 널리 퍼져서 여론에 큰 영향을 줄 수 있다. 널리 사용되는 잘못된 정보와 확인되지 않은 정보를 탐지하는 것이 필요하다. 이처럼 뉴스를 속이는 가짜 뉴스의 속성은 변형, 잘못된 정보와 나쁜 정보이다.

- **변형**: 특정인이나 조직에 해를 끼치기 위한 허위 정보
- **잘못된 정보**: 특정인이나 조직에 해를 끼칠 의도는 없지만 허위 정보
- **나쁜 정보**: 특정인이나 조직에 해를 끼치기 위한 진짜 정보

■ 가짜 뉴스의 종류

이익을 위해 작성된 가짜 뉴스가 있으며 그것이 사실이라고 믿고 싶어 하는 집단의 사람들 사이에서 소셜 미디어에 공유된다. 독자가 뉴스를 제대로 확인하기 위해 시간을 허비하지 않고 가짜 뉴스가 확산되는 것을 목적으로 한다. 이런 종류의 가짜 뉴스는 사실이 아니다. 이처럼 가짜 뉴스의 의도와 목적이 중요하다. 경우에 따라 가짜 뉴스인 것처럼 보이는 것은 뉴스 풍자일 수 있다. 뉴스 풍자는 과장을 사용하고 속이는 것이 아니라 재미를 주거나 지적하려는 사실이 아닌 요소를 소개한다. 온라인 콘텐츠를 평가할 때 알고 있어야 할 가짜 또는 오해의 소지가 있는 다양한 유형의 뉴스가 있다. 뉴스 제목은 한 가지 방식으로 읽거나 사실을 언급할 수 있지만 기사 본문에는 다른 내용이 있을 수 있다.

▷ 미끼성 제목

'클릭베이트(clickbait)'는 '클릭을 위한 미끼'이다. 이것은 자극적인 제목으로 인터넷 사용자들의 클릭을 유도하여 조회 수를 높이려는 기사나 광고를 말한다. 이들은 더 많은 웹 사이트 방문

자를 확보하고 웹 사이트의 광고 수익을 높이기 위해 의도적으로 제작된다. 감각적인 제목을 사용하여 진실 또는 정확성을 희생하면서 게시자 웹 사이트에 대한 관심을 끌고 클릭을 유도한다.

▷ 잘못된 제목

완전히 거짓이 아닌 스토리는 오도적이거나 감각적인 제목을 사용하여 왜곡될 수 있다. 이러한 유형은 가짜 뉴스를 클릭하도록 독자의 관심을 끌 수 있고, 소셜 미디어에 빠르게 전파될 수 있다. 특정한 뉴스나 이야기에 이끌려 가짜 뉴스가 출현된다.

▷ 선전

특정 집단의 주장이나 이념을 사람이 알고 이해하도록 설명하는 행위이다. 이것은 의도적으로 청중을 오도하기 위해 이야기를 만들고, 특정 정치적 원인이나 의제를 촉진하고, 결과적으로는 동의를 구한다. 선전은 때때로 특정한 이데올로기를 확인하거나 촉진하기 위해 특별히 고안된 잘못된 정보이거나 매우 편향된 정보이다.

▷ 음모론

음모론은 사건을 모호하게 하기 위해 종종 정부와 주류 집단에 의해 비밀 계획으로 추정되는 의심스럽거나 존재하지 않는 증거에 근거한 사건에 대한 설명 또는 해석이다. 거의 항상 완벽하게 제작되는 음모는 사실 뉴스 기사로 포장된다. 이것은 소문, 험담, 냉소 및 확인되지 않은 주장으로 전달된다. 이러한 원인은 정치적 이념, 종교, 집단주의나 인종 차별 등이 있다.

▷ 풍자

풍자는 실제 사건이나 조롱과 모방을 기반으로 사회적 논평을 하는 글이나 예술이다. 이것은 가짜 뉴스와는 다른데, 그 목적은 사람들을 속이는 것이 아니라 즐겁게 하거나 고무시키는 것이다. 그러나 일부 가짜 뉴스 사이트는 풍자라고 주장하지만 자신을 풍자라고 공개적으로 알리지 않기 때문에 속이려는 의도가 있다.

▷ 조잡한 보고

신뢰할 수 없는 정보나 이야기가 청중을 오도할 수 있는 모든 사실을 때때로 기자나 언론인은 확인하지 않고 이야기를 게시할 수 있다. 전통적인 뉴스 매체는 가짜 뉴스를 의도적으로 만들지 않는다. 기자들은 때때로 필요한 사실이 부족하거나 소식통에 의해 오해되거나 뉴스 기사를 전달하기 위해 나쁜 표현을 선택할 수 있다. 그러나 잘못된 보고이더라도 스스로 기만하려는 의도를 갖고 있지 않다.

INSIGHT | **사실 거의 모든 뉴스는 가짜뉴스다**

워터게이트 특종으로 유명한 밥 우드워드 워싱턴포스트 부편집인은 미국을 비롯해 많은 나라에서 정치적 화두로 부상한 '가짜뉴스' 이슈에 대해 "도널드 트럼프 대통령이 언론을 공격하기 위해 만들어낸 것"이라며 "언론은 오로지 사실 보도로 맞서야 한다"고 말했다. 오직 사실만을 무기로 리처드 닉슨을 대통령 자리에서 끌어내렸던 우드워드다. 그것이 신문의 숙명이다.

출처: 매일경제 2019.09.27.

인공지능(AI) 시스템을 이용해 트럼프의 발언과 트윗을 일일이 팩트 체크하고 있는 워싱턴포스트에 따르면 트럼프는 취임 이후 2년 반 동안 1만 2019회에 걸쳐 거짓말을 하거나 사실을 심각하게 왜곡 또는 호도했다. 하루 평균 13번 피노키오가 된 셈이다. 지금 미 경제가 역사상 최고로 좋다고 186번 말했지만, 실제로는 드와이트 아이젠하워나 린든 B 존슨, 빌 클린턴 때가 더 좋았다. 또 162회에 걸쳐 자신이 역사상 최대 규모의 감세(減稅)를 단행했다고 주장했지만, 이 역시 사실이 아니다. 국내총생산(GDP) 대비 감세 효과로 따져 트럼프의 감세는 지난 100년 동안 있었던 감세 중 8위에 불과하다.

출처: 중앙일보 2019.10.01

인과관계는 무엇인가?

철학자들은 수세기 동안 인과관계의 개념에 대해 고심해왔다. 영국의 철학자 흄(David Hume)은 인과관계를 아이디어의 연상이라고 주장했다. 사회심리학자들은 인간의 마음이 사건의 원인을 밝히기 위한 매우 복잡한 구조를 갖고 있다고 한다. 사건과 진술 사이의 인과관계를 추론하는 것은 사건의 본질을 밝히는 방법의 하나이다. 결과는 원인에 의해서 발생한다. 원인과 결과를 명시적으로 나타내기 위한 다양한 언어 표현이 있다. 행동은 어떤 동기에 의해서 유발된다.

인과관계는 어떤 사실과 다른 사실 사이의 원인과 결과관계이다. 즉, 어떤 원인으로부터 결과가 발생한다. 원인이 있으면 결과가 일어나지만, 원인이 없으면 결과가 일어나지 않는다. 이러한 원인과 결과에 대한 지식은 합리적인 의사결정과 문제해결을 위한 기초를 제공한다. 그것은 과학과 기술의 모든 영역에서 중요하다. 많은 연구의 궁극적인 목표는 원인과 결과를 규명하는 것이다. 인과관계의 개념은 결과에 대한 원인으로부터 계속성의 가정을 포함한다. 즉, 원인이 결과를 발생시킨다는 인과 구조이다.

■ 인과관계

원인으로부터 결과를 추론한다. 현상에는 원인이 있고 원인을 통해 결과가 발생된다. 이번 여름에 발생한 태풍은 강한 바람과 비를 몰고 왔다. 이때 강한 바람으로 지붕이 날아갔다. 이처럼 지붕이 날아간 것은 강한 바람이 원인이다. "눈에는 눈, 이에는 이"는 죄가 있으니 벌을 받아야 한다는 죄와 벌 간의 인과관계이다. "아니 땐 굴뚝에 연기가 날까", "소 잃고 외양간 고친다" 등 이러한 인과응보 속담은 모두 인과관계이다. 원인이 있기 때문에 결과가 발생하는 것을 의미한다. 인과관계는 어떤 사건이 왜 일어나는지, 그러한 사건의 결과가 무엇인지를 설명한다.

원인은 어떤 현상의 발생에서 중요한 요인이다. 원인(cause)은 어떤 사물이나 상태를 변화시키거나 일으키게 하는 근본이 되는 일이나 사건을 의미한다. 원인은 어떤 일이 발생되게 하는 것이다. 즉, 어떤 일이 일어나는 사건이나 행동이다. 두 가지 사건 중에서 가장 먼저 일어나는 사건이다. 원인을 파악하려면 "왜 발생했는가?(Why did it happen?)"라는 질문을 한다. 결과(effect)는 원인의 결과로 발생한다. 즉, 다른 사건 또는 행동의 결과로 발생한 사건이나 행동이다. 결과를 확인하려면 "무슨 일이 일어났는가?(What happened?)"라는 질문을 한다.

[표 2-2] 원인과 결과의 예

원인	결과
• 비가 많이 왔다.	• 강물이 범람했다.
• 길을 걷다 넘어졌다.	• 발목이 삐었다.
• 설연은 시험공부를 열심히 했다.	• 설연은 시험에서 A를 받았다.
• 정전이 되었다.	• 엘리베이터가 멈췄다.

거짓 원인 오류는 전제와 결론 간의 연결이 존재하지 않는 상상된 인과관계에 의존할 때 발생하는 오류이다. X가 Y보다 먼저 발생했다고 해서 X가 Y의 원인이라고 할 수 있으나 아마 X는 Y의 원인이 아닐 수 있다. 이러한 오류에는 어떤 결과를 실제로 일으킨 원인이라고 잘못 간주하는 경우와 단지 먼저 발생하였다고 원인으로 간주하는 경우가 있다. 예를 들면, 까마귀 날자 배 떨어진다. 까마귀가 난 것이 배를 떨어뜨린 이유가 아니라 태풍이나 다른 이유가 있다.

■ 인과관계의 조건

소 잃고 외양간 고친다는 속담에서 소 잃은 것은 원인이고 이 원인으로 외양간을 고치는 것은 결과이다. 원인이 없다면 어떠한 현상(결과)도 일어나지 않는다. A 사건이 일어나면 B 사건이 반드시 일어난다고 경험으로부터 발견할 때 A 사건은 원인이고 B 사건은 결과이다. 인과관계는 삶의 모든 측면에 영향을 미친다. 이것은 사고에 스며들어 있고 이성적인 행동을 촉진한다. 원인과 결과에 대한 지식은 합리적인 의사결정과 문제해결을 위한 근거를 제공한다.

인과관계는 과학과 기술의 모든 영역에서 중요하다. 대부분의 연구나 조사의 궁극적인 목표는 원인과 결과를 확인하는 것이다. 흄(David Hume)은 인과관계의 개념이 되는 아이디어의 결합을 주장했고 히치콕(Alfred Hitchcock)은 인과 지식을 인간생활의 위대한 지침이라고 언급했다. 따라서 인과관계를 통해 개념을 구성하는 기능을 활용하면 새로운 사례에 대한 정보를 쉽게 얻을 수 있다. 그러나 인과관계의 개념은 복잡하고 다각적이며 정의하기가 어렵다. 인과관계가 다음 세 가지 조건으로 구성된다.

- 원인과 결과의 동반 발생
- 시간의 우선순위
- 기타 원인 부재 조건

제3장

/

기만의 감정요소

거짓말로 몸을 지킬 수는 없다.
도금이 벗겨지면 언제나 때운 자리가 드러나기 때문이다(Andre Gide).

지옥에서도 악마들끼리는 서로

거짓말하지 않는다

말과 표정의 진실과 거짓 탐지 기술

감정이란 무엇인가?

칼슨과 햇필드(Calson & Hatfield)은 『감정의 심리학(Psychology of Emotion)』에서 감정(emotion)은 내적 또는 외적 자극에 대해서 인지적, 생리적, 행동적으로 반응하는 유전적이거나 학습된 동기적 경향이라고 한다. 기쁨, 슬픔, 즐거움, 분노, 수치심과 같이 감정은 사람이 어떤 현상이나 일에 대하여 일어나는 마음이다. 감정은 사람이나 대상에 향하는 강렬한 느낌으로 특정한 사람이나 사건에 대한 반응으로 외부자극에 대한 단기적이고 인지적 반응이다.

■ 철학적 개념

플라톤(Platon)은 파이드로스(Phaidros)에서 마음은 두 마리의 말이 끄는 마차이고 합리적인 이성은 마부와 같다고 비유했다. 두 마리 말은 행동이 양호한 말과 불량한 말이다. 불량한 말은 행동을 통제하기 어려운 파괴적인 감정이다. 열정, 욕구와 공포는 이성적 사고를 어렵게 하기 때문에 마부인 이성이 감정을 조절해야 행복하고 조화로운 삶을 이룬다.

아리스토텔레스(Aristoteles)는 수사학(Rhetorik)에서 설득의 수단은 에토스, 파토스와 로고스라고 하였다. 에토스(ethos)는 전하는 메시지의 신뢰성인 전달자의 인격과 신뢰감이다. 파토스(pathos)는 청중을 설득하기 위해 사용하는 감정과 공감이다. 감정이란 사람의 판단에 영향을 주고 기쁨이나 고통을 동반하는 것으로 분노, 공포, 연민 등이 포함된다. 또한 타고나는 로고스와 대비되는 파토스는 경험을 의미한다. 분노유발의 필수적인 요소는 경멸, 무례와 악의로 부당에 대한 도덕적 신념, 복수 욕망과 복수를 계획하면서 느끼는 은밀한 쾌감 등이 있다. 로고스(logos)는 논리적이고 이성적으로 전달자의 주장을 실증하는 방법이다.

- **에토스**: 전하는 메시지의 신뢰성인 전달자의 인격과 신뢰감
- **파토스**: 청중을 설득하기 위해 사용하는 감정과 공감
- **로고스**: 논리적이고 이성적으로 전달자의 주장을 실증하는 방법

데이비드 흄(David Hume)은 모든 인간에게 존재하는 것은 직접적인 감각적 경험인 인상의 흐름이지만, 어떻게 일어나는지를 알 수 없다고 한다. 인상은 느낌과 같은 것으로 외부의 대상물에

의해서 생체에 각인되는 변화이며 감각, 정념과 감정을 포함한다. 정념은 감정에 따라 일어나는 억누르기 어려운 생각으로 욕구, 혐오, 비탄, 기쁨, 공포, 자존심, 사랑이나 증오 등이다. 이성은 사실을 분석하고 추론하는 것으로 정념이 추구하는 것을 수행하는 능력에 불과하다. 정념의 원천은 고통과 쾌락이다. 이성이 감정을 조절한다는 생각은 완전한 허구이다. 따라서 이성은 정념의 노예이다.

■ 뇌 과학적 개념

뇌 과학적 개념은 투쟁이나 도주 반응, 파페즈 회로와 뇌의 편도로써 설명한다. 변연계는 기억과 감정을 주로 담당한다. 신피질은 환경에 대한 정보와 과거 기억을 바탕으로 미래에 어떤 일이 일어날지 예측한다. 시상을 통해 들어온 불쾌 자극이나 위험 자극은 곧바로 편도에 전달된다. 편도는 불쾌 자극이나 위험 자극에 즉각적인 반응을 보여 생명에 위험을 느낀다고 판단될 때 즉시 도망을 치거나 위기 상황을 피하게 하여 생명을 보존시킨다.

▷ 투쟁이나 도주 반응

캐넌(Walter Bradford Cannon)의 투쟁이나 도주 반응은 동물이 적을 만나는 위험한 상황에서 교감신경이 흥분하여 심장 박동이나 근육의 힘이 증가하여 전력으로 적과 싸우든지 아니면 도망갈 수 있는 육체적인 힘을 제공한다는 이론이다. 즉, 교감신경이 활성화되고 아드레날린이나 호르몬이 분비되면서 근육 및 글리코겐을 분해해서 혈당수치를 높여 고강도의 육체활동에 필요한 에너지를 비축하는 등 전신의 근육에 혈액순환이 원활하게 되도록 준비한다. 그는 감정과 신체의 생리적인 상태는 별개라고 여겼다.

▷ 파페즈 회로

파페즈(J. Papez)는 변연계가 감정에 중요한 역할을 한다는 것을 밝혔다. 파페즈 회로(Papez circuit)는 대뇌피질과 시상하부를 연결하는 뇌의 안쪽에 감정과 기억 형성 모두를 주관하는 회로이다. 최현석[1]에 따르면 시상하부는 시상으로부터 직접 감각정보를 받아 감정의 신체반응을 조절하고 대뇌피질로 정보를 보내 감정조절에 관여한다. 파페즈 회로에서 감각정보가 일단 뇌의 시상으로 들어간 다음 두 경로로 나뉜다. 하나는 사고를 담당하는 대뇌피질로 가는 생각의 경

---

1) 최현석(2012), 인간의 모든 감정, 서해문집.

로이고, 다른 하나는 감정을 담당하는 시상하부로 가는 감정의 경로이다. 생각의 경로는 지각, 사고, 기억 등을 담당하고, 감정의 경로는 감정을 담당한다. 신경 연결망이 실제로 존재한다는 것이 밝혀졌고, 파페즈 회로는 감정을 담당하는 뇌 구조를 찾는 연구에 중요한 기여를 했다.

▷ 뇌의 편도

뇌의 편도는 해마의 끝에 붙어 있다. 정서를 담당하는 정서의 중추다. 해마는 기억을 조절하고, 편도는 감정을 조절하는 곳이다. 감정은 자극에 대한 반응이다. 감정의 종류에 따라 발생하는 장소가 달라진다. 편도는 시상과 아주 가까이에 있으며 밀접하게 상호작용한다. 특히 시상을 통해 들어온 불쾌 자극이나 위험 자극은 곧바로 편도에 전달된다. 편도는 불쾌 자극이나 위험 자극에 즉각적인 반응을 보여 생명에 위험을 느낀다고 판단될 때 즉시 도망을 치거나 위기 상황을 피하게 하여 생명을 보존시킨다. 모든 감각계로부터 유래한 정보들은 편도로 들어온다. 편도는 의사결정을 하는 전두엽과도 연결되어 있고, 자율신경을 조절하는 시상하부나 뇌간에도 정보를 전달하여 감정 표현과 행동을 조절한다.

일차적인 감정은 모든 인간이 공통적으로 갖게 되고 살아남는데 꼭 필요한 뇌의 정보처리 방식이다. 웃음은 인간 공통의 감정표현이다. 일차적 감정은 변연계, 특히 편도와 전방 띠이랑의 작용으로 이루어진다. 이차적 감정은 학습을 통해 사물, 사건, 상황에 연결되는 감정들이다. 주사바늘만 봐도 겁이 나는 것은 이차적 감정들이다. 또한 기억에서도 감정은 빼놓을 수 없다. 즐거운 것일수록 기억을 더 잘하는 것은 장기기억을 저장하는 해마와 편도가 서로 연결되어 기억을 좌우하기 때문이다. 외부의 위협에 대해 제대로 반응하기 위한 감정인 공포와 분노는 시냅스의 생성과 해체에도 영향을 줘 기억을 떨어뜨린다.

INSIGHT ● **자율신경(自律神經: Autonomic Nerve)**

자율신경은 신체의 적절한 내부 환경 유지에 필요한 세밀한 내적 조절기능이다. 자율신경은 감정이 증가함에 따라 여러 가지 변화를 일으킨다. 즉, 교감신경이 활성화되었을 때 눈 깜빡임, 심박수, 혈압, 호흡수가 올라가고, 얼굴이 창백해지거나 붉어지고, 땀이 나고, 동공이 커지며 침이 마르게 된다. 침이 마른다는 것은 소화작용을 억제하고 있다는 것이다. 이러한 현상들은 감정으로 유발되어 무의식적으로 발생하기 때문에 의도적으로 억제하기 어렵다.

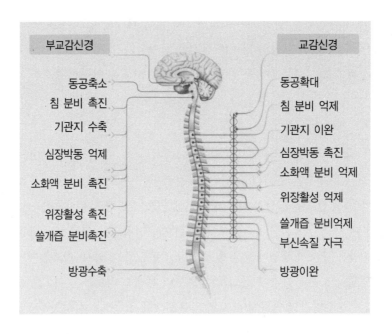

속이는 자는 항상 불안하다. 고도의 인지적 노력을 기울이기 때문에 예민하여 신경과민 상태에 있다. 거짓말할 때는 발각의 공포가 나타나고, 이것은 심리적인 불안이다. 이때 긴장, 발한, 발적, 호흡, 심박수, 혈압, 동공과 침 분비에 변화가 일어난다. 이러한 변화는 인위적으로 거짓말쟁이가 통제하기 어렵다. 불안하면 근육이 긴장되는 경향이 있고, 경직되고 발작적 동작으로 나타난다. 성대의 긴장은 정상적일 때보다 더 높은 음조로 들린다. 긴장은 사지, 목 등을 굵고 신체적인 불편을 유발한다. 발한은 발각의 두려움과 거짓말의 죄책감을 느낄 때 더 많은 땀을 흘리는 현상이다. 공포와 죄책감의 감정으로 피부가 붉어지고, 손이 끈적거리고, 긴장을 완화하기 위해 달라붙은 옷을 조정하는 단서가 드러난다. 신체를 비비는 것과 만지는 것은 피부에 소금 끼 있는 땀에 의해서 유발되는 불쾌의 감정 때문이다. 불안은 피부가 붉어지는 발적 현상을 띤다. 예를 들면, 투쟁이나 도주 준비 시 육체는 사지로 피를 보낸다. 특히 어렵고 황당한 질문을 받았을 때 얼굴을 가로지르고 때때로 귓속과 목 아래로 나타나는 혈액으로 얼굴이 빨개진다. 불안은 분노로 표현되어 신체에 붉게 드러난다.

▪ 생물학적 개념

모든 감정은 크기가 뇌간에 인접한 뇌의 변연계에서 비롯된다. 사람들은 변연계가 상대적으로 비활성화 상태일 때 가장 행복한 경향이 있다. 변연계의 비활성화 상태는 부정적인 감정보다 긍정적인 감정이 더 큰 때이다. 변연계는 활발해질 때 분노와 죄책감 등과 같은 부정적인 감정이 기쁨과 행복과 같은 긍정적 감정들을 지배한다. 변연계는 사건을 해석하는 렌즈를 제공한다. 변연계가 활성화되면 부정적인 관점에서 사물을 본다. 이처럼 사람들은 동일한 감정-자극에 대하여도 다른 반응을 나타낸다. 이는 성격이나 시간과 관련이 있기 때문이다. 사람들은 감정의 강도를 표현하는 선천적 능력이 다르다. 감정을 거의 나타내지 않는 사람도 있고, 그들은 화를 잘 내지 않는다. 이와 반대로 감정적으로 아주 민감한 사람도 있고, 그들은 화를 잘 낸다.

합리성과 감정은 서로 충돌하고 감정을 나타낸다면 비이성적으로 행동할 가능성이 높다. 감정의 경험은 사람을 약하고, 불안정하거나 불합리한 것처럼 보이게 할 가능성이 있다. 합리적인 것으로 감정을 경험할 수 있는 능력을 갖고 있어야 한다. 왜냐하면 주위에 있는 세계를 이해하는 방법에 대한 정보를 제공하기 때문이다.

찰스 다윈(Charles Darwin)은『인간과 동물의 감정 표현(The Expression of the Emotions in Man and Animals)』에서 인간이 문제를 해결하는데 도움을 주기 위해 오랫동안 감정을 개발했다고 주장하였다. 식량 채집, 쉼터 탐색, 배우자 선택, 약탈자로부터 보호와 다른 행동의 예측과 같은 생존행동에 관여하도록 하기 때문에 감정은 유용하다고 한다.

 감정의 성격

감정(感情)은 어떤 현상이나 일에 대하여 일어나는 마음이나 느끼는 기분으로 주관적이지만 감각은 객관적이다. 감정은 신체적 감각에 연결되어 인간의 내부의 상태를 표현하는 언어이다. 감정은 오감이 아닌 다른 방식으로 느끼는 것으로 행복, 사랑, 두려움, 분노 또는 증오 등이 있다. 감정은 자신의 생각과는 다르며 사람의 성격의 일부이다. 유교에서 인간이 가지고 있는 감정인 칠정(七情), 즉 희노애락애오욕(喜怒哀樂愛惡欲)이 있다.

■ 감정의 개념

정서는 감정과 기분을 모두 포함하는 개념이다. 정서(affect)는 사람들이 경험하는 느낌의 넓은 의미로 감정이나 기분(mood)의 형태로 경험할 수 있다. emotion은 e + motion으로 감정이 행동으로 이동될 수 있다는 의미이다. 감정(emotion)은 인지, 동기와 마음의 3요소로 구성되어 생리적 각성, 표현적 행동과 의식적 경험을 수반하는 유기체의 반응이다. 감정은 외부 자극에 대한 단기적이고 인지적 반응이며 특정한 사람이나 사건에 대한 반응이다. 예를 들면, 일하는 친구를 본다면 즐겁게 느낀다거나 고객이 무례하면 화가 나는 경우이다. 기분(mood)은 감정보다 강도가 약하고 종종 상황의 자극이 부족한 느낌이다. 또한 기분은 비교적 오래 지속되는 정서적인 상태로 어떤 특별한 사건으로 인해 잘 변하지 않는다. 긍정적이거나 부정적이다. 감정과 기분은 상호 영향을 미친다. 따라서

[그림 3-1] 정서, 감정과 기분의 개념

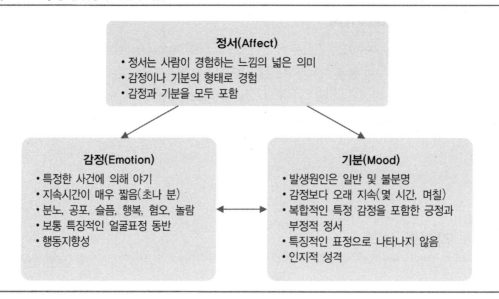

느낌은 어떤 경험에서 비롯되는 순간적인 반응으로 감정과 감각을 포함하여 좋거나 싫은지에 관한 반응이다. 느낌은 감정을 수동적이고 주관적으로 경험하고 감각까지 포함하는 개념이다. 동기는 어떤 것을 하려는 충동으로 감정을 느낄 때마다 동기를 갖는다. 따라서 동기는 특정한 활동을 환기시켜 유지하고, 그 활동의 패턴을 통제해 가는 과정이다. 따라서 동기는 신체의 내부적 욕구를 반영하나 감정은 외부자극에 대한 반응으로 뇌에서 인지과정을 거쳐 나오는 반응이다.

■ 감정의 종류

의식적인 표현과 무의식적인 표현은 서로 다른 두뇌의 영역과 연결되어 있다. 감정은 두 가지 이상이 혼합되어 나타나기도 한다. 무의식적인 감정표정은 진화의 산물로 인간은 표정을 통해서 감정을 나타낸다. 기본감정은 인간의 보편적인 감정이다. 행복, 흥분, 공포, 슬픔, 분노, 수치심, 혐오 등과 같은 감정은 인종, 문화, 연령이나 성별에 관계없이 모든 사람들에게 공통적으로 나타나는 기본감정이다. 이 감정은 인류에 보편적인 감정으로 인간의 생존에 유용하다. 생애 초기에 모든 사람들에게 공통적으로 발현되는 감정인 것이다. 기본감정은 얼굴표정으로 구분가능성과 생리적 반응으로 나타나는 감정이다. 심리학자 에크만(Paul Eckman)이 제안한 여섯 가지 기본 감정은 모든 인간 문화에서 보편적으로 경험했다고 밝혔다. 즉, 기본 감정은 행복, 슬픔, 혐오, 두려움, 놀라움 및 분노이다.

▷ 행복

행복은 기쁨이다. 모든 감정 중에서 행복을 사람들이 가장 얻으려고 한다. 행복은 종종 기쁨, 즐거움, 만족 및 복을 특징으로 하는 쾌적한 감정 상태이다. 행복은 문화의 영향을 많이 받는 경향이 있다. 예를 들면, 대중문화 영향은 큰 집을 사거나 높은 임금을 받는 일과 같은 특정한 일을 하는 것이 행복을 가져올 것이라고 느낀다. 실제로 행복에 기여하는 것의 현실은 훨씬 더 복잡하고 개별화되어 있다.

사람들은 오랫동안 행복과 건강이 연결되어 있다고 믿는다. 행복은 장수와 결혼 만족도를 포함한 다양한 결과와 관련이 있다. 행복은 뇌의 활동이 감소하게 됨으로써 시작하고 입이 넓어지고 양쪽 입 꼬리가 올라가는 미소가 얼굴에 표정으로 나타난다. 뇌 활동 감소는 입술이 넓어지며 웃음을 만들어 낸다. 다음은 행복의 감정이 표현되는 특징이다.

- 만족이나 안도
- 웃는 얼굴 표정
- 편안한 자세와 같은 신체 언어
- 신나고 즐거운 목소리

▷ 흥분

흥분은 활동, 기쁨, 흥분 또는 격변으로 가득한 느낌 또는 상황이다. 흥분은 심장 박동이 빨라지고 교감 신경계가 활동을 증가시키고 뇌가 증가하는 호르몬 생산을 알리기 시작한다. 사람이 흥분하면 감정이 더 강력 해져 의사결정 능력에 영향을 줄 수 있다. 흥분은 소리나 냄새와 같은 외부 자극에 의해 시작할 수 있지만, 과거 일을 기억해 하거나 식욕이 일어났을 경우에 유발된다. 흥분과 불안은 둘 다 심장이 더 빨리 뛰고 코티솔이 급증하며 신체가 행동을 준비한다. 유일한 차이점은 흥분은 긍정적인 감정이다. 새로운 자극이 아니더라도 침대에서 일어나는 등 일상적인 자극에서도 발생한다. 뇌의 활동량이 많아지면서 시작한다. 이마에 주름이 잡히고, 한곳을 응시하고 몰두하며 열중해서 듣고 본다. 다음은 흥분의 감정이 표현되는 특징이다.

- 즐거움, 기쁨과 흥미
- 과도한 흥분
- 안절부절 못함
- 불안, 초초
- 과장된 행동

▷ **공포**

위험이나 위협에 의해 유발되는 공포는 생존에 중요한 역할을 할 수 있는 강력한 감정이다. 물론 모든 사람이 같은 방식으로 두려움을 경험하는 것은 아니다. 어떤 사람들은 두려움에 더 민감할 수 있으며 특정 상황이나 사물이이 감정을 유발할 가능성이 높다. 어떤 위험에 직면하고 두려움을 경험할 때, 투쟁 또는 도주 반응이 나타난다. 근육은 긴장하고, 심박수와 호흡은 증가하며, 마음은 몸이 위험에서 벗어나거나 서서 싸우도록 한다. 이 반응은 환경의 위협을 효과적으로 처리할 수 있도록 준비하는 데 도움이 된다.

공포는 눈이 떠있는 상태로 고정되고, 창백해지고, 춥고, 땀이 난다. 감당할 수 있는 양보다 많은 자극을 받아 과부하 상태에 이르게 되었을 때 경험한다. 한곳을 고정하여 응시하며 맥박속도가 빨라지며, 창백해지고 머리카락이 스며들어 피부에 땀이 난다. 놀람은 반응속도가 몇 분의 일 초 정도로 매우 빠르고, 안면 표정은 눈을 크게 뜨고 깜빡이며 입을 벌린다. 빠른 속도로 숨을 들이마시며 내쉴 때는 감탄이 나올 수도 있다. 다음은 공포의 감정이 표현되는 특징이다.

- 놀람과 경외
- 눈을 넓히고 턱을 뒤로 당기는 등의 표정

- 위협으로부터 숨기거나 도주 시도
- 빠른 호흡 및 심장 박동과 같은 생리적 반응

▷ 슬픔

슬픔은 종종 실망감, 슬픔, 절망감, 무관심, 우울한 감정을 특징으로 하는 일시적 감정적 상태로 정의되는 감정이다. 슬픔은 무엇인가 잘못되었고 부족하다는 느낌이다. 슬픔은 모든 사람들이 때때로 경험한다. 어떤 사람들은 우울증으로 변할 수 있는 장기간의 심한 슬픔을 경험할 수 있다. 슬픔의 유형과 심각성은 근본 원인에 따라 달라질 수 있으며 사람들이 그러한 감정에 대처하는 방법도 다를 수 있다. 고통은 일정한 수준의 영향을 미칠 자극에 대한 응답으로 특성은 울음, 흐느낌, 처진 눈꼬리, 다문 입, 눈물 등이 있다. 다음은 슬픔의 감정이 표현되는 특징이다.

- 낙심
- 애도
- 무기력
- 거절
- 울음

▷ 분노

분노는 적대감, 동요, 좌절 및 타인에 대한 적대감이 특징으로 강력한 감정일 수 있다. 분노는 가장 강도가 높은 감정으로 어떤 자극이 일정 기간 이상 지속됨으로써 효과가 누적되어 나타난다. 대인관계에서 파괴적인 역할을 하는 강력한 부정적인 감정의 하나이다. 분노는 공격적 행동을 유발한다. 개인의 신체나 소유물을 손상하는 행동, 비난, 무시, 모욕이나 경멸 등 개인의 인격을 손상하는 행위, 개인이 추구하는 목표달성을 방해하는 행위 등이 있다. 얼굴 표면이 붉게 되고, 눈을 찡그리고, 얼굴의 근육이 긴장한다. 깊고 빠르게 호흡하고, 혈압이 상승하고, 입과 턱을 다물고, 크게 운다.

공포와 마찬가지로 분노는 신체의 투쟁이나 도주 반응에 관여할 수 있다. 위협이 분노를 유발할 때 위험을 막고 자신을 보호해야 할 수도 있다. 분노는 종종 부정적인 감정으로 여겨지지만 때로는 좋은 것일 수 있다. 그것은 자신의 요구를 명확하게 하는 데 도움이 될 수 있으며, 또한 자신을 괴롭히는 것에 대한 조치를 취하고 해결책을 찾도록 동기를 부여할 수 있다. 그러나 분노는 건강에 좋지 않거나 위험하거나 다른 사람들에게 해로운 방식으로 표현될 때 문제가 될 수 있다. 통제되지 않은 분노는 공격, 학대 또는 폭력으로 빠르게 변할 수 있다. 이러한 유형의 감정은 정신적, 육체적 결과를 초래할 수 있다. 다음은 분노의 감정이 표현되는 특징이다.

- 격노, 멸시와 공격성
- 찌푸리기 또는 눈부심과 같은 얼굴 표정
- 강한 자세를 취하거나 다른 사람을 외면하는 것과 같은 신체 언어
- 어리석게 말하거나 소리 지름
- 발한 또는 붉어짐과 같은 생리학적 반응
- 물체를 때리거나 발로 차거나 던지는 것과 같은 공격적인 행동

▷ **수치심**

수치심은 사람들이 불완전하고 용납할 수 없고 심지어 회복할 수 없을 정도로 손상된 느낌을 줄 수 있는 강력한 감정이다. 수치심을 느낄 때 전부 잘못되었다고 느낀다. 죄책감을 느끼면 자신이 한 일이 잘못되었다고 판단할 수 있다. 자의식적인 감정으로서 수치심은 내부의 부적합절, 부정직, 무가치, 불명예, 후회 또는 단절 상태를 알려준다. 수치심은 긍정적인 감정이 중단되었다는 분명한 신호이다. 수치심은 독자적이 아닌 다른 정서와 동시에 발생하는 가장 애매모호한 감정이다. 특징은 눈을 피하고, 우울한 표정을 하며, 눈꺼풀이 내려가며, 얼굴과 목에 긴장감을 상실한다. 때로는 몸 전체가 축 처진다. 얼굴이 붉어지며 부끄러운 응답이 있다. 자아의식이 증가하면서 발생하는 부수적인 감정이다. 다음은 수치심의 감정이 표현되는 특징이다.

- 회피
- 분노
- 자기 비난
- 굴욕
- 당혹과 죄책감

▷ **혐오**

혐오는 아랫입술과 혀가 아래로 쳐지고, 얼굴이 앞으로 또 밑으로 기울어진다. 이것은 극단적

인 반응과 나쁜 음식을 시식할 때 침 또는 구토를 내뱉는다. 무엇인가 나쁜 대상이나 관계 때문에 발생한다. 공통적인 혐오감에 연결되어 있는 것이 분리되거나 실패한 경우, 당사자 사이에서 존재할 수 있을 때 다른 사람의 활동에 대해 생각할 때 신체적인 고통이 넓어진다. 혐오는 나쁜 냄새와 연결되어 있고, 자아 존중감이 줄어들며 수치심을 느낀다. 불쾌한 맛, 시각 또는 냄새, 불건전한 위생, 감염, 혈액, 부패 및 사망은 혐오감을 유발할 수 있다. 사람들은 불쾌하거나 부도덕하거나 악한 행동을 하는 다른 사람들을 볼 때 도덕적 혐오감을 경험할 수도 있다. 다음은 혐오의 감정이 표현되는 특징이다.

- 혐오 대상에 대한 기피
- 구토 또는 구역질과 같은 신체 반응
- 코 주름 및 윗입술 비틀기와 같은 얼굴 표정

감정의 발생원인

감정은 개인이 다른 사람들과 어떻게 살고 상호작용하는지에 영향을 미친다. 때때로 이러한 감정에 지배되는 것처럼 보일 수 있다. 선택, 행동, 그리고 인식은 모두 주어진 순간에 경험하는 감정의 영향을 받는다. 이처럼 감정은 여러 가지 복합적인 원인에 의해서 발생된다. 감정의 발생 원인을 생리적·신체적 원인, 심리적 원인 및 사회 문화적 원인 등으로 설명한다.

■ 생리적 · 신체적 원인

감정은 신체에서 원인이 수반된다. 절벽에 서면 공포심이 생기고, 타인으로부터 무시당하면 분노가 생긴다. 제임스와 랑게의 감정이론은 인간이 생리학적 조건을 의식적으로 지각하여 감정이 생긴다는 이론이다. 슬퍼서가 아니라 우니까 슬픈 것이고, 무서워서가 아니라 떨고 있으니까 무서워지며, 웃으니까 우스워진다는 학설이다.

■ 심리적 원인

감정은 요구수준과의 관계로 유발된다. 예를 들면, 성과가 목표에 도달하면 성취감을 느끼고, 미달하면 낙심을 느낀다. 성과가 목표수준에 도달할 듯하면 초조와 불안을 느끼고 지나치게 성적이 나쁘면 절망감과 경악을 느낀다.

■ 사회 문화적 원인

타인과의 관계나 상대와의 비교 시에 발생하는 경우이다. 열등감이나 우월감은 상대방과의 관계에서 느끼는 호불호 감정이다. 진, 미, 선, 신성한 것을 대하였을 때에 복잡한 감정을 느낀다. 지적·도덕적·종교적·미적 감정은 각각 다르게 느껴진다. 예를 들면, 도덕성은 정의감과 그 반대인 분노가 있다. 예술성은 예술품을 보면서 느끼는 감정이나 보편적이지는 않다. 과학성은 진리에 대한 경외와 신비감이 있으며, 타당할 때에는 유쾌하지만 허위일 때는 불쾌한 감정이 일어난다. 종교성은 신성, 외경, 안심, 신비감 등이 있다.

기만의 감정요소

울면 슬퍼지고, 도망가면 무서워지고, 웃으면 행복해진다는 미국의 심리학자 윌리엄 제임스(William James)와 덴마크의 심리학자 칼 랑게(Karl Lange) 등이 주장한 이론을 제임스-랑게 이론이라 한다. 이 이론이 발전한 안면 피드백 가설은 얼굴동작이 감정경험에 영향을 준다는 가설이다. 얼굴표정을 바꾸면 감정상태가 달라진다. 슬픈 표정을 지으면 슬픔을 느끼고, 기쁜 표정을 지으면 기쁨을 느낀다는 것이다. 억지로 웃는 개인은 즐거운 경험을 실제로 발견하게 된다. 이론에 따르면 신체반응은 감정 이전에 발생되며 감정은 신체반응에 대한 지각에 지나지 않는다는 것이다.

■ 피노키오의 코

이탈리아의 동화작가인 콜로디(Carlo Collodi)는 『피노키오의 모험』에서 피노키오가 거짓말할 때마다 코가 길어지므로 주인인 제페토는 피노키오가 거짓말하는지를 알 수 있다고 말한다. 피노키오 증후군은 거짓말할 때 코가 길어지거나 얼굴이 붉어지는 자율신경 반응으로 거짓말이 탄로가 나는 현상을 말한다. 피노키오의 코가 없더라도 사람들이 거짓말할 때 유발되는 감정들이 있기 때문에 거짓말을 알아챌 수 있다. 피노키오의 코는 거짓말하면 발각될까 하는 두려움, 거짓말하는 것에 대한 죄책감, 상대방을 속였다는 쾌감 등으로

길어진다. 이러한 감정의 신호들이 스쳐 지나가는 것도 속임수 단서로 간주된다. 거짓말할 때 개인적으로 다르지만 평소와는 다른 태도나 행동을 취하기 때문에 평상시의 태도나 행동과 다르게 바뀐 점을 관찰하는 것이 거짓말 탐지의 한 방법이다. 거짓말이 드러나지 않으려면 이러한 감정들을 제어해야 한다.

■ 기만의 감정요소

『로빈슨 크루소(Robinson Crusoe)』의 저자인 영국인 소설가 대니얼 디포(Daniel Defoe)는 맥박의 속도를 측정하여 절도범을 밝혀낼 수 있다고 하였다. 미국의 심리학자 윌리엄 마스턴(William Marston)은 1915년에 혈압변화를 이용해 처음으로 현대적인 거짓말 탐지기를 고안했다. 독일의 심리학자 프리츠 스트랙(Frits Strack)은 어떤 표정근육을 사용하느냐에 따라 마음의 상태가 달라질 것이라는 안면 피드백 가설을 검증하였다.

거짓말을 하는 자는 거짓말한 사실을 은폐하거나 왜곡하고, 감정을 위장하는 등 자신의 행동을 정돈한다. 감정을 속인 것은 새로운 표정을 유발한다. 거짓말이 노출되지 않기 위해서 감정을 은폐하지만 이것은 감정을 왜곡하는 것이 된다. 사회 심리학자인 벨라 드파울로(Bella DePaulo)는 거짓말할 때 사람들은 죄책감, 발각에 대한 두려움, 남을 속일 때 느끼는 쾌감 등 여러 가지 정서를 경험하기 때문에 자율신경계에 영향을 주어 생리적 각성을 유발한다고 한다.

[그림 3-2] 기만의 감정요소

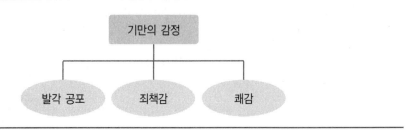

기만의 발각공포

고대 로마의 역사가인 타키투스(Publius Cornelius Tacitus)에 의하면 공포는 진실과 어울리지 않는다. 사람들이 정말로 진실하다면 공포를 느낄 하등의 이유가 없다. 거짓말을 하는 자는 진실하지 않기 때문에 발각공포, 불신공포와 체면손상 공포 등을 느끼는 것이다. 거짓말할 때 느끼는 공포는 거짓말이 발각되지 않을까 하는 발각공포, 상대방이 신뢰하지 않을까 하는 불신공포와 발각으로 인한 체면손상 공포가 있다. 이러한 공포는 행동단서로 나타날 수 있다.

[그림 3-3] 거짓말할 때 느끼는 공포의 유형

▣ 발각공포

발각공포는 속는 자의 탐지능력에 대한 공포로 거짓말을 하는 자의 가장 큰 공포이다. 발각공포의 요소에는 상대방의 평판이나 특성, 거짓말을 하는 자의 사전연습, 자신감, 경험, 인성과 이해관계와 처벌의 정도 등이 있다. 공포의 정도가 심할수록 행동에 반영되기 때문에 오히려 거짓말이 발각되기 더욱 쉽다. 발각에 대한 공포는 상대방의 거짓말 탐지기술이 가장 크다고 할 수 있다. 상대방이 노련하고 쉽게 속아 넘어가지 않는 사람일수록 발각에 대한 공포는 증가한다. 상대방이 잘 속는 자나 호인으로 알려져 있다면 발각 우려는 적을 것이며, 거짓말을 탐지한 경험과 지식이 많다고 느낀다면 거짓말하기가 어려워질 것이다.

▣ 불신공포

거짓말은 상대방을 속이는 행위로 속는 사람이 거짓말을 하는 사람을 신뢰하지 않는다면 성공하기 어렵다. 속는 사람이 거짓말을 하는 사람을 불신하지 않을까 하는 공포가 거짓말을 하는 사람에게는 크다. 따라서 상대방에 대한 신뢰를 확인하기 위해 많은 노력을 기울이는 것 자체가 고도의 인지적 행위이다. 따라서 속는 사람이 거짓말을 하는 사람에 대한 불신공포를 제거하기 위한 많은 노력이 필요하다.

▣ 체면손상공포

거짓말로 인한 처벌과 명예훼손의 강도가 강할수록 발각에 대한 두려움은 커진다. 또한 거짓말을 하는 자의 성격요인도 작용한다. 어릴 때부터 쉽게 성공적인 거짓말을 해온 사람은 타고난 거짓말을 하는 자로, 이들은 거짓말을 성공해본 경험이 많기 때문에 거짓말을 할 때 두려움을 별로 느끼지 않는다. 발각공포를 느낄 때는 육체적으로 긴장하고 각성되어 자율신경계의 변화가 나타난다. 즉, 동공확장, 눈 깜빡거림의 증가, 더 많은 빈도의 언어실수와 높은 음의 증가가 나타나는데, 이것이 행동단서이다.

기만의 죄책감

기만의 죄책감은 거짓말을 하는 자가 거짓말한 사실 때문에 느끼는 내적인 감정이다. 죄책감은 거짓말의 내용이나 행동에서 발생하는 심리적인 불편함이다. 이것은 법적인 죄책감이 아니라 거짓말로 인해 자신의 마음속에 느끼는 감정을 의미한다. 죄책감을 느낀다는 것은 수치심을 느끼는 것이다. 건전한 사람은 도덕적 기준에 따라 행동하며 거짓말이 부도덕하다는 점을 인식한다. 그렇기 때문에 거짓말하는 것 자체에 죄책감을 느낀다. 거짓말을 하는 자가 거짓말로부터 얻는 것이 없다면 어떤 죄책감도 느끼지 않을 것이다. 거짓이 정당하다고 인정받는 이기적인 기만은 기만의 죄책감을 낳지 않을 것이다.

■ 자백의 원인

죄책감은 자백의 원인이 되지만 수치심은 체면손상 때문에 자백을 억제한다. 죄책감이 강해지면 죄책감을 느끼는 사람에게는 자신의 존재가치가 붕괴될 만큼 고통스러운 경험이 된다. 기만의 죄책감이 극단적이면 자아가치를 훼손하는 고통스런 경험이 유발된다. 심한 기만의 죄책감으로부터 일어나는 고통은 처벌 가능성에도 불구하고 자백의 원인이 된다.

[그림 3-4] 죄책감과 수치심의 관계

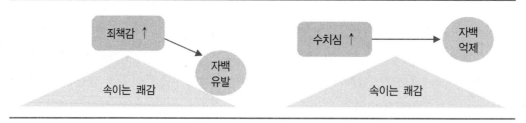

처벌의 강도가 클수록 죄책감의 고통이 확대되어 고백하는 이유가 된다. 속임수에 대한 죄책감이 크면 두려움이 증가되어 처벌의 강도에 관계없이 죄책감을 경감하기 위해 자백을 하는 경우가 있다. 사실 처벌은 고통스러운 죄책감을 경감하며, 또 자백 이유가 된다. 거짓말을 시도할 때는 죄책감과 수치심을 거짓말을 하는 자는 잘 예측하지 못한다. 거짓말을 한 후 최초의 거짓말을 유지하려고 또 다른 거짓말을 하거나 정교하게 해야 하기 때문에 죄책감은 이 과정에서 증가할 수 있다. 이러한 심리적 압박으로 죄책감이 커지면 자백할 가능성도 더불어 증가할 수 있다. 속임수의 죄책감이 너무 강할 경우 겉으로 드러나거나 속임수에 대한 단서를 제공하는 경우가 되기도 한다.

■ 기만의 죄책감이 큰 경우

속임수의 대가가 클수록, 두려움이 클수록 죄책감은 증가한다. 두려움과 죄책감은 같은 방향으로 움직인다. 또한 죄책감과 두려움은 속이는 자와 속는 자가 친밀하거나 존경할수록 더 크다. 죄책감은 상대방이 신뢰하고 있고 좋은 관계가 기대되는 상황일 때에 가장 심해진다. 만일 속이는 자가 얻는 이익만큼 상대방이 반드시 그 만큼의 손실을 당한다면 기만의 죄책감은 더욱 클 것이다. 속이는 자와 속는 자 간에, 상호 간의 정직이 인정되고 속는 자가 신뢰할 때 기만의 죄책감은 가장 심각하다.

■ 기만의 죄책감이 적은 경우

거짓말에 대한 죄책감이 감소하면 발각의 공포를 증가한다. 기만이 정당하다고 인정될 때 기만의 죄책감이 적고, 정당하다고 인정하는 것은 위험을 증가하고 탐지우려를 높인다. 속이는 자는 속는 자가 비개인적이거나 전체적으로 익명일 때 죄책감을 적게 느낀다. 기만의 죄책감을 강화하는 요인들은 탐지 우려를 감소한다. 종종 기만의 죄책감과 탐지우려는 역의 관계이다. 속이는 자는 신뢰하는 속는 자를 현혹할 때 죄책감을 느끼지만, 발각되리라고 기대하지 않은 사람들에 의해서 발각되는 것을 거의 두려워하지 않는다.

■ 기만의 죄책감이 없는 경우

기만의 죄책감을 거의 느끼지 않는 경우가 많이 있다. 속이는 자가 속는 자의 일방을 위해 좋은 일을 하는 것으로 인식하는 경우 기만의 죄책감은 많지 않을 것이다. 개인들이 반대자를 속이는 것이 합법적인 사회적 규범이라고 여길 때 즉, 반대적인 입장이고 생각하는 가치가 다를 때 기만에 대하여 죄책감은 거의 없다. 잘못을 저지르고 있는 사람을 상대로 거짓말을 할 때도 죄책감을 거의 느끼지 않을 것이다.

실제로는 해롭고 불필요한 약을 달라는 환자의 요구를 막기 위해서라면 의사들은 자신의 거짓 행동을 정당한 것이라고 믿는다. 범죄자의 고해를 들은 신부가 경찰로부터 범인이 누구인지를 질문을 받았을 때 사실을 숨긴다 해서 신부가 죄책감을 느낄 필요는 없다. 신부는 거짓말을 해도 이익을 보지 않고, 범죄자는 이익을 본다 해도 말이다.

정치적 지향, 가치관이나 견해가 다르기 때문에 공감하는 영역이 크지 않거나, 상대방에게 불이익이 되더라도 거짓말을 해도 좋다는 암묵적 규범이 존재하거나, 속이는 자에게는 아무런 이익이 되지 않거나, 또는 오히려 상대방에게 이익이 되는 경우 등이 있다. 혁명가나 테러리스트는 국가기관을 속이는 것에 대해 거의 죄책감을 느끼지 않는다. 외교관이나 스파이는 다른 측을 현혹시키는 것과 자신에 의한 희생에 대해 죄책감을 느끼지 않는다. 정치적 이념이나 사상지향적인 사람들이 죄책감을 거의 느끼지 않는 경우도 해당된다.

전문적인 범죄자는 사기에 대해 죄책감을 느끼지 않는다. 목적을 위해 수단을 정당화하는 거짓말하는 사람들은 아무리 파렴치하고 악랄한 거짓말을 하고도 죄책감을 느끼지 않는다. 사람들이 일반적으로 비행자라고 생각하는 사람들은 거짓말에 대한 죄책감을 덜 느낀다.

■ 기만의 죄책감 최소화 방법

속이는 자는 죄책감을 최소화하려고 자신의 거짓말을 정당화하는 방법을 사용한다. 속이는 자는 죄책감을 불의에 대한 자아의 보복으로 간주하기도 하지만, 대부분의 사람들은 죄책감이 너무 치명적이어서 이를 감소할 방법을 찾는다. 기만의 죄책감을 감소하기 위해 거짓말을 정당화하는 방법 중 하나는 고상한 목적이나 업무의 필요성이다. 또 하나는 속는 자를 보호하기 위한 것이다. 때때로 속이는 자는 속는 자가 기꺼이 속으려 했다고 주장하기까지 한다. 예를 들면, 상대방에게서 거짓말할 수밖에 없는 이유, 어쩔 수 없었다거나 타당하다고 스스로를 정당화하는 것이 그렇다. 속는 자가 기만에 협조했고 그 진실을 알았다면, 그때는 어느 의미에서 거짓말이 아니고 속이는 자는 어떤 책임도 없다고 느낀다. 실제로 기꺼이 속는 자는 속이는 자가 기만을 유지할 수 있도록 오히려 돕고 거짓말을 간과하는 경우가 있다.

기만의 수치심

사회규범에 적응하게 하는 수치심은 사람으로서 결함이 있다는 근본적인 신념으로 죄책감과 다르다. 죄책감은 부적절한 행동을 경고하고 개인을 진실로 되돌려 놓는 데 유용한 감정이 될 수 있기 때문에 실제로 바람직하다. 그러나 수치심은 잘못된 행동에 대한 경보로 작용하지 않기 때문에 매우 파괴적이다. 수치심이 클수록 거짓말, 거부, 은폐나 과장을 사용하여 진실을 감추고 속임수를 더 많이 사용할 수 있다.

■ 기만의 수치심

수치심(shame)은 스스로를 부끄러워 느끼는 마음이다. 수치심은 타인에 의한 불인정이나 조롱으로 받게 될 체면손상이다. 자신의 잘못을 아는 사람이 아무도 없다면 수치심은 생기지 않을 것이다. 수치심은 사회규범에 적응하도록 행동을 촉구하는 것으로 인간의 사회적 욕구를 충족하려는 내적 감정에 기인한다. 사회적 인정과 자아존중감과 관계있는 수치심은 죄책감과 밀접하게 관련되어 있다. 자백으로 인한 체면손상을 염려하기 때문에 자백할 가능성은 오히려 줄어든다.

■ 죄책감과 수치심의 차이

죄책감은 거짓말을 하는 자가 스스로 판단한 것이지만 수치심은 타인에 의한 불인정이나 조롱을 받게 될 체면손상이다. 다른 사람이 거짓말 행동을 모른다면 죄책감은 있어도 수치심은 느끼지 않을 수 있다. 뿐만 아니라 수치심이 있는 사람이 비행을 저지른다면 죄책감이 있을 것이다. 이러한 두 감정은 서로 반대 방향으로 사람을 분리하기 때문에 죄책감과 수치심의 차이는 매우 중요하다.

죄책감을 느끼는 데는 대부분 자기 자신의 판단만 있으면 되지만, 수치심은 다른 사람들의 힐난이나 비웃음이 필요하다. 자신의 잘못을 알지 못한다면 수치심은 생기지 않을 것이다. 죄책감을 덜고자 하는 소망은 자백을 유도할 수도 있겠지만, 수치심과 모욕감은 그 자백을 도리어 막을 수도 있다. 하지만 죄책감과 수치심이 결여되어 있는 사람들도 많이 있다. 비행에 대한 죄책감이나 수치심을 느끼지 않는다면 이상심리 소유자(psychopath)로 고려된다.

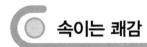 **속이는 쾌감**

속이는 쾌감은 남보다 우월하다고 느끼거나 성취했다는 안도감과 만족감에서 온다. 누군가를 속일 수 있다는 기쁨은 종종 부적절한 순간에 미소를 지을 수 있다. 속이는 쾌감은 다른 사람을 통제하고 조작할 수 있게 되어서 얻는 기쁨이다. 안도의 기쁨, 성취에 대한 자신감 또는 희생자를 경멸하면서 우쭐해 하는 쾌감이 이에 해당한다.

■ 힘과 통제의 쾌감

종종 속이는 자들은 다른 사람이 속는 것에 대해서 일종의 즐거움을 느낀다. 이것은 힘을 행사할 때 얻는 즐거움과 같다. 거짓말이 주는 긍정적인 감정은 두뇌 보상으로 다른 사람에 대한 통제력을 확보할 때 얻는 감정과 같다. 속이는 것 자체가 기분 좋은 성취로 여겨지는 것이다. 아직 성공을 확신할 수 없는 상태에서조차 속이는 자는 속이는 순간 흥분을 느낄 수도 있다. 기만 성공 후에 느끼는 안도의 기쁨, 성취에 대한 자신감 또는 희생자를 경멸하면서 우쭐해 하는 쾌감이 이에 해당한다.

힘은 다른 사람이 갖고 있지 못한 것을 갖는 것이다. 무언가를 얻었다고 알 뿐만 아니라 다른 사람이 속고 있다는 생각에서 즐거움을 취하는 경향이 있다. 속이는 쾌감(duping delight)은 남보다 우월하다고 느끼거나 성취했다는 안도감과 만족감에서 온다. 잭내셔(Jack Nasar)는 누군가를 속일 때 긴장감을 갖지만 거짓말이 성공하면 기분 좋은 자극을 느끼게 되고 상대방보다 우월하다는 감정을 느낀다고 한다. 이럴 때 타인을 지배한다거나 스스로를 힘이 있는 사람으로 느끼게 된다. 거짓말을 계획하거나 실행할 때 일종의 흥분을 느끼게 되고, 거짓말이 성공하는 경우 안도감, 희열, 성취감 등을 느낀다. 어떤 경우에는 속이는 쾌감이 매우 강해서 다른 사람들에게 거짓말에 대한 무용담을 말하기도 한다. 그래서 이러한 일로 발각되는 경우가 많다.

■ 속이는 쾌감의 증대 방법

속이는 쾌감을 증대하는 방법이 있다. 속이기 어려운데 속였다면 속이는 쾌감이 증가할 것이다. 즉, 속아야 할 사람이 속이기 어려운 사람이라면 그 자체가 속이는 묘미와 쾌감을 촉진시키는 것이다. 자신의 거짓말에 재미를 느끼는 사람이 눈앞에 있다면 쾌감은 더욱 증가할 것이다. 예를 들면, 유족도 아니면서 유족 대표로 선출되어 사회를 보았던 사람은 속이기 어려운 언론과 많은 청중 앞에서 거짓말의 쾌감을 많이 느꼈을 것이다. 이것은 한 선박 전복 사건에서 유족도 아닌 사람이 유족 대표로 선출되어 사회를 보다 발각되어 사퇴한 일이 실제로 발생했다. 위장 취업이나 위장 데모자들이 흔히 화는 수법이다.

속이는 자는 속이는 쾌감을 은폐하려고 이때 집중력 분산과 억지 미소가 나타난다. 불안하고 비웃는 듯한 어색한 미소가 그 대표적인 예이다. 행동이 침착하지 못하거나 안절부절 못하고 어색하게 웃는 모습이 흔히 노출된다. 속이는 쾌감은 경험이 많아 노련한 사람일수록 두드러지게 나타나는 현상이다. 거짓말하는 동안 속이는 쾌감, 속임수에 대한 죄책감, 발각에 대한 두려움을 느낀다. 이들 모두 동시에 느낄 수도 있고, 경우에 따라서는 연속적으로 느낄 수도 있다.

■ 비밀의 기쁨

속이기 까다로운 상대에게 거짓말이 성공한 경우는 속이는 쾌감이 증가한다. 한편으로는 속아 넘어간 상대방에 대한 경멸을 느끼기도 한다. 어떤 사람을 속일 때 일어나는 부정적인 느낌은 발각공포와 죄책감이 있다. 이와 달리 거짓말은 긍정적인 느낌을 자아내기도 한다. 즉, 거짓말은 느낌이 좋은 성취로 간주된다. 난제를 기대하거나 거짓말하는 바로 그 순간 성공이 아직 확실하지 않을 때 속이는 자는 흥분을 느낀다. 그 후 성취 시의 안도감과 자긍심이나 상대의 멸시를 통한 자아만족에서 오는 즐거움이다.

속이는 쾌감이 은폐되지 않는다면 이는 오히려 기만을 폭로할 수 있는 감정이 된다. 기만이 성공하면 쾌감을 공유하기 위해서 속임을 다른 사람들에게 고백할 수 있다. 자신이 똑똑한 점을 인정받기 위해 친구나 낯선 사람, 심지어는 경찰관에게 범죄자들은 사실을 털어놓기도 한다. 속이는 기쁨으로 점점 더 대담하고 무모한 행동을 하게 되는 경우도 있다. 등산하는 것과 같이 거짓말은 다소 위험이 있더라도 즐거울 수 있다. 때로는 속이는 쾌감은 매우 커서 어떤 행동단서가 누출된다. 쾌감의 징후는 두려움을 느낄 때와 유사하게 나타난다.

제4장

거짓말의 유형과 성공

거짓은 현재의 허상을 중시하고 미래의 가치를 경시하는 데서
오는 일종의 정신적 착란현상이다.

지옥에서도 악마들끼리는 서로

거짓말하지 않는다

말과 표정의 진실과 거짓 탐지 기술

거짓말의 유형

몽테뉴(Montaign)가 "진실은 하나뿐이지만 거짓말은 많은 변종이 있다"고 했듯이 거짓말은 다양한 유형이 있다. 거짓말은 속일 목적으로 이루어진 고의적인 허위진술이다. 대부분의 거짓말은 책임회피, 이익획득, 좋은 인상전달, 외관유지, 타인조력, 감정절제와 통제력 확보와 같은 개인의 이기적 동기에서 발생한다.

말하는 사람의 의도에 따라 거짓말은 이기적이거나 이타적일 수 있다. 중세 교부철학자인 성 아우구스티누스(St. Augustine)는 『거짓말에 관하여』에서 사람들이 거짓말하는 목적을 기술하였다. 누군가를 종교적으로 개심시키기 위해서, 순전히 악을 행하기 위해서, 속이는 일을 즐기기 위해서, 다른 사람에게 해를 주면서 누군가에게는 기쁨을 주기 위해서, 아무에게도 해를 끼치지 않으면서 누군가에게 기쁨을 주기 위해서, 흥미를 돋우기 위해서, 생명을 구하기 위해서, 누군가에게 모욕이 일어나는 일을 막기 위해서 등이다. 성 아우구스티누스 이후 종교인이나 철학자 등에 의해 거짓말의 유형이 연구되어 왔다. 본문에선 최근 심리학자들을 중심으로 많은 학자들이 연구한 결과를 종합하여 거짓말의 유형을 분류해보며, 거짓말의 유형을 일반적 유형, 거짓말의 유형과 지도자의 거짓말을 설명한다.

■ 거짓말의 일반적 유형

거짓말은 동기에 따라서 많은 유형으로 분류할 수 있다. 심리학자인 이래트와 그니지(Erat and Gneezy)는 「선의의 거짓말」 논문에서 속이는 자와 속는 자의 측면에서 누구에게 이익이 되는지를 거짓말 분류의 근거로 삼았다. 거짓말의 목적이 이기적인가 이타적인가 여부에 따라 선의 거짓말과 악의 거짓말로 구분한다. 또한 거짓말의 정도에 따라 노골적 거짓말, 과장된 거짓말과 교묘한 거짓말로 구분하기도 한다.

[그림 4-1] 선의 거짓말과 악의 거짓말의 유형

타인지향	이타적 선의 거짓말	플라톤 선의 거짓말
자기지향	양심적 악의 거짓말	이기적인 악의 거짓말

거짓말은 선의 거짓말(white lies)과 악의 거짓말(black lies)이 있다. 좋은 목적과 최선의 의도를 가진 선의 거짓말은 이타적 선의 거짓말과 플라톤 선의 거짓말이 있고, 타인을 해하려는 목적을 가진 악의 거짓말은 양심적 악의 거짓말과 이기적 악의 거짓말이 있다. 타인에게 심리적 상처를 주지 않고 상대방과의 관계를 원만하게 하려는 거짓말로 이타적 선의 거짓말과 플라톤 선의 거짓말이 있다. 악의 거짓말은 남에게 심리적 상처를 주고 손실을 기도하는 것으로 두 종류가 있다.

- **이타적 선의 거짓말**: 개인을 희생하여 타인에게 이익이 되는 거짓말
- **플라톤 선의 거짓말**: 양자 모두에게 이익을 증가하는 거짓말
- **양심적 악의 거짓말**: 양자 모두에게 손실을 주는 거짓말
- **이기적 악의 거짓말**: 거짓말을 하는 자의 이익이 증가되는 거짓말

드파울로(DePaulo)와 연구자들은 비언어커뮤니케이션을 연구하면서 거짓말의 탐지단서에 관한 괄목할 만한 연구성과를 남겼다. 그들은 전달되는 정보가 진실과 얼마나 차이가 있는지를 연구하였다. 그들은 거짓말의 정도에 따라 노골적 거짓말, 과장된 거짓말과 교묘한 거짓말의 세 가지 유형으로 구분하였다.

[그림 4-2] 드파울로의 거짓말 유형

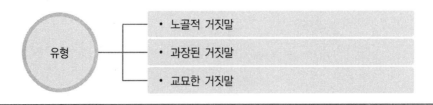

유형
- 노골적 거짓말
- 과장된 거짓말
- 교묘한 거짓말

- **노골적 거짓말:** 사실과 완전히 다르고 아주 터무니없거나 남을 악질적으로 속이는 완전한 거짓말이다. 전달되는 정보는 진실과 완전히 다르거나 모순된다.
- **과장된 거짓말:** 사실을 과장하거나 진실보다 더 큰 인상을 주는 거짓말이다.
- **교묘한 거짓말:** 다른 사람을 속이기 위하여 관련 사실을 회피하거나 누락하여 계획한 거짓말로 행동적이거나 비언어적인 거짓말을 포함한다.

대부분의 사람들은 노골적 거짓말을 주로 한다. 노골적 거짓말을 고안하는 것은 정보를 과장하거나 생략하는 것보다 인지적으로 더욱 어렵다. 대부분 노골적 거짓말을 할 때 두뇌 활동이 왕성한 것을 경험하게 된다. 거짓말을 하는 자들은 거짓말이 위험하고 아직 얻지 못했다고 믿을 때 정보를 은폐하는 것을 좋아한다. 정보은폐는 정보탐지를 어렵게 한다. 회피나 생략은 일반적으로 덜 부정적으로 인식되어 발각 시 죄책감이 적다.

SENSE ● **文 불같이 화냈다는 대통령 기록관 文주재 회의서 의결**

청와대는 "지시한 적이 없다"고 주장했지만 정부가 국정과제 차원에서 이를 조직적으로 진행해 왔으며, 청와대에도 수차례 보고된 것으로 확인되면서다. 또 기록관 건립 예산안도 문재인 대통령이 주재한 국무회의에서 통과시킨 것이 드러났다.

출처: 중앙일보 2019.10.02

■ 거짓말의 동기별 유형

기만적 거짓말의 유형은 속임의 동기에 따라 구분할 수 있다. 유형 구분은 거짓말의 핵심적 요소인 의도성의 개입 여부이다. 거짓말의 목적은 행위자의 의도성 개입 여부에 따라 거짓말의 결과가 자기 자신에게 미치는 자기지향 거짓말과 타인에게 미치는 타인지향 거짓말로 구분할 수 있다. 또한 공격적 특성은 속임을 당하는 사람에게 피해를 입히기 위한 적극적이고 공세적인 거짓말인 반면에, 보호적 특성은 속임을 당하는 사람을 보호하고 감싸주려는 소극적인 거짓말이라고 할 수 있다. 거짓말 행동의 목표를 달성하였을 때 성공결과의 귀속에 따라 거짓말의 유형을 자아지향과 타인지향, 그리고 공선형, 공멸형과 집단이익 옹호형으로 분류한다. 또한 새로운 이익 추구와 기존 유지 여부에 따라 획득과 유지로 구분한다.

[그림 4-3] 거짓말의 동기별 유형

구분	자아지향형	타인지향형
획득	• 이익형 • 과시형 • 현학형 • 쾌락형 • 허세형 • 학대형 • 침묵형	• 이익형 • 보복형 • 오도형 • 귀인형 • 혹세형 • 아부형 • 투명형
유지	• 회피형 • 습관형 • 존경형	• 우호형 • 교육형
공선멸	• 공선형	• 공멸형 • 집단형

▷ **자아지향형 거짓말**

자아지향형의 획득 목적은 거짓말을 통해서 자신이 계획한 것을 획득하려는 목적에서 의도하는 거짓말로 이익형, 과시형, 현학형, 쾌락형, 허세형, 학대형과 침묵형 등이 있다. 유지 목적은 새로운 것을 획득하기보다는 현실의 유지와 보존에 목적이 많이 있고 거짓말도 주로 매우 소극적이다. 이러한 유형의 사람들은 보수적이거나 의심이 많은 경우가 있고, 종류로는 회피형, 습관형과 존경형 등이 있다.

이익형 거짓말

이익형 거짓말은 자신에게 돌아올 금전적 이득에 의해서 동기가 유발되는 유형이다. 뇌물수수, 알선수재, 청탁, 불법적인 거래, 문서나 인장 위조, 사기적 목적의 투자 유인, 과장광고 등이 있다. 오직 금전적 이득의 획득을 위해서라면 매우 조직적이고 계획적인 거짓말로 상대방을 기만하는 데 능숙하고 죄의식이나 윤리적 의식이 매우 박약하다. 자기정당화와 합리화가 탁월하고 매우 치밀하고 호감이 가는 행동으로 남에게 친절하고 이타적인 사람으로 보이려고 노력한 후 행동하는 유형이다.

과시형 거짓말

과시형 거짓말은 어느 정도 자신의 장점을 보유하고는 있지만 대부분 부풀려 말하는 유형이다. 의미 있는 타인으로부터의 존경이나 체면유지를 위해 허풍이나 과장된 말을 하거나 타인보다 항상 낮다는 비교우위를 갖는 유형이다. 이러한 사람들은 존경이나 관심을 얻거나 자존심을 유지하고 중요한 인물로 인정받고자 원한다. 또한 체력, 권력, 재산이나 자신의 능력을 타나내기 위해 항상 타인들에게 자신의 모든 것을 과장하여 자랑하면서 자신의 우월감을 인정받으려는 거짓말을 한다.

현학형 거짓말

현학형 거짓말은 자신의 학식, 지식, 기술이나 경험이 탁월하다고 자랑하며 수용을 강요한다. 타인의 학식이나 지식은 비판하면서 자신의 지식만 고집하는 경우로 학문의 교류와 발전을 왜곡하는 유형이다. 이론과 논리적 근거를 자주 거론하고 자신의 독창성을 과시하나 타인의 이론이나 논리를 잘 인정하려 하지 않는다.

쾌락형 거짓말

쾌락형 거짓말은 타인을 속이는 쾌감을 느끼는 유형으로 함정을 사전에 설정하고 속는 타인의 모습을 보면서 정신적 만족감을 느끼는 경우이다. 거짓말이 재미를 추구하기 위한 목적이기 때문에 타인의 손해를 도모할 정도로 악의가 있지는 않지만, 단순히 속고 넘어가는 타인의 행동을 보면서 자신의 존재감을 느끼는 유형이다. 이런 유형의 사람에게 거짓말을 듣는 사람은 정신적 상처를 언제든지 입을 수 있다.

허세형 거짓말

허세형 거짓말은 자신이 갖고 있는 지적이나 물적 자원이 없으면서도 타인들의 관심과 존경심을 얻으려는 유형으로 과대 망상적이거나 자아의식이 결여된 사람들에게서 나타나는 경우가 많다. 부당한 방법으로 인정받으려고 자신의 신분을 과대위장하거나 사회적 관계를 과장하는 경우이다. 논문 표절, 학위나 자격증 위조, 경력이나 직업 위조, 권력자나 사회적 권위자와의 친분 과시 등이 있다. 자신의 능력을 벗어난 관점에서 거짓말을 하는 경우가 해당된다. 이런 유형은 대체로 자기기만에 사로잡히는 경우가 많다.

학대형 거짓말

학대형 거짓말은 자신에게 피해를 줄 수 있는 거짓말로 자기 자신을 더욱 학대하고 비참하게 만들려고 하는 것이다. 자학을 통해서 남에게 자신의 비참함을 강조하여 난처한 상황을 모면하려는 목적도 있다. 자기 자신에 대한 모멸감 및 삶의 희망을 포기한 사람이나 나약한 사람에게서 나타날 수 있다.

침묵형 거짓말

사실을 말하지 않는 것도 거짓말이다. 침묵형 거짓말은 자신의 이익을 보존하고 자신의 곤경이나 손해를 회피하기 위하여 사실의 진위 여부를 밝히지 않는 경우에 해당한다. 주로 범죄혐의를 받은 사람들이 자주 사용하는 묵비권이 이에 해당된다.

회피형 거짓말

회피형 거짓말은 사람들이 처벌, 위험이나 난처한 입장을 피하기 위해서 하는 거짓말이다. 수동적이고 방어적이어서 거짓말로 인식하기 어려운 경우도 있다. 내용을 왜곡하기보다는 주로 은폐한다거나 축소하는 경우가 지배적이다. 정치가들이나 공인들이 주로 사용하는 방법이기도 하다. 근거가 부족하거나 타인을 비방하기 위해 거짓말을 하고 나서는 대개 편집상의 왜곡이나 와전으로 정당화하거나 물의가 있을 때 내용으로 판단하는 것이 아니라 지엽적인 용어로 부인하려고 할 때 많이 사용되는 유형이다.

습관형 거짓말

습관형 거짓말은 진실을 말하는 것보다 오히려 습관적으로 하는 거짓말로 보통 큰 거짓말이 아니라 작은 선의 거짓말이다. 거짓말이 결국 억제되지 않는다면, 냉담한 거부로 되돌아올 때 하는 거짓말하는 경우이다. 너무 악화되어 자신이 거짓말하고 있다는 것조차 알지 못한다. 그리고 곧잘 잘 기억하지 못해 노골적인 부인을 하는 경우가 많다.

존경형 거짓말

존경형 거짓말은 자신이나 다른 사람을 좋게 표현하려고 노력함으로써 자신은 남과 다르다는 인격적 존경을 받으려는 거짓말이다. 자신도 좋게 표현하고 남도 좋게 표현하여 원만하고 인격적으로 보이려고 노력하는 거짓말이다. 진실로 마음속에서 남을 존경하는 것은 아니라 의례적이거나 덕담으로 하는 말이다.

▷ 타인지향형 거짓말

타인지향형 거짓말은 거짓말의 효과를 타인에게 주기 위한 것으로 타인에게 이익이나 체면을 주거나 손실이나 난처한 입장에 처하기 위한 거짓말이다. 획득목적은 이익형, 보복형, 오도형, 귀인형, 혹세형, 아부형, 비난형과 투명형 등이 있다. 타인과의 좋은 관계 유지와 교육을 위한 유지목적은 우호형과 교육형 등이 있다.

이익형 거짓말

이익형 거짓말은 자신의 이익이나 존경심이 아니라 다른 사람을 위한 이타적인 거짓말이다. 이익은 물질적이나 정신적인 것을 도모하는 선의 거짓말이다.

보복형 거짓말

보복형 거짓말은 상대와의 경쟁관계일 경우 상대방이 잘되는 것을 못 봐주는 유형으로 경쟁을 전쟁으로 생각하는 경우이다. 악의적인 거짓말로 상대방을 보복하기 위해 악의적인 허위내용을 전달하여 큰 피해를 입게 만드는 것이다. 전달받은 허위 내용은 사건이나 행동이든 잘못된 판단을 유도하여 피해를 주려는 목적이다. 이러한 피해는 상대방이 진실을 알고 수정할 때까지 영향이 지속되도록 의도한다.

오도형 거짓말

오도(誤導)형 거짓말은 상대방이 오판하기 위해 허위 내용을 전달하여 그릇된 판단을 하게 하는 거짓말이다. 보복형과 다른 점은 보복을 목적으로 하는 것이 아니라 거짓말하는 자신에 대한 판단을 호의적으로 유지하기 위한 점이다.

귀인형 거짓말

귀인형 거짓말은 일의 결과가 나쁠 경우에 자신의 역량이나 노력의 부족으로 보지 않고 주변이나 상대방 때문이라고 전가하고 사실을 왜곡하는 유형이다. 원인을 자신의 내부에서 찾는 것이 아니라 외부의 다른 사람 등에게 뒤집어씌우는 거짓말이다. 남의 탓하는 전형적인 형태의 거짓말이다.

혹세형 거짓말

혹세형 거짓말은 말 그대로 세상을 현혹하는 거짓말로서 가장 근거 없는 유언비어를 퍼뜨려 많은 사람들을 현혹시키고 사회질서를 어지럽힐 목적으로 하는 경우이다. 특정인에게만 피해를 입히는 것이 아니라 불특정 다수에게 또는 사회 전체에 피해를 주는 거짓말이다. 이것은 한 사회의 과도기나 불안정한 시기에 자주 나타나는 것으로 단순한 거짓말이 아니라 공공선에 대한 도전으로 간주될 수 있다. 이것은 정치적인 구호인 경우가 많은데 괴담이나 집회 때 대중을 선동하기 위해 많이 조작되는 거짓말이다.

아부형 거짓말

자신의 이익만을 얻기 위한 존경형의 변형인 아부형 거짓말은 상대방으로부터 무언가를 얻기 위해 마음에도 없는 비위를 맞추어 알랑거리는 거짓말이다. 주로 위계적 신분에서 하급자가 상급자에게 잘 보이려는 의도로 만드는 경우가 지배적이다.

투명형 거짓말

투명형 거짓말은 속이는 자가 발각되기를 원하면서 고의로 하는 거짓말이다. 말로는 거짓 사실을 이야기하면서 얼굴표정, 억양, 몸짓 등 비언어적 행동을 통해서 참이 아님을 노골적으로 나타낸다. 비꼬거나 상대방이 상황을 잘 파악하지 못해서 하는 거짓말로 긍정인 경우와 부정적인 경우가 있다.

우호형 거짓말

우호형 거짓말은 우호적 관계에 있는 사람을 지지하거나 보호해주기 위한 거짓말이다. 상호 좋은 관계를 유지하고 상대로부터 호의적인 반응을 유도하기 위한 목적도 있다. 이러한 우호적 거짓말이 자신에게 피해를 예방하거나 긍정적인 결과를 주는 경우도 있다.

교육형 거짓말

교육형 거짓말은 사실이 아닌 것을 전달함으로써 교육의 목적을 달성하고자 하는 경우의 거짓말이다. 어떤 우화를 예를 들어 설명하는 경우도 해당된다.

공선형 거짓말

공선형 거짓말은 특정한 소수가 아니라 공익이나 국익을 위하여 하는 거짓말이다. 외교관계나 국가 간의 조약 등 협상에서 유리한 결과를 이끌어 낼 목적으로 국민들에게 거짓말을 할 수도 있고, 바람직하지 못한 사건이 밝혀질 경우 발생할 수 있는 사회적, 국가적 해악을 방지하기 위한 경우이다. 집단이 집단의 이익을 위하여 하는 거짓말을 하는 경우이다.

공멸형 거짓말

공멸형 거짓말은 말하는 사람과 듣는 사람 모두에게 피해를 주는 "너도 죽고, 나도 죽자" 식의 거짓말이다. 진퇴양난의 상황에서 이를 극복할 방법이 없는 경우 위협이나 공포감을 조성하여 문제와 관련된 사람에게 잘못된 정보를 주어 동일한 피해를 주려는 거짓말이다. 함께 고통과 위험을 당하면서 심리적 보상을 받으려는 의도에서 하는 거짓말이라 할 수 있다.

집단형 거짓말

집단형 거짓말은 자신도 믿지 않으면서 마치 사실인 것처럼 조작하여 집단적으로 벌떼처럼 많은 사람들이 참여하고 시간적으로 이어주는 릴레이형 거짓말이다. 집단이익 옹호형 거짓말은 종교적 신념과 교리를 조작하고 왜곡하여 교주의 사적 야망과 탐욕을 성취하기 위한 경우와 정치나 사회적 이념을 제정하여 집단화하고 세뇌하여 세력화하는 집단사고의 위험을 발생하는 경우이다. 사회적 고립과 소외된 사람들을 대상으로 한 집단의 귀속감과 친밀감을 조성하여 귀속된 집단구성원을 더욱 어렵게 만드는 경향이 높다. 이러한 종교적 사이비 교리나 정치적 야망을 위한 시대착오적 신념은 결국엔 거짓말을 하는 자나 속은 사람이 모두 공멸하는 사회적 후유증을 남기는 경우가 많다.

집단형 거짓말은 최근에 엄청난 사회적 파장을 일으키고 있다. 바로 진영의 논리로 접근하는 정치가들이다. 피해가 막대하여 얼마나 많은 사람들에게 고통을 주었는지는 언론을 통해서 잘 알 수 있다. 거짓말은 일탈과 혼합되어 범죄가 되는 경우가 많다. 이와 같이 거짓말은 탐욕을 낳고 탐욕은 부패를 낳고 부패는 비극을 낳는 갈수록 독이 융합되는 사회적 해악이라 할 수 있다. 그러나 거짓말이 아직도 사회에 만연해 있는 것은 정신적인 참된 자아를 실현하려는 자신의 의지와 가치관보다 물질과 개인주의적 탐욕 때문이다.

지도자의 거짓말

정치가가 되려면 거짓말을 잘 해야 한다고 한다. 또한 변명과 상징조작을 잘한다면 정치가를 계속 유지할 수 있다고 한다. 소속 정당과 자신의 존재감을 알리기 위해 거짓말을, 그리고 때로는 거짓말이 포함된 막말 수준을 사용한다. 시부야 쇼조는 그의 저서 『거짓말 심리학』에서 "정치적인 허위소문은 사흘간만 신뢰를 받으면 정부에 커다란 도움이 될 수 있다"고 하였다. 이처럼 정치가들은 거짓말을 많이 하는 이유가 사흘간만 유지되면 목적으로 한 타인에 대한 비방과 자신의 존재감을 얻을 수 있기 때문인지도 모른다. 아전인수식의 자기정당화는 현란한 언어의 유희로 마치 진실인 것처럼 오도하려고 한다.

■ 집단적 이익과 개인적 이익

정치가의 속임수는 지도자의 도덕성과 인격을 반영하는 얼룩진 거울이다. 말이 순리에 맞지 않으면 일이 이루어지지 못한다는 말(論語 子路 第十三)처럼 사용하는 언어가 사실에 근거하지 못해 역풍을 맞게 되는 경우가 많다. 그런데도 끊임없이 집단적 이익과 개인적 이익을 쟁취하고 보호하기 위한 거짓말이 다분히 많다. 즉, 학력, 경력, 병역, 뇌물, 부정, 재산, 광고, 이념, 신념, 성향, 추문, 막말, 기타 많은 부분에서 거짓말은 사회에 일반적이고, 이러한 거짓말은 사회적 지도층일수록 더욱 문제가 심각하다. 이러한 거짓말의 증가현상은 집단적 이익, 개인적 이익과 반사회성에서 기인한다. 정치가 이념과 정책이 아니라 상품화되고, 집단화되고, 사유화되고, 산업화된 결과이다. 이들의 거짓말은 사회적 이슈를 선점하고 자신의 존재감을 널리 알리는 효과는 있겠지만 이면에는 깨진 거울이 되는 것을 간과하는 것 같다. 깨진 거울로는 자신과 다른 사람의 얼굴을 볼 수 없다.

■ 자기애성 성격장애

자기애성 성격장애(narcissistic personality disorder)는 과장된 평가, 무한한 성공욕구, 주위로부터 존경과 관심 등을 위하여 대인관계에서의 착취, 공감 결여, 사기성 같은 행동 양식을 보이는 경향이 있다. 다분히 자기중심적이고 파괴적이다. 자기의 능력에 대해 비현실적인 자신감을 가지고 있고, 탁월한 능력, 재물, 권력, 높은 지위, 아름다움이나 이상적 사랑을 갈구한다. 간혹 만족하지 못하고 더 큰 목표가 달성되지 못했다고 실망한다.

▪ 높은 자아존중감

자신의 자존감을 유지하기 위해 권력을 열망하고 고위직을 쟁취하려고 노력하는 사람들이 있다. 호로비츠(Horowitz)와 아서(Arthur)는 자기애가 강한 지도자들은 자존감을 위협받으면 심리적 상처를 받고 가학적 행동을 한다고 한다. 조직에는 긴장감이 감돌고, 조직원들은 자신을 위로하기 위해 자기기만을 하게 된다. 또 조직 구성원들은 지도자를 진정시키기 위해 감언이설을 늘어놓을 수 있다. 그러나 조직 내의 긴장감이 계속되면 구성원들은 지도자에게 반항하게 되고, 이것이 반복되면 조직은 파멸될 수 있다. 이러한 사람들은 과장, 상상력과 허위진술로 권위를 유지하나 이러한 것들이 허위로 밝혀지면 아무렇지도 않게 상황을 합리화한다. 환경이 바뀌었다거나 오해했다고 말하며 최선을 다했지만 불가피했다고 변명한다.

▪ 낮은 자아존중감

찰스 포드(Charles Ford)는 정치가들은 자아존중감에 다소 문제가 있다고 지적한다. 그는 정치가들이나 사회지도자들이 권력과 명예를 얻으려는 이유는 낮은 자존감을 세우기 위해서라고 말한다. 자기애성 성격장애자는 때때로 현실을 보잘 것 없는 것으로 인식하는 반면 자신은 매우 위대하다고 인식한다. 더 이상 거짓말을 일삼는 정치가의 말에 속아서는 안 된다. 그들은 사람들이 듣고 싶어 하는 것만 말하지만 정작 그들과 그들의 지지자들은 진실을 알려고도 하지 않는다.

▪ 지도자의 거짓말 유형

의도적인 거짓말을 하는 정치가는 퇴출되어야 한다. 왜냐하면 거짓말의 사회적 비용이 너무 크기 때문이다. 장관 후보자들의 국회 청문회는 가히 거짓말의 향연이다. 그 으뜸은 조국 후보자이다. 인생을 거짓말로 살아왔는지 참으로 그 인생이 불쌍하다는 연민의 정을 느낀다. 이처럼 그들은 왜 거짓말을 심하게 할까? 거짓말에서 오는 개인적인 경제적, 사회적이나 정치적인 이익때문이다. 이것은 분명 윤리적인 기준을 떠나 사회적인 사기에 해당될 수 있다. 사기를 당하는 것은 국민들이지만 그들의 지지자들은 적극적으로 옹호하고 비난하는 사람을 가차 없이 매도한다. 이 또한 집단이익을 상실하지 않으려는 또 다른 사회적 사기에 해당한다고 할 수 있다. 더 이상은 속지 말고 냉정해야 할 것이다.

정치지도자의 자격을 규정하는 사회적 규범과 국민적 합의가 있어야 할 것 같다. 첫째는 도덕적 기준과 법법 여부이다. 둘째는 국민의 기본의무 준수여부이다. 셋째는 국가관으로 친일과 친공 등 반민족적인 이적행위 여부이다. 매일 뉴스에 나오는 지도자의 거짓말과 부정부패는 사회적 규범이 엄격하지 못하다는 사회지표이다. 불량정치가의 특징은 언행불일치와 부인이다. 증거가 없다고 죄가 소멸되는 것은 아니다. 단지 어둠에 갇혀 드러나지 않았을 뿐이다. 자신의 마음속에 있는 죄까지 무죄는 아니다. 정치를 해서는 안 될 불량정치가들의 악의적 거짓말은 매우 자아 중심적이고 기만적이며, 자기기만에 사로잡힌 경우도 있다. 정치가의 거짓말 유형을 몇 가지로 분류할 수 있다.

[그림 4-4] 지도자의 거짓말 색깔

- 위하여형 거짓말
- 원해서형 거짓말
- 백일몽형 거짓말
- 찍어진 가면형 거짓말
- 카멜레온형 거짓말
- 악령형 거짓말
- 분열형 거짓말

거짓말 유형

▷ 위하여형 거짓말

위하여형 거짓말은 국민을 위해서라고 말하는 거짓말로 자발적으로 국민에 대한 서비스를 제공한다는 인상을 주는 거짓말이다. 이는 대부분 사실이라기보다는 실체가 없는 언어적 수사로 국민의 여론을 호도하고 주도권 확보와 정쟁 은폐를 위한 명분용이다. 양명음실(陽名陰實)로 겉으로는 명분과 뒤로는 실리를 챙기는 거짓말이다.

▷ 원해서형 거짓말

원해서형 거짓말은 국민이 원해서라고 말하는 아주 뻔뻔한 거짓말이다. 그러나 국민이 무엇을, 왜 원하는지를 밝히지 못하는 경우이다. 국민여론을 조사한 결과는 고정된 응답자, 편향된 표본이거나 설문문항에서 자신들이 원하는 답변이 나오도록 하는, 오히려 왜곡의 결과이다. 국민이 원하는 것은 말이 아니라 실천이다. 눈 가리고 야옹하는 것을 모르는 사람은 오직 당사자뿐이다.

▷ 백일몽형 거짓말

백일몽형 거짓말은 말 자체가 공상, 꿈이나 허풍과 같은 거짓말이다. 허황된 생각이나 기대하는 꿈처럼 되었으면 하는 바람을 내포하여 전혀 이루어지기 어려운 거짓말이다. 일시적인 민심과 인기를 얻을 목적으로 실현가능성이 전혀 없는 공약(空約)형 거짓말이다. 자신도 실천 불가능하다고 믿고 실천할 의지도 없는 경우는 노골적인 거짓말이다. 공약의 실행은 국민적 합의, 재원과 사회적 형평성이 결합되어야 실천이 가능하다.

▷ 찢어진 가면형 거짓말

찢어진 가면형 거짓말은 정파적 이기주의를 은폐하고 새로운 정강이나 정책 없이 가을에 낙엽으로 위장하는 거짓말이다. 결국 찢어진 가면으로는 얼굴을 가리지 못한다. 정치세력들이 이합집산할 때는 새로운 정치구호가 혼동스럽게 양산된다. 이합집산이 무슨 새 정치이고 새로운 정당의 창당인가? 이름만 바꾸는 정당을 신당이라고 외치는 거짓말이 심심치 않게 등장한다. 또한 후보등록 후 단일화나 연대형 거짓말이 있다. 후보등록은 출마의 선언과 의지이며 동시에 유권자에 대한 확고한 약속이다. 후보등록 후 연대라는 명분을 내세워 단일화한다. 이것은 명백한 거짓말인 것이다. 당초 중도에 포기할 생각이었다면 출마나 후보등록을 하지 말았어야 했다. 공약발표와 유세까지 다하다 연대로 단일화한다는 것은 결국 기만이다. 이러한 단일화라는 기만행동은 유권자의 심판을 준엄하게 받게 될 것이다.

▷ 카멜레온형 거짓말

카멜레온형 거짓말은 상황과 시간에 따라서 논리가 다르거나 모순적인 말을 주장하는 거짓말이다. 이것은 시간이나 공간적으로 일치하지 않는 카멜레온형 거짓말로 상황이 변했기 때문에 이전과 다른 것을 정당하다고 주장한다. 이것은 권력이나 지위를 유지하기 위한 거짓말이다. 권력, 당권이나 현재의 자신의 지위를 유지하기 위하여 정보를 변형하거나 왜곡하여 술책을 교묘하게 사실인 양 위장하는 경우에 해당된다. 또한 전략공천은 새롭고 참신하고 전문성이 있는 신인을 진출시키는 의도로 출발하지만, 능력과 자질이 부족한 경우가 많다. 명분과 실리가 불일치하는 행동을 하는 정치가는 거짓말하고 있는 것이다.

▷ 악령형 거짓말

악령형 거짓말은 공포나 불안감이 있을 때 주로 발생하는 것으로 사회적으로 극도의 불안감이나 공포감을 조성하여 사회를 혼란스럽게 하려는 목적으로 하는 거짓말이다. 적대적 정쟁으로 파국으로 몰고 가려는 쓰나미 형 술책에서 나온다. 결국 모두에게 상처뿐이다. 이런 유형에서는 거짓말이 탄로 나서 난처한 입장에 처하면 바로 단지 의혹이었을 뿐이라거나 와전, 곡해나 음모를 주장한다.

▷ 분열형 거짓말

마지막으로 분열형 거짓말은 터무니없는 허위 사실로 여론을 분열하고 경쟁자를 의도적으로 공격하여 궁지로 몰려는 악의적인 거짓말이다. 이러한 사람은 결국 허위 사실로 인한 명예훼손으로 고소나 고발을 당하는 경우가 많은데 거짓말을 하는 자는 오히려 훈장이라고 생각하는 경향이 있으니 참으로 딱하다. 정치가의 전과는 국가의 훈장이 아니라 인격의 낙인이다. 정치가란 자신의 지식, 경륜, 가치관, 도덕과 양심에 따라 국민을 지도하는 사람이다. 그렇기 때문에 국민의 세금으로 급여와 활동비를 지급 받는다. 무노동 무임금의 원칙에는 예외적인 법률의 조항이 있어서는 곤란하다.

 ## 거짓말의 성공유형

사회가 발전할수록 그리고 사회적 지도자일수록 거짓말이 더 능숙하거나 정밀하다. 개인주의와 물질적 성공이 사회적 조류가 됨에 따라 거짓말에 대한 죄책감을 느끼지 않는 사람들이 더욱 많아지고 있다. 뉴스의 대부분은 부정적인 사건인데 그 사건의 본질은 거짓말이 단연 최고이다. 능숙한 거짓말을 하는 자의 특징을 파악하는 것이 기만탐지에 많은 도움이 되고, 거짓말을 하는 자들이 서식할 수 없는 사회가 조성될 것이다.

브리즈 등(Vrij, Granhag, & Porter)은 능숙한 거짓말을 하는 자의 특징을 다양하게 분류하였다. 거짓말의 성공 유형은 행동 방식이 특징적이다. 성공 유형을 자연형, 인지형, 안정형, 선량형, 매력형과 심리학자형으로 구분한다.

[그림 4-5] 거짓말의 성공유형

■ 자연형

자연스런 행위자형은 상대방이 가능한 의심을 갖지 않도록 매우 자연스럽게 행동하는 사람이다. 능숙한 속이는 자는 상대방이 자연스럽게 정직과 호감을 연상하는 형이다. 이러한 행동패턴은 전달내용과 커뮤니케이션에 있어 매우 탁월한 특징이 있다. 이런 사람은 전달내용을 은닉기법과 노출기법으로 변환하는 데 매우 능숙하다. 능숙한 거짓말을 하는 자는 감추어야 할 것과 노출하여야 할 것을 상황에 적합하게 적절히 구사한다. 친화력이 있는 사람은 매우 자연스럽기 때문에 경계나 의심이 별로 유발되지 않는다는 점을 매우 잘 활용한다.

자연스런 행위자형에게는 상대자에 대한 직접적인 응시, 미소와 고개 끄덕임, 앞으로 숙인 자세, 사람을 향해 서 있는 바른 자세, 좌우대칭적인 자세, 팔짱을 끼지 않는 자세, 바른 제스처, 적당한 말 속도, '음'과 '어'의 적은 사용과 다양한 음성 사용 등이 있다. 어떤 거짓말을 하는 자들은 거짓말할 때조차 매우 자연스런 행동을 보인다. 자연스런 행동은 의심을 완화하기 때문에 능숙한 거짓말을 하는 자가 될 수 있는 충분조건이다.

■ 인지형

인지적 행위자형은 거짓말하는 것을 인지적으로 발견하기가 어려운 사람이다. 효과적인 거짓말을 하는 자들은 거짓말하는 행동이 인지적으로 너무 어렵다고 알고 거짓말하기 전에 미리 말할 내용을 계획하고 연습한다. 이러한 계획과 예행연습은 기만을 매우 용이하게 한다. 거짓말을 하는 자들이 그럴듯하게 들리는 이야기를 준비하는 과업은 많은 사람에게는 실로 어렵다. 거짓말할 때 중대한 실수를 하는데 이것은 진실을 은폐하는 것을 노출하는 단서이다.

준비한 거짓말을 하는 자라도 설명을 필요로 하는 예기치 않은 상황에 직면할 수 있고, 이러한 상황에서 성공적으로 거짓말을 하려면 설득력이 있고 그럴듯한 대답을 필요로 한다. 그럴듯한 대답을 즉흥적으로 창안하는 것은 많은 거짓말을 하는 자들에게 어렵지만, 창의력이 있고 독창적으로 생각할 수 있는 사람들은 즉흥적인 인지적 수요를 다루는 데 매우 성공적이다. 따라서 인지적 행위자들은 기억력과 인지능력에서 우수한 자들이라 할 수 있다.

■ 안정형

안정형은 거짓말할 때 공포, 죄책감이나 쾌감 같은 감정을 억제할 수 있는 냉정한 사람이다. 거짓말을 하는 자들마다 거짓말할 때 느끼는 감정이 다르다. 허위 알리바이를 말할 때 어떤 사람은 극단적인 불안을 경험하지만, 어떤 사람은 평온을 유지한다. 만일 거짓말을 하는 자가 죄책감, 공포나 쾌감을 느끼지 않는다면 다른 사람을 속이는 것은 쉬운 일이다.

속이는 동안 감정을 거의 느끼지 않는 경우도 있다. 예를 들면, 돈 많은 회사에서 횡령, 권력을 이용한 부정한 뇌물이나 금품 수수와 같은 사건에 대한 양심의 가책을 거의 느끼지 않는 경우가 많다. 이것은 거짓말할 때 느끼는 자신감이나 일반적인 감정의 불안정과 깊은 관련이 있다. 정신병자들도 깊은 정서적 손상을 갖고 중대한 거짓말을 할 때조차 공포나 가책을 약간 경험하지만, 뛰어난 상상력과 신뢰감을 주는 능력이 있는 사람들은 죄책감이나 공포를 거의 경험하지 않고, 오히려 시간이 지나면 거짓말에 대하여 거짓 믿음을 띤다.

■ 선량형

선량형은 외견상으로 정직하거나 선량한 행동을 하는 사람처럼 인식되어 신뢰감을 쉽게 얻는다. 기만을 당한 후 그럴 사람처럼 보이지 않았다거나 뭔가 잘못된 것이 있어서라고 생각하기 쉬운 사람이다. 때로는 선량한 외모 때문에 깜짝 속았다고도 하는 경우가 있다. 이렇듯 선량한 외모는 기만에서 매우 큰 장점이 된다.

거짓말할 때 거짓말을 하는 자는 약간의 인지적 부하나 정서를 경험하기 때문에 신호가 나타난다. 선량형은 이러한 단서를 효과적으로 은폐하고 동시에 신뢰할 만하게 보이는 행동을 나타낸다. 만일 의심이 증가되면 이를 완화하기 위해서 적절하게 적응해야 한다. 적응을 빨리하면 할수록 의심을 성공적으로 차단할 기회가 더욱더 많아진다. 그렇지 않다면 상대방이 거짓말이라는 의심을 빨리 알아채는 데 중요한 단서를 노출하는 것이다.

■ 매력형

매력형은 매력으로 미덕과 정직을 추론하게 하는 사람이다. 어떤 사람이 가지고 있는 매력이나 뛰어난 외모와 같은 두드러진 특징이 그 사람의 다른 특성을 평가하는 데 좋은 영향을 미치는 효과인 후광효과(halo effect)가 나타난다. 신체적 외모의 요소는 효과적인 거짓말을 촉진시킨다. 얼굴의 특징과 매력은 거짓말의 성공을 촉진하는 신뢰성의 추론으로 이어질 수 있다. 예를 들면, 미국의 전 대통령 빌 클린턴(Bill Clinton)은 선천적으로 온화하고 매력적인 특성으로 축복받았고, 그는 청중들에게 매우 설득력이 있었기 때문에 거짓말을 할 수 있었다. 모니카 르윈스키(Monica Lewinsky)와의 성관계에 대해 적극적으로 부인할 때도 심지어 기립박수(standing ovation)까지 받았다.

■ 심리학자형

심리학자형은 다른 사람의 생각 과정에 좋은 통찰력을 갖는다. 그들은 다른 사람들이 듣고 싶어 하는 것과 설득적으로 전달할 수 있는 방법을 안다. 성공적인 거짓말은 정서적 지능과 관련이 있다. 독자들은 본서를 통해 훌륭한 심리학자형이 될 것이다. 또한 독자들이 모두 훌륭한 심리학자처럼 속이는 자의 행동을 정확하게 파악한다면 속이는 자는 기만행동을 포기하게 될 것이다. 또한 속이는 자는 양심의 가책을 받고 자백의 길로 이를 것이다.

거짓말의 실패요인

거짓말이 실패하는 이유는 실로 다양하다. 우연히 자신도 모르게 증거를 노출하는 내적 노출과 다른 사람들이 폭로하는 외적 노출이 있을 수 있다. 전달해야 할 정보는 실제의 사실이 아닌 거짓이기 때문에 거짓말을 하는 자는 기억에 불리하고 진짜 감정을 억제하고 가짜 감정을 노출해야 한다. 거짓의 기억은 사실성이 부족하고, 거짓의 연출은 진짜 감정이 아니다. 그렇기 때문에 경험 사건이 아닌 가상 허위의 기억으로 생생하지 못하고 자연스럽지 못하다. 기억과 감정은 진위가 서로 충돌하여 단서가 노출되는 것이다. 거짓말하는 자가 느낀 감정은 진짜 감정이고 표현감정은 상황을 나타내거나 숨기려는 가짜 감정이다.

■ 복잡한 인지적 과업의 수행

거짓말하는 행위는 고도의 인지적 노력을 필요로 하는 과정이다. 속이는 자들은 거짓말 단서의 누출을 우려하고 이를 회피하기 위해 인상관리에 몰두하면서 속임수 신호를 억제하려고 한다. 그들은 신경과민을 효과적으로 억제해야 하고, 속임수 증거를 은폐하고 목표로 하는 꾸민 반응을 나타내야 한다. 거짓말의 성공은 상대방의 반복적인 질문에 동일한 대답을 해야 하기 때문에 이전에 말한 것을 기억해야만 한다. 진실은 자동적으로 장기기억에서 정보가 명시적으로 인출되지만, 거짓말은 제한적으로 반응한다.

때때로 속이는 자들은 항상 그럴듯한 대답을 생각하고, 반박하는 상황을 만들고, 일치하는 거짓말을 하고, 말실수를 회피해야 한다. 거짓말할 때 나타나는 반응을 의도적으로 억제하여야 하기 때문에 더 많은 반응시간을 필요로 한다. 거짓말하는 것은 진실을 말하는 것보다 인지적으로 더욱 복잡하고, 반응시간이 더 증가하고, 신체동작이 감소하기 때문에, 이를 은폐하려는 추가적인 정신적 노력이 무의식적으로 눈에 띄게 나타난다.

또한 거짓말할 때는 말을 지어내고 표정을 자연스럽게 연출해서 의심을 받지 않아야 하기 때문에 매우 긴장한다. 속이는 자들은 거짓말하는 과정에서 적어도 세 가지 과업을 수행한다. 즉, 거짓말을 하는 자가 수행해야 할 과업은 허위사실과의 대화, 진술의 모순 극복, 그리고 진짜 감정 차단과 가짜 감정표현 등이 있다.

[그림 4-6] 기만 과업

- 자작 허위사실과의 대화
- 진술의 모순 극복
- 진짜 감정차단과 가짜 감정표현

첫째, 거짓말을 하는 자들은 자신이 꾸민 허위사실과 정신적으로 대화해야 한다. 그런 다음, 진술이 그럴 듯하고 선후와 모순되지 않도록 주의를 기울여야 한다. 마지막으로, 진짜 감정을 차단하고 가짜 감정을 표현해야 한다. 이러한 과정으로 거짓말을 하는 자들은 정신적으로 극도로 피로하고 스트레스가 쌓여 몸짓을 제어하기가 힘들어져 다른 행동을 무의식적으로 유발하게 된다. 이때 나타나는 누출단서가 인지적 단서이다. 이러한 이유로 거짓말은 발각된다. 중요한 것은 거짓말하는 동안 거짓말을 하는 자들이 드러내는 실수, 즉 속임수 단서나 누출단서이다. 속임수 단서나 누출단서는 얼굴표정 변화, 신체 움직임, 음성고조, 침 삼킴, 깊은 호흡, 대화 중 긴 휴지, 말실수, 미세 얼굴표정과 무심결에 하는 몸짓 실수 등으로 나타난다.

■ 행동탄로의 이유

거짓말을 훌륭하게 하더라도 언제나 행동탄로를 예방할 수 있는 것은 아니다. 거짓말 수행 과정에서 인지용량의 한계와 무의식적으로 드러나는 표정이 있다. 거짓말을 하는 자가 인지적 정보처리 과정에서 발생하는 실수나 생각, 느낌은 기억실수와 무의식적인 감정노출로 귀결된다. 이것은 거짓말을 하는 자가 자신도 모르게 무의식적으로 사용하는 방법이기도 하다. 이러한 기억실수와 무의식적인 감정노출은 거짓말을 하는 자들이 행동을 완벽하게 통제할 수 없고 행동단서를 노출하여 행동 탄로를 예방할 수 없는 이유가 되는 것이다.

[그림 4-7] 행동탄로의 이유

▷ **기억실수**

거짓말을 준비하여 연습하고, 기억할 시간이 항상 있는 것이 아니기 때문에 실수를 하게 된다. 사전에 준비를 잘했더라도 의외의 질문이 나왔을 때 당황하여 실수를 한다. 조작에 의한 거짓말은 은폐보다 논리적 모순이 쉽게 노출되거나 감정이 탄로 난다. 반면 은폐에 의한 거짓말은 사전에 각본을 만들지 않기 때문에 논리적 모순이 잘 발견되지 않는다. 은폐는 소극적 방법으로 적극적 조작보다 비난을 적게 받아 자기합리화가 쉽다.

▷ **무의식적인 감정노출**

은폐에 의한 거짓말은 거짓말할 때 감정을 속이게 되는데 이 과정에서 감정이 노출된다. 조작적 거짓말은 논리적 추궁을 통해 탄로 나는 경우가 많다. 감정을 느낄 때는 노출할 감정이 자신의 선택이나 의도와 관계없이 자동적으로 일어난다. 에크만(Paul Ekman)에 의하면 거짓말은 허위정보에 대한 불충분한 준비, 공포와 죄책감과 같은 정서적 간섭으로 실패할 수 있다.

■ 거짓말의 실패요인

거짓말은 고도의 인지적 과정으로 거짓말을 하는 자는 허위사실과 대화해야 하고, 진술의 모순을 극복해야 할 뿐만 아니라 더욱 중요한 것은 진짜 감정을 차단하고 가짜 감정을 표현해야 한다. 이렇게 할 때 속임수 단서나 누출단서가 억제되지만, 각성, 감정, 인지적 노력, 행동통제, 그리고 기억한계 등으로 인하여 거짓말은 실패하게 된다.

[그림 4-8] 거짓말의 실패요소

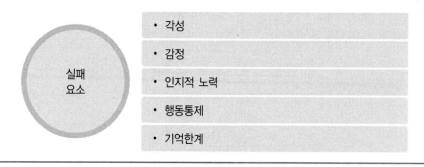

▷ 각성

각성(arousal)은 생리적으로 각종 신경이 활동 중인 상태로 정신이 깨어 있는 상태를 말한다. 더욱 신중하도록 하는 마음과 육체에서 강화된 활동의 상태이다. 각성은 기본적인 인간의 욕구인 동시에 자극의 결과이다. 특히 안전과 사회적 지위에 관한 기본적인 욕구가 적절할 때 더 많은 흥분을 찾게 된다. 각성은 저수준에서 고수준을 따라 활동한다. 각성의 경험은 긍정과 부정이 있다. 예를 들면, 흥분이나 공포이다.

위협으로 야기된 각성은 투쟁이나 도주반응을 유발한다. 이는 산소와 포도당의 흐름을 증가하고 동공을 확대하여 더 잘 볼 수 있으며, 소화와 면역체계 등 긴급 상황이 아닌 시스템을 억제한다. 각성은 심박수를 높이고, 신체적 조치를 가능하게 하고, 호흡과 몸을 차게 하는 땀을 증가하여 교감신경계를 통해 확산된다. 또한 성적 흥분이나 특정 행동을 자극한다.

각성감정은 연속적으로 나타나는 과정으로 기쁨, 행복, 분노, 좌절, 증오, 그리고 흥분 등이 있다. 진정감정은 들뜬 신경을 가라앉히는 감정으로 만족, 슬픔, 혼란, 수치심, 그리고 죄책감 등이 있다. 각성은 촉각, 시각, 청각, 후각, 및 미각 감각을 통하여 유발된다. 높은 각성은 사람들이 더 많이 말하고 커뮤니케이션하게 하는 경향이 있다. 사람들은 즐거울 때 많이 말하지만, 만족할 때는 적게 말하는 경향이 있다. 수면상태일 때 각성이 가장 낮다.

[표 4-1] 각성감정과 진정감정

각성감정	진정감정
기쁨, 행복, 분노, 좌절, 증오, 흥분	만족, 슬픔, 혼란, 수치심, 죄책감

각성의 유발

각성은 어떻게 유발되는가? 감각기관을 통하여 나타나는 각성은 여러 가지 요인에 의해서 유발된다. 예를 들면, 접촉은 두드리거나 키스와 애무로, 시각은 충격적이거나 바람직한 것을 보는 것으로, 청각은 갑작스런 소음이나 어떤 것을 듣는 것으로, 후각은 강력하게 기억이 되는 연상적인 냄새로, 그리고 미각은 멋진 또는 역겨운 음식을 통해서 유발되는 것이다.

각성 수준이 고조될 때 나타나는 현상이 있다. 첫째, 맥박과 혈압 상승, 피부전도반응 증가, 호흡 증가 등과 같이 교감신경계 활동이 증가하고, 얼굴, 신체, 음성 등에 변화가 나타난다. 둘째, 약간 고조된 수준은 어떤 사람들에게는 오히려 거짓말을 더 잘할 수 있게 도와주기도 하지만 대부분의 사람들에게는 각성 수준이 높아질수록 거짓말을 하는 것이 더 어렵다는 것을 알게 된다. 각성 수준이 지나치게 높으면 과제수행이 오히려 방해를 받는다. 대체로 정서 강도가 높을수록 각성 수준은 높다.

각성은 가장 일반적인 기만지표이다. 높은 위험 하에서 거짓말을 하는 자들은 더 자극받고, 강한 자극은 인지적, 감정적 부하를 증가한다. 기만활동은 교감신경계가 안전 동기체계에 의해 일어나는 즉각적인 투쟁 아니면 도주 사건이나 잠재적인 위협감을 자극하고 각성을 증가한다. 거짓말 활동을 인지하는 것이나 거짓말이 발각되지 않을까 염려하는 것 등의 심리상태가 각성 수준을 증가시킨다. 그러나 각성 수준이 높아지는 것이 반드시 거짓말을 했기 때문은 아니다. 수줍음이 많거나 자신감이 없는 경우에는 자신의 진실한 말이 거짓말로 잘못 인식될까 봐 염려하기 때문에 각성 수준이 고조되고 그것이 거짓말의 신호로 오해받을 수 있다. 각성 수준은 감정과 마찬가지로 의지적으로 통제하기 어렵다.

▷ 감정

에크만과 프리센(Ekman and Friesen)은 속이는 자가 발각을 두려워하거나 죄책감을 느낀다면 부정적 감정을 경험하지만, 다른 사람을 속인다면 속이는 쾌감을 경험한다고 한다. 속이는 자는 부정과 긍정적 감정을 모두 경험할 수 있다. 부정적 감정이 감정표현이나 잠깐 동안의 미세표현으로 얼굴에 드러날 뿐만 아니라 긍정적 감정도 가장을 통해 미소로 나타난다. 그러나 감정은 선택하고 느낄 수 있는 것이 아니라 감정을 느끼면 자연스럽게 표출되는 것이다. 감정은 순식간에 일어나기 때문이다. 감정이 격해지면 통제하는 것도, 감정변화를 인식하는 것도 어렵다. 얼굴, 신체와 음성의 변화를 은폐하는 것은 많은 노력을 필요로 한다. 은폐가 성공하고 감정의 누출이 없더라도 은폐하려는 노력 자체가 속임수 단서로써 드러난다. 감정 은폐는 쉽지 않지만, 심지어 은폐해야 할 것이 없을 때에도 느끼지 않은 감정을 속이는 것은 아니다. 거짓 감정으로 올바른 동작, 음성의 독특한 변화를 유발하는 것은 쉽지 않다.

감정을 은폐하거나 거짓으로 꾸민다면 실수가 드러난다. 감정을 느끼는 순간에 은폐하려는 것은 말실수를 노출할 수 있지만, 항상 그런 것은 아니다. 만일 거짓을 고백할 의도가 없다면 속이는 자들은 은폐한 감정을 말로 나타내지 않는다. 얼굴표정을 은폐하거나, 호흡이 빠르거나, 목소리가 긴장될 때, 사람들은 선택을 아주 적게 한다. 감정이 나타날 때 자신도 모르게 얼굴 변화가 자동적으로 발생한다. 이러한 변화는 눈 깜짝할 사이에 시작한다. 동작수행의 어려움은 고뇌, 공포와 분노의 성공적인 왜곡이다. 왜곡은 다른 감정을 은폐하는 데 도움이 되지만 난해하다. 화난 것처럼 보이는 것은 쉽지만, 화난 것처럼 보이면서 공포를 느끼는 표정을 동시에 경험하는 것은 어렵다.

음성은 독특한 감정상태와 유쾌 또는 불쾌의 일반적인 정도와 부정이나 긍정적인 결과를 전달한다. 두려운 사람들은 종종 크고 빠른 속도로 말한다. 비언어적 표현 이외에 감정적 상태는 음성 내용과 언어적 형태를 통하여 드러낸다. 예를 들면 '사랑'이나 '좋은'과 같은 말은 '해로운'이나 '추한'과 같은 말보다 더 긍정적인 감정을 내포한다. 속이는 자들이 진실을 말하는 사람들보다 어떤 상황에서는 더 감정적인 언어를 사용한다(Burgoon, Hamel, and Qin, 2012).

▷ 인지적 노력

거짓말은 정보를 은폐하거나, 조작하거나 왜곡하는 과정으로 추가적인 정신 노력이 필요하다. 속이는 자는 진실을 말하는 사람보다 더 많이 생각하고, 없는 사건을 창조하거나 다양한 사건을 묘사한다. 자기규제와 전략적 상호작용이 증가하여 기만은 진실을 말하는 것보다 더 많은 인지적인 노력을 요구한다. 속이는 자가 준비나 예행연습이 적을 때 인지적 노력 단서는 증가한다. 속이는 자는 기만 방법을 미리 생각하고, 충분히 계획하고, 그리고 연습하는데, 이것이 결국은 거짓말할 때 나타나는 속임수 단서가 나타난다. 거짓말을 하는 자는 잠재적인 부정적인 정서적 반응을 감소하려고 적절한 말씨를 찾으려고 한다.

실제로 경험하지 못한 사건은 상반된 감정을 갖고, 내용이 덜 상세하고, 논리적 구조가 부족하고, 덜 그럴듯하다. 속이는 자는 기억의 부족을 잘 인정하지 않고, 수정을 잘하지 않고, 부정적인 감정단어를 잘 표현하지 않는다(Newman, 2003). 정신적 노력 단서는 거짓말을 할 때 더 많이 발생하나 기억회생 단서는 거짓말의 상황 속에 더 많이 남아 있다. 인지적 노력이 많이 요구될 때 사람들은 더 많은 눌변으로 종종 말을 하고, 질문에 대한 반응이 더 오래 걸리고, 몸짓을 멈추고, 응시를 회피한다. 덜 그럴듯한 내용, 적은 언어적 관여, 적은 말, 긴 대기시간, 반복되는 단어, 얼굴, 몸짓, 잘못된 몸짓, 침을 삼키는 동작, 목소리의 변화, 음성중단의 증가, 말실수와 말씨 등이 뚜렷하다. 눈 깜빡거림은 몇 초마다 자동적으로 나타나고, 인지적 행동을 촉진하는 정신적 자원을 재할당하기 위해 말하는 상대방을 더 이상 주시하지 않는다. 이런 현상은 외적 자극으로부터의 이탈신호이다. 다시 말하면, 속이는 자는 속는 상대방으로부터 벗어나 독립된 제삼자 입장에 서 있으려고 하는 것이다. 눈 깜빡거림과 지속기간의 증가는 외적 자극에 대한 주의와 시각적 정보손실의 최소화를 나타낸다(Shultz, Klin and Jones, 2011). 또한 거짓말을 하는 동안 나타나는 실수나 거짓말하는 사람의 행동 때문에 거짓말은 실패하게 된다.

속이는 자가 거짓말을 할 필요가 있을 때를 언제나 예상하는 것은 아니다. 더구나 거짓말을 계획하고, 착수하고, 기억하는 방법을 준비할 시간이 항상 있는 것도 아니다. 속이는 자가 말하는 것은 사실과 일치하는 것도 아니다. 그렇기 때문에 새로운 질문에 신속하게 대답하지 못하는 경우가 발생하기 때문에 실수가 일어나 쉽게 거짓을 탐지하는 누출단서를 제공한다. 주장하는 내용이 시종 일관적이고 논쟁의 여지가 없을 만큼 교묘한 것이라 해도 시간이 경과하면 결국 기억실수와 부주의로 단서가 드러나게 된다. 속임수 단서는 항상 노출될 수 있지만 그렇다고 모두 신뢰할 수 있는 것은 아니다. 어떤 능숙한 사기꾼은 너무 세련되게 보이지 않기 위해서 일부러 작은 실수를 한다.

▷ 행동통제

기만은 행동동작의 부족과 종종 관련된다. 기만의 누설신호를 통제하려고 노력하는 거짓말을 하는 자는 자신의 행동을 부자연스럽게 과잉통제를 한다. 이러한 과잉통제는 딱딱한 자세, 무표정한 얼굴과 제스처, 침을 삼키는 동작, 호흡, 말실수, 그리고 고양된 음높이를 발생할 수 있다. 긴장과 경직된 자세는 활동이 부자연스러운 것으로 스스로가 과잉통제를 통해서 노출되는 결과이다.

▷ 기억한계

자신이 한 거짓말을 모두 기억할 수 있는 것은 아니다. 거짓말을 해야 할 시기를 예상하지 못하거나 상황이 변화될 때 새로운 거짓말을 지어내야 하나 준비가 부족하거나 내용이 일관적이지 못한 경우도 생긴다. 할 말을 미리 생각한 뒤 연습하고 실행하여야 일관성을 유지할 수 있다. 거짓말을 하는 자 자신이 채택한 방법을 기억하지 못하거나 준비가 부족하면 속임수 단서를 누출하게 된다. 말하기 전에 말을 생각해야 할 필요가 있기 때문에 말하는 동안의 잠시 중단이 분명하게 나타나고, 아래 눈꺼풀이나 눈썹이 긴장하고, 몸짓 변화가 뚜렷하다. 이것은 시간을 버는 동안 가능성을 평가하고 아이디어를 탐색하기 때문이다. 말하기 전에 단어를 신중히 고려하는 것은 속임수의 신호일 가능성이 매우 높다.

기만활동 중 기억의 역할은 실제로 상상의 기억과 기만이 운용기억에 부과한 양에 접근할 수 있는 능력에 영향을 준다. 인지적 과부하는 행동을 운영기억에 저장하려고 할 때 발생한다. 복잡한 거짓말인 경우 그럴듯한 이야기를 제시하고 자신의 운영기억에 용량을 할당한다. 거짓말을 하는 자는 말하는 것을 계획하고 스스로 모순되는 것이나 상대방에게 알려진 사실을 회피해야 한다. 뿐만 아니라 상대방의 반응도 관찰해야 하고, 자신의 행동을 감시해야 하고 통제해야 한다. 운영기억(working memory)은 정보들을 일시적으로 보유하고, 각종 인지적 과정을 계획하고, 수행하는 기능을 의미한다.

제5장

자아개념과 자아노출

늘대는 이빨을 잃어도
그 천성은 잃지 않는다(Thomas Fuller).

지옥에서도 악마들끼리는 서로
거짓말하지 않는다
말과 표정의 진실과 거짓 탐지 기술

자아란 무엇인가?

자아개념(self-concept)은 능력, 태도, 느낌을 포함한 자신에 대한 주관적인 인식 개념을 말한다. 자아 개념이라는 용어는 누군가가 자신에 대해 어떻게 생각하고 평가하거나 인식 하는지를 나타내는 데 사용되는 일반적인 용어이다. 자신을 인식하는 것은 자신의 개념을 갖는 것이다. 자아개념은 자신의 이미지이다. 이 자아 이미지는 시간이 지남에 따라 정확히 어떻게 형성되고 변경되는가? 이 이미지는 여러 가지 방식으로 발전하지만 특히 삶에서 중요한 사람들과의 상호작용에 영향을 받는다.

■ 자아개념의 성격

자아개념은 일반적으로 자신의 행동, 능력 및 독특한 특성에 대한 자신의 개인적인 인식이다. 이것은 본질적으로 자신이 어떤 사람인지에 대한 정신적인 그림이다. 자아개념(self-concept)은 개인이 자신에 대하여 갖고 있는 생각, 통찰력과 아이디어이다. 즉, 자기 자신에 대한 능력, 태도, 느낌 등에 대한 주관적인 견해이다. "나는 누구인가?" "나는 어떤 사람인가?" "나는 어떤 사람으로 보이는가?" 등의 질문에 스스로 자신에게 답하는 것이 자아개념이다. 긍정적인 자아개념을 갖는 사람이 부정적인 자아개념을 갖는 사람들보다 사회적 적응을 더 잘한다는 결과가 연구로 밝혀졌다.

- **자아개념**: 개인이 자신에 대하여 갖고 있는 생각, 통찰력과 아이디어

미국의 심리학자인 윌리엄 제임스(William James)는 정신적 자아, 물질적 자아, 사회적 자아, 그리고 육체적 자아로 구분하고, 하나의 자아는 개인과 사회환경의 상호작용을 통하여 형성된다고 한다. 송인섭(1998)은 자아개념을 정신적 자아, 물질적 자아, 사회적 자아와 육체적 자아로 분류한다. 정신적 자아는 지적, 도덕적 및 종교적 신념의 복합체인 생각과 느낌, 물질적 자아는 자신의 한 부분으로 보는 물질적 소유, 사회적 자아는 개인과 집단의 의견 통합, 그리고 육체적 자아는 단순히 육체적인 모습으로 이루어진다.

타인과 관계에서 자아를 집단적 자아와 사적 자아로 설명한다. 개인적 특성을 강조한 인지는

사적 자아를 형성하는 기억 속에 저장되지만, 집단 간의 특성을 강조한 인지는 집단적 자아 (collective self)를 형성하는 기억에 저장된다. 상호 문화적 차이는 사적 자아와 집단적 자아의 상대적인 접근성을 결정하기 때문에 존재한다. 대체로 집단적 문화에 집중하면 집단적 자아가 형성되고, 개인적 문화에 집중하면 사적 자아와가 형성된다.

집단주의(collectivism)는 관계성, 합리성, 가족주의, 타인 중심과 개인적 집단주의를 포함한다. 타인 중심 주의적 가치는 개인들이 온정, 대인 간 친밀성, 민감성과 친밀한 타인과의 욕구에 주의를 기울이는 것을 강조하는 집단주의 가치와 유사하다. 여성은 상호 의존적으로 사회화되고 관계 지향적이지만, 남성은 자율적이고 독립적이며 자아 의존적으로 사회화되는 경향이 있고, 여성이 남성보다 더 많이 집단적 자아인지를 표현하는 것으로 예상된다(Madson, 2001). 여성들은 남성들보다 집단적 귀속감과 친밀감이 높은 경향이 있다. 연구에 의하면 실제로 여성들이 남성들보다 배신하는 경향이 적다고 한다.

개인들은 일관된 자아개념을 유지하려는 내적 욕망을 갖고, 사회적 상호작용을 통하여 사회적 개념을 향상한다. 개인에게 특별한 자아개념은 대인관계에 영향을 준다. 일관된 자아개념을 확립하기 위하여 개인들은 사회적 맥락에서 타인들과 상호작용할 필요가 있다. 자아개념은 다차원적인 개념이다. 자아개념에 대한 일반적이고 많이 인용되는 분류는 미국의 심리학자인 시지(Joseph Sirgy)의 분류이다. 그는 자아를 실제적 자아, 이상적 자아, 사회적 자아와 이상적 사회적 자아로 분류한다.

- 실제적 자아: 개인이 자신을 실제로 보는 자아
- 이상적 자아: 개인이 미래에 되고 싶어 하는 자아
- 사회적 자아: 타인들에게 실제로 보이는 자아
- 이상적 사회적 자아: 타인들이 미래에 원하는 자아

■ 자아개념의 동기

자아존중감(self-esteem)은 자신의 가치에 대한 자아평가이며, 자신에 관하여 어떻게 느끼고 생각하는가를 표현하는 것이다. 즉, 자아존중감은 개인이 자신에 관하여 얼마나 좋거나 나쁘게 느끼는가이다(Ferkany, 2008). 자아존중감은 자신의 개인적인 경험을 타인과 상호작용하는 요소로 타인들이 자신에 대한 평가와 연결되어 자아효능감에 영향을 준다. 자아효능감(self-efficacy)은 한 개인이 어떤 일을 잘 수행할 수 있는 정도이다.

- **자아존중감:** 자신의 가치에 대한 자아평가
- **자아효능감:** 어떤 일을 잘 수행할 수 있는 정도

높은 자아존중감은 긍정적인 행동이 있고, 독립심, 책임수행, 좌절에 대한 인내, 동료 압력에 대한 저항, 새로운 과업과 도전에 대한 흔쾌한 시도, 긍정과 부정적 감정의 통제능력과 타인에 대한 흔쾌한 도움 제공을 포함한다. 이와 같이 자아존중감이 높은 사람들은 일반적으로 인간으로서 자신을 가치 있게 느끼고, 자신을 존중할 뿐만 아니라 자신의 결점을 알고 있다. 그러나 자아존중감이 낮은 사람들은 인간으로서 자신을 부족하고, 가치 없고, 그리고 부적절한 존재로 느낀다. 자아존중감이 높은 사람들은 낮은 사람들보다도 더욱 호감이 가고 매력적이며 다른 사람에게 좋은 인상을 주고 더 좋은 인간관계를 갖는다. 따라서 높은 자아존중감은 대인관계를 친밀하고 원만하게 유지하고 미래지향적인 자아실현의지가 크지만, 낮은 사람들은 이와 대조적인 현상이 있다.

자아검증(self-verification)은 다른 사람들에 대한 확고한 신념과 느낌에 따라 다른 사람들에 의해 알려지고 이해받기를 원하는 사회심리이론이다. 즉, 자기 견해에 따라 다른 사람들에게 알려지고 이해되기를 원한다. 예를 들면, 자신을 적절한 것으로 여기는 사람들은 다른 사람들이 자신을 그렇게 보는 것을 원하고, 자신을 부적절한 것으로 보는 사람들은 다른 사람들이 그런 식으로 그들을 인식하기를 원한다. 즉, 개인들은 자신을 보는 방법과 동일한 방법으로 타인들이 자신을 보기를 원한다.

자아일관성 동기(self-consistency motive)는 자신에 대한 사전 생각과 일치하는 방식으로 자신을 지각하게 하는 경향이다. 즉, 사람들은 생각과 행동의 일관성을 일치하려는 경향이 있다. 또한 개인들은 자아개념을 보존하거나 향상하려고 노력한다. 자아일관성이 낮은 사람들은 높은 사람들보다도 환경에 더 영향을 받는다.

- **자아일관성 동기:** 자신에 대한 사전 생각과 일치하는 방식으로 자신을 지각하게 하는 경향

실제적 자아일치성에 대한 자아개념 동기는 자아일관성을 유지하는 것이고, 이상적 자아일치성에 대한 자아개념 동기는 자아존중감을 향상하는 것이며, 사회적 자아일치성에 대한 자아개념 동기는 사회적 일관성을 유지하는 것이고, 이상적 사회적 자아일치성에 대한 자아개념 동기는 사회적 승인을 얻는 것이다. 사람들은 자신의 이상적 이미지를 갖고 이상적 이미지의 실현으

로 자아존중감을 증가한다. 사회적 자아 이미지는 사회적 일치성 동기에 의하여 행동에 영향을 준다. 사람들은 중요한 타인으로부터 긍정적인 반응을 얻기 위해서 이상적 사회적 자아 이미지와 일치하도록 행동하는 경향이 있다.

자아노출

자아노출은 개인이 자신에 대한 정보를 다른 사람에게 공개하는 의사소통의 한 유형이다. 정보는 설명적 또는 평가적일 수 있으며 사고, 감정, 포부, 목표, 실패, 성공, 공포 및 꿈은 물론 좋아하는 것이나 싫어하는 것 등을 포함할 수 있다. 진정한 자아노출에 대한 부정적인 반응은 관계를 즉시 종료시킬 수 있다. 한 사람이 자아노출을 할 때, 청취자는 비슷한 자아노출을 함으로써 쌍방향 의사소통이 될 수 있다. 개인 간의 정보교환은 인간관계에서 친밀감을 만든다.

▪ 자아노출과 자아인식

자아노출(self-disclosure)이란 자신의 생각, 감정, 경험 등 자신에 관한 정보를 언어 혹은 비언어적으로 다른 사람에게 표현하는 것을 의미한다. 즉, 자아노출은 남에게 알려지지 않은 진실한 자신에 관한 사적인 정보, 즉 과거나 현재의 생각, 감정, 경험, 욕구, 관심 등을 의도적으로 의사소통하는 것이다. 자아노출 중에 상대방이 어떤 반응을 할지, 혹시 비판이나 거부하지 않을지에 대한 우려가 수반된다. 실제로 자아노출의 역효과는 관계가 악화되거나 상대방으로부터 나쁜 평가를 받게 되는 경우이다. 따라서 적절한 자아노출이 필요하다.

- **자아노출**: 자신의 생각, 감정, 경험 등 자신에 관한 정보를 언어 혹은 비언어적으로 다른 사람에게 표현하는 것

자아노출은 의사소통 과정에서 상대방의 권리를 침해하거나 불쾌하지 않게 자신의 권리, 욕구, 의견, 생각과 느낌 등을 솔직하게 직접 나타내는 것이다. 인간관계는 상호작용이다. 자신의

정보를 자발적·능동적으로 드러내어 타인과 공유하는 것이 중요하다. 자신의 이름, 소속, 출신 학교와 같은 인적 사항에서부터 자신의 감정과 내면에 있는 자신의 모습까지 자아노출 내용은 매우 다양하다.

자아노출의 내용은 자신의 정보이며, 자아노출의 효과는 상호이해의 증진이다. 상대방이 자신에 관해서 어떤 생각을 하고 있는지 또는 어떤 감정을 느끼고 있는지 잘 모를 때가 많다. 이럴 때 자아노출은 상호간의 감정이나 생각을 객관적으로 이해하게 되어 관계가 친밀해진다. 서로가 자아노출을 하면 공감대가 확대되어 거리감이 줄어들고 친밀해진다. 자신의 자아노출은 상대방의 자아노출을 가져와 결과적으로 상호간의 의사소통이 증진된다.

SENSE ● 효과적인 자아노출

- 자아노출은 대인관계 개선이다.
- 비판적이거나 판단적인 태도를 버린다.
- 불쾌하거나 괴로운 상황을 이야기한다.
- 자신의 느낌과 감정을 정확하고 솔직하게 표현한다.
- 적당한 시간과 장소를 선택해서 말한다.
- 지나친 자아노출은 상대방이 위축된다.

자아인식(self-awareness)은 주변의 인간이나 물체, 환경으로부터 자신의 존재를 구별하고 이해할 수 있는 능력을 뜻한다. 자신이 누구인가와 다른 사람이 자신을 어떻게 보는가에 큰 차이가 있을 수 있다. 타인과 자신의 인식의 차이 없이 자기 자신을 있는 그대로 볼 수 있는 능력이다. 자아인식은 자신이 자신의 가치, 신념, 가정, 태도 등이 행동에 어떤 영향을 주는지를 객관적으로 인식하는 것을 뜻한다. 따라서 자아인식 없이는 자신의 자아를 볼 수 없으며 또 다른 사람에게 자신의 자아를 보여 줄 수 없다.

■ 조해리 창

조해리 창(Johari's Window)은 조셉 루프트(Joseph Luft)와 해리 잉햄(Harry Ingham)이 창안하여 두 사람의 이름 머리글자(Joe + Harry = Johari)를 따서 명명한 자아인식 모델이다. 인간은 사회적 존재이기 때문에 생존하는 기간 동안 복잡한 인간관계망 속에서 활동한다. 좋은 인간관계를 유지하고, 생산적인 교류가 이루어질 때 개인의 발달과 성장을 촉진할 뿐만 아니라 자신의 목표를 달성하고 자아를 실현할 수 있다. 효과적인 인간관계는 다른 사람의 재능과 능력, 욕구와 단점을 이해하는 것이다. 조해리 창은 인간관계에서 효과적인 자아노출의 정도를 제시한다. 개인이 자신을 얼마나 알고 있으며, 타인들에게 자신을 얼마나 노출하는 수준을 알수 있다. 자아노출의 정도에 따라서 열린 자아, 눈먼 자아, 숨겨진 자아와 미지의 자아로 구분한다.

[그림 5-1] 조해리 창(Johari's Window)

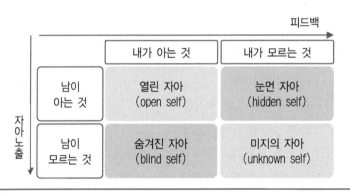

▷ **열린 자아**

열린 자아(open self)는 자신에 대한 정보가 자신과 타인이 잘 알고 있는 영역이다. 즉, 나와 다른 사람이 나에 대해서 알고 있는 정보이다. 관찰 가능한 외형, 의식적으로 하는 말과 행동이 포함된다. 성별, 생김새, 키, 피부색, 이름, 출신학교, 전공이나 취미 등에 관해 언어적, 비언어적 정보를 교환한다.

다른 사람과 관계가 친밀할수록 자아노출 정도가 더욱 높아지고, 공유할 수 있는 정보가 많으면 많을수록 관계가 깊어질 수 있다. 처음에는 노출영역이 비교적 좁지만 만남이 거듭되면서 점차 확장된다. 이 영역이 커진다는 것은 효과적인 의사소통이 가능하다는 의미이다. 다른 사람과 정보와 감정을 개방적으로 나누면 민주형이 된다. 이 영역이 너무 크면 수다쟁이, 주책없는 사람으로 보일 수 있으나 이 영역이 너무 작으면 폐쇄적인 사람, 비밀이 많은 사람으로 보일 수 있다.

▷ 눈먼 자아

눈먼 자아(blind self)는 다른 사람은 알고 있으나 정작 자신은 알지 못하는 영역이다. 즉, 자신만이 모르는 영역이다. 자신의 좋지 못한 습관, 버릇, 행동특성들을 자신은 모르지만, 다른 사람들이 알아 변화할 수 있는 가능성이 있다. 다른 사람들과 지속적인 대화를 한다면 은폐된 자신의 모습을 발견할 수 있고, 상대방과의 관계를 보다 진전시킬 수 있다. 사람에 따라서 자신을 개방적이고 우호적인 사람으로 혹은 폐쇄적이고 배타적인 사람으로 인식할 수 있다.

과다하게 자아노출하고 상대방으로부터 충분한 피드백을 받지 못하면, 자기주장이 강하고 상대방의 의견을 불신하고, 비판적인 독단형이 된다. 이 영역이 너무 크면 자신이 다른 사람들에게 어떤 인상을 주는지를 자신만 모른다. 다른 사람들과의 관계가 소원하고 부정적일 수 있다. 반면에 눈먼 자아의 영역이 너무 작으면 지나치게 분석적인 사람이나 자아인식이 강한 사람으로 보인다. 이 영역은 남은 알고 있으나 정작 자신은 모르는 영역이다.

▷ 숨겨진 자아

숨겨진 자아(hidden self)는 자신에 대해 본인만 알고 다른 사람은 전혀 모르는 영역이다. 다른 사람과 공유하는 것을 수치스럽거나 두려워 자신이 숨긴 정보 등이다. 자신의 단점, 잘못한 점, 성적, 학력, 수입 등 개인 신상에 관한 정보와 부부관계나 애정관계와 같이 사생활에 관한 정보이다. 상대방 역시 숨겨진 영역에 대한 관심이나 질문은 가급적 삼간다. 누구나 개인적인 생각, 감정, 경험들을 숨길 수 있는 권리가 있어 비밀에 대해 죄의식을 느낄 필요가 없다.

숨겨진 자아 영역이 넓을수록 대인관계는 제한적이고 관계발전을 기대하기 어렵다. 커뮤니케이션은 공식적·객관적 수준에 그쳐서 친밀하고 지속적인 관계형성이 어려워진다. 의사소통은 과묵형이며, 자신을 표출하지 않고, 상대로부터 정보만 얻으려 한다. 숨겨진 자아의 영역이 너무 크면, 사람들에게 따돌림 당하고, 사람들이 가까이 오지 않는다. 숨겨진 자아의 영역이 너무 작으면, 신뢰할 수 없는 사람으로 간주되어 아무도 비밀을 말하지 않는다.

▷ 미지의 자아

미지의 자아(unkown self)는 자신이나 다른 사람들도 모르는 영역이다. 물론 가까운 친구나 가족도 전혀 모르는 영역이다. 어느 인간도 특정 개인을 완전히 알 수 없다. 자타의 미지영역이어서 개발되지 않은 재능이나 능력이 있을 수 있다. 드러나지 않은 개성이나 성적인 선호경향 등 이른바 무의식의 세계가 해당된다. 겉으로 드러나지 않고 의식할 수 없으며, 다른 사람들 역시 알 수도 없는 자신의 모습이다. 최면술이나 마인드 컨트롤 등 정신요법 등으로 이 부분이 밝혀지기도 한다. 자신의 내면세계에서는 존재하지만 대인관계를 통해서 드러나지 않는 자아의 영역이다. 이 영역은 친교가 깊어지면 좁혀질 수 있고, 친한 친구로부터 피드백을 받는다면 자신의 잠재능력을 개발할 수 있다.

▷ 자아영역의 유형별 특징

자아노출의 정도에 따라 고립형, 선전형, 신중형과 개방형 등 네 가지 유형으로 분류한다. 고립형은 자기개방도 없고 상대에게서 피드백 정보도 없는 유형이다. 자기중심적 생각과 행동, 조직사회에서 골칫거리가 특징이다. 선전형은 자기개방은 많지만 상대에게서 유입되는 정보는 없고, 타인에게 큰 피해를 주지 않고, 과장된 정보를 그냥 신뢰한다. 신중형은 자기개방을 거의 하지 않고 상대의 정보를 얻는데 관심이 있다. 개방형은 주도적으로 자기개방하고 상대의 정보도 피드백 받아 원만한 대인관계 형성하는 유형이다.

고립형

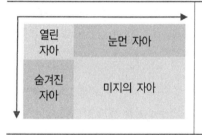

- 자기개방도 없고 상대에게서 피드백 정보도 없는 유형
- 자기중심적 생각과 행동으로 조직사회에서 골칫거리
- 자신의 잠재력 사장, 타인의 의욕 좌절
- 인간관계에 소극적이며 혼자 있는 것을 좋아함
- 고집이 세고 주관이 지나치게 강함
- 심리적인 고민이 많으며 부적응적인 삶을 살아감
- 인간관계에 더 적극적이고 긍정적인 태도를 가짐
- 공개적 영역을 넓히는 것이 바람직

선전형

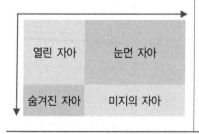

- 자기개방도 많지만 상대에게서 유입되는 정보는 없다.
- 타인에게 큰 피해를 주지 않아 과장된 정보를 그냥 신뢰하지 않으면서 들어주면 된다.
- 자신의 기분이나 의견을 잘 표현하며 나름대로의 자신감을 지닌 솔직하고 시원시원한 사람일 수 있다.
- 다른 사람의 반응에 무관심하거나 둔감
- 독단적이며 독선적인 모습으로 비쳐질 수 있다.

신중형

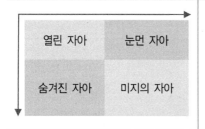

- 자기개방을 거의 하지 않고 상대의 정보를 얻는데 관심
- 남의 이야기는 잘 경청하지만, 자신의 이야기는 잘 하지 않고, 자신의 속마음을 잘 드러내지 않으며, 계산적이다.
- 잘 적응하지만 내면적으로 고독감을 느끼는 경우가 많고 현대인에게 가장 많은 유형으로 알려져 있다.
- 자기개방을 통해 남과 좀 더 넓고 깊이 있는 교류필요

개방형

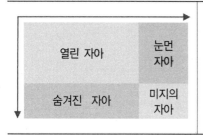

- 주도적으로 자기개방하고 상대의 정보도 피드백 받아 원만한 대인관계 형성
- 솔직하고, 개방적이며, 감수성이 뛰어나고 자신감 있다.
- 적절하게 자기표현을 잘함, 다른 사람의 말도 잘 경청할 줄 아는 사람들로서 다른 사람에게 호감과 친밀감을 주게 되어 인기가 있다.
- 지나치게 공개적 영역이 넓은 사람은 말이 많고 주책스럽고 경박한 사람으로 비쳐질 수 있다.

조해리의 창 진단지		

그렇지 않다		그렇다		매우 그렇다
1	2	3	4	5

No	내용	점수
1	내가 생각하고 있는 바를 자신 있게 말한다.	
2	상대방이 나를 비판할 때 변호를 하기 보다는 귀를 기울이는 편이다.	
3	어떤 일에 대하여 잘 모르는 것은 잘 모른다고 확실히 말한다.	
4	다른 사람의 말에 대해 몸짓과 표정, 눈길로 관심을 나타낸다.	
5	자기 자신을 솔직하게 표현한다.	
6	남이 무엇인가를 표현하려고 애쓸 때에는 그것을 도와준다.	
7	나는 나의 잘못에 대해서 변명하기 보다는 잘못을 인정하는 편이다.	
8	나의 의견에 대해서 상대방이 어떻게 생각하는지 물어보고 경청하는 편이다.	
9	별로 좋은 일이 아닐지라도 남들이 알아야 할 일이라면 알려준다.	
10	독단적인 토의를 하지 않고 아이디어를 자유로이 제기할 수 있도록 한다.	
11	내연관계에 있어서 정직하다.	
12	다른 사람의 가정을 존중한다.	
13	처음 만나는 사람에게도 자신을 솔직히 드러내는 편이다.	
14	이야기를 독점하여 상대방을 짜증나게 하는 일이 거의 없다.	
15	나는 다른 사람에 비해 비밀이 적은 편이라고 생각한다.	
16	관심을 갖는 체하거나, 경청하는 체하지 않는다.	
17	본대로 솔직하게 이야기하며 거짓말을 하지 않는다.	
18	다른 사람이 내 말에 찬성하지 않는다고 화내거나 푸대접하지 않는다.	
19	자신의 본성을 그대로 나타내며 가장하지 않는다.	
20	다른 사람의 조언이나 충고를 고맙게 받아들인다.	
21	다른 사람이 이해할 수 있는 말과 용어를 쓴다.	
22	중요한 토의를 할 때 방해되는 일이 일어나지 않도록 사전에 예방조치를 한다.	
23	다른 사람이 잘못을 했을 경우 잘못한 사람에게 솔직하게 이야기한다.	
24	대화나 토의를 할 때 다른 사람이 그들의 생각을 발표하도록 권장한다.	
	홀수 문항 합계 점수 :	
	짝수 문항 합계 점수 :	

○ 나의 영역 찾기

1. 진단지의 홀수문항의 점수(자기 공개)를 모두 합하고, 짝수 문항의 점수(피드백)를 모두 합한다.

2. 짝수, 홀수의 합계점수를 옆의 그림에 표시하며 직선으로 그린다 (예제: 짝수 45점, 홀수 25점인 경우).

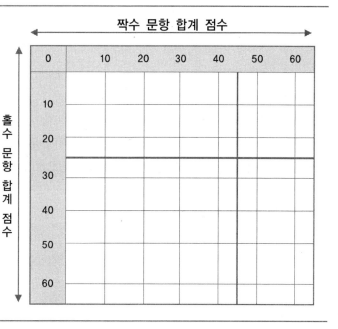

의사소통 유형

의사소통이란 사람들이 서로 정보를 주고받으며 정보의 의미를 부여하고, 내적·외적 반응을 하는 방식이다. 대부분 사람들은 충분하지 않은 정보에도 보고 들은 것을 자신의 방식으로 이해하고 해석하려고 한다. 불충분한 의사소통은 대부분 언어에만 거의 집중하기 때문이다. 전달되는 언어가 아니라 전달되는 맥락과 신체언어를 포함할 때 효과적인 의사소통이 될 수 있다. 사람들은 말을 하면서도 동시에 얼굴표정, 목소리의 높낮이, 손짓, 몸짓 등으로 비언어적 메시지를 보낸다. 이러한 비언어적 표현들은 사람의 내면상태를 반영하는 것이다. 언어적 메시지와 비언어적 메시지가 차이가 날 때 이를 불일치한 의사소통이라고 한다. 정보전달방법은 불일치된 말과 일치된 정서, 일치된 말과 불일치된 정서가 있지만, 일치된 말과 일치된 정서를 사용하는 것이 효과적이다.

사티어(Satir)는 커뮤니케이션을 정보공유 과정으로 메시지의 일치성과 불일치성에 관심을 두고, 긴장 시에 사용하는 역기능적 의사소통 유형을 생존방식이라 하였다. 사티어에 의하면 사람들이 일반적으로 스트레스가 있는 상황에서나 대인관계에서 거절당할 가능성이 있다고 느낄 때 자신을 보호하려고 역기능적인 의사소통을 한다. 역기능적 의사소통의 공통점은 언어적 메시지와 얼굴표정, 몸의 위치, 근육의 상태, 호흡속도, 음성 등의 비언어적 메시지가 일치하지 않는 이중 메시지를 전달하는 것이다. 사람들이 긴장했을 때 보여 주는 대처방식을 설명한 사티어는 의사소통의 유형을 회유형, 비난형, 평가형과 산만형으로 분류한다.

[그림 5-2] 사티어의 의사소통 유형

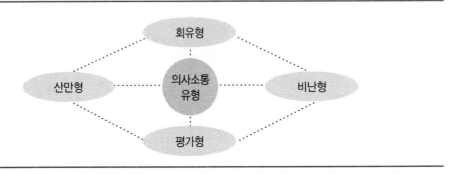

■ 회유형

회유형(placating)은 변명과 아부를 잘한다. 다른 사람의 찬성과 동의를 원하고, 자기 책임으로 돌리며 상대방이 원하는 대로 행동하는 유형이다. 타인을 위해 자신을 희생하고, 타인을 화나지 않도록 노력하는 유형이다. 자신을 무가치하다고 인식하고, 자신의 욕구를 감춘다. 붙임성이 있고 적절한 행동을 하는 것처럼 보인다. 다른 사람이 조금이라도 불편한 것처럼 보이면 시간, 돈, 생명까지도 주어 가면서 비위를 맞추어 상대방의 고통을 가볍게 해주려고 노력한다. 정작 자신은 자신을 힘이 없고 가치 없는 존재라 생각하여 변명과 아부를 잘한다. 다른 사람과 상호작용하는 상황을 존중한다.

[표 5-1] 회유형의 반응

구분	반응
단어	동의하는 단어 사용 내가 잘못이다. 네가 없으면 난 아무것도 아니다.
정서	자신 과소평가 나는 힘이 없다. 변명하는 표현과 목소리, 약한 신체적 자세
행동	순교적, 타인 지향적 태도 사죄하고, 변명하고, 우는 소리하며, 모든 것을 제공한다.
내적 경험	자신은 아무 가치가 없다고 느낀다.
심리적 영향	신경과민, 우울증, 자살할 수 있는 성향, 자멸적인 성향

■ 비난형

비난형(blaming)은 자신을 보호하기 위해 다른 사람을 괴롭히거나 비난하고, 외부적 환경을 탓한다. 자기주장이 강하고, 독선적이고, 명령적이고, 지시적이다. 잘못을 남의 탓으로 돌리고 참을성이 없다. 다른 사람들에게 자신을 힘이 있고 강한 사람으로 과시한다. 마치 남들을 자신이 통제한다고 느낀다. 힘을 지닌 사람이 도전하면 비난형은 쉽게 흔들리고 무너진다. 날카롭게 비난하는 것은 도움을 간청하는 표현이기도 하다. 비난형에게는 내면적으로 고독하고 비성공적인 감정이 있다. 타인에 대한 비난행위는 남과 친밀해지고 싶은 자신의 욕구를 숨긴 것이다. 책임을 다른 사람에게 전가하고, 인내심이 부족하며 혼자 잘났다는 생각을 한다. 남에게 충성과 복종을 요구하나 다른 사람을 무시한다.

[표 5-2] 비난형의 반응

구분	반응
단어	반대하는 단어 사용 모든 것은 네 잘못이다.
정서	비난적임 나는 여기서 우두머리다. 힘이 있어 보이는 입장, 융통성이 없다.
행동	상대에게 공격적, 심판적 태도, 상대에게 명령, 상대의 약점 발견
내적 경험	소외, 나는 외로운 실패자다.
심리적 영향	과대망상, 일탈행동, 살인할 수 있는 성향

▪ 평가형

평가형(computing)은 초이성형이라고도 하며, 자신과 다른 사람을 무시한다. 지나치게 이성적이고, 단지 상황을 존중하고, 정보와 논리를 중요하게 생각한다. 주로 부정적인 측면을 언급하고, 감정표출도 많지 않고, 정확하고, 실수하지 않으려는 경직된 자세로 마치 현명하고 품위 있는 것처럼 언제나 장황하게 말하는 경향이 있다. 항상 자신이 옳다는 것을 증명하고자 한다. 평가형은 내면적으로 약해서 감정적으로 상처받기 쉽고, 평가는 상대방에게 시기심을 갖게 하고, 자신의 정서적 감정을 숨긴다. 평가형의 모습은 조용, 냉정, 침착하여 자칫 지성으로 오인될 수 있다. 내면에서는 고독하여 고통 받는 유형이다. 사람을 멀리하고, 완전히 중립을 유지하고 자신의 감정을 부정한다.

[표 5-3] 평가형의 반응

구분	반응
단어	극히 객관적, 학구적임, 사람은 지적이어야 한다고 생각 규칙과 옳은 것에 관한 자료 사용, 추상적인 단어와 긴 설명
정서	완고, 냉담, 경직된 굳은 자세, 고자세 사람은 어떤 희생이 있어도 냉정하고, 조용하고, 침착해야 한다.
행동	권위적임 강직, 원칙적 행위, 행동 합리화, 조작적, 의도적, 강제적
내적 경험	나는 상처받기 쉽고 고립된 느낌이다. 어떤 감정도 표현할 수 없다.
심리적 영향	강박적, 반사회적, 사회적으로 위축, 과도한 긴장

▪ 산만형

산만형(distracting)은 항상 활동적으로 계속 움직이는 태도이며, 사람들과의 관심을 분산시키고자 한다. 생각을 자주 바꾸고, 한 번에 많은 행동을 한다. 산만형이 나타나면 지루하고 침체된 분위기를 재미있게 바꾸어 주어, 사람들은 이들의 행동을 자연스럽고 쾌활하다고 느낀다. 내면적으로는 현재 있는 곳이 적절하지 않다고 생각한다. 말하거나 생각하는 것이 다른 사람의 것과 일치하지 않는다. 상황에 맞지 않는 말을 하며, 비합리적이며, 주제에 초점을 잘 맞추지 못한다. 신체적으로도 몸을 계속 움직인다. 눈을 깜빡거린다. 노래를 하거나 다른 사람의 머리카락을 건드린다. 안절부절 한다. 산만형은 커뮤니케이션할 때 내면적으로는 아무도 상관하지 않는다. 말하거나 행동하는 것이 다른 사람과 일치하지 않아도 별로 상관이 없고 관심이 없다. 자신과 주위 사람들의 욕구를 무시한다.

[표 5-4] 산만형의 반응

구분	반응
단어	관계없는 단어 사용, 뜻이 통하지 않고, 요점이 없다.
정서	혼돈스러움. 나는 실제로 여기에 있는 것이 아니다. 계속해서 움직임, 비스듬히 앉음
행동	산만함, 부적절하게 조정, 지나치게 활동적임
내적 경험	아무도 상관 않는다. 거기는 내게 적절한 곳이 아니다. 균형이 없다. 끼어들며 주의를 끌려 함.
심리적 영향	혼돈됨, 부적절함, 정신병

 ## 비형식적 오류

오류를 실질적 오류와 논리적 오류로 구분한다. 실질적 오류(error)는 판단이 사물이나 현상과 일치하지 않는 것이나, 논리적 오류(fallacy)는 올바른 사고 법칙에 따르지 않음으로써 발생하는 오류이다. 즉, 논리적 사고규칙인 자동률(自同律), 모순율(矛盾律), 배중률(排中律) 등을 따르지 않는 오류이다. 오류는 두 가지 이상의 행동특성이 서로 관련된 것으로 생각하고, 그중 하나의 특성만을 보고 다른 특성까지도 유사한 성질의 것으로 추론할 때 발생한다. 이와 같이 논리적 오류(logical fallacy)란 추리과정에서 발생하는 실수로 추론의 실수이다. 이는 어떤 것이 이해되지 않거나 논리적이지 못한 생각에서 오는 결함으로 어떤 문제의 진리를 확증하는 과정에서 논증의 규칙이나 사유의 법칙을 위반하는 것이다.

■ 오류의 정의

오류(error)는 말이나 행동에서의 실수로 정확성과 거리가 먼 것을 의미하며, 사실이 아닌 것을 갖고 있는 신념이다. 오류는 논리나 형태에서 명백히 결함이 있기 때문에 전체로써 타당하지 않는 논증의 요소이다. 오류는 단순히 사실에 대해서 잘못된 사실오류(factual error)와 다르다. 오류는 결론에 주어진 전제가 필요한 지지를 제공하지 않는 논증이다.

논리적 과정이 바르지 못할 때 잘못된 추리로 올바르지 못한 판단에 이르게 될 수 있다. 논증의 오류는 논리적으로 불충분하지만 종종 심리적으로 설득력 있는 논증으로 형식적 오류와 비형식적 오류가 있다. 형식적 오류는 논증의 형식에서 빚어지는 오류이지만, 비형식적 오류는 논증의 내용에서 빚어지는 오류이다. 비형식적 오류의 특징은 명제에 대한 주장을 논리적으로 하지 않고 모호한 언어 사용, 감정 의존, 비약적인 판단 등이 있다. 형식적 오류는 전적으로 논리적 형식에서, 비형식적 오류는 논증의 내용에서 발생한다.

- 형식적 오류: 논증의 형식에서 빚어지는 오류
- 비형식적 오류: 논증의 내용에서 빚어지는 오류

■ 비형식적 오류

비형식적 오류(informal fallacy)는 논증의 내용에서 빚어지는 오류이다. 비형식적 오류의 특징은 명제에 대한 주장을 논리적으로 하지 않고 모호한 언어 사용, 감정 의존, 비약적인 판단에 따르는 오류 등이 있다. 본서에서는 비형식적 오류를 다운스(Stephen Downes)의 논리적 오류의 안내(Stephen's Guide to the Logical Fallacies)를 중심으로 하여 요약한다. 불완전 귀납 오류, 동기호소, 주제 변경, 귀납오류, 통계적 삼단논법 오류, 인과오류, 요점상실, 모호성 오류, 범주오류, 불합리한 추론, 추정의 오류, 설명오류와 정의오류 등 제시한다.

[표 5-5] 비형식적 오류의 분류

1) 불완전 귀납 오류
• **부적절한 권위 호소 오류**: 부적절한 권위자의 견해를 인용할 때 발생하는 오류이다.
• **무지오류**: 사실이라고 알려지지 않았기 때문에 거짓으로 가정된다.
• **미끄러운 비탈길**: 일련의 점점 더 받아들일 수 없는 결과가 묘사된다.
• **성급한 일반화 오류**: 일부 제한된 사례로 무두 동일한 특성을 갖고 있다는 오류이다.
2) 동기호소
• **권력호소**: 힘으로 동의하도록 설득한다.
• **연민호소**: 동정으로 동의하도록 설득한다.
• **결과호소**: 수용될 수 없는 결과를 경고한다.
• **편파적 언어**: 가치나 도덕적 선이 논증자를 믿도록 영향을 준다.
• **인기호소**: 널리 진실로 여기기 때문에 명제가 진실로 주장된다.
3) 주제변경
• **인신공격**: 논증이 아니라 논증을 제시하는 사람에 대한 공격한다.
• **권위자 호소**: 권위자의 말을 인용한다.
• **익명 권위자 호소**: 거론한 권위자는 존재하지 않는다.
• **본질보다 방식**: 논증이 제시되는 방식이 결론의 진실에 영향을 미친다.
4) 귀납오류
• **성급한 일반화**: 표본수가 너무 작아 모집단을 지지할 수 없다.
• **대표성이 없는 표본**: 표본이 전체 모집단을 대표할 수 없다.
• **거짓유추**: 비교되는 두 개의 대상이나 사건이 상당히 다르다.
• **나태한 귀납**: 강력한 귀납적 논증의 결론이 반대된 증거에도 거부된다.
• **예외의 오류**: 논증을 약화하는 중요한 증거를 고려사항으로부터 제외한다.
5) 통계적 삼단논법 오류
• **우연의 오류**: 일반적 규칙을 특수한 경우에 적용할 때 일어나는 오류이다.
• **역 우연의 오류**: 일반화가 적용되는 상황에 예외가 적용된다.
6) 인과오류
• **사후오류**: 어떤 일이 다른 것을 수반하기 때문에 다른 것의 원인이 된다.
• **결합효과**: 알려진 원인과 결과는 모두 결합 원인의 결과이다.
• **사소성 오류**: 알려진 원인은 다른 것과 비교하여 사소한 것이다.
• **잘못된 방향 오류**: 원인과 결과의 방향이 역이다.
• **복합적 원인 오류**: 확인된 원인은 전체 원인의 일부일 뿐이다.
• **우연의 상관관계**: 다른 것에 의해 원인이 될 때 오류이다.

7) 요점상실 오류

- **논점일탈**: 논증과 관련 없는 이야기를 하여 논증과 무관한 결론에 이르는 오류이다.
- **비관련 결론**: 한 결론을 방어하는 논증이 대신 다른 것을 증명한다.
- **허수아비**: 상대편의 논증의 약한 부분을 공격한다.

8) 모호성 오류

- **다의성 오류**: 동일한 단어가 두 가지의 다른 의미로 사용된다.
- **모호한 어법**: 문장의 구성이 두 다른 의미를 갖고 있을 때
- **강조의 오류**: 특정 부분을 강조함으로써 본래의 뜻을 왜곡하는 오류

9) 범주오류

- **결합의 오류**: 부분이 하나의 속성을 갖기 때문에 전체는 그 속성을 갖고 있다.
- **분해의 오류**: 전체가 어떤 속성을 갖기 때문에 부분이 그 속성을 갖고 있다고 한다.

10) 불합리한 추론

- **후건긍정**: "A가 다음 B라면, B는 A이다"라는 말은 타당하지 않다.
- **전건부정**: "A가 다음 B라면, -A는 -B이다"라는 말은 타당하지 않다.
- **불일치 오류**: 명제가 모두 진실이 아닐 때 많이 주장하나 모순이거나 반대

11) 추정의 오류

- **선결문제 요구 오류**: 결론에서 주장하는 바를 전제로 제시하는 오류이다.
- **복합 질문 오류**: 두 개 질문이 요청되고, 하나의 답이 두 질문에 적용되는 오류이다.
- **발생학적 오류**: 사물의 속성으로 잘못 추리하는 오류이다.
- **잘못된 이분법**: 논증이 두 개의 선택을 제시하고 하나를 선택하도록 하는 오류이다.

12) 설명오류

- **부존재 지지**: 설명된 현상은 존재하지 않는다.
- **비지지**: 설명된 현상에 대한 증거는 편향되었다.
- **무검증 가능성**: 설명하는 이론은 검증될 수 없다.
- **제한된 범위**: 설명하는 이론은 단지 하나만 설명할 수 있다.
- **제한된 깊이**: 설명하는 이론은 근본적인 원인을 불러일으키지 못한다.

13) 정의오류

- **광범위 오류**: 정의가 포함되지 않아야 할 항목을 포함한다.
- **협소오류**: 정의가 포함되어야 할 항목을 포함하지 않는다.
- **명료화 실패오류**: 정의가 단어나 개념보다 이해하는데 더 어렵다.
- **순환정의**: 정의가 정의의 부분으로써 정의된 용어를 포함한다.
- **모순조건**: 정의가 자가 모순이다.

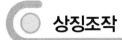

상징조작

상징조작은 일정한 사물, 언어나 행동양식을 특정한 상징으로서 교묘하게 조작하여 대중을 움직이는 것이다. 정치질서가 원활하게 운영되는 경우에는 일반 대중은 상징을 존중하게 되며, 엘리트는 독선적이며 저돌적이더라도 도덕심의 퇴폐 때문에 고민하는 일은 없게 된다. 정치권력의 유지를 위해서는 무엇보다도 국민들이 정책이 합리적이든 비합리적이든 정당한 것으로 받아들여야 한다. 이를 위해서 노래, 슬로건, 피켓, 색상, 제복, 포스터, 슬로건 등의 정치적 상징조작을 동원하여 권력을 미화시켜 국민들의 복종을 유도하기도 한다.

■ 상징의 의미

24601, 13과 625는 무슨 숫자인가? 또 어떤 의미를 가지는 숫자일까? 625 숫자는 북한이 남침한 날이라는 것은 다 알지만, 24601은 설명이 없다면 알기 힘들다. 24601은 프랑스의 소설가 빅토르 위고(Victor-Marie Hugo)가 쓴 레미제라블(Les Miserables)의 장발장이 투옥되어 있는 동안 받았던 수인번호이다. 24601은 빅토르 위고 이전에는 의미가 없는 숫자에 불과하였지만, 어떤 사람이 저지른 죄보다 벌의 강도가 너무 가혹하거나 억울함 속에서 살아가야 하는 많은 사람들을 대변해 주는 상징을 의미한다. 이처럼 특정 의미와 내용을 함축적으로 포함하는 특징적인 표현을 상징이라 한다.

13이라는 숫자는 서양인들에게는 불길한 숫자이다. 그 이유는 성서에 근거한 이유나 완전수 (perfect number)[2]에 대한 고대 그리스 철학자들의 생각 등 다양하다. 어떻든 13이라는 숫자는 가능하다면 피하고 싶은 숫자이지만, 개념의 상징은 특별히 논리적으로 잘못되었다고 주장하는 사람들도 없다. 정해진 상징의 의미에 대해서도 특별히 비논리성이나 부적합성을 주장하지 않는다. 이미 개연성이 존재하지 않기 때문에 반박하는 것조차도 논리적이지 않기 때문이다. 그런데 이러한 상징의 연결은 가끔 살아가는데 도움을 주기도 한다. 이처럼 상징은 단순한 숫자가 아니라 특별한 의미를 갖고 인간의 행동을 규제하는 힘을 갖고 있다.

---

2) 자기 자신을 제외한 양의 약수, 즉 진약수를 더한 합이 자기 자신이 되는 양의 정수를 말한다. 이를테면 6=1+2+3, 28=1+2+4+7+14 이므로 6, 28은 완전수이다. 완전수라는 명칭은 유클리드가 명명한 것이다(참조: 두산백과).

■ 상징의 개념

상징(象徵)의 영어 symbol의 어원은 고대 그리스 시대 symbolon에서 온 것으로 부절(符節)의 의미였다. 이것이 의미가 변하면서 표시, 기호 또는 이면에 무엇을 지시하거나 실제의 모양을 의미하는 형상(形象)으로 사용되어 왔다. 코헨(Cohen)에 의하면 상징이란 다양한 의미를 전달하거나 감정을 일깨우기 위해, 그리고 사람으로 하여금 행동을 하게끔 만들기 위해 애매하게 표현되는 물체, 행위, 관계 또는 언어이다. 상징은 추상적 가치의 구체적인 표시이다. 상징은 모든 대상의 무엇인가를 표시하고, 이중적인 의미를 가지며, 사실과 허구를 동시에 포함하기 때문에 다의성, 은유성, 모호성을 가지고 있다. 따라서 상징은 추상적인 사물, 아이디어나 감정을 구체적 대상으로 표현하는 것이다.

- 상징: 추상적인 사물, 아이디어나 감정을 구체적 대상으로 표현하는 것

상징은 언어, 소리, 몸짓이나 시각적 이미지의 형태를 취하고, 아이디어와 신념을 전달하는데 사용된다. 언어 자체는 커뮤니케이션하는 말이나 문자 상징의 체계이다. 모든 단어는 상징이다. 글에서 상징적 표현은 단어, 구나 기술의 사용이고, 단어 자체보다 깊은 의미를 표현한다. 상징은 사물, 아이디어나 감정을 상기시키거나 연상시키는 구체적인 사물이나 감각적인 말로 바꾸어 나타낸다. 따라서 상징은 원관념이 배제되고 보조관념이 독립되어 함축적 의미와 암시적 기능을 갖는다.

■ 상징의 속성

상징은 여러 가지 속성을 갖고 있다. 상징의 본질은 의미의 암시성과 다의성이다. 비유에서는 원관념과 보조관념이 일대일의 유추적 관계이지만, 상징에서는 일대다(多)의 다의적 관계이다. 예를 들면, 만해 한용운의 시어 '님'은 조국, 부처, 진리, 사랑하는 사람 등으로 다의적인 의미이다. 상징은 비유와 달리 두 대상 간의 공통성에 바탕을 두지 않는다. 상징은 원관념 파악이 원칙적으로 불가능하고, 허구와 진실을 내포한다.

상징은 어떤 사물이 자체의 의미를 유지하면서 포괄적인 의미를 표현하는 방법으로 원관념이 배제된 은유의 형태이다. 예를 들면, "거짓말쟁이는 악마다"에서 거짓말쟁이는 원관념((A)이라

하고, 악마를 보조관념B)이라 한다. 이 경우 원관념과 보조관념은 본래 다른 성질을 갖는다. 원관념은 나타내려고 하는 생각이나 사물이나 보조관념은 원관념을 빗대어 표현한 다른 사물이다. 그러나 함축적 의미에서 속성의 유사성을 발견해 낸다.

상징은 은유(metaphor)와 다른 점이 있다. 은유는 원관념(A)과 보조관념(B)을 직접 연결시키는 방법이다. 즉, A = B 형식이다. 원관념과 보조관념이 일대일로 대응한다. 예를 들면, "유관순 누나는 조국애의 꽃 넋이다"(박두진의 3월 1일의 하늘)에서 원관념은 유관순 누나이고, 보조관념은 조국애의 꽃 넋이다.

은유는 직유와 다른 점이 있다. "천사와 같은 여자 친구이다"에서 여자 친구는 천사의 특성을 갖고 있지만 천사는 아니다. "동생은 천사이다"에서 동생은 천사의 특성을 갖고 있고 동시에 천사와 동일시된다. 전자는 직유, 후자는 은유이다. 은유는 동생을 표현하기 위해서 천사의 모든 느낌과 특징뿐만 아니라 개인적인 느낌까지도 수용해서 전달한다. 따라서 은유가 내포된 비유라면, 직유는 겉으로 드러난 비유를 말한다.

[그림 5-3] 은유와 상징의 차이

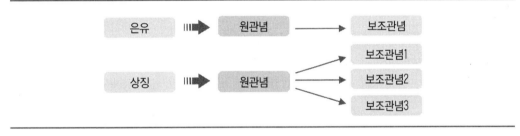

인간은 언어를 통해서 정교한 사고와 의사소통을 한다. 언어는 사용하는 인간이 약속한 상징이자 인간 특유의 상징체계이다. 언어는 인간 자신의 사고를 형성하기 위한 중요한 매개물이자 다른 사람들과의 의사소통을 위한 수단이다. 프랑스의 철학자인 라캉(Jacques Lacan)은 인간 주체가 언어에 의해서 결정된다고 주장한다. 상징이 인간을 말하게 하고 말이 인간을 만든다는 것이다. 언어는 어떤 것을 의미하기 위해 은유를 사용하는 중요한 기능을 수행한다. 언어는 본질적으로 은유를 함축하고 있으며 많은 의사소통은 은유를 사용한다.

■ 상징의 종류

독일의 철학자 카시러(Cassirer)도 "인간은 상징적 동물"이라고 한다. 미국의 문학자인 케네스

버크(Kenneth Burke)는 "인간은 상징을 사용하는 동물(homo symbolonus)이다"라고 한다. 상징의 유형은 언어상징, 행위상징, 상상력 상징, 관념상징, 인물상징, 사물상징, 사건상징과 제도상징 등으로 분류할 수 있다.

- **언어상징**: 말, 글이나 기호
- **행위상징**: 존재양식을 기준으로 몸짓이나 의례
- **상상력 상징**: 신화, 전설, 꿈, 음악이나 미술
- **관념상징**: 이데올로기, 신념이나 태도
- **인물상징**: 연인, 성인, 악인이나 적
- **사물상징**: 인위적 상징이나 자연적 상징
- **사건상징**: 역사적 사건, 극적이나 돌발적 사건
- **제도상징**: 정치, 경제, 사회, 문화제도
- **종교상징**: 교리 구절, 이미지, 절차, 또는 실제 물리적 대상의 사용
- **정치상징**: 정치적 관점을 나타내는 데 사용되는 상징

종교상징은 생각이나 신념을 표현하기 위해 교리 구절, 이미지, 절차, 또는 실제 물리적 대상의 사용이다. 가장 일반적인 예는 유대교를 표현하기 위한 다윗의 별이나 기독교를 표현하기 위한 십자가(Cross)의 사용이다.

정치상징은 정치적 관점을 나타내는 데 사용되는 상징이다. 정치상징은 현수막, 그림, 깃발과 표어 등을 포함한 다양한 매체에 발생할 수 있다. 예를 들면, 사회주의자, 좌익 급진주의자들과 공산주의 집단은 노동자의 피를 표현하기 위하여 붉은 기를 휘날렸다. 검은 기는 모든 억압 구조의 부재를 나타내기 위해 전통적으로 무정부주의와 좌익 급진주의자들에 의해 사용되었다. 캐나다의 국기는 단풍잎을 포함하고 오랫동안 캐나다

를 상징해 왔다. 두 줄은 양측에 있는 국가를 경계로 하는 태평양과 대서양, 영국과 프랑스의 두 창건문화를 표현한다. 색상은 사용된 위치나 문맥에 따라 다양하게 상징한다. 붉은색, 흰색과 푸른색은 미국의 모든 것을 상징한다.

▪ 상징의 기능

상징의 중요한 기능은 사물의 이해작용, 생각이나 욕구표현과 행동지시 수단 등이 있다. 첫째, 상징은 어떤 사물을 이해하는 작용을 한다. 적색 신호등은 정지하라는 의미이다. 둘째, 상징은 생각이나 욕구를 표현한다. 조용히 하라고 할 때 입에 손가락을 댄다. 셋째, 상징은 행동을 지시하는 수단이다. 운동경기에서 코치가 선수들에게 특정한 행동을 하도록 특정한 의미의 수신호를 보내거나 건설현장에서 공사 감독이 인부들에게 작업 지시하는 수신호 등이 해당된다.

[그림 5-4] 상징의 기능

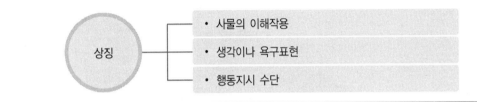

▪ 상징의 목적

상징행동은 특정한 사실을 정당화하거나 부정하기도 하며, 개인이나 구성원이 서로를 이해하고, 집단의 연대감을 조성하여 집단적 행동을 통일적으로 유도할 수 있다. 상징행동은 상징을 매개체로 하여 구성원 간의 상호작용을 자아내는 가치나 감정적 의미를 창출하는 활동이다. 페퍼(Pfeffer)에 의하면 언어상징은 행동을 합리화나 정당화함으로써 기대 이미지를 형성하는 역할을 한다. 상징은 특정한 의도를 달성하기 위해서 사용할 수 있다. 상징의 사용은 특정한 의도 하에서 정책의 설득, 의미강조, 정당성의 확보, 집단이나 정책의 선호나 이미지 강조 등을 목적으로 한다.

상징을 사용하는 목적은 첫째, 표적청중의 설득이다. 표적청중이 목표정책을 선호하도록 유인한다. 설득은 상징 언어나 행동으로 대상자의 선택에 영향을 주는 과정이다. 설득의 목적은 강제력에 의해 표적청중의 행동을 통제하는 것이 아니라 인지적, 감성적 자극을 통해 행동의 변화를 유도하는 것을 말한다. 둘째, 상징은 어떤 아이디어나 대상의 독특한 속성을 부각하여 표적청중이 인식하도록 하는 것이다. 상징은 전달하는 메시지를 표적청중이 수용할 수 있는 특징적인 설득요소가 있어야 한다. 셋째, 상징의 활용은 대중들로부터 지지나 정당성을 확보하기 위해 사용된다. 정당성의 확보는 많은 외적 제약으로부터 더 많은 자율성과 재량권을 확보하여 체제나 조직의 유지와 발전에 중요한 의미를 갖기 때문이다. 넷째, 표적청중이 다른 조직이나 집단보다 목표정책을 더 선호하고, 조직이나 집단의 호의적인 이미지를 강화하여, 조직이나 집단의 경쟁력을 강화하기 위해 상징을 사용한다. 상징행동을 통해 집단 구성원의 결속력을 강화하고, 외연을 확대하여 발전할 수 있기 때문이다.

[그림 5-5] 상징사용의 목적

- 표적청중 설득
- 메시지 수용
- 지지나 정당성 확보
- 호의적인 이미지 강화

■ 상징조작

상징조작(symbol manipulation)은 상징(symbol)과 조작(manipulation)의 복합어이다. 조작(造作)은 어떤 일을 사실인 듯이 꾸며 만드는 것을 의미한다. 상징조작은 일정한 사물, 언어나 행동 양식을 특정한 상징으로서 교묘하게 조작하여 대중을 움직이는 것이다. 이것은 실체와는 다른 환영을 교묘하게 조작함으로써 대중을 움직이는 것이다. 상징조작은 엘리트에 의한 가치의 긍정, 각종의 깃발, 군대 및 군 행사의 전시, 왕족 또는 고급 관리의 방문, 정치 지도자들의 정책 및 정견 발표 등이 있다.[3] 이외에도 신화, 노래, 제복, 포스터, 슬로건, 이데올로기, 색상 등이 대중에게 사고나 행동에서 동일한 반응을 얻기 위한 수단 등이 있다. 때로는 실체와는 다른 환영을 교묘하게 조작함으로써 대중을 움직이는 것도 포함된다. 상징조작은 이해관계가 정면으로 충돌하는 정치권에서는 특히 의도적으로 행하여진다. 상징조작은 강제력에 의하지 않고, 대중의 동조를 얻는 데 활용된다.

---

3) Gabriel A. Almond and G. Bingham Powell, Jr.(1972), 이동희(역), 비교 정치론, 을유문화사.

- 상징조작: 일정한 사물, 언어나 행동양식을 특정한 상징으로서 교묘하게 조작하여 대중을 움직이는 것

　대중조작(mass manipulation)은 정치권력을 가진 엘리트가 대중매체 등을 이용하여 자기 의도대로 일반대중이 동조하도록 교묘하게 유도하는 것이다.[4] 정치 권력자는 권력을 유지·재창출하기 위해서는 대중의 합의에 의한 동조와 지지뿐만 아니라 경쟁세력의 결속을 파괴하고 해체시킬 필요가 있다. 정치집단은 대중의 동조와 지지를 목적으로 일방적인 선전, 설득, 상징정책이나 상징조작을 때때로 실행한다. 일방적인 정보의 제공은 대중이 획일적인 사고를 갖게 되어 결과적으로 대중조작이 이루어진다. 중요한 점은 정당한 논리가 될 수 있는 현실적 근거가 있어야 한다. 허구성이 강하면 강할수록 자체 내의 모순에 의해 역기능을 많이 드러내 결국은 신뢰를 얻지 못한다.

■ 이미지와 색상

　언어(language)는 의사전달의 도구로 인간과 동물을 구별하는 특징이다. 미국 정치학자 머리 에델먼(Murray Edelman)에 의하면 인간은 언어를 상징화해서 정보를 기억, 관여, 합리화나 왜곡하고, 신념과 사물의 개념을 확고히 한다. 인간은 상징과 언어를 통해서 외적 세계와 내적 세계를 연결하고 표현한다. 또한 언어는 자신의 신념과 가치관을 반영한다. 사회가 공유하고 있는 상징적 표현은 사회화의 수단이자 개인과 집단을 연결하는 사회적 귀속이다. 언어는 한번 내면화되면 본래의 의미를 유지하여 언어를 자의적으로 조작하기는 어렵다.

　이미지(image)는 '모방하다'라는 뜻으로 imago에서 유래되었다. 특정 대상의 외적 형태에 대한 인위적인 모방이나 재현을 의미한다. 이미지는 어떤 사람이나 대상에 대한 신체적 호감이나 정신적 표상이다. 이미지는 어떤 대상에 대해 갖는 머릿속에 있는 정신적 그림이다(Daniel Boostin). 그러나 종종 인간은 외부 세계의 일을 사실대로 보지 못한다. 사실의 세계와 관련된 허구적 사건을 모조사건(pseudo-events)이라 하고, 가치의 세계에 관련된 허구적 관념을 모조관념(pseud-ideals)이라 한다. 이 모조관념이 바로 이미지이다. 이미지의 속성은 종합적이고, 신뢰할 수 있고, 수동적이고, 생생하고, 단순하고, 모호하다.

---

4) 행정학용어 표준화연구회(2010).

- 이미지: 어떤 대상에 대해 갖는 머릿속에 있는 정신적 그림
- 모조사건: 사실의 세계와 관련된 허구적 사건
- 모조관념: 가치의 세계에 관련된 허구적 관념

색상(color)은 많은 것을 표현하는 중요한 상징의 수단이다. 색상의 선택은 집단의 정치적 이념과 사상을 표현하는 것이다. 예를 들면, 빨갱이는 공산주의자를 의미한다. 붉은 색은 급진적이거나 진보적 정치성향을, 백색은 우익이나 보수주의를 의미한다. 히틀러의 사병인 갈색 셔츠당(Brown Shirts: SA)은 그들의 제복이 갈색에서 비롯되었다. 히틀러는

대중을 상대로 한 군중집회를 알리는 포스터에서 붉은 색을 이용했다. 붉은 색은 사람들의 심리를 매혹시키는 마력이 담겨 있다. 히틀러는 포스터의 붉은 빛이 대중을 정치적 장소에 오도록 유혹했다고 믿었다. 색깔은 조직이나 단체 또는 개인의 정치적인 성향과 이념, 기본사상과 주장 행동방향까지도 표현할 수 있다.

[그림 5-6] 색상의 의미

흰색	신성, 순수, 정직, 소박, 청결,
청색	성실, 신앙, 희망, 믿음, 신성함, 책임
적색	정열, 사랑, 활력, 전쟁, 위험
검은색	불안, 절망, 침묵, 부정, 죽음
녹색	평온, 청량과 시원함
노란색	통솔, 리더십, 지성, 명랑, 기쁨, 희망
자주색	존엄, 정의, 고귀, 위엄

■ 감성조작

감성은 사랑, 공포, 애국심, 애사심, 죄악감, 증오나 기쁨 등이다. 감성호소는 이성적 논리적 판단이 필요한 부분에 감성으로 호소하여 자신의 주장을 받아들이게 하는 논리적 오류이다. 감성조작은 대중들을 비이성적인 행동으로 몰입하게 하는 수단이다. 이러한 조작에 대중들은 넘어

가기 쉽지만 대중들의 행동은 진정으로 이성과 상충된다. 감성조작은 대중들의 삶에서 매우 파괴적이다. 감성조작 또는 심리조작은 악의적이거나 기만적이거나 모욕적인 수단을 사용하여 다른 사람들의 태도나 행동을 변화시키려는 행동이다. 정치 조작자들은 자신들의 실리를 명분으로 내세우고, 진실이 아닌 거짓을 유포하고, 허구를 지어내어 공적 인물을 지지하도록 만드는 데 감성조작을 활용한다.

INSIGHT   아이들 동요 개사 합창 영상 올린 좌파 매체

　한 좌파 성향 인터넷 매체가 초·중학생으로 보이는 청소년 10여 명이 "윤석열은 사퇴해" "석열아 국민 눈을 피해서 어디로 가느냐" "자한당(자유한국당)은 해체나 해라" 등 내용이 담긴 동요 개사곡 메들리를 합창하는 동영상을 유튜브에 올려 논란이 일고 있다. 이 영상을 올린 매체는 '주권방송'으로, 지난 8월에도 자유한국당을 친일파로 비난하는 개사곡을 부르는 청소년 합창 영상을 올려 "사실상 아동학대가 아니냐"는 지적이 제기됐다.

　영상을 보면 '아기돼지 엄마돼지'는 "토실토실 토착왜구 도와달라 꿀꿀꿀/정치검찰 오냐오냐 압수수색 꿀꿀꿀/ 적폐청산 검찰개혁/ 적폐청산 검찰개혁 촛불 모여라/ 토실토실 적폐 기레기 특종 없나 꿀꿀꿀/ 적폐검찰 오냐오냐 기밀누설 꿀꿀꿀"로 가사가 바뀌었다.

출처: 동아일보 2019.10.06

▷ **감성조작의 개념**

　"이성은 감정의 노예다" 영국의 철학자 흄(David Hume)의 말이다. 감성조작은 대중들의 감성에 호소하여 특정 사안에 대하여 호감을 갖도록 하는 방식이다. 감성에 호소하는 방식은 정서, 매력, 미화, 합리화와 권위 등을 조작하는 방식이다. 메시지 내용에 대해 논점을 갖지 않고, 그 자체를 수용하도록 설득적 유혹을 하는 것이다. 설득적 유혹은 인간 상호관계, 매스 커뮤니케이션, 광고, 그리고 정치 분야에서 광범위하게 사용되고 있다. 이것은 메시지를 이해하는 이성적 기능을 정지하고, 감성에 동조하도록 한다. 방식이 간접적, 기만적 또는 은밀하고, 대중들의 행동이

나 인식을 변화시키는 것을 목표로 한다. 이러한 심리적 조작은 권력, 통제, 혜택이나 특권을 확보하려는 의도로 정신 왜곡과 정서적 착취를 통해 과도한 영향력을 행사한다.

- 감성조작: 대중들의 감성에 호소하여 호감을 갖도록 하는 방식

▷ 감성조작의 형태

벨라제(Bellager)는 설득적 유혹에 의한 감성조작은 4가지 형태로, 즉 인간적 유혹, 문체 유혹, 메시지 미학과 공포 조성으로 구분하였다. 첫째, 인간적 유혹은 개인의 인간적 모습에 근거하여 선동하는 유혹이다. 인간적 유혹의 요소는 외모, 얼굴 표정과 발언 등이다. 둘째, 문체 유혹은 유창한 문체가 메시지의 내용을 대체하면서 조작이 이루어진다. 셋째, 메시지 미학은 메시지의 내용 자체보다 더 가치가 있다. 조작자가 생각을 표현하는 단어는 단어 자체로만 있지 않고, 이미지와 함께 작용한다. 넷째, 공포 조성은 권력 혹은 권위에 대한 경외 감정에 기초한다. 예를 들면, 평화경제, 포용경제, 반일, 검찰개혁 등이 이루어지지 않는다면 번영과 정의 사회가 될 수 없다는 감성 메시지가 있다. 메시지가 동반하는 감성조작은 비이성적 커뮤니케이션으로 조작자가 의도하는 목적에 대중들의 감성이 일치하도록 설득하는 행위이다.

▷ 감성조작의 유형

감정조작자는 일반적으로 상황에 적합한 감성조작의 유형을 사용하는 데에 매우 능숙하다. 그들은 정교하게 감성을 조작하여 시간이 지남에 따라 조작 상황에서 벗어나므로 대중들은 대체로 잘 깨닫지 못할 수도 있다. 감성조작자는 무엇을 제시해야 하는지 쉽게 안다.

현실에 대한 믿음 훼손

감성조작자들은 대중들이 현실에서 갖는 믿음을 훼손한다. 그들은 대단한 숙련된 거짓말쟁이이다. 그들은 사건이 발생했을 때 발생하지 않았다고 주장하고, 발생하지 않았을 때 발생했다고 주장한다. 어떠한 경우이든 그들의 주장과 행동은 항상 일치하지 않는다.

언행불일치

감성조작자들의 행동은 그들의 말과 일치하지 않는다. 그들은 대중들이 듣고 싶은 것을 말해주지만 그들의 행동은 또 전혀 다른 이야기이다. 그들은 지원을 약속하지만 대중들의 요청이 전

적으로 비합리적인 것처럼 주장한다.

사회악 해결자 위장

감성조작자들은 사회악을 다스리는 전문가들로 위장한다. 그들은 죄책감을 최대한 활용하는데 능숙하다. 대중들을 괴롭히는 것이 나타나면 표면적으로 죄책감을 느끼는 것처럼 행동하지만 실제로 죄책감을 느끼지 않는 위선자들이다.

피해자의 역할 주장

감성조작자들은 피해자의 역할을 주장한다. 그들이 무엇을 하든지 실패하든 그것은 다른 사람의 잘못이다. 다른 사람이 그렇게 하도록 만들었다고 주장한다. 그들이 화를 내면 화나게 한 것은 모두 다른 사람들의 잘못이다. 그러나 그들은 어떠한 경우에도 아무것도 책임을 지지 않는다.

민첩한 행동 실천자

감성조작자들은 민첩하게 목표 행동을 실천한다. 그들은 개인적이든 조직적이든 항상 몇 단계를 건너뛰는데 탁월한 능력이 있다. 그들은 특정 사안을 집단적으로 너무 빨리 공유하고 대중들에게도 공유하기를 기대한다. 또한 그들은 상대방의 취약성과 민감성을 비난하는데 능숙하다.

감정의 블랙홀

감성조작자들은 감정의 블랙홀이다. 감성조작자가 느끼는 것이 무엇이든, 대중들을 목표로 하는 특정한 감정에 빠뜨리는 데 천재적이다. 순식간에 대중들을 특정한 감정으로 몰아넣는데 매우 능숙하다.

위선적인 대중 위로

감성조작자들은 항상 대중들을 위로하는 말에 능숙하다. 어떤 문제가 있더라도 그들은 대중들의 특정한 문제가 더 심각하다는 것을 상기시켜서 대중들의 불만을 증폭하여 감정적 일체감을 조성하고 심적인 종속화를 도모한다.

■ 인식조작

영국의 철학자인 비트겐슈타인(Wittgenstein)이 "언어는 용도에 의해 규정된다"고 말한 것처럼 인식조작(cognitive manipulation)은 메시지의 내용 자체를 조작하는 것이다. 특정집단이 유리한 여론을 조성하려고 정보나 상황이 부족한 대중에게 조작된 정보를 전달하는 것이다. 조작의 방법에는 상황조작과 쟁점조작이 있다. 상황조작은 불리한 상황의 책임을 정적이나 희생양에게 전가하는 것이나 쟁점조작은 불리한 쟁점은 다루지 않는다.

인식조작은 타인, 기만, 또는 욕설을 통해 다른 사람들의 인식이나 행동을 변화시키는 것을 목표로 하는 사회적 영향의 한 유형입니다. 종종 다른 사람의 비용으로 조작자의 이익만을 증진시킴으로써, 그러한 방법은 착취적, 모욕적, 사악하고, 기만적인 것으로 간주될 수 있다. Simon은 『양의 옷에서: 조작하는 사람들을 이해하고 다루기』에서 다음과 같은 조작 기술을 설명한다.

- **거짓말**: 거짓말을 할 때 알기는 어렵지만 나중에 진실이 드러난다.
- **누락**: 이것은 상당한 양의 진실을 고의적으로 생략하는 매우 미묘한 거짓말이다. 이 기술은 선전에도 사용된다.
- **거부**: 조작자는 자신이 잘못한 것을 인정하지 않는다.
- **합리화**: 조작자가 부적절한 행동에 대한 이유를 들어 변명한다.
- **최소화**: 합리화와 결합된 거부 유형이다. 조작자는 자신의 행동이 해롭거나 무책임하지 않다고 주장한다. 예를 들면, 난처하면 단지 농담일 뿐이라고 한다.
- **선택적 부주의**: 조작자는 자신에게 방해가 될 수 있는 것에 주의를 기울이지 않고 "나는 듣고 싶지 않다"고 말한다.
- **전환 또는 회피**: 조작자는 질문에 답하지 않고 대신 대화를 나누면서 대화를 다른 주제로 전환하거나 회피한다.
- **은밀한 협박**: 조작자가 미묘한, 간접적 또는 묵시적 위협을 사용한다.
- **죄책감 수법**: 조작자는 희생자에게 자신이 충분히 돌보지 않았다고 말한다. 희생자가 기분이 나빠서 스스로 의심하고 불안해한다고 인식시킨다.
- **수치심**: 조작자는 다른 사람을 바보로 만드는 말을 사용하여 두려움과 의심을 증가시킨다. 이 전술을 사용하여 합당하지 않다고 느끼게 연기한다.
- **희생자 역할**: 조작자는 동정심이나 연민을 불러일으켜 다른 사람으로부터 무언가를 얻기 위해 자신을 희생자로 묘사한다.
- **희생자 예방**: 이 전술은 무엇보다 조작자를 공격적인 의도를 숨기는 동시에 자신을 방어하는 강력한 수단이다.
- **봉사자 역할**: 봉사자 역할을 강조한다. 예를 들면, 그가 봉사를 위해 특정한 방식으로 행동하는 사람으로 인식시킨다.

- 유혹: 조작자는 매력, 칭찬, 아첨 또는 다른 사람들을 적극적으로 지원하여 자신에 대한 경계심을 낮추고 신뢰와 충성도를 부여한다.
- 비난투사: 조작자는 종종 미묘하고 감지하기 어려운 방법으로 자신을 희생양을 만들고, 다른 사람들을 비난한다.
- 결백: 조작자는 의도하지 않았다고 제시하면서 놀라거나 분노한 것처럼 보일 수 있다. 피해자가 자신의 판단과 자신의 정신력에 의문을 갖게 한다.
- 혼란조성: 조작자는 자신이 관심을 갖는 중요한 문제에 대해 이야기하거나 자신이 무엇을 말하고 있는지 모르는 척하여 바보처럼 행동한다.
- 분노표출: 조작자는 분노하여 충분한 감정을 표시하고 자신을 희생자로 인식시킨다. 그러나 조작자는 실제로 화를 내지 않는다.

INSIGHT 유시민, 윤석열 검찰체제 전두환 신군부에 비유

유시민, 윤석열 검찰체제 전두환 신군부에 비유
조국 부인 정경심 PC 반출 재차 옹호"검찰이 증거 조작 안 하는 기관이냐""한국당 최교일, 최성해 총장 접촉"유시민 노무현재단 이사장이 조국 법무...

출처: 서울신문 2019.10.03

▪ 프레임 이론

프레임 이론(frame theory)은 조지 레이코프(George Lakoff)가 『코끼리는 생각하지 마』에서 정치·사회학적 인지구조의 틀을 설명하는 이론이다. 프레임(frame)이란 사람이 어떤 대상이나 사건을 해석하는 방식을 의미한다. 프레임은 개인이 세상을 이해하는 방식이므로 객관적 사실과는 관련이 없다. 프레이밍 효과는 표현 방식에 따라 동일한 사건이나 상황임에도 개인의 판단이나 선택이 달라질 수 있는 현상을 말한다. 즉, 틀은 정보를 제공받은 사람의 의사결정에 영향을 미친다. 인간은 일생에 걸쳐 정신적·감정적 이해를 위한 틀이 형성되는데 이러한 틀은 어떤 결정을 하는 데 영향을 준다.

- 프레임: 사람이 어떤 대상이나 사건을 해석하는 방식

127

어떤 단어를 들으면 뇌 안에서 그 단어와 관련된 프레임이 활성화된다. 어떤 프레임을 부정할 때에도 그 프레임은 활성화된다. "코끼리는 생각하지 마"라고 말하면 코끼리를 생각하게 된다. 프레임은 자주 활성화될수록 더 강해진다. 상대당의 말을 써서 상대당의 의견을 반박할 때 그 말을 듣는 사람들의 머릿속에는 상대당의 프레임이 더 활성화되고 강해진다. 이는 상대당의 언어와 그 언어가 활성화되는 프레임을 사용하지 말아야 한다는 뜻이다.

틀은 추구하는 목적, 계획, 행동 방식과 결과를 결정한다. 정치에서 프레임은 사회정책과 그 정책을 수행하고자 수립하는 제도를 형성한다. 만약 외부 세계에서 벌어지는 사실들을 대중의 눈으로 본다면, 합리적인 사람들은 모두 올바른 결론에 도달할 것이다. 그러나 이는 헛된 희망이다. 인간의 두뇌는 그런 식으로 작동하지 않는다. 중요한 것은 프레임이다. 한번 자리 잡은 프레임은 웬만해서는 내쫓기 힘들다. 유권자들의 표심은 진실이나 훌륭한 대안·정책의 구체적인 내용들이 아니라 가치, 인간적 유대, 진정성, 신뢰, 정체성이다. 전략적으로 구성한 틀을 제시해 대중의 사고 틀을 먼저 규정하는 쪽이 정치적으로 승리하며, 이를 반박하려는 노력은 오히려 프레임을 강화하는 딜레마에 빠지게 된다.

■ 점화효과

먼저 제시된 정보가 다음에 제시된 정보의 해석·이해에 영향을 주는 경우가 있다. 점화효과 (priming effect)는 시간적으로 먼저 제시된 자극이 나중에 제시된 자극의 처리에 부정적 혹은 긍정적 영향을 주는 현상이다. 먼저 제시된 단어를 점화단어(prime)라고 하고, 나중에 제시된 단어를 표적단어(target)라고 한다. 예를 들면, table이라는 단어를 먼저 보여주고 난 다음, tab를 보여주고 단어를 완성하라고 하면 table이라고 대답할 확률이 미리 제시하지 않은 경우보다 높아진다. 시각적으로 먼저 제시된 단어가 나중에 제시된 단어 처리나 사고에 영향을 주기 때문이다. 스스로 인식하지 못한 상태에서 먼저 경험했던 어떠한 것이 다음에 할 행동에 영향을 끼칠 수 있다.

- **점화효과**: 시간적으로 먼저 제시된 자극이 나중에 제시된 자극의 처리에 영향을 주는 현상

점화이론은 심리학자 존 바그(John Bargh)가 제시하였다. 선행자극이 후행 자극에 일종의 예열을 내는 효과가 있다. 예를 들면, 유명 여배우가 화장품 광고를 하면 그 화장품에 대한 호감도가 높아져 구매로 이어질 수 있다. 언론이 특정 이슈를 강조해서 보도하면, 공중은 언론이 강조한 이슈와 관련된 개념이나 용어를 지배적으로 사용하게 됨으로써 그들의 정치적 판단이나 선

택이 영향을 받게 된다(Iyengar and Kinder). 시각적 자극은 시각적 자극과, 소리는 소리와 잘 점화된다. 또한 의미적으로 연결된 단어의 경우에도 나타날 수 있는데, 예를 들면, 어머니와 딸 같은 경우이다.

■ 정치적 상징조작

에델만(Edelman)은 상징정치는 정치엘리트들이 일반대중을 속이고 통제하고 자신의 이익을 극대화하기 위하여 상징, 신화와 의식을 전략적으로 사용하는 도구이다. 일반적으로 공공 정책이 분석적이거나 합리적 과정이라고 인식되지만 실제로는 그렇지 않은 경우가 상당히 많지만, 실제로는 매우 효과적이다. 즉, 실질적인 개선이나 문제 해결이 아니라 대중의 감성에 호소하는 상징이기도 한다. 이러한 감성적 상징정책은 대중들에게 정부나 정당의 정당성 확보나 정책의 순응성 확보를 위한 것들이 대부분이다. 정책주도의 선점과 국민의 감정적 순응으로 정당의 지지도를 확보하는 데는 다른 방법보다도 더 유리할 수 있다. 상징은 대중과 정치집단 간을 연계하고 대중들을 동기화하여 집단행동을 하도록 하기 때문에 정치집단에 필수적이다.

인간은 감정적으로 그다지 심하지 않은 직접적 개인 비용과 이익으로 원격 및 추상적인 정치적 행사에 종종 강렬하게 관여하고 있다. 이러한 관여는 역사의 가장 황폐한 사회적, 정치적, 그리고 종교적 갈등을 활기 있게 한다. 정치적 상징(political symbols)은 종종 인간의 감정을 자극하고 동원한다. 대중들에게 강력한 상징을 제공할 수 있다.  레닌, 카스트로나 마틴 루터 킹 등이 많이 사용한 혁명적 상징은 우리 모두에게 친숙하다. 나치 공포를 상징했던 히틀러(Adolf Hitler)처럼 특정 정치집단들은 사회적 악을 상징할 수 있다. 그래서 블륀던(Blühdorn)은 상징정치가 비판받는 점을 다음과 같이 지적한다.

상징정치는

- 상징정치는 단지 연출, 환상과 외양이다.
- 상징정치는 정치가 해결하기 위해 예상되는 구체적인 문제에 관해서는 부적절하다.
- 상징정치는 정치 현실을 왜곡하고, 의로운 시민을 속이고, 숨겨진 의제를 은폐하는 것을 목표로 하기 때문에 도덕적으로 타락한다.
- 상징정치는 정치제도에 대중의 신뢰를 저해하고, 심리적 조작과 감정적 동원의 어두운 힘으로 합리적인 공개심의를 대체하고, 민주적 권리의 효과적인 사용을 만들기 위해 시민의 능력을 손상한다.

[표 5-6] 진정한 정치와 상징정치의 차이

	진정한 정치	상징정치
존재론적 특성	진실한, 원래 정치의 생산 실질적인 정치	거짓, 날조 외양 표현 허상정치
효과성의 초점	사회적 효과성 피치자의 관심사, 욕구와 문제의 지각에 초점	정치적 효과성 정치적 엘리트의 관심사, 욕구와 문제의 지각에 초점
윤리적 특성	정직, 성실 투명한 신뢰성	부정, 기만 두 얼굴 배타적, 비밀적, 위장적 타락
정치 문화적 효과	민주적 제도에 대한 신뢰 구축, 합리적인 공개 심의 육성, 참여와 참여 촉진	민주적 제도에 대한 신뢰 훼손, 합리적인 심의 억압, 이탈과 무관심 증가

출처: Blühdorn, I. (2007), "Sustaining the unsustainable: Symbolic Politics and the Politics of Simulation," *Environmental Politics*, 16(2), 251-275.

SENSE ● 이낙연 "여성만 둘 있는 집에서 압수수색"

조국 집 압수수색 실제는 6시간… 아들도 있었고, 조국 측 남자만 셋

이낙연 국무총리는 27일 국회 대정부 질의 답변 과정에서 조국 법무부 장관 자택을 압수수색한 검찰을 이렇게 비판했지만 지난 23일 이뤄진 검찰의 조국 장관 자택에 11시간 머물렀지만 실제 압수수색에 걸린 6시간인 것으로 확인됐다. 검찰 관계자는 29일 "두 차례 추가 압수수색 영장 발부를 받느라 각각 2시간씩 총 4시간이 소요됐다"고 말했다.

여자들만 있는 집이라는 부분도 사실과 다르다. 당시 조 장관 자택에는 정 교수와 조 장관의 딸과 아들까지 모두 셋이 있었다. 정 교수가 부른 세 명의 변호사 중 두 명은 남성이었다. 검찰은 두 명의 검사와 네 명의 수사관까지 모두 여섯 명이었다. 검사와 수사관 한명씩 여성이었다. 수사팀이 남성 셋, 여성 셋이 있는 조국 장관 자택을 압수수색한 것이다.

출처: 세계일보 2019.09.29

제6장

지각과 추론

인간은 자신이 마음속으로
생각하는 대로 되느니라(잠언 23장 7절).

지옥에서도 악마들끼리는 서로

거짓말하지 않는다

말과 표정의 진실과 거짓 탐지 기술

지각

지각은 제시된 정보 또는 환경을 표현하고 이해하기 위해 감각 정보의 구성, 식별 및 해석이다. 궁극적으로 세상과 상호작용하는 방식에 영향을 미치는 정보를 해석하는 방법이다. 지각은 감각 정보가 조직되고 해석되고 의식적으로 경험되는 방식을 나타낸다. 감각들을 해석하는 방법은 가능한 지식, 경험 및 생각에 의해 영향을 받는다. 따라서 지각은 감각기관을 통해 인지하는 작용이다.

■ 지각의 개념

인간은 단기기억의 용량제한으로 짧은 시간에 동시에 7개(chunk: 7±2)를 기억하기 어렵다 (Miller). 인간의 기억은 자극의 물리적 단위의 수보다는 의미 있는 기억단위인 청크의 수에 의해 제한된다. 따라서 의미 있는 자극을 주지 않는다면 기억이 어렵다. 언어 학습자가 한꺼번에 하나의 단위처럼 배울 수 있는 단어, 구, 절을 뜻한다. 연관어나 연관대화 등으로 학습하는 방법이 효과적이다.

지각(perception)은 외부의 사건, 사물 또는 타인이 감각기관을 통해서 뇌에 전달되고, 이를 선택, 조직화 및 해석하는 심리적 과정이다. 감각은 환경으로부터 자극을 받아들이는 신체적 과정이다. 사람들은 이전 경험을 근거로 하여 자신에게 의미 있는 것으로 자극을 해석한다. 따라서 지각이란 유입된 정보를 처리하는 일련의 과정으로 내용을 주관적으로 조직화하고, 해석하며, 이해하는 과정을 의미한다. 주변 환경의 수많은 자극 중에서 일부만 선택된다. 개인은 오감에 의해서 외부의 자극 중 의미 있는 것을 한정적으로 선택한다. 즉, 감각기관이 받아들이는 정보들 중 대부분은 무시하고 그 중 몇몇을 선택한다.

[그림 6-1] 지각의 과정

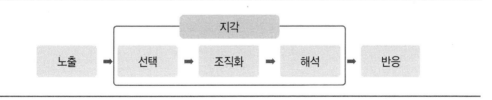

개인이 해석하거나 지각하는 것은 실재와 실질적으로 다를 수 있다. 지각하는 세계는 행동적으로 중요한 세계이다. 실재를 보는 것이 아니라 해석한 것을 실재라고 부른다. 지각세계와 실제 세계와는 동일하지 않을 수 있다. 객관적인 지각은 카메라로 찍는 실재의 세계에 대한 경험이지만, 주관적인 지각은 신체적이나 심리적인 경험으로 지각하는 세계, 즉 지각된 실제인 것이다.

■ 지각적 조직화

조직화는 제시된 자료를 속성에 따라 의미 있는 단위로 묶어서 기억하는 방법을 말하는데, 범주화와 군집화가 있다. 범주화는 사물이나 개념들이 지닌 속성, 용도, 관계 등을 공통적인 특징에 따라 사물이나 개념들을 분류해서 체계화[5]하는 것이다. 따라서 관련 내용을 의미 있게 묶는 것이다. 범주화는 개념이나 대상을 쉽게 변별하고, 이해하고, 기억하는 데 많은 도움을 준다. 도표, 개념도, 개요도, 모식도, 그래프, 순서도 등이 범주화의 좋은 도구들이다. 군집화는 서로 연관이 있는 것끼리 묶는 것이다. 예를 들면, '실, 생수, 낙타, 바늘, 컵, 사막'으로 구성된 목록을 기억할 경우에는 '실-바늘, 생수-컵, 낙타-사막'으로 묶는 것이다. 주의집중 과정을 통해 대상이 선정되면 요소를 보다 큰 단위로 묶는 과정이 전개되는데, 이 과정을 지각적 조직화라 한다.

지각체계는 조직화를 통해 감각기관을 자극하는 단위요소를 집단으로 묶어 의미 있는 형태를 만들어 낸다. 지각의 조직화 과정은 베르트하이머(Max Wertheimer)와 쾰러(Wolfgang Kohler) 등 형태주의 심리학자들에 의해 연구되었다. 그들에 의하면 여러 개의 작은 요소를 묶어 하나의 통합된 형태로 지각하려는 강한 경향성이 있다. 형태란 전체로서의 모양을 뜻한다. 형태주의 심리학자들은 영화나 네온사인처럼 자극이 없어지거나 동작하지 않는 데도 계속 동작하는 것처럼 지각되는 것은 자극과 역동적 상호작용을 하여 주관적으로 해석하고 의미를 부여한 결과라고 본다. 의식과 행동, 지각과 사고를 요소로 분리하여 인식할 것이 아니라 전체적으로 인식하는 것을 강조한다.

---

5) 체계화(systematization): 일정한 원리에 따라서 개개의 부분이 짜임새 있게 조직되어 통일된 전체로 됨.

[표 6-1] 지각의 통합

점 세 개 또는 삼각형	전경과 배경(루빈의 잔)
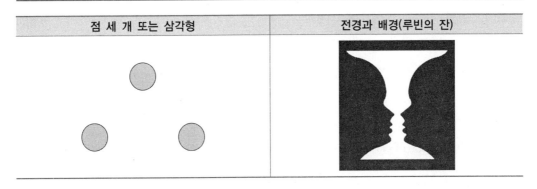	

왼쪽 그림은 세 개의 점(구성요소)이 아니라 하나의 삼각형(형태)으로 보이는 것은 경향성 때문이다. 지각적 조직화 법칙은 조직화 경향성이 일정한 원리에 따라 작동한다는 원리이다. 어떤 상황을 개별적으로 지각하는 것이 아니라 조직된 전체나 형태로 지각하여 조직화한다. 조직화에는 규칙성과 단순성, 항상성이 있다. 이러한 부분들을 근접한 것끼리 하나의 의미 있는 형태를 형성하며, 유사한 것끼리 결합되고, 불완전한 것은 완전한 것으로 보게 된다.

▷ 전경과 배경

많은 자극 중 일부의 자극만이 주의를 받게 되고, 대부분의 자극은 주의를 받지 못한다. 선택된 대상은 전경 및 배경의 대상으로 구분한다. 즉, 주의를 받는 대상이나 사물의 성격을 전경(figure)이라 하고, 재료의 성격을 배경(background)이라 한다. 왼쪽에 있는 루빈의 잔을 보면 무엇이 떠오르는가? 두 사람이 마주보고 있는 것인가? 아니면 꽃병인가? 루빈의 잔에서 전경과 배경을 역전시켜 관찰하는 것을 전경-배경 반전 도형이라고 한다. 두 가지의 다른 관점의 형태를 동시에 지각할 수 없다. 동일한 자극이라도 서로 다른 것을 지각할 수 있음을 보여 준다.

▷ 단순성의 법칙

단순성의 법칙은 자극들을 전체로 이해할 때 가급적 단순한 형태로 보려는 경향이다. 특정 대상을 지각할 때 가능한 한 가장 좋은 형태로 경험하려 한다. 가장 좋은 형태는 규칙적인, 대칭적,

정돈된, 단순한 형태이다. 이를 단순성의 법칙(law of simplicity)이라고 하며, 지각과정의 경제원리를 반영한다. 지각의 경제성(perceptual economy)은 세상을 가장 단순하게 지각하려는 경향성과 지각적 판단으로 가장 두드러진 최소한의 단서만을 이용하는 경향성이다. 이것은 지각의 최소화 경향성(minimum tendency)이다.

▷ 완결성의 법칙

완결성의 법칙(law of closure)은 자극의 불완전한 부분을 메워서 완전한 전체로 지각하려는 경향이다. 완결성의 그림을 보는 사람들은 삼각형의 필수 구성요소인 선분이 존재하지 않는데도 삼각형이 있는 것으로 지각할 것이다. 그림에 빠져 있는 선분을 채워 넣어 완전한 삼각형으로 만들고 싶어 하는 강한 경향성 때문에 이런 현상이 일어난다는 것이 형태주의 심리학자들의 주장이다.

[표 6-2] 단순성과 완결성의 법칙

단순성의 법칙	완결성의 법칙

■ 지각의 집단화

부분보다는 전체를 먼저 지각한다. 집단화(grouping)에는 다섯 가지 원리가 있다. 근접성은 가까이 있는 자극을 집단화하여 지각하는 것이며, 유사성은 생김새가 유사한 것들끼리 집단화하여 지각하는 것이다. 연속성은 불연속적인 것보다는 부드럽게 연속된 패턴으로 지각하는 것이며, 완결성은 빈 곳이 있으면 그곳을 채워서 완전한 전체적인 대상으로 지각하는 것이다. 연결성은 동일한 것이 연결되어 있으면 하나의 단위로 지각하는 것이다.

[그림 6-2] 지각의 집단화

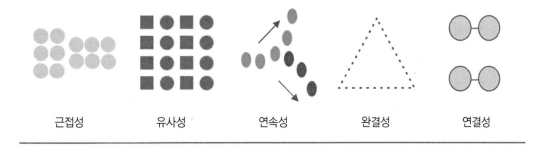

| 근접성 | 유사성 | 연속성 | 완결성 | 연결성 |

■ 지각의 특성

지각 경험은 인식자의 주관적인 성향이 영향을 미치므로 지각 내용을 다른 사람들과 공유하거나 객관적으로 전달하기가 어려운 측면이 있다. 지각은 개인의 특성에 따라 다르게 나타난다. 지각의 특성에는 주관성, 선택성, 일시성, 총합성, 지각의 과부하, 선택적 지각 및 지각적 방어 등이 있다.

- 주관성: 자신의 신념, 태도, 편견을 구체화시켜 행동을 한다.
- 선택성: 가급적 관심이 있는 자극만 선별해서 받아들인다.
- 일시성: 자극에 의한 지각은 단기적으로 기억된다.
- 총합성: 자극을 받아들이고, 자극을 통일된 하나의 형태로 통합해 지각한다.
- 지각의 과부하: 주관성과 감각기관의 용량의 한계로 과부하가 발생한다.

■ 지각과정의 영향요인

- 규모의 원리: 어떤 상황에서 자극의 크기가 작거나 클 때 더 잘 지각된다. 키 큰 사람이나 작은 사람 등이 두드러지는 현상이 해당된다.
- 강도의 원리: 자극의 강도가 클수록 더 잘 지각된다. 자극의 강도는 빛, 음향, 색상이나 냄새 등 다양하다. 조명을 더 밝게 한다든가 소리를 크게 하는 경우이다.
- 대비의 원리: 지각대상이 주변의 다른 자극과 구별이 될 때 더 잘 지각된다. 어떤 차이나 변화가 있는 예외적인 자극들에 주의를 더 많이 기울이는 경향이 있다.
- 신기성의 원리: 새롭거나 신기할수록 더 잘 지각된다. 낯 선 것은 호기심을 끌고 사람들의 주목을 더 많이 받는 경향이 있다.

- **친숙성의 원리**: 익숙한 외적 자극일수록 더 잘 지각된다. 단순노출효과는 어떤 대상에 단지 친숙하기 때문에 선호가 증가하는 현상이다.
- **동작의 원리**: 자극이 정지할 때보다 움직일 때 더 잘 지각된다. 조명등이나 광고간판 등이 반짝거리거나 명멸하는 경우가 해당된다.

■ 지각과정의 개인적 요인

지각과정에서 주의를 결정하는 개인차 요인으로는 신념이나 지식, 동기, 기대, 흥미나 감정상태 등의 심리적 요인이다.

- **선택적 주의**: 중요하거나 관심 있는 정보에만 주의를 기울이는 현상이다. 환경에서 들어오는 다양한 정보 중 특정한 정보에 주의하는 것으로 현재 자신에게 필요한 정보를 선택하는 것이다.
- **습관화**: 계속 유지되는 환경 요소를 무시하는 뇌의 경향 때문이다. 동일한 자극에 대한 반응빈도가 점차 감소하는 현상이다.
- **선택적 지각**: 필요한 자극만 선택적으로 받아들여 지각하는 현상이다. 정보를 자신에게 유리한 것만 선택적으로 받아들인다. 즉, 사람들이 자신이 듣거나 보고 싶은 것만 듣거나 보는 것을 말한다. 이것은 지각적 탐색과 지각적 방어가 있다.

■ 지각의 오류

지각적 오류(perceptual error)는 인간이 지각할 때 주의, 구성, 해석 3가지 단계의 지각과정을 거치게 되는데 이러한 지각과정에서 수많은 편향(bias)과 오류(error)가 발생하여 정보를 바르게 파악, 이해하는 데 문제를 일으키는 경우를 의미한다.

- **첫 인상**: 특정인에 대해 추가되는 수많은 정보가 있음에도 첫인상으로 판단하는 것을 말한다. 처음 인상은 사진처럼 고정화되어 그 후의 관계에 큰 영향을 미치는 현혹효과의 일종이다. 첫인상이 좋은 사람에게는 계속 호감을 갖게 되고 좋지 않은 인상을 받은 사람을 꺼리는 경향이 있지만 첫인상이 항상 정확한 것은 아니다.
- **고정관념**: 특정한 사람이나 집단에 대하여 가지는 고정된 견해나 태도를 말하며 선입견이라고도 한다. 인종, 지역, 직업, 혈액형, 외모, 학벌 등은 고정관념들은 내포하는 요소이다.

이처럼 인간이 고정관념을 갖는 이유는 경험과 학습의 효과 등 여러 가지가 있다. 편견에서 벗어나는 것이 곧 자유이다(Elizabeth K. Ross).

- **지각적 경계**: 어떤 자극을 평소보다 더 잘 또는 남보다 더 잘 지각하는 현상이다. 칵테일 파티 효과는 시끄러운 파티장에서도 자신과 관련된 이야기는 잘 듣는 현상이다. 칵테일 파티나 잔치에서처럼 여러 사람들이 모여 한꺼번에 이야기하고 있음에도 자신이 관심을 갖는 이야기나 자신의 이름을 들을 수 있다.

- **지각적 방어**: 어떤 자극을 평소보다 또는 남보다 더 잘 인식하지 않으려는 현상이다. 개인이 금기시하는 사물들에 대한 지각이 늦어지는 현상이다. 성추행이나 절도와 같은 사회적으로 부정적인 단어들은 긍정적인 단어에 비해 더 늦게 지각되거나 잘 회상되지 않는다.

- **대조효과**: 두 사물이 차례로 제시 되었을 때, 처음에 제시된 사물을 기준으로 나중에 제시된 사물과 처음에 제시된 사물과의 차이를 실제 차이보다 훨씬 크게 인식하는 오류이다. 즉, 독립적으로 지각하지 않고 다른 대상과 비교하여 평가하는 것을 말한다.

- **투사**: 타인에게 자신의 감정이나 경향을 전가하거나 자신의 감정, 성격, 동기가 타인에게도 존재한다고 간주하는 오류이다. 사기꾼이 남을 더 의심하는 경우이다.

- **관대화 경향**: 인간의 행복추구 본능 때문에 타인을 다소 긍정적으로 평가한다.

- **중심화 경향**: 타인을 평가할 때 어느 극단에 치우쳐 오류를 발생시키는 대신 적당히 평가하여 오류를 줄이려는 경향을 말한다.

- **최근효과**: 과거의 정보는 쉽게 잊고 기억하기 쉬운 최근의 정보만으로 대상을 지각하는 오류이다. 정보가 차례대로 제시되는 경우 먼저 제시된 정보보다는 나중에 제시된 정보를 보다 많이 기억하는 경향을 말한다.

- **초두효과**: 최근효과와 반대되는 현상으로 먼저 제시된 정보가 나중에 들어온 정보보다 전체 인상현상에 더 강력한 영향을 미치는 현상이다.

- **지각적 방어**: 개인에게 주어진 모순적, 위협적 정보를 사실로 인식하지 않으려는 현상이다. 사람들은 일반적으로 자신에 불리한 정보를 회피하는 경향이 있다.

- **피그말리온 효과**: 피그말리온 효과란 누군가에 대한 타인의 믿음이나 기대가 그 대상에게 그대로 실현되거나 능률이 오르거나 결과가 좋아지는 현상이다. 생각한 대로 말하는 대로 이루어질 것이라고 믿는 현상이다. 이 효과를 로젠탈 효과(Rosenthal effect), 자기충족 예언(self-fulfilling prophesy)이라고도 한다. 속담에 "말이 씨가 된다". 또는 "인간은 자신이 마음속으로 생각하는 대로 되느니라(잠언 23장7절)."와 같은 의미이다.

INSIGHT · 피그말리온(Pygmalion)

피그말리온(Pygmalion)은 그리스 신화에 나오는 조각가의 이름에서 유래되었다. 키프로스 섬의 여인들은 섬에 온 나그네를 박대하였다가 아프로디테(Aphrodite)의 저주를 받아 나그네에게 몸을 팔았다. 그래서 피그말리온은 여성에 대해 좋지 않은 감정을 갖게 되어 결혼하지 않았다. 대신 '지상의 헤파이스토스(Hēphaistos)'라고 불릴 정도로 뛰어난 자신의 조각 솜씨를 발휘하여 상아로 여인상을 만들었다.

실물 크기의 이 여인상은 매우 아름다웠다. 그는 이 여인상에 갈라테이아(Galatea)라는 이름을 붙이고 사랑하였는데, 갈라테이아는 아키스(Acis)를 사랑한 바다의 님프 이름이기도 하다. 아프로디테 축제일에 그는 이 여인상 같은 여인을 아내로 삼게 해 달라고 기원하였으며, 그의 마음을 헤아린 아프로디테는 조각상에 생명을 불어넣어 주었다. 그는 인간이 된 갈라테이아와 결혼하였고 이들의 결혼식에는 아프로디테도 참석하였다. 두 사람 사이에서 태어난 딸은 그의 고향 땅 이름을 따서 파포스(Paphos)라고 불렀다.

영국의 극작가 버나드 쇼(George Bernard Shaw)는 이 신화를 현대적으로 해석하여 『피그말리온』이라는 희곡을 발표하였다. 피그말리온이 여인상을 사랑해 여인상이 생명을 얻은 것처럼, 타인의 기대나 관심으로 인해 능률이 오르거나 결과가 좋아지는 현상을 의미하게 되었다.

착시

착시란 실제 사물의 모습과 다르게 보이는 것을 뜻한다. 착시는 색상, 빛 및 패턴을 사용하여 뇌가 착각하거나 오도할 수 있는 이미지를 만든다. 눈에 의해 수집된 정보는 뇌에 의해 처리되어 실제로 실제 이미지와 일치하지 않는다. 지각은 눈을 통해 접근하는 것에 대한 해석을 말한다. 뇌는 개인이 보고 있는 것을 해석하고 주변 세계를 이해하려고하기 때문에 착시 현상이 발생한다.

▪ 착시의 개념

착각(illusion)은 어떤 사물이나 사실을 실제와 다르게 지각하거나 생각하는 현상이다. 착각으로 오해와 편견이 생겨나서 혼란이 일어나는 감각적 왜곡의 한 형태이다. 자극이 없을 때 왜곡되는 환각과 달리 착각은 실재하는 감각의 오해이다.

착시(optical illusion)는 착각 중 시각 경험이 실재와 일치하지 않는 현상을 의미한다. 착시(錯視)란 시각 이미지가 실제 사물의 모습과 다르게 보이는 것이다. 시각의 착오이다. 시각이 다른 감각을 종종 지배하기 때문에 착시가 발생한다. 따라서 착시란 시각적 착각으로 물리적 계측 수단으로 조절된 길이·크기·각도·방향 또는 기하학적 관계가 어떤 조건 위에서 현저하게 다르게 보이는 현상을 말한다. 이런 현상은 뇌가 눈에 들어온 시각 정보를 여러 요소로 분리하다가 착각을 일으키기 때문에 일어난다. 사물은 눈의 망막을 통해 시신경을 타고 뇌로 전달돼 인식한다. 이때 정보를 해석하고 이해하는 과정을 거치기 때문에 심리적 요인이 작용한다. 즉, 개인의 사고과정과 심리상태에 따라 착시현상이 일어나는 것이다.

- 착각: 어떤 사물이나 사실을 실제와 다르게 지각하거나 생각하는 현상
- 착시: 착각 중 시각 경험이 실재와 일치하지 않는 현상을 의미한다.

▪ 착시의 종류

착시의 종류는 방향과 각도·크기·길이 등이 다르게 보이는 기하학적 착시, 멀고 가까운 것이 뒤바뀌어 보이는 원근착시, 정지된 영상이 이어져 움직이는 것처럼 보이는 가현착시, 빛의 밝기나 빛깔의 대비에 따라 매개물의 투명도가 달라 보이는 명암착시가 있다. 이러한 현상들로 인해 엄연히 현실에 존재하는데도 불구하고 지각하지 못하거나 같은 형태를 다른 모습으로 지각할 수 있을 뿐만 아니라 존재하지 않는 것을 지각할 수도 있다. 따라서 인간의 지각은 매우 불완전하고 비논리적인 경우가 많다.

▷ 기하학적 착시

기하학적 착시는 평면도형의 기하학적 관계가 실제와 다르게 지각되는 현상을 의미한다. 길이·면적·각도·방향·만곡 등의 기하학적 관계가 객관적 관계와 다르게 보이는 시각적인 착각이다. 이것은 이상한 특수현상이 아니라 일반적으로 인정되는 정상적인 현상이다. 기하학적 착시의 이름은 대개 발견자의 이름으로 명명한다. 그중에서도 외향의 사선 안에 있는 선분은 길

게 보이고, 내향의 사선 안에 있는 선분은 짧게 보이는 뮐러 리어의 착시도형이 유명하다. 또 방향의 착시를 보여주는 체르너, 분트, 헤링, 포겐도르프의 각 도형이 있다. 이밖에 착시에 관한 학설은 원근설·혼합설·역동설·안구운동설 등이 있다.

[그림 6-3] 기하학적 착시

A형: 중심의 짙은 색의 원은 양쪽 동일한 크기의 원이나 큰 원에 안에 있는 왼쪽 원이 작은 원 안에 있는 오른쪽 원보다 작아 보인다.
B형: 원과 교차하는 선들로 인해 짙은 색의 원이 왜곡되어 보인다.

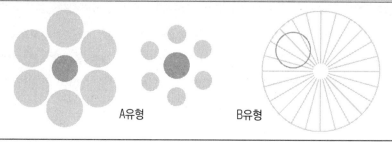

A유형   B유형

▷ **원근(遠近) 착시**

원근(遠近) 착시는 일명 복도 착시로 원근에 의해 일어나는 착시이다. 항상성의 효과를 보다 잘 보여주는데, 각 원기둥은 실제로는 높이가 같지만 복도의 벽에서 차지하는 비율이 상대적으로 달라 멀리 있는 것으로 보이는 원기둥이 가장 높은 것으로 지각되는 현상이다.

[그림 6-4] 원근 착시

사물의 가깝고 먼 위치에 따라 방향, 각도, 크기, 길이가 다르게 보이는 착시 현상이이다. 양쪽의 그림에서 기둥의 길이가 다른가? 기둥의 길이는 모두 같다. 맨 오른쪽의 기둥이 제일 멀게 보임에도 불구하고 선들이 모여 있는 부분에 가깝기 때문에 더 커 보이는 것이다.

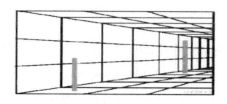 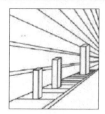

▷ **가현운동 착시**

가현운동(apparent movement)은 객관적으로는 움직이지 않는데도 움직이는 것처럼 느껴지는 심리적 현상이다. 실제의 움직임은 없으나 운동으로 지각되는 것이다. 예컨대 네온사인에서 전구들은 그 자리에 고정된 채로 점멸하지만 사람은 불빛이 이동하는 것으로 지각한다. 전구 간의 간격이나 점멸 시차에 따라 가현운동 지각이 결정된다. 가현운동을 파이 현상(phi-phenominon)으로 불리기도 한다.

미국의 심리학자 제스트로 발견한 재스트로우 착시현상(Jastrow illusion)이란 사람들이 일반적으로 사물의 크기를 비교할 때 근접해 있는 부분의 길이를 비교하게 되는데 휘어 있는 형태의 경우 안쪽 면과 바깥 면의 길이가 동일한데도 아래쪽 면이 위쪽 면보다 큰 것으로 착각한다. 같은 크기의 2개의 부채꼴에서 아래쪽의 것이 위쪽의 것보다 커 보이는 현상이다.

[그림 6-5] 재스트로우 착시

아래 좌측 그림처럼 크기가 같은 휘어진 도형 a, b를 위, 아래로 배열하면 도형 b의 모서리가 도형 a의 모서리보다 더 길어 보인다. a와 b의 위치를 바꾸더라도 아래에 놓인 도형이 더 커 보인다. 즉, 뇌는 밑에 놓인 도형의 길이가 위에 놓인 것보다 더 길다고 인지한다.
우측 그림에서 왼쪽은 오리의 입 모양을, 오른쪽은 토끼의 입 모양을 합성한 그림이다. 이 그림을 왼쪽에 집중해서 보면 오리로 보이고, 오른쪽에 집중해서 보면 토끼로 보인다. 가운데 집중해 보면 오리, 토끼가 동시에 보이기도 한다. 이 그림은 '오리-토끼 재스트로 착시'라고 불린다. 모호한 이미지에 의한 인지적 착시는 두 가지 이상의 전혀 다른 이미지로 인식될 수 있는 이미지에 의한 착시이다.

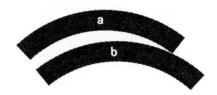

[표 6-3] 주요 착시

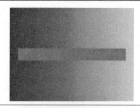	**대조효과(Contrast effect)** 배경은 왼쪽의 짙은 회색이 오른쪽으로 갈수록 점점 옅은 회색으로 실제로 변화하는데, 그 안에 수평으로 놓인 회색 띠는 객관적으로 과학적으로 밝기가 일정한데도 주관적으로 옅은 회색에서 짙은 회색으로 변화하는 것처럼 보인다.
	**마흐 밴드 착시(Mach bands)** 오른쪽 부분이 왼쪽보다 더 어둡게 보이지만, 검정색 띠인 가운데 부분을 가리면 양쪽의 밝기가 같아 보인다.
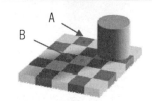	**체커 그늘 착시(Checker shadow illusion)** 체커 A는 B보다 짙어 보이지만 실제로 객관적으로 두 체커의 밝기는 똑같다. 1995년 MIT의 시과학(Vision Science) 교수인 Edward H. Adelson에 의해 소개된 것이다.
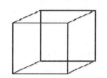	**네커 육면체 착시(Necker cube)** 네커 육면체는 애매한 선 그림이다. 한번 그림의 각 선을 굵게 그려보려. 그러면 선을 굵게 하면 착시가 일어나 육면체로 존재할 수 없는 그림이다.
	**펜로즈 삼각형(Penrose triangle)** 막대 세 개로 만들어진 삼각형 모양의 도형으로 3차원의 공간에서 불가능하지만 2차원의 평면에 가능한 것처럼 그려 놓은 도형이다.
	**펜로즈 계단(Penrose stairs)** 이것은 불가능한 계단의 2차원 그림이다. 존재할 수 없는 계단인데도 불구하고 우리의 지각은 계속해서 올라갈 수 있는 계단처럼 보인다.
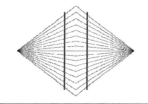	**분트 착시(Wundt illusion)** 나란한 두 직선이 안쪽으로 휜 것처럼 보인다. 분트 착시는 두 방사점에서 나온 방사선이 가운데에서 만나도록 한 패턴에서 각 방사선을 가로지르는 평행선이 더 이상 평행하지 않게 보이는 착시이다.

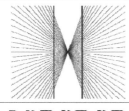

헤링 착시(Hering illusion)

나란한 두 직선이 바깥쪽으로 휜 것처럼 보인다. 직선이 한 점으로 모이는 그림에 수직으로 선들을 그려 넣으면 수직선은 중심 부근에서 밖으로 휘어져 보이는 것이다. 사선이 한 점으로 모이는 것을 보면 앞으로 나아간다는 느낌을 받는다.

쮈너 착시(Zöllner illusion)

긴 빗금이 나란하지 않은 것처럼 보이지만 실제로는 평행이다. 평행한 수직선들이 있다. 평행하는 수직선들이 사선을 만나 비스듬하게 기울어 보이는 착시를 체르너 착시라고 한다.

윤곽 착시(Illusory contours, Kanizsa triangle)

공간적으로 분산되어 있는 조각들이 삼각형 윤곽의 인상을 준다. 이탈리아의 Kanizsa가 고안한 삼각형으로 세 개의 검은 원 앞쪽에 놓인 삼각형을 지각하게 된다. 안쪽 삼각형의 흰색이 바깥쪽의 흰색보다 더 희게 보인다.

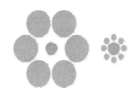

에빙하우스 착시(Ebbinghaus illusion)

왼쪽 중앙의 동그라미가 오른쪽 중앙의 동그라미보다 작아 보이지만 실제로는 크기가 똑같다. 그러므로 거인들 사이에 끼인 사람은 더 작아 보인다.

오리-토끼 착시(Ambiguopus image)

오리-토끼 착시는 게쉬탈트 심리학의 인지이론을 뒷받침하는 그림으로 보기에 따라 오리로도 토끼로도 보인다. 이 그림을 토끼로 인식할 때에는 오리의 부리가 토끼의 귀로 인식된다.

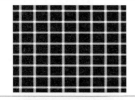

격자착시(Grid illusion)

회색 교차점에서 실제로는 존재하지 않는 검은 점이 잔상효과 때문에 보이기도 하고 안 보이기도 한다.

이발소 원통 착시(Barberpole illusion)

원통이 수직축 주위를 돌면서 빗금들이 수직축 방향으로 움직이는 것처럼 보인다. 고정되어 돌아가지만, 사선무늬의 특성으로 움직이는 듯한 착시를 일으킨다.

출처: www.wikipedia.org

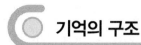

기억의 구조

기억은 개인들이 정보를 기억하고, 필요할 때 회상하는 능력들과 관계가 있다. 모든 기억이 장기기억으로 저장되는 것은 아니며 감각정보가 들어와서 단기기억이 되고 경화과정을 거친 단기기억의 일부가 장기기억으로 저장된다. 기억은 감각기억, 단기기억과 장기기억으로 구성되며 각각의 기능이 서로 다르다.

■ 기억의 구조

기억(memory)이란 일정한 정보를 등록하고 저장하고 적절한 시점에 인출하는 능력을 말한다. 즉, 감각기관을 통해 얻은 정보를 뇌에 저장하고 필요에 따라 끄집어내서 사용하는 정신능력이다. 기억은 정보처리 관점에 근거하여 기억체계의 기본구조가 여러 개의 기억저장고로 이루어진 것으로 보는 에킨슨과 쉬프린(Atkinson & Shiffrin, 1968)의 다중기억 모델(Multiple Store Model of Memory)을 중심으로 설명한다. 다중기억 모델은 감각기억, 단기기억과 장기기억의 세 가지 기억저장고를 구성된다.

[그림 6-6] 다중기억 모델

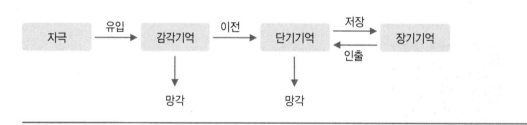

▷ 감각기억

감각기억은 정보를 매우 짧은 시간 동안 저장하는 기억으로 감각정보가 인지체계에 처음 등록되는 곳이다. 감각양상에 따라 상이한 감각기억들이 존재하는데 시각기억의 정보는 1초 이내, 청각기억의 정보는 2초 정도까지 유지된다. 감각기관에 머무르고 있는 정보들 중 관심을 끄는 정보만을 단기기억에 이전할 수 있도록 통제하는 기능이다.

▷ 단기기억

단기기억은 정보처리가 이루어지는 동안 유입된 정보가 일시적으로 저장되는 장소이다. 정보과부하(information overload) 상황이 되면 이 중 일부만 처리되기도 한다. 매우 제한된 용량을 가진 단기기억으로서 감각기억에 등록된 정보 가운데 주의집중을 받은 일부 정보가 단기기억으로 이전된다. 단기기억의 용량은 한정적이기 때문에 성인의 경우 7개(±2) 내외의 항목만을 약 20~30초 동안 유지할 수 있다. 이 정보 가운데 시연과 같은 정신조작을 받은 정보는 단기기억에 계속 유지되거나 장기기억으로 이전된다. 그렇지 않은 정보는 새로이 단기기억에 유입되는 다른 정보에 의해 치환된다.

처리된 정보를 장기기억으로 이전시키기 위해서는 시연이라는 통제과정이 실시되어야 한다. 시연은 처리된 정보를 마음속으로 반복하는 것으로 유지시연과 정교화 시연이 있다. 유지시연(maintenance rehearsal)은 처리된 정보가 단기기억 속에 계속 머물러 있도록 하기 위해 마음속으로 반복하는 것이다. 정교화 시연(elaboration rehearsal)은 단기기억에 유입된 정보의 의미를 해석하는 것이다. 외부자극의 정보를 많이 시연할수록 단기기억 속에 오래 머물러 결국엔 장기기억 속에 저장될 가능성이 높아진다.

▷ 장기기억

기억 용량이 거의 무한대인 장기기억으로서 단기기억의 정보 가운데 정신조작을 받은 정보가 이전되어 저장된다. 장기기억의 정보는 비교적 영속적으로 유지되는데, 짧게는 수분, 길게는 수십 년에 이르는 장기적으로 기억된다. 일반적으로 장기기억은 부호화, 지식의 표상, 일화기억 등을 통하여 이루어진다. 장기기억에서의 부호화는 대부분 심상부호와 의미부호로 저장된다. 장기기억은 서술적 기억(명시적 기억)과 절차적 기억(암묵적 기억)이 있다.

서술적 기억(declarative memory)은 사실, 자료와 사건의 기억이며 의식적인 기억이며 종종 구두로 표현된다. 예를 들면, 사람들은 약속 시간을 기억하거나 몇 년 전의 사건을 회상한다. 서술적 기억은 특정 개인 경험을 저장하는 일화기억과 사실 정보를 저장하는 의미기억이 있다. 일화기억은 개인적으로 경험한 사건들에 관한 기억이며, 의미기억은 사실, 생각, 의미, 정보의 의미에 대한 기억이고, 공간기억은 개인의 환경과 공간 정보에 대한 기억이다.

[표 6-4] 서술적 기억의 유형

종류	특징
사건기억	특정한 사건에 대한 정보가 기억으로 구성 개인의 경험과 관련된 여러 의미가 있는 기억
의미기억	사실, 생각, 의미, 개념, 정보 등 세상의 일반적인 지식으로 구성 개인의 경험과 무관한 객관적 사실
공간기억	개인의 환경과 공간 정보에 대한 기억 익숙한 환경에서 길을 찾을 때 필요함

절차적 기억(procedural memory)은 무의식적 기술과 일을 하는 방법, 예를 들면 신발 끈 묶기, 기타 연주 또는 자전거 타기와 같은 물체의 동작이나 동작을 사용하는 방법이다. 수행 방법이나 작동 방법에 관한 기억이다. 절차적 기억은 반복과 연습을 통해 획득되며 자동 감각운동 행동으로 구성된다. 일단 배운 후, 이러한 신체 기억을 통해 일반적인 운동 동작을 자동으로 수행할 수 있다. 이것은 이전 경험에 대한 의식적인 인식 없이 작업의 수행에 도움이 된다.

장기기억은 뇌의 다른 영역에 저장되며 상당히 다른 과정을 겪는다. 서술적 기억은 해마, 뇌의 내측측두엽에 의해 부호화된다. 반면, 절차적 기억은 해마가 전혀 관여하지 않고 운동 제어에 관여한다. 따라서 내측측두엽이 없으면 사람은 여전히 새로운 절차적 기억을 형성할 수 있지만(예를 들어 악기 연주와 같은), 배운 사건을 기억할 수는 없다. 악기 레슨을 기억하는 것은 서술적 기억이며, 레슨의 결과로 향상된 악기 연주는 절차적 기억이다. 서술적 기억은 "무엇을 아는가"이나 절차적 기억은 "어떻게 아는가"이다.

▷ **기억의 왜곡**

인간의 기억은 사실과 다르게 두뇌에 저장되는 경우가 있다. 이는 사실이 변환되거나 정보가 왜곡되는 경우이다. 연구결과에 의하면 아주 세부적인 사항일수록 기억의 변경이 쉽게 일어난다. 중요한 사항이나 현저한 사항은 기억의 정확도가 아주 높게 나타나지만, 지엽적인 사항은 비교적 쉽게 정보가 왜곡된다. 예를 들면, 차량사고에 대한 목격자의 증언이 정확하지 않은 경우가 많은데, 그것은 자신에게 중요하거나 현저한 사건이 아니기 때문에 기억과정에서 정보의 왜곡이 일어난 것이다. 왜곡은 자신의 가치, 경험, 지식, 태도, 방식과 신념에 따라서도 발생한다. 또한 착시로 일어난 현상 때문에 사실과 정보가 다르게 저장되기도 한다. 이와 같이 기억은 항상 정확한 것이 아니다.

■ 기억의 결점

기억은 소멸되고 주의를 기울이지 않으면 기억에서 사라지거나 잘못된 정보가 기억에 나쁜 영향을 미치기 때문에 인간의 기억은 그리 믿을 만한 것이 못된다. 그래서 기억은 결점을 많이 갖고 있다. 하버드대의 심리학과 다니엘 색터(Daniel L. Schacter) 교수는 기억의 오류를 기억의 7가지 결점으로 구분하고 기억의 특징과 취약성을 설명한다.

▷ 일시성

원래 기억했던 것들에 접근할 가능성은 시간이 지나감에 따라 자연스럽게 감소하는 것이다. 뇌의 해마나 측두엽 등에 손상을 입을 경우 기억에 심각한 장애를 경험할 수 있다.

▷ 방심성

무언가를 해야 함에도 불구하고 주의를 기울이지 않아 깜빡하고 놓치게 되는 경우이다. 예를 들면 택시 트렁크 안에 스마트폰을 놓고 내려놓는 경우이다.

▷ 설단현상

설단(tip-of-the-tongue)현상은 말이 혀끝에 맴돌고 계속 나오지 못하고 맴도는 현상이다. 기억하고 있으나 말하려고 하니까 막힌다. 이는 기억에 저장되어 있는 정보에 접근하는 것이 잠시 동안 어려운 것을 의미한다. 그러나 자신은 자기가 그 정보를 기억하고 알고 있으나 입 안에서 맴도는데 말을 할 수가 없게 된다.

▷ 피암시성

피암시성은 타인의 암시를 받아들여 의견이나 태도를 조정하는 특성이다. 잘못된 정보가 기존의 기억에 영향을 미치는 것이다. 질문에 답을 하면서 그 질문 안에 있는 내용이 기억에 침투하는 것이다. 질문이 원래 기억에 영향을 줄 수 있도록 유도하여 원하는 방향으로 기억을 조작하는 것이다. 과거의 일들은 잘못된 정보로 인해 변형되어 있을 수도 있다. 따라서 당연히 자신의 기억이기 때문에 100% 믿지만 맹목적으로 자신의 기억들을 믿어서는 안 된다.

▷ 편향

현재의 지식이나 믿음 혹은 상태가 과거에 대한 회고, 즉 기억에 왜곡된 영향을 미치는 현상을 의미한다. 과거에 일어났던 일보다 현재 혹은 직전에 어떤 경험을 하느냐에 따라 과거의 사건을 해석한다. 인간은 지금에 기초해서 과거를 기억하는 것이 아니라 해석하는 경우이다. 불쾌한 일로 헤어진 애인은 부정적으로 기억하지만 애절한 사연으로 헤어진 애인은 대체로 그리워하는 긍정적인 감정이 있다.

▷ 지속성

기억하기 싫은 것이 계속적으로 떠올라 자신을 괴롭히는 것이다. 주로 트라우마와 같이 충격적이거나 비극적인 사건들이 해당된다. 자신이 기억하기 싫으면 싫을수록 더 떠오르게 된다. 기억은 기억이라는 감옥에 갇힌 비극적 죄수이다.

▷ 오귀인

귀인이란 자신이 경험한 사건이나 현상의 원인을 뜻하며, 오귀인(misattribution)은 행동이나 사건의 원인을 잘못 파악하는 것을 의미한다. 기억의 출처를 혼동하는 것은 출처보다는 기억의 내용이 더 중요하기 때문이다. 따라서 잘못된 귀인인 오귀인은 기억의 출처를 혼동하는 것이다. 인간은 기억의 내용 자체는 분명하게 유지하더라도 기억의 출처에 관하여는 크게 신경 쓰지 않기 때문에 출처의 혼동이 일어난다.

인지부조화

인지(認知)란 자극을 받아들이고, 저장하고, 인출하는 일련의 정신 과정이다. 이것은 지식, 생각, 태도, 정서, 신념, 행동을 포괄하는 개념이다. 주의, 지식 의 형성, 기억 및 작업 기억, 판단 및 평가, 추론 및 계산 등이 인지 과정이다. 인지는 어떤 대상이나 사물을 아는 것 또는 생각하는 것이다. 그러나 개인이 어떤 대상을 아는 것과 사실이 다를 때가 있다. 인간은 자신의 생각과 사실이 다를 때는 심리적 불편함을 완화하거나 상황을 회피하기 위해 자신의 행동에 맞게 사실을 왜곡, 변형해 받아들인다는 이론이다. 개인들은 불일치를 경험하게 되면 주로 심리적으로 괴로워하게 된다. 스트레스와 불편은 신념을 갖고 상반되는 행동이나 반응을 수행하는 개인에게 발생된다. 두 개의 모순된 생각을 동시에 가짐으로써 발생하는 불편한 긴장감, 즉 두 개의 인지 간 불일치를 의미한다.

■ 인지부조화의 개념

인지부조화는 심리학자 레온 페스팅거(Leon Festinger, 1957)가 한 사이비 종교단체 연구를 위해 신자로 위장 잠입해서 얻은 정보를 토대로 여러 실험을 거쳐 발표한 이론이다. 인지부조화(cognitive dissonance)는 인간이 자신의 마음속에서 양립 불가능한 생각들이 심리적 대립을 일으킬 때 적절한 조건이 주어지면 행동에 따라 생각을 조정하는 동인을 형성한다는 것이다. 인지부조화는 생각(태도)과 행동이 서로 충돌할 때 생기는 심리적 부담감을 없애기 위해 자기정당화의 필요성을 느껴 행동에 생각을 맞추는 것, 즉 생각을 변경하는 것이다. 심리적으로 불편한 부조화의 존재는 개인들이 부조화를 감소하고, 조화를 성취하게끔 자극할 것이다. 그리하여 부조화가 존재할 때 감소하려는 것 이외에 개인은 부조화를 증가하는 상황과 정보를 적극적으로 회피할 것이다.

- 인지부조화: 생각과 행동이 서로 충돌할 때 생각을 변경하는 것

인지부조화 이론에 의하면 신념(나는 거짓말을 좋아하지 않는다)과 일치하지 않는 행동(거짓말을 하면 당선되기 때문에 거짓말을 한다)에 관여하면 신념이 행동과 일치하는 방향으로 변한다. 이는 불일치에서 생긴 부조화 압력(거짓말을 하면 당선되기 때문에)이다. 인간의 내적 일관성을 추구하는 방법에 초점을 둔다. 심리적으로 불편한 부조화의 존재는 개인들이 부조화를 감소하고 조화를 성취하게끔 자극할 것이다. 그리하여 부조화가 존재할 때 개인은 부조화를 증가하는 상황과 정보를 적극적으로 회피할 것이다.

[그림 6-7] 인지부조화 과정

평범한 주부인 매리언 키치(Marian Keech)는 1954 년 9월 행성 클라리온(Clarion)에 있는 외계인이 "12월 21일 밤 자정에 대홍수로 지구가 멸망한다. 그러나 사난다(Sananda)의 존재를 믿는다면 모두 구원받으리라"라는 메시지를 받는다. 매리언 키치는 신의 계시를 받았다고 생각하여 가족이나 재산 모든 것을

모두 버리고, 종말을 대비하기 위해 종교를 창시하였다. 이윽고 종말의 날 자정에 UFO가 신도들을 안전지대로 이동시킬 것이라고 교주와 신도들은 장담했다. 교주를 추종하는 신도들이 증가하고, 드디어 종말의 날이 오자 많은 신도들이 종말을 기다리고 있었다. 그러나 매리언 키치의 예상과 달리 지구에 종말이 오지 않았고, 아무런 일도 발생하지 않았다. 당시에 이 사건은 미국에서 큰 화제가 돼 많은 언론에서 상황을 중계할 정도였다.

그렇다면 1954년 12월 21일 밤 자정에 무슨 일이 벌어졌을까? 자정이 되어도 비행접시가 나타나지 않자 신도들은 불안해했다. 다음날 새벽 4시 44분에 교주인 매리언 키치는 "신도들의 열성적인 믿음으로 세계가 구원받았다. 죽음에서 구원받았으니 지구에 어떤 불행한 일이 일어나지 않을 것이다. 지금 여기에는 선과 빛이 넘쳐나고 있다"는 새로운 예언을 했다. 분위기는 절망에서 희망으로 순식간에 변했고, 신도들은 기적을 보도해 달라고 언론사에 요청했다. 사이비 신도들은 교주의 예언이 빗나갔는데도 자신들의 믿음 때문에 세상에 많은 빛이 펴져나가고, 절대자인 사난다가 세상을 구원하기로 하였다고 스스로 합리화하여 사이비 종교에 더욱 열광했다. 신도들은 현실을 왜곡하여 잘못된 신념을 지켰다.

■ 인지부조화의 감소 방법

인지부조화가 발생할 때 일정한 행동패턴이 있다. 자신의 행동을 정당화하고자 할 때 또는 그 행동에 상반되는 원인이 있을 때 사실을 왜곡하여 신념을 변화한다. 자신의 태도와 상반되는 정보인 경우 부조화를 일으키는 정보의 중요도를 낮게 평가하고, 부조화를 일으키는 상황이나 정보를 회피한다. 인지부조화를 해소하지 못하면 불안에 시달리게 되고 자신의 정체성을 잃어버릴 수 있다. 불안을 해소하고 심리적 안정을 가져오는 장점이 있지만 스스로가 오류에 빠지게 된다. 부조화는 자신이 선택한 신념의 장점을 부각시켜 또 다른 부조화를 가져온다.

개인들은 다양한 방법으로 태도나 행동을 수정한다. 인지부조화 이론은 개인의 기대와 현실 간의 일치를 개인들이 찾는다는 가정에 초점을 둔다. 인지와 행동을 서로 일치하기 위해 부조화 감소에 관여하게 된다. 이러한 동일성의 조성은 심리적 긴장과 곤경을 감소한다.

> 신념: 기만은 나쁘다. 그래서 기만하지 않는다.
> 행동: 기만이 나쁘지 않다. 그래서 기만한다.

평소 남을 기만하는 것은 나쁘다고 생각하고 있던 기만 씨는 남을 기만하지 않고 착실히 살아 왔다. 또한 남에게 속지 않으려고 대인관계에서 신중하게 행동했다. 그런데 갑자기 최근 만나던 사람이 재력도 있고 착해 보였다. 그가 갖고 있는 것도 많아 부러웠다. 그래서 사업제안을 하기로 하였는데 말이 사업제안이지 사실은 사기를 결심하여 그의 재산을 가로채려고 계획하였다. 기만은 나쁜 것이기 때문에 기만해서는 안 된다는 신념을 갖고 있었다. 그런데 기만을 하면 일확천금을 얻을 수 있다는 황홀에 빠진다. 이때 속는 사람이 바보이고 나 아니더라도 다른 사람에게 속을 것이며, 있는 사람의 재산을 얻는 것이 굳이 나쁠 것이 없다는 생각으로 발전한다. 기만이 나쁜 것이라는 최초의 태도에서 굳이 나쁠 것이 없다는 태도로 변경하게 되어 신념을 기만행동에 맞추게 된다. 결국 기만씨는 기만을 하고 말았다.

[그림 6-8] 인지부조화 과정

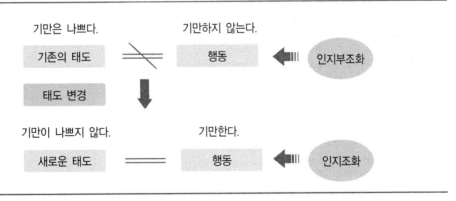

■ 자기정당화

나쁜 인간이 현실을 매우 객관적인 정확성으로 묘사하는지를 본다면 놀랄만한 일이다. 두뇌가 작동하는 방식, 인식이 왜곡되는 방식, 언어의 모호성 때문에 살고 있는 이 세상은 결코 정말로 알 수 없다. 그렇다면 어떻게 해야 하는가? 한 가지 대답은 진실 탐구를 멈춘다면 객관적인 진리가 없다. 존재하는 많은 진실을 탐구하고 성공할 수 있도록 자신을 조금 더 잘 이해하는 데 노력을 기울인다. 자기정당화는 명시된 목표나 기대에도 불구하고 진실이 아니라 자기보존에 관심이 있는 두뇌의 묘사이다.

▷ 자기정당화의 개념

자기정당화(self-justification)는 개인의 행동이 자신의 신념과 불일치할 때 개인은 행동을 정당화하고 행동과 관련된 부정적인 반응을 부인하려고 하는 것을 말한다. 즉, 개인의 행동이 자신의 신념과 불일치할 때 자신의 행동을 정당화하거나 변명하는 것을 의미한다. 인지부조화가 자기정당화를 구동하는 엔진이라면 자기정당화는 긍정적인 감정으로 전환하는 도구이다. 특히 자신의 신념과 불일치하는 행동이나 결정을 정당화하려는 욕구는 인지부조화라고 하는 심리적 불편에서 오고, 이러한 심리적 불편을 완화하거나 제거하는 것이 자기정당화이다.

- 자기정당화: 개인의 행동이 자신의 신념과 불일치할 때 자신의 행동을 정당화하거나 변명하는 것

▷ 자기정당화의 유형

자기정당화 전략에는 내적 자기정당화와 외적 자기정당화로 구분할 수 있다. 내적 자기정당화는 자기 자신의 태도를 행동에 일치하여 심리적 불편을 제거하는 것을 말한다. 예를 들면, 뇌물은 다른 사람들이 더 많이 받기 때문에 받아도 괜찮다고 생각하는 경우이다. 외적 자기정당화는 자신의 행동을 외적인 원인으로 정당화하는 것을 말한다. 자신의 외적인 원인을 통해서 자신의 태도를 바꾸는 것을 의미한다. 따라서 태도변화를 통하여 부정적 결과를 경시하거나 부인하는 것이다. 외적 원인은 자신의 책임을 부인하고 다른 사람이나 사회적 요인 등으로 돌리는 것이다. 따라서 외적 자기정당화는 행동에 대한 책임을 자신이 아닌 외부로 돌려 심리적 불편을 제거하는 방법이라 할 수 있다. 예를 들면, 흡연가는 금연하지 않는 이유를 국가조세의 목적을 위해서 흡연한다고 말하는 경우이다. 개인들은 긍정적인 감정을 유지하고 심리적 불편을 해소하기 위해 자기정당화 전략을 사용함으로써 비윤리적인 행동을 합리화한다. 예를 들면, 일부 정치가들이 뇌물을 받은 대가로 민간 기업체에 특혜를 주고 적발될 경우 대부분은 정당한 민원 활동이라고 하거나 정치공작이라고 치부하며 범죄의식을 갖지 않고 가짜뉴스라고 규정한다.

제7장

/

기만전략

거짓말을 진실 자체보다
한층 논리적으로 들리게 만들어라(Czeslaw Milosz).

지옥에서도 악마들끼리는 서로

거짓말하지 않는다

말과 표정의 진실과 거짓 탐지 기술

거짓말의 구성과정

거짓말은 자신의 내적 세계와 외적 세계가 접촉하는 공통 영역에서 일어나는 상호작용 과정이다. 내적 세계의 구성요소를 은폐하거나 왜곡하여 외적 세계로 전달한다면 비로소 거짓말이 된다. 대부분의 거짓말은 개인이 처한 상황과 연결되어 있고 불가피한 상황이 있을 수 있다. 동물세계에서 기만행위는 그들의 생존과 관련이 있다. 상대를 속여 생존과 번식을 이루고 진화해야 하는 동물의 한계 때문이다. 이는 생물학적 요인이다.

▪ 거짓말의 구성모형

거짓말은 자신의 내적 세계와 외적 세계가 접촉하는 공통 영역에서 일어나는 상호작용 과정이다. 사람들은 일반적으로 개인적인 도덕, 가치, 신념, 태도와 환상 등으로 구성되는 내적 세계와 도덕, 사회적 가치, 문화, 규범과 현실로 구성되는 외적 세계를 갖고 있다. 이 두 세계가 접촉할 때 자신의 목적을 달성하기 위해서는 갈등과 충돌이 발생한다. 거짓말은 자신의 목적을 달성하기 위해 사실의 은폐나 왜곡을 통해서 전달한 내용을 상대방이 믿도록 하는 내적 세계와 외적 세계를 일치시키는 과정이다. 이를 위해 정보를 은폐, 왜곡 등의 변형과정을 통해 상대방에게 전달하여 믿도록 함으로써 거짓말을 구성한다.

[그림 7-1] 거짓말의 구성모형

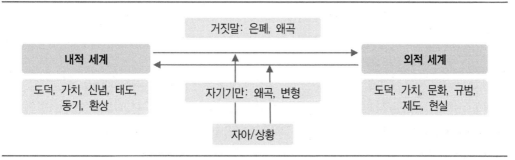

인간의 뇌는 사실을 의식적으로 왜곡하여 남을 속이는 능력이 있다. 모든 사람이 거짓말한다는 것은 불변의 진리이다. 또한 거짓말할 때는 충분한 동기가 있다. 이득, 성취, 가학적 충동, 쾌감, 만족, 자존심과 탐욕 등이 거짓말의 동기이다. 인간이 거짓말하는 동기는 매우 복잡하다. 이러한 거짓말의 복잡한 동기가 내적 세계의 사실을 은폐나 왜곡을 통하여 외적 세계에 허위사실을 전달하는 행위를 거짓말이라 한다.

반면 철학자 니체(Nietzsche)가 "가장 흔한 거짓말은 자기 자신에게 하는 거짓말이다"라고 하였듯이 자기기만(self-deception)은 스스로를 속인다는 뜻이다. 따라서 자기기만은 스스로를 속이는 행위이기 때문에 속이는 주체와 속이는 대상이 동일하다. 거짓말을 통해 스스로를 방어하기 위해서 외적 세계의 자아 관련 요소를 내적 요소와 일치시킴으로써 외적 세계의 관련요소를 사실로 인식하는 것이다.

프랑스의 철학자인 샤르트르(Chartres)는 인간은 자신의 역할에 충실함으로써 자기를 기만하게 되는데 자기기만 행위의 원인으로써 인간의 실존이 갖는 불안과 관련이 있다고 하였다. 따라서 자기기만은 거짓인 것이나 검증되지 않은 것을 마치 사실이나 검증된 것으로 자기 자신이 믿는 현상이다. 즉, 자기 자신의 거짓된 믿음을 정당화하는 방법이다. 자기정당화 방법을 통해 외적 세계의 관련 요소를 왜곡과 변형을 통해서 높은 수준의 확신성으로 믿을 때 자기 자신에게는 항상 진실인 것으로 보인다. 집단적 자기기만은 자기기만에 사로잡힌 주체가 개인이 아니라 집단이라는 점에서 위험한 사회적 현상이다. 특정한 개인이 아닌 집단이 사실이라고 자신을 속이고 스스로 믿는 현상이다.

기만이론

기만은 기만하는 사람과 기만을 당하는 사람 간의 상호작용 과정이다. 속이는 자는 자신의 기만활동 수행이 기만을 당하는 사람에게 발각되지 않도록 은폐, 왜곡하고 모호하게 표현하지만 상대방이 의심한다고 생각하면 수정하거나 새로운 거짓말을 만들어낸다. 반면에 기만당하는 사람은 속이는 자를 의심하면서 속이는 자가 자신의 의심을 알아채지 않도록 기만을 탐지하는 자신의 행동을 수정한다. 이러한 쌍방 간의 수정전략으로 결국 양자 모두는 상대방을 속이는 속임수를 탐색하는 방법을 선택하게 된다. 대인기만이론 중 대표적인 이론인 데이비드 벌러와 주디 버군((David Buller & Judee Burgoon)의 대인기만이론, 자기표현적 관점, 그리고 사회계약 등을 소개한다.

■ 대인기만이론

대인기만이론(interpersonal deception theory)은 기만 상호작용 중에서 속이는 자와 상대방 간의 역동적인 과정에 대한 통찰력을 제공해준다. 데이비드 벌러(David Buller)와 주디 버군 (Judee Burgoon)에 의하면 대화 전에 속이는 자와 상대방은 그들의 기대, 목적과 친숙성으로 상호작용을 한다. 그러나 속이는 자와 상대방이 언제나 힘의 균형을 이루고 있는 것은 아니다. 상호작용이나 대화중에 속이는 자는 전략상 속임수를 사용하고, 상호작용을 통해 전략을 수정 한다. 반면 상대방은 다소 의심으로 시작하고 신뢰성 판단에 근거하여 상호작용을 통하여 전 략을 수정한다.

▷ 속이는 자의 특징

속이는 자는 몇 가지 행동 특징을 보인다. 첫째, 은폐하려는 목적이 있기 때문에 메시지가 불 확실하거나 모호한 표현이 많다. 둘째, 발언이 비즉시적이거나 과묵하며, 혹은 말을 번복하는 경 향이 많다. 셋째, 비언어적 행동이 보다 구체적으로 나타난다. 몸동작이 활발해지거나 부자연스 럽고, 침묵이나 휴지가 증가한다. 넷째, 분리전략을 활용한다. 분리전략은 자신이 한 일과 일정 한 거리를 두고 빠져 나가려는 행동이다. 분리전략에는 무마와 변경이 있다. 무마(leveler)전략은 벌어진 일이 자신과 관계없는 일로 책임을 다른 사람에게 전가한다. 변경전략은 상황에 부정적 인 뉴스나 정보의 강도를 낮추는 전략이다. 다섯째, 자신의 이미지와 관계를 일치하려는 행동이 증가한다. 속이는 자는 비언어적 단서의 누설이 누출단서라는 것에 주의한다. 왜냐하면 기만행 위의 발각은 자신에 대한 부정적인 평판과 관계 위협이기 때문이다. 기만행위를 은폐하려는 노 력이 모든 단서를 차단할 수는 없다. 이러한 기만적 전략의 누설은 서로가 친밀하고, 적발의 공 포가 클 때 증가한다.

[그림 7-2] 속이는 자의 행동 특징

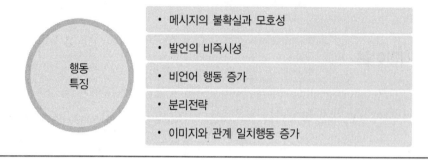

행동
특징

- 메시지의 불확실과 모호성
- 발언의 비즉시성
- 비언어 행동 증가
- 분리전략
- 이미지와 관계 일치행동 증가

▷ 속이는 자의 행동

속이는 자는 기만활동 과정에서 상대방의 의심을 찾아내려고 한다. 상호작용 초기 속이는 자의 행동은 상대방으로부터의 피드백에 반응하는데 속이는 자는 모호하게 말하기 위해 메시지 내용의 질과 양을 감소하려고 한다. 상대방이 의심을 하고 있다는 징후를 포착하면 상대방의 불신을 완화하고 신뢰를 증가하기 위해 전략을 바꾼다. 속이는 자는 상호작용하는 동안 정보, 행동과 외모를 동시에 관리하고, 기술, 상호작용 파트너와의 관계, 준비, 동기와 시간에 의존하면서 다른 전략을 사용한다. 상호작용에 반응하여 전략적 행동과 비전략적 행동을 한다. 속이는 자는 경계하고, 인지적 노력을 기울이고, 집중하기 때문에 누출단서와 같은 비전략적 행동이 나타난다. 자신이 전달하는 메시지가 진실인 것으로 인식시키기 위해 추가적인 전략을 수행하기도 한다. 그러나 아무리 속이는 자가 기만행동에 능숙하더라도 누출단서는 포착될 수 있다.

▷ 기만당하는 사람의 행동

속는 자는 기만행위가 일어나고 있음을 직감할 때 자신이 의심하고 있다는 사실을 속이는 자에게 숨기기 위해 직접적인 대면을 피하는 경향이 있다. 이런 경우에도 속고 있으면서 아무 일 없는 듯 즐거운 척하지만, 사실을 파악하기 위해 교묘한 대화방식을 채택하게 된다. 즉, 속이는 자의 진술에 직접 도전하거나 반박하기보다는 태연하게 웃는 모습을 자주 보이고 더 많은 정보를 획득하고자 한다. 속는 자는 기만행위 속에서 드러나는 예기치 못한 발언과 비언어적 누출단서들이 전략적 사고와 감정적 스트레스를 자아내는 것을 포착하려 한다. 속이는 자가 기만엥 성공하려면 전략적 사고와 고도의 정신적인 노력이 필요하기 때문에 속이는 자의 인지적, 심리적 부담이 증가하게 된다. 이러한 원인으로 기만을 당하는 사람은 속이는 자의 누출단서를 포착할 수 있다.

■ 자기표현이론

자기표현이론(self-presentational perspective)은 다른 사람에게 인상을 형성하기 위한 목적으로 행동을 규제한다는 이론이다. 모든 사람들은 진실과 관계없이 자신을 나타내는 방법에 관심을 갖지만, 기만은 거짓말을 하는 자가 다른 사람에게 진실을 거짓으로 나타내기 위해 행동을 규제하는 자아표현의 유형을 고려한다. 드파울로(DePaulo)에 의하면 거짓말을 하는 자들이 처음에는 의식적으로 비언어적 행동을 규제하면서 거짓말을 하고 난 다음에 후속 행동을 의식적이고 신중하게 한다. 그런 다음 거짓말을 하는 자들은 진실하거나 정직한 것처럼 자신을 나타내려는 실제적인 비언어 행동으로 자신의 의도를 변환한다. 사람들은 능력, 동기부여, 감정, 자신감이나 자연스런 표현을 만들거나 행동을 의식적으로 관리할 수 있는 능력이 거의 없다. 그렇기 때문에 기만을 당하는 사람은 거짓말을 하는 자로부터 그들의 자아표현에서 설득력이 없는 것을 알아채고 그들의 부자연스런 행동에 신중을 보이는 것을 예측한다. 거짓말을 하는 자는 상대방이 자신의 행동을 예측한다는 사실 때문에 신중하게 말하는 것보다 더 긴장을 보이고 덜 유쾌하거나 억지스러워 보인다. 비언어 표현은 억지 미소, 음높이의 증가, 딱딱한 동작, 참여나 동작 저지의 부족을 포함한다.

■ 사회계약이론

인간은 공동의 이익을 위해서 쌍방 간에 합의를 한다. 데이비드 벌러(David Buller)와 주디 버군(Judee Burgoon)은 기만을 당하는 사람은 상대방의 말을 믿으려는 경향성이 있어서 자신이 속고 있는 상황 속에서도 믿으려 한다고 말한다. 사회철학자 그라이스(Herbert Paul Grice)는 사람들이 이처럼 잘 속아 넘어가는 이유를 사회계약(social contract)으로 설명한다. 즉 상호 주고받는 말은 신뢰와 정직을 담보로 한다는 확고한 신념을 갖고 있기 때문이라는 것이다. 어지간한 일이 아니고서는 그러한 계약을 무효로 만들고, 관계를 혼동에 빠뜨릴 수도 있는 기만행위가 있을 것이라고 상상조차 하지 않는다는 것이다. 처음부터 어떤 행위가 기만이라는 사실을 확신하지 않는 한, 대부분의 사람들은 의심하지 않고, 그로 인한 갈등이 유발될 가능성을 차단한다. 특히, 이러한 현상은 서로가 잘 알고 있는 사이거나 서로를 좋아하는 사람들에게서 더욱 자주 발생한다. 가까운 친구나 온정적인 관계를 유지하고 있는 사람들은 친구나 연인 혹은 가족구성원이 무슨 말을 하더라도 진실로 받아들이려고 한다.

SENSE ● 정권 실세들이 뿌리는 가짜뉴스… 들통나면 궤변

‘여자만 사는 집’ 뉴스도 마찬가지로 감성을 건드린 가짜 뉴스였다. 이낙연 국무총리가 지난 27일 "여성만 두 분(조 장관 아내와 딸) 있는 집에 많은 남성이 11시간 동안 뒤지고 식사를 배달해 먹는 것은 과도했다"고 말했다. 이후 압수 수색 당시

"짜장면 먹으며 압수수색" "촛불집회 200만"
정권 실세들, 가짜뉴스 뿌리고 들통나면 궤변

조 장관 집에 아들(23)과 변호인 3명이 함께 있었으며 ‘11시간’에는 변호인 입회 요청에 따른 대기 시간과 조 장관 가족 요구에 따른 영장 재발부 시간 등이 모두 포함된 것으로 드러났다. 또 압수 수색에는 여성 수사 인력이 동참했다고 검찰은 밝혔다. 이 총리는 30일 "보도가 엇갈린다는 걸 알게 됐다"고 했다.

정부·여당이 조국 법무장관 사태의 주요 고비마다 ‘가짜 뉴스’를 앞세워 지지층 결집과 위기 돌파에 나서고 있다. 친문 네티즌과 관변 매체가 감성을 자극하는 가짜 뉴스를 생성하면 이를 고위 공직자가 공개 석상에서 언급함으로써 확산시키는 동시에 공신력을 보태고, 추후 반박되면 침묵하거나 둘러대는 패턴이 반복적으로 나타난다. ‘200만 촛불’ ‘짜장면 압수 수색’ 등이 대표적이다. 베네수엘라나 독일 나치 정부 같은 대중 독재 정권이 권력을 유지하기 위해 동원하는 전형적 수법이라는 것이다.

출처: 조선일보 2019.10.01

 기만전략

축구 경기가 선수 간의 상호작용이듯이 기만은 속이는 자와 속는 자 간의 상호작용이다. 축구의 골키퍼가 상대편 공격수의 공격 방향을 안다면 골을 다 막을 수 있듯이, 속이는 자는 상대방이 속지 않는다면 기만행동을 할 수 없다. 골키퍼가 공격수의 공격 방향을 탐지하고 방어한다면

실점하지 않듯이 기만전략을 안다면 기만행동에 넘어가지 않을 것이다. 이와 같이 공격수의 공격 방향을 알고 사전에 수비를 하는 수비전략이 바로 기만탐지전략이다. 따라서 기만을 탐지하려면 공격수의 공격방향인 기만전략을 알아야 한다.

기만전략을 계획하고 실행하는 과정을 설명한다. 기만전략을 개발하고 설명하는 이유는 기만을 당하지 않는다면, 즉 기만을 당하는 사람이 없다면 기만이 감소할 수 있기 때문이다. 기만의 독버섯이 인간사회를 황폐하게 하고 사회불안을 심화하지만 세상에는 빛이 있기 때문에 어둠이 밝혀지듯이 진리가 있기 때문에 거짓이 밝혀질 수 있을 것이다.

▪ 상대방과의 상호작용

『손자(孫子)』〈모공편(謀攻篇)〉의 "지피지기 백전불태(知彼知己 百戰不殆)"는 상대를 알고 나를 알면 백 번 싸워도 위태롭지 않다는 의미이다. 상대편과 나의 약점과 강점을 알고 승산이 있을 때 싸워야 이길 수 있다는 뜻이다. 기만전략을 알아야 기만탐지를 할 수 있다. 기만은 고도의 인지와 감정적인 노력이며 상대방과의 상호작용이다. 기만하려는 것과 기만을 당하지 않으려는 것 간에는 의지와 지략이 상호작용하는 모순을 갖고 있다. 이 모순은 양자 간의 의지와 지략이 처음에는 균형을 이루지만 어느 시점에서는 균형을 잃고 한쪽으로 기울어진다. 결국 의지와 지략이 어느 쪽이 강력한가에 따라서 승패가 결정된다.

기만은 상대방을 속여 정신적이나 물질적 이득을 얻으려는 쌍방향적인 전략적 과정이다. 이러한 상호작용에서 발각되지 않고 기만을 성공했다고 해서 자신의 마음속에 있는 기만행동이 없어지는 것은 아니다. 기만이 발각되지 않아 증거가 없다고 죄가 면제되는 것이 아니다. 증거 불충분으로 법률적인 죄를 입증하지 못했더라도 거짓말을 하는 자의 마음속에 있는 죄는 오물로 남아 있는 것이다. 기만당하지 않으면 기만할 수 없다는 신념으로 기만당하지 않기 위해 기만전략을 배우는 것이 본장의 목적이다.

▪ 기만전략의 속성

인간은 사회적 동물이기 때문에 사회적 관계 속에서 생활을 영위한다. 사회적 활동에서 인간관계는 보편적으로 인간은 진실하다는 믿음이 있다. 이러한 믿음이 인간관계를 형성하고 사회적 연대감을 촉진하는 것이다. 그러나 보편적인 인간의 심리는 때때로 환상이나 착각인 경우가 있다. 인간은 진실하다는 믿음은 거짓말에 의해서 기만당하는 현상이 흔하기 때문이다.

　　기만전략은 인간의 본성은 선하다는 인간의 보편적 심리를 철저히 이용하는 것이다. 상대방을 속일 수 있다는 전제사항은 인간의 보편적 심리인 인간은 진실하다는 믿음이다. 이 믿음으로 상대방은 속이는 자를 의심하지 않고 속이는 자의 제안을 수락하게 된다. 이러한 마음으로 진실을 말하지 않는 거짓말을 하는 기만전략을 사용할 수 있다.

[그림 7-3] 인간의 보편적 속성

- 남들이 잘 속는다는 환상
- 자신은 잘 속지 않는다는 착각
- 진실편향과 의심
- 좋은 관계유지

속성

▷ 남들이 잘 속는다는 환상

　　속이는 자들은 인간은 잘 속는다는 환상을 갖고 있다. 사람들은 대부분 인간이 진실하고, 이기적이 아니라 이타적인 존재라는 믿음을 갖는다. 따라서 사람들은 타인을 잘 신뢰하기 때문에 잘 속는다는 환상을 갖는다. 타인을 신뢰하는 사람은 다른 사람이 자신을 속이지 않을 것이라는 신념이 있다. 사람들이 대체로 잘 속는다는 환상이 거짓말을 할 수 있게 만드는 요인 중의 하나이다.

▷ 자신은 잘 속지 않는다는 착각

　　자신은 속지 않는다고 착각한다. 혹시 다른 사람이 자신을 속인다고 하더라도 자신은 결코 속지 않는다는 신념을 갖고 있는데 이는 착각이다. 이 착각이 다른 사람이 속일 수 있는 심리적 공간이다. 이 공간을 속이는 자들이 점령하는 것이다. 설사 다른 사람이 자신을 속이는 행위를 하더라도 속아 넘어가지 않으리라는 착각을 한다. 믿는 도끼에 발등이 찍힌다는 것처럼 자신은 잘 속지 않는다는 것은 착각이다.

▷ 진실편향과 의심

　　속는 자는 진실편향(truth bias)과 의심을 동시에 갖고 있다. 진실편향은 사람들이 진실을 말할 것이라는 기대인 동시에 보편적인 인간의 신념이다. 이러한 진실편향은 기만적 행위를 포착하지 못하게 하는 동인이 된다. 그러나 당면하고 있는 현실에서 기만은 만연해 있고, 따라서 진실편향을 극복할 수 있는 새로운 전략이 필요한데, 그것이 바로 의심이다. 의심은 의심하는 상태 혹은 충분한 징표나 증거 없이 포착된 불신 정도로 진실과 거짓의 중간쯤에 존재한다. 상대방을 무조건 의심하고 기만행위를 탐지하기 위해 모든 인지적 수단을 동원하는 것이 아니다. 사람들이 신봉하고 있는 정의와 진실을 향한 사회적 계약이 언제나 그리고 모두에게나 적용되는 보편적인 현상이 아니라는 것을 전제해야 한다. 기만이론은 대화중에 있는 사람이 자신의 사회적 실체를 함께 구성한다는 결론에 이르게 된다. 속이는 자는 상대의 의심에 반드시 반응하기 때문에 이는 또 다른 단서의 누출이다.

▷ 좋은 관계유지

상대방은 좋은 관계(good relationship)를 유지하려고 한다. 다른 사람을 의심한다면 인간관계를 유지하기 어렵게 되기 때문에 좋은 인간관계를 유지하기 위해 다른 사람이 진실하다고 믿게 된다. 사람들은 대부분 다른 사람에게 상처나 갈등이 되는 말보다는 상대방의 장점을 돋보이는 말을 함으로써 상대방과의 좋은 관계를 유지하려고 한다.

SENSE ● 그라이스의 대화격률(Gricean maxims)

- **질의 격률(Maxim of Quality): 진실성**
  - 진실이라고 믿는 것만을 말한다.
  - 증거가 있는 것만을 말한다.
- **양의 격률(Maxim of Quantity): 정보의 양**
  - 현재 대화의 목적에 필요한 만큼만 정보를 제공한다.
  - 필요한 정보만을 제공한다.
- **관련성의 격률(Maxim of Relation): 관련성**
  - 상호작용에 관련된 것만 말한다.
  - 그렇지 않은 경우는 연관이 없음을 지적한다.
- **방법의 격률(Maxim of Manner): 명확성**
  - 불필요한 표현을 피한다.
  - 모호성을 피한다.
  - 간결하게 하라.
  - 정연하게 말하라.
- ※ 철학자 폴 그라이스(Paul Grice)가 제안한 협동의 원리이다.

기만전략 개발

기만은 내적 세계와 외적 세계를 은닉과 노출의 방법을 이용하여 일치시키는 행위이다. 기만전략 개발은 기만탐지전략 측면에서 모델을 개발하는데, 이는 기만수행이 아니라 기만탐지를 위한 전략이다. 기만의 의미는 거짓말을 포함한 광의 의미로 거짓말보다 더욱 복잡하다. 기만은 상호작용 중에 상대방을 속이는 행동으로 사전계획과 기만활동 중 행해야 할 과제가 있다. 또한 과제를 효과적으로 수행하려면 전략이 있어야 한다.

■ 기만전략 개발 개요

기만은 내적 세계와 외적 세계를 은닉과 노출(hiding and showing)의 방법을 이용하여 일치시키는 행위이다. 즉, 기만은 상대방의 상황인식에 영향을 줌으로써 상대방이 어떤 행동을 하거나 하지 못하게 하는 것으로써 은닉과 노출의 변조를 통하여 상대방이 판단을 잘못하게 하는 수단이다. 따라서 속이는 자는 은닉과 노출의 방식을 통하여 어떤 사람에게 잘못된 정보를 믿게 만든다.

기만은 선택적 표현술을 사용하는 대인간의 상호작용적인 설득작업이다. 은닉기법에는 은폐, 가장, 누락, 분산, 그리고 소멸 등이 있고, 노출기법에는 왜곡, 부인, 오도, 모방, 그리고 허위확인 등이 있다. 이러한 은닉기법과 노출기법을 설명한다. 본서의 기만전략을 기만을 하는 데 사용하는 것이 아니라 기만을 탐지하고 방지하는 데 목적이 있다.

[그림 7-4] 기만전략 개발 모형

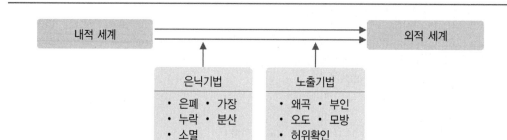

■ 은닉기법

사실의 일부나 전부를 말하지 않는 은닉기법(hiding technique)은 허위표시 뒤에 감추어진 행위로 사실의 일부나 전체를 숨기거나 주의를 분산하는 방법이다. 따라서 은닉기법은 정보의 제한과 상대방의 주의분산으로 사실을 판단하고 분석할 능력을 제한하는 행위이다. 이러한 기만을 위한 은닉기법은 은폐, 누락, 소멸, 가장, 분산 등을 사용한다.

- 은폐: 진실이 알려지지 않도록 사실을 숨기는 행동기법이다.
- 누락: 중요한 사실을 고의적으로 일부나 전체를 생략하는 것이다.
- 소멸: 사실이 알려지거나 밝혀지지 못하고 없어지는 현상이다.
- 가장: 다른 것으로 오인하도록 다른 모습으로 꾸미는 행동기법이다.
- 분산: 주의를 딴 데로 돌리게 함으로써 사실을 아예 인식하지 못하게 하는 것이다.

▷ 은폐

은폐는 진실이 알려지지 않도록 사실을 숨기는 행동기법이다. 은폐 또는 누락은 중요한 사실을 고의적으로 일부나 전체를 생략하는 것이다. 이것은 정보의 양을 제한함으로써 정확한 판단을 차단하는 효과를 이루기 위한 것이다. 속이는 자가 스스로 밝히지 않는 한 진실은 쉽게 밝혀지지 않는다. 상대방은 사실을 실제로 모르기 때문에 행동을 하거나 하지 않게 된다. 이러한 은폐와 누락 기법은 기만에서 가장 사용하기 쉬운 기만기법이다.

▷ 소멸

소멸은 사실이 알려지거나 밝혀지지 못하고 없어지는 현상이다. 즉, 강화를 제시하지 않고 조건자극만 제시했을 때 조건반응의 강도가 점차적으로 약화되어 없어지는 현상이다. 예를 들면, 속이는 자가 상대방에게 투자의 위험성을 거론하지 않는다. 해외투자에 대한 부정적 인식을 제거하는 것(투자위험성), 즉 바람직하지 않은 행동이 나타날 소지(투자기피)를 억제하는 과정을 말한다. 소멸을 시도할 때 주의할 점이 있다. 바람직하지 않은 행동(투자위험성)을 멈춘 후 즉각적으로 강화물(고수익성)을 제시하지 않는다. 어떤 행동을 억제하고자 할 때 그 행동을 감소시키는 것이 바람직한지 신중한 검토가 필요하다.

▷ 가장

가장은 속이는 자가 자신의 본 모습이나 사실을 오인하도록 다른 모습으로 꾸미는 행동기법이다. 중요한 것은 중요하지 않게, 중요하지 않은 것은 중요하게 대체하여 가장하기도 한다. 예를 들면, 좀 남자처럼 보이는 여배우가 무대에서 남장을 하고 연출하는 것이다. 본 모습은 변하지 않았지만 연출한 모습은 남자로 지각할 수 있다. 즉, 성질이나 내용이 아주 다른 것으로 오인하도록 하는 유인하는 방법이다. 한편 속이는 자는 불안, 공포나 긴장의 감정을 억제하고 진실해 보이는 가짜 감정과 가짜 미소로 위장하여 얼굴표정으로 드러내려고 한다.

▷ 분산

분산은 속는 자에게 주의를 딴 데로 돌리게 함으로써 속는 사실을 아예 인식하지 못하게 하는 것이다. 이것은 상대방의 관심이나 주의를 혼란하게 하거나 다른 데로 전환함으로써 사건의 핵심으로부터 벗어나는 것이다. 마술사가 청중의 관심을 다른 곳에 집중시키고 그의 소매에서 카드를 꺼내는 것과 같다. 이러한 분산에는 외적 주의분산과 내적 주의분산이 있다.

▷ 외적 주의분산

외적 주의분산은 거짓말을 하는 자들이 주제에 대해 말하지 않는 변명을 제공하거나 거짓말의 징후로부터 멀리 질문자의 주의를 분산하는 것이다. 예를 들면, 주제를 변경한다거나 질문자가 말하는 것과 관계없는 것으로 이해하도록 한다. 거짓말을 할 때 질문자에게 상대방의 얼굴보다는 다른 데를 본다. 덜 손해되는 다른 것에 관하여 말한다거나 감정적으로 자신을 화나게 하는 주제로 전환하여 집중을 변경한다. 질문자를 고발하고 방어적으로 자세를 취하려고 노력한다. 결국 외적 주의분산은 질문자가 볼 수 있고 거짓말하는 주제를 회피하고 마음이 불편하다는 속임수의 징후가 된다.

▷ 내적 주의분산

내적 주의분산은 거짓말을 할 필요를 느끼는 주제로부터 진실이 아니라는 자신의 생각을 제거함으로써 거짓말을 하는 자의 마음속에서 주의분산을 이루는 것이다. 예를 들면, 자기정당화인데 거짓말하는 것이 좋고 정당한 이유를 생각해내는 것이다. 이렇게 하여 인지부조화를 스스로 해결한다. 상대방을 이해하지 못하고 진실을 받을 만한 가치가 없는 나쁜 사람이라는 생각을 오히려 제거한다. 자신을 나쁘다고 느끼지 않도록 전적으로 다르게 생각하는 것이다. 또 관련이 없는 것이라도 실제로 진실인 다른 질문에 대답할 수 있도록 스스로 꾸민다. 이러한 과정으로 내적 주의분산은 이루어질 수 있다.

■ 노출기법

사실을 숨기는 은폐기법과 달리 사실이 아닌 허위를 드러내 보이는 노출기법(showing technique)은 왜곡, 오도, 모방, 부인과 허위확인이 있다. 사실을 제시하지 않고 허위를 제시하는 기만기법이다. 이는 허위사실을 창조하거나 변형하는 방법으로써 고도의 인지적 과정과 인지적 과정에 적합한 표현이 필요한 감정적 과정이다. 또한 은폐보다는 인지와 감정적 노력이 더 많게 요구될 뿐만 아니라 기만의 공포와 발각의 위험성도 크다. 따라서 인지와 감정의 연속적 통제가 필요하기 때문에 노출 후에는 많은 정확한 허위사실의 기억과 진짜 감정노출의 통제와 허위감정의 표현 등 많은 인지와 감정의 이중성을 요구한다.

- 왜곡: 사실과 다르게 해석하도록 허위사실을 창조하거나 변형하는 기법이다.
- 오도: 목적을 달성하기 위하여 과장하거나 강조하여 판단을 잘못하도록 하는 것이다.
- 모방: 상대방이 이상적으로 생각하는 자신의 모습을 만드는 것이다.
- 부인: 허위인데도 불구하고 실제로 허위가 아닌 진실이라고 주장하는 것이다.
- 허위확인: 부인과 반대로 진실을 실제로 허위라고 하는 것이다.

▷ 왜곡

왜곡은 사실과 다르게 해석하도록 허위사실을 창조하거나 변형하는 기법이다. 이것은 처음부터 없는 것을 만들어 내거나 본래의 상태와는 전혀 다른 것을 만들어내는 것이다. 일반적으로 왜곡은 은폐와 병행해서 이루어지는데, 자신의 목적을 달성하기 위해 사실인 것처럼 그럴듯하게 실제를 숨기고 제한된 조건을 제시한다. 왜곡은 거짓말에서 본질적인 요소로 가장 많은 인지적 노력을 필요로 하는 부분이다.

▷ 오도

오도는 거짓말하는 사람이 자신의 목적을 달성하기 위하여 특정 사항을 과장하거나 강조하여 판단을 잘못하도록 하는 것이다. 축구 공격 선수가 공격할 때 상대 수비수를 속이기 위하여 공격하고자 하는 반대방향으로 위장행동을 하듯이 사건의 핵심이 아니라 핵심의 주변이나 반대의 것을 크게 다룸으로써 속는 자들이 사건의 본질을 파악할 수 없도록 하는 것이다. 상대편에게 그럴듯한 속임수를 써서 공격하는 성동격서이다. 성동격서(聲東擊西)는 동쪽에서 소리를 내고 서쪽에서 적을 친다는 뜻으로, 주된 목표의 반대쪽을 먼저 치는 공격 전술이다. 적의 반대쪽을 먼저 쳐서 적의 주의를 분산시킨 다음 적의 주된 목표를 본격적으로 공격하는 전술을 의미한다.

▷ 모방

모방은 속이는 자가 실제적 자아가 아닌 다른 사람에게 바람직한 자기 자신의 모습을 만드는 것이다. 속이는 자는 실제적인 자아와 다른 사람들에게 보여주는 위장된 자아라는 두 종류의 모습을 가지고 있다. 속는 자들에게 바람직하게 보이는 모습으로 모방된 자기 자신의 모습을 보여준다. 즉, 상대방이 바람직하게 느끼는 자아를 연출하는 것이다. 모방은 상대방이 이상적으로 생각하는 자신의 모습을 만드는 이상적 사회적 자아를 연출하는 것으로 상대방으로부터의 호감과 친밀감을 얻기 위한 사전단계에서 필요하다. 바람직한 인상관리는 기만에서 신뢰형성에 절대적이다. 따라서 이러한 모방은 연출된 위장 자아이다. 이리하여 자신은 모방된 정직한 사람이 되는 것이다. 따라서 상대방에 이상적으로 비추는 신뢰받을 수 있고 호감 가는 지적인 인간으로 연출되는 것이 모방기법이라 할 수 있다.

▷ 부인과 허위확인

부인은 특정 사건이 지닌 의미의 일부분 또는 전체가 허위인데도 불구하고 실제로 허위가 아닌 진실이라고 주장하는 것이다. 따라서 부인은 허위를 부인하는 것이다. 이와 달리 허위확인은 진실을 실제로 허위라고 하는 것이다. 허위확인은 진실인데도 불구하고 허위라고 확인하는 것이다. 이와 같은 기만방식은 속이는 자와 속는 자 간의 다양한 의사소통 과정으로 기만이란 사실을 부정하기보다는 속이는 자의 목적에 맞게 재구성하는 상호작용과정이다.

기만전략의 개발

　내적 세계와 외적 세계를 은닉과 노출의 방법을 이용하여 일치시키는 행위를 특정 대상자에게 적용하고 기만을 성공하려면 과업수행을 계획해야 한다. 기만자들은 사전에 속는 사람을 관찰하고 그가 필요로 하는 것, 즉 욕구와 필요를 파악하고, 신뢰관계를 형성하여, 기만을 실행한 후 자기정당화 과정을 거쳐 자신의 기만행위를 강화한다. 그런 후 속은 자와의 관계를 정상적으로 유지하거나 단절하는 사후관계를 관리한다.

■ 기만전략의 모델

　기만전략이란 표적대상자를 선정하고 대상자의 욕구를 파악하고, 그가 가장 필요로 하는 것이 무엇인지를 탐색한다. 또한 대상자의 성격과 현재의 상황을 탐구한다. 이를 토대로 기만내용을 계획하여 기만행동을 실행에 옮기는 일련의 과정을 의미한다. 기만하려면 표적대상자가 있어야 한다. 이 표적대상자를 속이려면 표적대상자의 욕구와 필요를 파악해야 한다. 그리고 속는 자에게 진실을 은폐하고 왜곡하려면 거짓을 통하여 얻는 이익이 속이는 자에게 있어야 한다. 그 이익을 추구하기 위한 제반전략이 바로 기만전략이라 할 수 있다.

　속이는 자가 기만을 결심하였다면 자신의 기만실행 의지를 강화해야 한다. 의지가 흔들린다면 기만과정에서 포기하거나 발각되어 실패할 확률이 매우 높다. 기만의 동기를 분명히 설정한다. 그 다음으로 기만내용을 구성하기 위해서 기만 아이디어를 창출한다. 아이디어는 속이는 자의 욕구를 충족하고 기존에 속이는 자들이 사용했던 방법이 가급적 아니어야 한다. 기만 아이디어에 맞는 표적대상자를 선정하고, 그 표적대상자가 원하는 것, 즉 표적대상자의 욕구와 필요를 파악해야 한다. 표적대상자, 표적대상자의 욕구와 필요를 포착하면 대상자의 특징을 조사ㆍ분석해야 한다. 그리고 그에 맞는 기만행동 실행계획을 작성하고 기만행동에 돌입하면 된다. 따라서 기만행동은 속이는 자와 상대방 간의 상호작용이다. 이 상호작용은 상대방의 반응을 항상 피드백해야 하고, 그 결과에 따라 상황에 맞는 전략을 수정해야 한다.

[그림 7-5] 기만전략 개발 모델

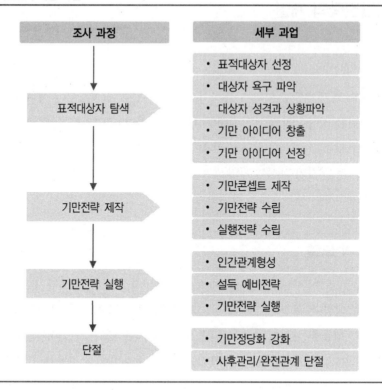

조사 과정	세부 과업
표적대상자 탐색	• 표적대상자 선정 • 대상자 욕구 파악 • 대상자 성격과 상황파악 • 기만 아이디어 창출 • 기만 아이디어 선정
기만전략 제작	• 기만콘셉트 제작 • 기만전략 수립 • 실행전략 수립
기만전략 실행	• 인간관계형성 • 설득 예비전략 • 기만전략 실행
단절	• 기만정당화 강화 • 사후관리/완전관계 단절

■ 기만전략 조사과정

기만실행 의지가 확고하다면 심리적 갈등이나 윤리적 신념을 모두 제거하고 성공할 수 있다는 긍정적인 마음을 갖는 것이 필요하다. 기만 전에 가졌던 윤리, 가치관이나 인간관계를 새롭게 설정해야 한다. 즉, 인간이 개조되는 것이다. 기만하여 성공한 후 얻는 이득을 상상하면 기만할 의도가 더욱 강력해진다. 기만을 성공하려면 철저한 조사과정이 필요하다. 물론 완전기만은 세상 어디에도 존재하지 않은데도 불구하고 많은 사람들은 기만을 매우 쉽게 당한다. 조사과정에서 수행해야 할 순서는 기만 아이디어 창출, 표적 대상자 선정, 대상자 욕구와 필요 파악, 기만 아이디어 선정, 그리고 대상자의 성격과 상황 파악 등이다.

[그림 7-6] 기만전략 조사 과정

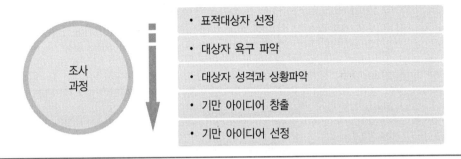

조사 과정

- 표적대상자 선정
- 대상자 욕구 파악
- 대상자 성격과 상황파악
- 기만 아이디어 창출
- 기만 아이디어 선정

적합한 표적대상자의 선정이다. 표적대상자가 선정되면 그의 허점을 찾는다. 즉, 대상자의 욕구를 파악하는 것이다. 대상자가 필요한 것이 무엇인가? 그에게 돈이 필요한가? 위조 증명서가 필요한가? 영향력을 행사할 사람이 필요한가? 빵은 배고픈 사람에게, 약은 환자에게, 사회적 존경은 사회적 위치가 취약한 사람에게, 부동산은 투자를 하려는 사람에게 필요한 것이다. 필요로 하는 대상자가 선정되면 성격과 그가 현재 처한 상황을 정밀 조사할 필요가 있다. 선정된 표적대상자를 위한 맞춤형 아이디어를 정리하는 것이 매우 중요하다. 지금까지는 대상자의 모집단에서 욕구와 필요를 파악하였다면 범위를 좁혀 실제 표적대상자를 기준으로 조사한다. 이것은 일반적 성격에서 구체적 성격으로 개별화된 맞춤전략을 수립하는 과정이다. 표적대상자의 성격 파악은 설득전략에서도 매우 유용하다.

대상자에게 필요한 것을 파악한 후에 이 필요한 것을 제공하는 방법을 만드는 것이다. 기만 아이디어를 창출하려면 자신의 경험과 직접적으로 관련이 있는 주제를 선정하는 것이 좋다. 다른 사람의 아이디어를 모방하되 중요한 것은 다르게 모방해야 상대방이 속기 쉽다. 항상 아이디어는 새로운 것일수록 좋고, 위험이 높을수록 상대방은 얻는 것이 많다는 생각을 할 가능성이 높다. 이러한 기만 아이디어는 많은 경험, 정보와 지식을 필요로 한다. 이를 얻기 위해서 많이 외적 탐색을 하여야 한다. 기업에서 많은 전문가의 노력과 기업의 자원을 투자하여 제품을 개발하여 출시하는데도 판매하기가 쉽지 않다는 것을 생각한다면 많은 연구와 조사의 필요성을 더욱 직감할 것이다.

■ 기만전략 제작과정

기만전략 제작과정에서는 정보조사과정에서 수집되어 정리된 자료를 토대로 기만콘셉트 제작과 시험, 기만전략 제작과 시험, 그리고 실행콘셉트 제작과 시험 등의 과정이 수행된다. 이러한 기만전략 제작과정은 조사대상에 얻어진 자료를 토대로 수립되는 것이다. 만일 조사대상에서 수집한 자료와 아이디어가 불충분하거나 부적합하다면 다시 원점에서 시작하는 것이 좋다. 따라서 조사과정은 매우 계획적이고 치밀한 행동수행을 필요로 한다.

[그림 7-7] 기만전략 제작 과정

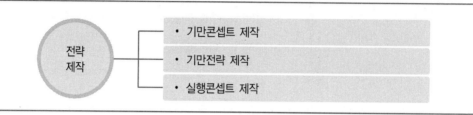

기만콘셉트를 제작하기 위해서는 이제 진실을 허위로 변환하는 과정이 필요하다. 이는 허위라는 속임수 속성을 배합하여 새로운 허위사실을 진실인 것처럼 위장하여 구성하는 것을 말한다. 이를테면 이 과정은 신상품을 개발하는 과정이라 할 수 있다. 그렇기 때문에 표적대상자의 욕구와 필요를 파악하는 것은 매우 중요하다. 표적대상자가 현재 시점에서 가장 절실하게 필요로 하는 것이 무엇인지를 표적대상자의 면담이나 주변 사람을 통해서 수집한다. 상대방이 거짓말인 허위사실을 수용할 수 있는 이유를 포착해야 한다. 또한 거짓말을 제시하였을 때 그 거짓말로 인하여 얻게 되는 손해나 불이익을 감당할 능력이 있는지가 중요하다. 정신적으로 수용할 수는 있어도 실제로 감당할 능력이 없다면 유효수요가 창출될 수 없기 때문에 기만전략은 출시하자마자 구매되지 않는 불량제품처럼 폐기될 가능성이 있다.

표적대상자의 욕구와 필요가 파악되어 거짓말을 구성하는 절차가 있다. 거짓말을 구성하는 것은 제품생산을 위한 설계도를 만드는 것과 같다. 제품을 제조하기 위해서는 속성을 선정하고 그 속성을 가능하게 할 제품의 기능적 요소가 필요하다. 따라서 거짓말이 작동할 수 있는 구성요소를 결정하기 위해서는 필요한 기본 속성이 있다. 거짓말을 하려고 하는 내용을 사실대로 모두 제공한다면 속는 자는 아마 거의 없을 것이다. 속이기 위해서는 진실을 왜곡한다거나 누락한다거나 등의 허위 요소가 필요한 이유이다. 진실을 허위로 변환하는 과정에 필요한 도구는 과장, 누락, 왜곡, 오류, 최소화, 재구성 및 부인이 있다.

[그림 7-8] 진실과 허위의 변환과정

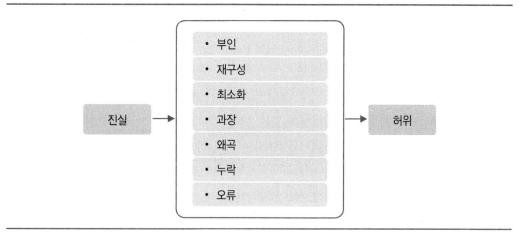

부인은 사실을 인정하는 것을 거부하는 것이다. 부인의 정도는 매우 다르다. 재구성은 상황을 왜곡하여 풍자해서 말하거나 특징을 변경하거나 장면을 바꾸는 경우이다. 최소화는 과장과 반대로 당할 수 있는 위험을 적게 하기 위해 실수, 결함, 또는 개인적 의견의 효과를 감소시킨다. 과장은 실제보다 더 크게, 좋게, 더 능숙하게, 더 성공적인 것으로 표현하는 것이다. 왜곡은 사실을 말하지 않고 고의적으로 거짓 이야기를 제작한다. 누락은 중요한 관련 정보를 생략하는 것으로 앙꼬빵에 앙꼬가 없는 경우이다. 앙꼬를 준다면 굳이 기만할 이유가 없는 것이다. 이것은 어떤 이야기를 제작하는 것은 아니고, 수동적인 기만이고 적은 죄책감이 관여된다. 오류란 사람들이 거짓말을 하는 자가 진실을 말하지 않는 것으로 논리적으로 맞지 않는 것이다. 외관상은 사실로 보이지만 속는 자가 지각상의 오류나 착각, 추리로 인해서 실제 내용과 다르게 인식되게 하는 것을 말한다.

기만전략 제작과정에서는 기만콘셉트 제작과 시험, 기만전략 제작과 시험, 그리고 실행콘셉트 제작과 시험 등 과정이 있다. 이 과정은 기업에서 신상품이 개발되어 출시를 앞두고 표적대상자에 대한 당사 제품의 장점과 경쟁사 제품과 다른 점을 광고해야 하는 등 소비자가 구매해야 할 이유를 제시하는 단계와 같다.

▷ **기만콘셉트 제작**

표적대상자에게 진실을 허위로 변환하여 만든 거짓말을 이해하기 쉽게 알리는 방법을 만드는 과정이 기만콘셉트 제작과정이다. 복잡한 것은 설명하기도 이해하기도 어렵지만 의심을 받을 수 있는 역기능을 갖고 있다. 또한 표적대상자가 자신의 신념, 경험, 지식, 가치, 태도와 경제적 능력으로 수용할 수 있는 것이어야 한다. 아무리 표적대상자가 원하는 참신한 아이디어라도 표적대상자의 개인적인 특성이 수용할 수 없는 것이라면 아무런 의미가 없다.

콘셉트란 사물의 여러 가지 속성 중에서 그 사물을 대표적으로 설명할 수 있는 공통적인 속성을 말한다. 한 가지의 속성을 제시하여야 설득이 빠르게 진행될 수 있다. 기만콘셉트는 구체적으로 대상자가 이해할 수 있는 언어로 표현한다. 이 언어를 이미지와 곁들여 제시한다면 대상자는 더욱 자신의 감각을 통하여 쉽게 이해하게 된다. 대상자의 경험이나 지적 수준에 따라서 이해할 수 있는 정도는 다르다. 진실을 은폐하고 상대방이 기대하는 이익을 상대방이 사용하는 언어로 기술한 것을 기만콘셉트(deception concept)라고 한다. 기만콘셉트를 시험해 보면 문제점을 발견하면 이를 수정하여 새로운 기만콘셉트를 개선한다. 따라서 최적의 기만콘셉트를 얻을 때까지 반복하여 이 과정을 수행할 필요가 있다.

[그림 7-9] 기만콘셉트 제작과정

▷ **기만전략 개발**

기만콘셉트가 완료되면 이를 대상자에게 설득시킬 기만전략을 개발하는 단계로 돌입한다. 기만이 실행되려면 기만콘셉트와 기만실행전략이 있어야 한다. 기만콘셉트가 재료라면 이 재료를 요리로 만들기 위한 도구는 다름 아닌 기만실행전략이다. 이러한 기만실행전략 제작은 기만 중에 발생하는 돌발 상황을 염두에 두어야 한다. 상대방이 관심이 있는 부분이 예상과 다르다면 주제를 변경한다. 때로는 감정을 통제해야 하고 상황을 탈출하여야 한다. 이때 단서가 누출될 수있다. 그렇기 때문에 전략적 단서와 비전략적 단서 계획이 수립되어야 한다.

거짓말할 때 나타나는 감정은 속임수의 단서가 된다. 이때 감정은 무의식적으로 드러나기 때문에 속이는 자가 통제하기 매우 어렵다. 그렇다고 통제하지 않는다면 속임수 단서로 속는 자에게 발각될 것이기 때문에 표현해야 할 전략적 단서와 억제해야 할 비전략적 단서를 사전에 계획한다. 준비한 전략적 단서와 비전략적 단서를 충분히 연습하여 기만활동 중에 자연스럽게 연출할 수 있어야 한다. 훌륭한 배우는 연습을 통하여 무대에서 자신의 연기를 사실감 있게 보여줄 수 있다. 기만전략도 개발이 완료되면 시험을 하여 실행 가능성과 설득 가능성을 파악하고 문제점이 발견되면 수정하는 것이 필요하다. 먼저 기만 시에 노출되는 전략적 단서와 비전략적 단서를 살펴본다.

■ **전략적 단서의 노출계획**

속이는 자는 기만을 성공하기 위해 기만활동을 수행하는 중에 할 행동을 사전에 계획한다. 전략적 단서란 기만활동 중에 노출하는 행동을 의미한다. 노출한다는 것은 연기이다. 따라서 거짓을 위장하기 위해 진실인 것처럼 표현하는 행동이다. 기만연기에서 중요한 요소는 기만상황에 적합한 의도된 행동, 기만활동 중에 표정관리에 필요한 이미지와 기만에 관한 정보관리이다. 이러한 전략적 단서를 사전에 예상하고 계획한다.

전략적 단서

전략적 단서란 기만활동 중에 의도적으로 노출하는 의도적이거나 비의도적 행동을 의미한다. 속이는 자가 상대방을 기만하고 기만을 성공하기 위해 필요한 전략적 단서가 있다. 이 전략적 단서는 기만할 때 사용하는 방법이다. 이러한 방법을 회피하여야 기만의 의심을 상대방으로부터 모면할 수 있다. 그러나 발각 의심은 피할 수 있더라도 이미 구성한 메시지와의 관련성을 고려할 필요가 있다. 왜냐하면 거짓말 메시지와 상충된다면 동작을 부자연스럽게 할 수 있기 때문이다.

SENSE ● **전략적 단서**

- 의도적인 모호한 메시지 전달
- 긴 대화 기피
- 탐지회피를 위한 긍정적 이미지 유지노력
- 덜 즉각적이거나 더 많은 분산방법으로 말하기
- 메시지 주제와 관련이 없는 진술을 위해 메시지에서 비관련 정보사용
- '전부', '전무', '모두', '언제나', '결코'처럼 보다 보편적이고 전체적인 용어의 사용
- 보다 적은 정보를 노출하려고 짧은 시간 동안 말하기
- '어느 때'와 '보통은' 같은 한정어의 빈번한 사용
- '우리'와 같은 더 많은 집단 관련어 사용
- '나'와 같은 더 적은 자아 관련어 사용
- 질문을 받을 때 답변 준비할 시간을 위해 답변 지연

■ 비전략적 단서의 노출계획

비전략적 단서란 기만활동 중에 자신도 모르게 무의식적으로 노출되는 단서를 말한다. 이 단서가 노출되면 누출단서가 되는 것이다. 누출되지 않도록 사전에 가짜 표정을 노출하고 진짜 표정을 억제하는 연습을 수행해야 한다. 기만행동은 연기행동이다. 연기는 사전의 연습량과 집중도에서 연출의 성과를 기대할 수 있다. 연출이 훌륭하게 준비되어 있지 않다면 비전략적 단서들이 무수히 통제하기 어려울 정도로 노출될 것이다. 이와 같이 거짓말할 때 무의식적으로 나타나는 감정은 진짜 감정으로 거짓말하고 있다는 증거가 된다. 이러한 진짜 감정을 노출한다면 거짓말이 발각된다. 진짜 감정을 속이기 어렵다.

속이는 자는 진실을 은폐하고 허위사실을 진실인 것으로 위장하여야 하기 때문에 진짜 감정을 억제하고 가짜 감정으로 위장해야 한다. 즉, 거짓말 하지 않는 가짜 감정으로 연출한다. 속이는 자는 기만활동 중에 불안, 감정과 인지적 노력으로 야기되는 무의식적인 단서가 있다. 이것도 진짜 감정이다. 그러나 무의식적으로 노출되는 진짜 감정을 억제하고 가짜 감정을 노출한다는 것은 쉬운 일이 아니다. 허위를 진실로 대치하여 몰입하는 연기가 필요하다. 그렇지 않다면 표정의 불균형으로 쉽게 발각될 것이다. 진짜 감정 중에서도 자율신경계의 반응으로 저절로 나타나는 표정이 있다는 것을 기억해야 한다. 자율신경계의 반응은 인위적으로 조절하기가 매우 어렵다.

비전략적 언어단서

거짓말할 때 대부분 자신도 모르게 드러나는 단서가 많이 있다. 이를 신중히 통제하지 않으면 안 된다. 또한 거짓말할 때 나타나는 특정한 질문회피와 의심을 전환하기 위해 사용하는 문장패턴이나 표정이 있다. 휴지나 부정적 진술이 증가하지 않도록 하며, 대명사 사용이나 배타적 단어 등이 감소하지 않도록 주의를 기울인다. 말 휴지(speech pauses)는 대화하는 동안 발언 사이에 더 많이 침묵하여 시간을 벌기 위한 속셈에서 드러나는 현상을 의미한다. 부정적 진술은 거짓말을 할 때 속이는 자가 주로 부정어를 사용하는 경향이다. 또한 거짓말할 때 대체적으로 대명사 사용이나 배타적 단어 사용이 감소한다. 특정한 질문회피와 의심을 전환하기 위해 사용하는 문장패턴에는 반복어법, 죄책감 유발어법, 항의어법, 강조어법, 분리어법, 완곡어법, 비단축형 부정어법, 구체적 부정어법, 부정확한 대명사의 사용, 대체용어, 회색진술, 종교적 진술, 과도한 예의와 유력인사 언급 등이 있다.

비전략적 비언어 단서

비전략적 비언어 단서는 동공확장, 눈 깜빡임, 시선이동, 조절동작, 높아진 음높이, 다리 제스처와 의자회전 동작, 적은 손동작과 머리 정지 등이 있다. 동공확장은 속이는 자가 희미한 조명 안에 있는 것처럼 동공이 확대되는 경향이다. 눈 깜빡임은 개인들이 진실을 말할 때보다 속이는 자는 더 자주 눈을 깜빡거리는 경우이다. 시선이동은 말을 하고 있는 사람보다 속이는 자는 오히려 멀리, 위로, 아래로, 또는 다른 쪽을 보는 경우이다. 조절동작은 자신의 신체 일부를 만지거나 어떤 물건을 조작하기 위해 손을 많이 사용하는 경우이다. 높아진 음높이는 진실을 말할 때보다 더 높은 음높이로 말하는 경우이다. 다리 제스처와 의자회전 동작은 속이는 자가 앉아 있을 때 다리 잡아당기기, 발 두드리기, 돌리기와 흔들기를 더 많이 하는 경향이다. 적은 손동작과 머리 정지는 속이는 자가 손으로 적게 대화를 하고 머리를 정지한 채로 유지하는 경우이다. 따라서 이와 같은 단서가 노출되지 않도록 스스로가 감시할 수 있어야 한다.

■ 실행전략 제작

기만전략의 제작을 완료한 후 실행전략을 구성할 차례이다. 음식 재료로 요리를 다 만들었다. 그렇다면 이 요리를 상품이라고 한다면 고객에게 판매를 하여야 한다. 실행전략이란 기만의 판매활동에 필요한 커뮤니케이션 전략이라 할 수 있다. 기만활동을 위해서 상대방에게 제품을 홍보하여 인식할 수 있도록 하는 과정이라 할 수 있다. 이때 가장 필요한 것은 실행콘셉트를 제작하는 일이다.

▷ 실행콘셉트 제작

실행콘셉트란 기만활동의 목적물인 거짓말의 구성내용을 상대방이 듣고 수용해야 할 이유를 제시하는 언어로 기술한 것이다. 거짓말이라는 허위사실을 다른 사람에게 말할 때 충분한설득력이 있어 수용할 수 있는가를 말한다. 기만콘셉트는 기능 위주로 작성하는 데 비해 실행콘셉트는 전달 위주로 작성하는 것이 바람직하다. 양자는 용도에서도 차이가 있다. 기만콘셉트는 전략을 작성하기 위한 것이나 실행콘셉트는 설득하기 위한 것이다.

▷ 실행전략의 메시지 제작

모든 기만행위의 목적에는 특정한 과업이나 목표달성, 상대방과의 관계형성이나 유지, 일방이나 쌍방의 이미지나 체면유지 등이 있다. 속이는 자가 자신의 언어와 표정을 조작하는 것은 사람과 상황에 따라서 매우 다양하기 때문에 기만맥락에 맞게 범주화하거나 군집화해야 한다. 실행콘셉트를 기준으로 하여 실행전략의 메시지를 작성하는 것이다. 기만목적을 수행하기 위해서는 전략적 의도를 반영하는 전략적 메시지를 구성하여야 한다.

[그림 7-10] 기만의 전략적 메시지 구성요소

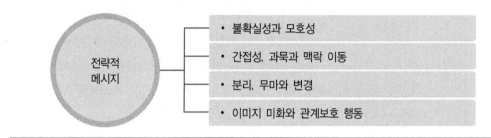

- 전략적 메시지
  - • 불확실성과 모호성
  - • 간접성, 과묵과 맥락 이동
  - • 분리, 무마와 변경
  - • 이미지 미화와 관계보호 행동

■ 메시지의 불확실성과 모호성 전략

불확실성은 정확한 정보의 부족으로 미래의 상황을 예측할 수 없도록 메시지를 구성하는 방법이다. 메시지는 간단하나 특정한 언질을 주지 않는 대답이다. "나는 늦게 일했다"라고 수동적이고 명확하지 않게 말한다. 이러한 말에서는 무엇 때문에 늦게 일했는지는 알 수 없다. 모호성은 고의적으로 언어를 애매하게 말하는 행위로 핵심을 벗어나는 것이다. 이러한 언어적 표현은 상대방의 호기심이나 관심을 증폭하고 오판을 내리도록 하는 행위가 된다.

■ 간접성, 과묵과 맥락이동 전략

간접성은 메시지를 우회적이거나 긴급하지 않게 표현하는 것이며, 과묵은 메시지의 길이를 가급적 작게 구성하는 것이다. 맥락이동은 기만맥락에서 자신을 기만상황과 분리하는 것이다. 기만상황에서 속이는 자는 자신을 기만상황과 연결이나 관여하지 않고 객관적인 상황에 있는 것으로 위장하여 상대방의 의심을 배제하려는 전략이다. 상황을 벗어나려는 욕구가 있을 때 외면하고, 혼자 앉아 있고, 뒤로 기대는 비언어적 행동이 나타난다. 대답 전 침묵, 빈번한 휴지, 언어의 간접성 등이 해당된다. 그 상황을 벗어나려는 상징적인 동작이 적절해야 한다.

■ 분리, 무마와 수정전략

분리전략은 자신이 상대방과 일정한 거리를 두려는 태도, 다른 사람들에 대한 책임전가, 개인의 선택사항 제거, 책임공유, 특정한 뉴스의 경시, 상대와의 개인적 연결의 단절 등이 있다. 분리전략을 사용하기 때문에 속이는 자가 한 행동과 일정한 거리를 두려는 의식적 행동이 나타난다.

무마전략은 발생한 일이 자신과 관계없는 일로 적당히 문제가 되지 않게 처리하려 하고, 그 책임을 다른 사람에게 전가시키는 방법이다. 변경전략은 상황에 적합하게 수정하여 문제상황을 자신의 의도대로 변경하는 것이다.

■ 이미지 미화와 관계보호 행동전략

기만행위의 노출은 자신의 평판과 관계를 악화할 수도 있어 속이는 자는 비언어적 단서가 누설되지 않도록 각별히 주의한다. 그러나 기만행위를 은폐하려는 노력도 기만의 과정에서 나타나는 모든 단서를 차단하는 일은 어렵다. 적극적인 노력에도 불구하고 누출되는 단서를 은폐하기 위해 속이는 자는 각별한 진실을 보이려고 노력한다. 대화중 속이는 자는 상대방이 말할 때 동의의 표시로 고개를 끄덕이고 가로막는 것을 피하고 자주 미소를 보인다.

▷ 대화전략

기만활동 중 대부분은 상호간에 대화과정으로 진행되므로 대화계획과 임기응변적인 대화진행에 세밀한 준비가 필요하다. 이러한 과업을 수행하기 위해 스토리제작이 요구된다. 스토리제작은 삽화적 기억으로 준비해야 상대방으로부터 질문을 받을 때 기억으로부터 자연스럽게 인출이 가능하여 어려움을 극복하는 데 유용하다.

■ 스토리 제작

삽화적 기억은 개인적으로 경험한 사건들에 관한 기억을 의미한다. 예를 들면, 연인과 저녁을 먹었던 일이나 영화를 보았던 일에 대한 기억이다. 사람이 거짓말을 할 때 자신의 서술적 기억에 의존하는 것보다 오히려 이야기를 구성하는 삽화적 기억이 보다 더 자연스럽다. 서술적 기억에 의존하여 대화를 진행한다는 것은 거짓말이 사실기억이 아니기 때문에 망각하여 대화의 일관성 유지가 어려워질 수 있다. 자신이 실제 경험한 사실적 삽화처럼 상상하면서 제작한다면 더욱 효과적일 것이다.

■ 스토리 환기

상대방으로부터 질문을 받으면 거짓말은 진실이 아닌 허위이기 때문에 순간적으로 꾸며내야 한다. 즉, 거짓말 상황은 실제 기억이 아닌 꾸민 것을 기억해야 한다. 이것은 자신의 머릿속에서 연출해야 하고, 그 사이에 상대방에게 집중하지 못하게 된다. 또한 상대방으로부터 스토리를 회상하도록 요청받을 때 처음 한 이야기를 상세하게 기억하지 못하는 경우가 있다.

또한 시간이 지남에 따라 거짓말은 전에 한 말과 일치하지 않는다. 이러한 불일치는 상대방이 낌새를 알아채고 의심할 것이다. 그때는 당황하게 된다. 이런 기억의 한계를 극복하기 위해서는 거짓말을 사건이 있는 스토리로 구성하고 기만활동 중에는 그 스토리를 환기하는 것이다. 거짓을 언어로 기억하는 것이 아니라 스토리가 있는 삽화로 기억하면 기억하기도 쉽고 상대방으로부터 질문을 받을 때 기억에서 인출하기도 쉽다. 거짓말하는 사람들은 특정한 상황에서 받는 돌발적인 질문은 기억이 잘 안 나고 당황하게 된다.

■ 스토리 유지

스토리를 제작할 때 가장 중요한 것이 내용만을 포함하는 것이 아니라 상세한 실제 경험을 포함하는 것이다. 실제 경험에 근거한 스토리를 구성하고 기억 속에 유지하는 것이 매우 중요한 과업이다. 스토리로 기억을 유지한다면 상세한 이야기를 요청받을 때 새로운 정보를 문득 생각해낼 때까지 다시 지연하지 않을 수 있다. 기만상황이 끝날 때까지 스토리를 유지해야 하는 학습이 필요한 이유가 여기에 있다.

■ 기만활동 중 주의해야 할 사항

기만활동 중에는 기만 죄책감과 발각의 우려로 공포감이 발생하여 더욱 긴장하게 된다. 이러한 긴장상태에서 나타나는 징후가 지연, 적은 상세성, 조작, 신체언어 감소, 주의분산, 근소한 교감이나 과도한 보상 등이다. 이러한 것들은 거짓말의 징후이기 때문에 발생이 되지 않도록 조심해야 할 사항이다.

- 지연: 이야기를 생각해야하기 때문에 이미 말한 것을 고려하고 상세하게 재연하는 것은 진실을 말하는 사람과 비교하여 응답의 지연과 휴지로 종종 나타난다.
- 적은 상세성: 꾸며낸 내용은 관련이 없는 것이 많고 어색하다. 구성한 이야기는 상세하지 못하고 반응은 짧고 간단할 수밖에 없다. 거짓말을 하는 자들은 말을 많이 할수록 실수를 더 많이 하고 그래서 짧은 반응을 유지하려고 할 것이다. 거짓말을 하는 자들은 '나'라는 말을 잘 안 쓰나 다른 사람들의 이름을 사용하는 경향이 크다.
- 조작: 거짓말을 하는 자들은 거짓말할 때 '매우 정직'이나 '진실'과 같은 말을 자주 추가함으로써 조작진술을 사용하고, 상대방의 대화 중 개입을 통제하려고 한다. 예를 들면, 상대

방에게 오히려 질문을 하고 대화의 주제를 변경한다. 영향력 있는 사람을 거론하거나 옷매무새를 만지는 등 다른 통제 방법을 사용하려고 한다.

- **신체언어 감소**: 거짓말을 하는 자들은 사전에 준비하여 실행하기 때문에 실제로 일어난 일을 설명할 때 몸짓과 다른 신체언어로 설명할 만큼 기억이 명료하다. 또 조작할 일을 기술할 때 정당하게 말하려고 너무 집중하여 비교적 활기가 적다.
- **주의분산**: 거짓말을 하는 자들은 옳은 것이 무엇인지에 대하여 자아와 초자아가 무의식적으로 투쟁하기 때문에 의도적으로 상대방의 주의를 분산하려고 한다. 결과적으로 자신을 기만상황에서 자신을 배제하기 위해 인칭 대명사를 적게 사용한다.
- **근소한 교감**: 거짓말을 하는 자들은 그들에게 질문하는 상대방의 주의를 분산하기 위해서 감정적 연결을 적게 하고 그 결과 제한된 관계의 신호를 보인다.
- **과도한 보상**: 거짓말을 하는 자가 발각이 우려될 때 과도한 보상을 제시한다. 불안과 초조의 과잉행동으로 언어와 비언어 행동이 길어지거나 자주 발생되는 경우이다. 예를 들면, 거짓말의 신호를 숨기려고 지나치게 불필요한 행동이 나타난다. 상대방에게 특별한 것을 조력하겠다고 선심을 제안한다. 이러한 경우는 자신은 매우 이타적인 사람으로 보이려고 한다. 언어나 신체행동 등이 과도하게 제시되지 않도록 자신을 통제하는 것이 필요하다.

▷ **설득태도**

대부분의 기만상황은 매우 상호작용적이며 쌍방이 서로 잘 아는 경우로 속이는 자는 동기가 이기적이지만 발각을 두려워한다. 기만활동은 상대방을 설득한 상호작용 과정이다. 이러한 기만활동의 특징은 다음과 같다.

첫째, 기만은 대인간 커뮤니케이션으로 속이는 자와 속는 자 간의 상호작용이다. 속이는 자와 상대방은 서로 피드백에 대한 반응으로 행동을 끊임없이 조정한다. 개인적 행동보다 오히려 상호작용 행동이다. 둘째, 전략적 기만은 정신적 노력을 요구한다. 많은 정보를 조작하여야 한다. 어떤 시점에서 기만의 전략적 요구사항은 인지적 과부하에 이른다. 셋째, 상호작용 과정에서 드러나는 누출은 내부상태를 알려주는 무의식적인 비언어 단서이다.

셰익스피어(William Shakespeare)는 "온 세상은 무대이고 모든 사람은 배우에 불과하다. 저마다 등장할 때와 퇴장할 때가 있고 주어진 시간에 여러 역을 맡는데 모두 합쳐 일곱 마당이다."라는 말을 남겼다. 어빙 고프먼(Erving Goffman)은 그의 저서인 『자아표현과 인상관리(The Presentation

of Self in Everyday Life)』에서 "물론 이 세상이 모두 무대인 것은 아니지만, 세상이 무대가 아닌 중요한 측면들은 찾기 힘들다"라고 주장했다.

대인간의 상호작용은 상호 간의 신뢰를 기반으로 한다. 상대방을 설득하기 위해서는 도구도 좋아야 하겠지만 도구를 사용하는 사람의 태도가 상대방을 유인할 수 있는 매력이 있어야 신뢰를 얻을 수 있다. 신뢰를 형성하면 설득이 보다 용이해진다. 설득태도에서 고려할 사항을 다음과 같이 설명한다.

■ 자아노출

자아노출은 정체성을 확립하기 위해 다른 사람들에게 자신의 정보를 제공하는 것이다. 자아노출은 상대방에게 자신의 마음을 여는 동시에 상대방의 마음을 여는 것이다. 예를 들면, 자신의 직업, 경력, 학력, 종교, 취미나 특기 등을 공개함으로써 자신이 신뢰할 수 있는 사람으로 인식하도록 하는 경우이다.

■ 외모관리

좋은 인상이나 용모는 사람들에게 호감을 준다. 외모관리는 옷차림이나 행동 등 외모를 특정 방향으로 변화시킴으로써 집단에 잘 어울릴 수 있도록 하는 것이다. 예를 들면, 성공적이거나 권력이 있어 보이기 위해서 악수를 세게 한다든지, 마음속으로는 기분이 좋지 않으면서도 다른 사람들에게 좋은 인상을 주기 위해 웃을 수 있다.

■ 아부

아부는 다른 사람들로부터 호감을 얻고 매력을 증진시키기 위해 다른 사람들을 칭찬하거나 아첨을 하는 것이다. 특정 집단, 의견, 사회의 기대에 동조하는 것이다. 다른 사람과 동향, 동문, 관심사나 취미 등에서 유사성을 찾아 공감대를 형성하면 자연스럽게 호감이 형성된다. 다른 사람들과 관심사, 취미 등을 공유하기 위해 굉장히 박학다식해야 한다. 더욱 중요한 것은 상대를 칭찬과 인정하여 동의와 순응을 이끌어내는 것이다.

■ 자기변명화

자기변명화은 제안이 추진이나 달성하지 못한 사유를 제시하여 상대방이 이해할 수 있도록 하는 것이다. 예를 들면, 자신의 어떤 한 부분의 능력이나 투자자금이 부족하거나 혼자 추진하기에는 규모가 너무 커 감당하지 못하는 이유를 제시하는 경우이다. 일부 기획 부동산에서는 자기가 보아놓은 좋은 땅이 있는데 자신의 자금사정으로 매입하기 곤란하여 함께 공동매입하자고 하면서 부동산을 매입을 권유하는 경우가 있다.

■ 위협

위협은 제안을 수락하지 않거나 추진하지 않을 경우에 손실이나 잃을 수 있는 이익을 제시하여 이익을 얻기 위해서나 손실을 감소하기 위해 제안을 수락할 수 있도록 제시한다. 거절하였을 경우에 해당되는 이익창출 기회의 상실이나 손실 등 예측결과를 제시하는 경우이다. 이때 권위지의 자료나 통계를 가공하여 곁들이면 설득효과는 더욱 크다.

■ 행동 맞추기

행동 맞추기는 자신의 제안을 상대의 의도에 맞게 수정하여 상대를 존중하여 자존심을 세워줌으로써 제안을 수락하도록 하는 전략이다.

■ 연기

메소드 연기(method acting)는 배우가 연기할 배역의 생활과 감정을 실생활에서 직접 경험하도록 하는 연기법이다. 이 연기법은 극중 인물과 자신을 동일시하여 극사실주의적 연기를 하는 스타일을 의미한다. 원래 이 것은 러시아 모스크바 예술학교의 콘스탄틴 스타니슬랍스키(Konstantin Stanislavskii)가 창안한 것으로 배우를 훈련시키는 시스템에서 유래된 것이다. 연기의 극사실주의를 뜻하는데 현실의 자신을 완전히 지우고 100% 극중 인물이 되어 생각하고, 먹고, 존재하는 것이다. 배우들이 극중 인물을 사실적으로 연기하기 위해 일부러 체중을 감량하거나 증량을 한다. 이것은 종종 우울증에 걸리거나 심할 경우 작품이 끝난 후에도 한동안 극중 인물의 정체성에서 벗어나지 못하는 배우들도 생긴다. 배우의 실제 성격을 버리고 시나리오에 있는 대로의 극중 인물을 완전히 체득해야 하기 때문에 작품이 끝난 후 극중 상황에서 빨리 벗어나는 훈련 역시 필요하다. 극사실주의란 주로 일상적인 현실을 지극히 생생하고 완벽하게 묘사하는 것을 뜻한다.

메소드 연기처럼 기만할 때는 철저하게 허위사실에 몰입하여 연기를 하는 것이다. 이러한 기만을 연기할 때는 비전략적 단서들이 노출되지 않아 상대방의 진실편향 의식을 더욱 강화하여 기만에 대한 의심을 감소할 수 있다. 기만은 연기이기 때문에 허위사실을 얼마나 사실적으로 전달하느냐가 상대방의 설득에 관건이다.

▷ 설득전략

인간은 자신에게 호감을 보이고 친절하고 다정한 사람을 좋아한다. 자신을 좋게 평가하고 칭찬하고 인정해 주는 사람을 좋아하는 경향은 인간이 사회적 동물로 다른 사람을 지배하고자 하는 욕구가 강하기 때문이다. 호감의 원천은 신체적인 매력, 유사성과 친숙성에서 온다. 상대방으로부터 호감을 얻으려면 상대방과의 공통점이 무엇인지를 파악하는 것이다. 취미, 학연, 지연, 종교, 특기, 생활방식이나 이념 등이 유사할수록 더욱 친근해진다. 친밀성은 신뢰를 얻어 의심을 줄여주나 믿는 도끼에 발등 찍히는 일이 벌어진다.

칭찬과 인정은 사람을 신나게 하는 마력이 있다. 사소한 것이라도 찾아서 구체적으로 칭찬하고 상대를 사회적으로 선망받는 인간으로 인정하는 것이 필요하다. 또 단순반복의 법칙은 자주 만나면 친숙해지고 좋아지게 된다. 접촉기회를 많이 늘려야 하는 이유가 여기에 있다. 자주 접촉할수록 익숙해지고 친근해지면서 동시에 신뢰감이 형성된다. 신뢰감이 형성된 후에 본격적으로 설득전략을 실행에 옮긴다.

■ 호의제공

기만에서 환심을 사기 위한 호의제공은 감정의 선투자이지만 속는 자에게는 갚아야 할 심리적인 부채이다. 대부분의 사람들은 빚지고 살려고 하지 않는다. 다른 사람으로부터 호의를 받는다면 마음속에 빚으로 생각하여 갚으려고 한다. 호의를 베푸는 것은 결국 되로 주고 말로 받는 꼴이 된다. 상대방의 마음속을 빚진 상태로 만드는 심리적 빚을 제공한다. 이것은 상대방이 심리적으로 갚아야 한다는 부담을 안기고 신뢰를 형성하는 기초단계이다.

양보할 것이 있다면 먼저 양보하고, 무엇이든 상대방보다 후순위로 한다. 선물, 호의, 도움을 주되 고맙게 느끼는 점을 분명히 만들어 이유 있는 호의를 제공하여 관계를 지속할 수 있는 연결고리를 구축한다. 아무리 사소한 일이라도 구체적으로 느낀 감사를 표현한다. 감사는 심리적인 것이기 때문에 제삼자가 측정하거나 평가할 수 없다. 꼭 명심해야 할 것은 감사의 이유는 작은 것이라도 구체적일수록 좋다. 호의를 제공하는 것은 결국 사람을 신뢰와 관계의 연결고리를 만드는 길이다. 물질이 있는 곳에 자신의 마음이 있기 때문이다. 마음을 얻었다면 상대방은 속임수에 말려든 것이다.

■ 일관성

일반적인 대화에서도 일관성은 매우 중요하다. 특히 거짓말에서는 일관성을 유지하기가 매우 어렵다. 그것은 사실의 기억이 아닌 거짓의 기억이며 상대방과의 상호작용이기 때문이다. 일관성이란 일단 한 번 진술한 내용은 어떤 상황과 관계없이 동일한 주장을 유지하는 것을 의미한다. 사람들은 상대방의 감정이나 행동에 따라 입장이 다르다면 의심을 하게 된다. 논리적이며 일관되게 주장하는 것은 쉬운 것이 아니다.

사람들은 일반적으로 일관성을 유지하는 것이 진실이라고 생각한다. 일관적이지 못하고 상황이나 감정에 따라서 내용이 바뀐다면 그것은 비난이나 의심을 받게 되는 이유가 된다. 대부분의 거짓말을 하는 자는 진술이 일관적이지 못하여 의심을 받는다. 진술의 일관성을 지키면 대부분 긍정적이고 믿을 수 있는 인상을 받는다.

■ 머리부터 들이밀기

머리부터 들이밀기 기법은 문적박대 당하기 전략이라고도 하며 큰 요구에서 작은 요구로 변화하도록 설득하는 전략이다. 처음부터 자신이 원하는 것보다 크게 이야기하여 조건을 점차 줄여서 본래 원하는 조건이 상대적으로 무리가 아니라고 생각하도록 유도하는 기법이다. 처음에 받았던 무리한 제안보다 두 번째 제안이 상대적으로 작고 타당하게 느껴지는 심리를 이용하는 것이다.

상대방이 큰 제안에서 한 발 후퇴하고 작은 제안할 때 사람들은 이것을 양보와 수용 가능한 현실적인 제안으로 지각할 수 있다. 사람들은 대부분 제안을 거절할 때 불편한 마음을 가지게 된다. 거절로 인해 부정적인 사람으로 비춰지는 것을 우려하게 되어 보다 쉽게 승낙하게 된다. 이때 두 번째 제안은 충분히 작아야 하며, 시간적 갭이 없어야 한다. 즉, 문전박대 당하자마자 작은 조건을 즉시 제시해야 하는 것이 바람직하다.

■ 문 앞에 한 발 들여놓기

머리부터 들이밀기 기법과 대조적으로 문 앞에 한 발 들여놓기 기법은 처음에는 작은 제안으로 하여 점차적으로 큰 제안으로 변경하는 상승전략이다. 사소하고 작은 제안을 수락하게 한 후에 보다 큰 제안을 수락하게 만드는 설득기법이다. 처음에는 누구나 들어줄 수 있는 제안이어야 하고 시간적 갭이 있어야 한다.

■ 동전 한 냥 도움전략

문 앞에 한 발 들여놓기 기법과 유사한 동전 한 냥 도움전략은 아주 사소한 것을 제안하여 다른 사람들에게 좋은 인상을 주려는 무의적인 동기를 자극하여 사회적으로 좋은 인간의 이미지를 조성하도록 하는 전략이다. 아주 적은 것조차 거절한다면 사회적으로 안 좋은 사람으로 인식될 수 있다는 심리를 자극하는 것이다. 인간은 사회적 이미지 고양을 위해 무의식적이거나 의식적으로 인상관리를 하는 것을 이용하는 전략이다.

■ 상대방의 태도에 적합한 응수기법

상대방의 의심에 따라 속이는 자는 사용하는 방법을 조정한다. 속이는 자는 속는 자가 속임수를 탐지하는 것보다 상대방의 의심을 감지하는 데 더 몰두한다. 속이는 자가 상대방이 갖고 있는 의심의 신호를 알아차린다면 상대방의 불신을 경감하는 방법으로 자신의 행동을 변경할 것이다. 속이는 자는 상대방의 분위기와 매너에 어울리게 응수하는데, 응수란 상대방에게 적합한 대응을 고려하는 커뮤니케이션 행동의 조정과정이다. 만일 상대방이 높은 관여를 보인다면 속이는 자도 관여를 높인다. 만일 상대방이 태연한 자세라면 속이는 자도 태연스런 행동을 취한다. 상대방이 원하는 바에 맞는 적절한 처방을 제시하는 것이다.

▷ 질문회피 전략

거짓말은 꾸민 허위사건이기 때문에 사전준비가 철저하더라도 모두 기억하기 쉽지 않다. 또한 예상과 어긋나는 상황이 발생할 수 있다. 거짓말을 하는 자가 가장 싫어하는 것은 상대방으로부터 받는 질문이다. 질문은 준비된 것일 수도 있고 미처 사전에 준비되지 못한 것일 수도 있다. 이러한 질문은 과거에 진술한 거짓말과 일치해야 하기 때문에 항상 모두 기억해야 하는 고도의 인지적 노력을 필요로 한다.

질문에 답변하는 것만이 의심을 회피할 수 있는 것은 아니다. 질문에 답변하는 것은 새로운 인지적 노력을 필요로 하고 의심을 받을 수 있는 상황을 만드는 것이기 때문에 때로는 교묘하게 회피하는 것도 좋은 전략이다. 질문을 받을 때 대부분은 진실하게 답변해야 한다고 느끼지만 답변하지 않으려면 어떻게 해야 하는가? 여기에 교묘하게 회피하는 방법이 있다. 그것은 바로 무답변, 보복과 동문서답이다.

[그림 7-11] 질문회피방법

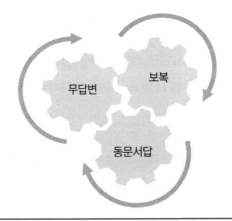

① 무답변

질문을 받았을 때 일반적인 사회관습은 답변을 해야 한다는 것이지만, 실제로 거짓말을 하는 자들은 난처한 질문은 잘 답변하지 않는다. 때로는 답변이 은이라면 무답변은 금이다. 그래서 질문을 교묘하게 회피하는 가장 간단한 방법은 답변을 거부하는 것이다. 무답변에는 침묵, 무답변이유 제시와 질문무시 등이 있다.

- 침묵

질문을 피하는 가장 쉬운 방법은 조용히 있는 것이고, 질문자나 다른 장소를 돌아다보는 것이다. 이것은 거짓말을 하는 자가 편안할 때 상대방은 불편하게 느끼는 양면성을 갖고 있다. 상대방이 질문을 다시 하거나 질문에 답변하도록 강하게 요청한다면 거짓말을 하는 자는 침묵을 계속 유지하거나 다른 방법을 사용할 수 있다.

- 무답변 이유제시

정직한 거절은 거짓말을 하는 자가 질문답변의 거절이유를 간단히 말하는 것이다. 거짓말을 하는 자가 질문답변을 원하지 않는다고 말하는 것은 거절이 아니라 지연이다. 그러나 이것은 차후에라도 답변해야 하기 때문에 답변의 거절이유를 제시하는 것은 골칫거리를 안고 가는 것이라 하더라도 발각되는 것보다는 더 낫다. 기만맥락에서 해결하지 않는다면 의심의 싹이 틀 수 있다. 즉시 해결하기 위해서는 답변은 하되 답변하지 않은 이유를 제시하는 것이다. 답변하지 않는 정당한 이유를 주거나 변명함으로써 거짓말을 하는 자는 타격을 완화할 수 있다.

- 질문무시

마치 어떤 질문도 받지 않은 듯이 행동하고 다른 것을 말함으로써 대화를 지속하는 것이다. 질문을 무시하고 다른 주제로 전환할 때는 특히 조심해야 할 부분이 과잉반응이나 몸동작이다. 회피하고 싶은 몸동작이 자신도 모르게 드러나기 때문이다. 멀리 도망가고 싶은 마음에 어깨나 발이 출구 쪽으로 향하고 시선은 다른 데를 보는 현상이 나타날 수 있다.

② 보복

보복하는 것은 역할교환을 의미하고 거짓말을 하는 자가 상황의 통제권을 갖고 상대방보다 더 높은 권한으로 행사하는 것이다. 이는 오히려 공격 모드로 전환하여 상대방의 권위를 인정하지 않고 상황을 이끌어가는 방식이다. 보복하기에는 대신질문, 질문 권리 요구와 질문자 되기 등이 있다.

- 대신질문

질문을 요청함으로써 분위기를 변화시키는 가장 간단한 방법은 실제로 질문을 받은 것을 무시하거나 대신 유사한 질문을 하는 것이다. 질문 같지 않은 질문이라고 무시할 수도 있다. 대신 본질을 벗어나지만 유사한 질문을 할 수 있다. 유사한 질문을 받은 상대방은 질문에 답변해야 하고 또 그 답변에 대한 추가적인 질문이 있을 수 있다.

- 질문권리 요구

특정한 질문을 할 권리가 없는 사람에게 질문하도록 요청함으로써 분위기를 변화시킨다. 즉, 다른 사람에게 질문을 하도록 요청한다. 이것은 논점을 흐리게 하고 주의를 분산시켜 현재 난처한 기만상황을 변화시키는 전략이다. 질문을 할 권리가 없는 다른 사람은 기만상황에 깊숙이 개입되지 않아 피상적이거나 전혀 기만과 관계없는 질문을 할 수도 있다. 자신의 이해가 관여되지 않았기 때문에 오히려 호기심으로 기만행동을 촉진할 수 있다.

- 질문자 역할

거짓말을 하는 자들은 질문을 탐지하고 통제권을 확보하고 상대방을 방어자세로 만드는 모든 종류를 질문하여 시작할 수 있다. 속이는 자가 완전한 공격 모드로 전환한 전략이다. 사회자와 게스트가 바뀐 형태이다. 이것은 주객이 전도되어 속이는 자가 질문하고 상대방이 답변하도록 상황을 바꾸는 것이다. 이때 상대방이 답변하지 못한다면 속이는 자가 대신 답변할 수 있다.

③ 동문서답

많은 정치인들이나 부정부패에 연루된 사람들이 기자가 질문하면 흔히 사용하는 기법으로 동문서답 전략이 있다. 원하는 사항이 아닌 경우 요청받은 질문에 대답은 하되 전혀 다른 질문을 받은 양 대답하는 것이다. 질문 받은 사항을 결코 답변하지 않는다. 이것은 요청받은 질문과는 전혀 다른 답변으로 대신하는 것이다. 이러한 동문서답은 전혀 다른 질문에 답변하기, 명백하게 질문을 바꾸기, 유사질문에 답변하기와 전환기법 사용 등이 있다.

• 전혀 다른 질문에 답변

답변을 요청받은 질문에 답변하는 것이 아니라 전혀 다른 질문으로 인식하여 답변하는 것이다. 그러면서도 받은 질문에 답변하듯이 매우 자연스럽게 또 시원하게 답변하여 다른 상황으로 전환하는 것이다. 이러한 답변일수록 장황하고 산만할 수 있다.

• 명백하게 질문을 바꾸기

상대방이 자신에게 바람직하지 않은 것을 질문할 때 질문자에게 오히려 질문하고, 그런 다음에 그 질문을 설명하면서 원래의 질문과 다른 질문을 하도록 유인하여 질문을 분명하게 바꾼다. 상대방의 의도를 파악하고 상대방에게 모호하거나 현재의 상황에서 중요하지 않은 질문임을 의도적으로 인식시켜 본질에서 벗어난 질문으로 대체하도록 하는 경우이다.

• 유사질문 답변

요청받은 질문에 답변하기 보다는 유사한 질문으로 해석하여 폭 넓은 이해를 한 것으로 인식하도록 답변하는 방식이다. 유사한 질문에 유사하게 답변한다면 동일한 질문에 동일한 답변하는 것보다 더 신뢰를 얻게 된다. 이는 진술이 항상 일관적이라고 상대방이 느낄 수 있고 자신의 말에 경청하여 이해하고 있다는 것으로 느낄 수 있기 때문이다.

• 전환기법 사용

전환기법 사용은 다른 질문에 답변할 때 원래의 질문으로부터 상대방의 주의를 분산하는 데 도움이 된다. 전환기법은 응답하기 전에 끼워 넣는 몇 단어이다. 여기 전환기법은 질문자를 친절하게 대하거나 칭찬하여 그 상황을 잊게 하여 다른 상황으로 전환하는 방법이다. 칭찬은 고래도 춤추게 한다고 한다. 어리석게도 기만당하는 것도 모르면서 칭찬받을 때 좋아하는 것이 인간이기도 하다. 이것은 거짓말을 하는 자가 말하는 것을 더욱 수용하게 하고 요구를 거절하기 어렵게 한다.

■ 단절과정

도둑이 제 발 저리다는 현상을 방지한다. 이제 자신이 계획했던 기만전략으로 기만을 성공적으로 실행하였다면 기만의 자기정당화를 통해서 인지부조화를 제거하여 일상생활로 복귀하면서 상대방과는 인간관계를 단절하는 것으로 모든 과정이 종결된다. 자기정당화가 취약할 때는 죄책감과 발각의 공포가 커서 고백의 원인이 될 수 있다. 그리하여 기만했던 자신과 현실에 되돌아온 자신은 전혀 다른 사람인 것이다. 자기 강화를 하지 않는다면 지은 죄가 있으면 마음이 불안하여 누출단서가 발생할 수 있다.

▷ 기만정당화 강화

거짓말을 하고 나면 부정적인 감정이 심리적으로 야기된다. 거짓말로 인한 죄책감과 수치심, 그리고 발각의 공포이다. 이러한 감정은 고백의 원인이 되기도 한다. 이러한 과정을 극복하는 방법은 인지부조화 감소, 자기정당화 방법과 확증편향이 있다. 심한 스트레스를 극복하지 못한다면 결국 기만은 스스로의 내적 심리적 붕괴로 실패할 수밖에 없다. 자신의 신념과 동기에 의한 기만행동이 불일치하는데 신념을 행동에 일치시키는 것이 필요하다. 사람은 자신의 믿음과 사실이 다를 때는 심리적 불편함을 완화하거나 상황을 회피하기 위해 자신의 믿음에 맞게 그 사실을 왜곡, 변형해 받아들인다면 심리적 불편이 감소될 수 있다.

인지부조화(cognitive dissonance)는 개인의 태도(신념)와 행동 간의 불일치가 발생하면 불편감이 생기게 되고, 이를 해소하기 위해 기존의 태도나 행동을 바꾸게 된다는 이론이다. 예를 들면, 여우는 포도를 따먹으려는 태도와 포도를 따는 행동을 하지만, 결국 포도를 따지 못해서 태도와 행동이 일치하지 않게 된다. 그 때문에 여우는 인지부조화가 생기게 되고, 그것을 해결하기 위해 행동(포도를 따는 행동) 대신 태도(포도를 먹으려는 의지)를 변경(덜 익은 신 포도라서 안 먹는다)함으로서 인지부조화를 해소한다. 예를 들면, 어떤 사람이 더 이상 남의 집에 들어가 절도를 하지 않겠다고 다짐했다. 그러나 오늘 밤에 남의 집에 침투하여 절도를 했다. 다음은 이 때 부조화를 감소하는 방법이다.

- 행동 변경: 절도를 더 이상 하지 않는다.
- 행동 정당화(인지변경): 가끔 절도하는 것은 상관없다.
- 신념 무시 또는 부정: 절도는 나쁘지 않다.

자기 정당화(self-justification)는 인지 부조화를 경험하거나 자신의 행동이 자신의 신념과 일치하지 않는 상황에서 행동을 정당화하고 행동과 관련된 부정적인 피드백을 거부하는 방법을 의미한다. 정당화의 정의는 어떤 것을 좋아 보이게 하거나 괜찮음을 증명하는 것에 대한 설명이나 근거를 제공한다. 정당화의 예는 나쁜 행동이 괜찮은 것처럼 보이도록 변명할 때이다.

편향은 한쪽으로 치우치는 것을 의미한다. 확증편향(confirmation bias)은 자신의 신념과 일치하는 정보는 받아들이고 신념과 일치하지 않는 정보는 무시하는 경향으로 일종의 인지적 오류이다. 확증편향은 희망이 신념에 직접적인 영향을 미쳐 발생한다. 사람들이 특정 아이디어나 생각을 진실로 원할 때, 그것이 사실이라고 믿게 된다. 그들은 희망적 사고(wishful thinking)에 동기를 부여받는다.

인지부조화는 내적 일관성을 위한 일종의 편향인 반면, 확증편향은 자신의 신념과 일치하는 정보는 받아들이고 신념과 일치하지 않는 정보는 무시하는 경향으로 외적 일관성을 말한다. 자신에게 유리하게 생각하는 아전인수이다. 보고 싶은 것만 보고 믿고 싶은 것만 믿는 것이다. 자신이 상대방에게 기만행동을 하는 이유를 스스로 찾는 것이다. 예를 들면, 상대방을 더 큰 손실로부터 보호해 주기 위해서이다. 자신이 아니더라도 다른 사람에게 기만을 당할 것이기 때문이다. 기만행동이 그렇게 나쁜 것이 아니다. 상대방은 아주 나쁜 사람이기 때문에 기만을 당할 만한 이유가 충분히 있다. 기만을 당하는 사람이 바보이고 오히려 나쁜 사람이다. 이처럼 자신이 한 기만행동이 전혀 객관적이거나 도덕적이 않은데도 불구하고 객관적이라거나 도덕적으로 믿으면서 자신을 속이는 것이다.

▷ 사후관리와 완전관계 단절

기만은 일정한 시간이 경과됨에 따라 노출될 가능성이 크다. 더구나 속은 사람과 관계를 계속 유지한다면 심리적인 갈등에 의해 자백에 이를 수 있다. 또한 기만은 사실이 아닌 거짓이기 때문에 사후에라도 여러 가지 증거가 반드시 노출되기 마련이다. 속은 사람은 분명 심리적인 상처가 클 수밖에 없으며 속이는 자가 얻는 것과 비례한 손해를 입게 되기 때문에 속은 사람과 관계를 유지한다는 것은 사실상 어렵다. 기만과정은 상대방이 속는 만큼 속이는 자에게 이득을 가져다 주는 행위이다. 이러한 행위는 궁극적으로 상대방과 그의 주변 사람과의 사회적 관계를 단절해야하는 필연적인 과정이 동반된다. 따라서 모든 관계를 단절하는 것이 최선의 방안이다. 이처럼 사회적 관계를 단절하고 결국에는 기만행동이 적발될 수밖에 없는데도 불구하고 기만행동을 할 생각이 있는가를 자신에게 되묻고, 정직하게 살아가면서 기만당하지 않는 것을 배우는 것이 기만전략의 학습 목적이다.

■ **후광효과**(Halo Effect)

　어떤 사람이 가지고 있는 두드러진 특성이 그 사람의 다른 특성을 평가하는 데 전반적인 영향을 미치는 효과이다. 미국의 심리학자 손다이크(Edward Lee Thorndike)는 어떤 대상에 대해 일반적으로 좋거나 나쁘다고 생각하고 그 대상의 구체적인 행위들을 일반적인 생각에 근거하여 평가하는 경향이라고 설명하였다. 일종의 사회적 지각의 오류라고 할 수 있다.

■ **가짜약 효과**(Placebo Effect)

　약효가 전혀 없는 약을 먹고도 병이 나는 것과 같은 효과를 얻는 현상이다. 이를 위약 효과라고도 한다. 플라시보(placebo)는 속임약, 위약(僞藥)을 뜻한다.

■ **고립효과**(Isolated Effect)

　좁은 공간에서 함께 생활할 때 심리와 행동이 격해지는 현상이다. 특히 이런 현상들이 극지에 파견된 연구원들과 군인들에게서 부각되어 남극형 증후군이라고도 한다.

■ **면역효과**(Inoculation Effect)

　맥과이어는 메시지를 전달받는 수신자의 과거 경험이 설득에 중요한 역할을 한다고 한다. 설득당하지 않으려면 미리 약한 설득 메시지를 경험하도록 해야 한다고 주장했다. 미리 면역기능을 길러주어야 한다는 것이다. 그렇게 하면 강한 설득 메시지에 노출되더라도 쉽게 설득당하지 않는다. 이처럼 미리 경험함으로써 설득당하지 않는 현상을 면역효과라고 한다.

■ **쿨리지 효과**(Coolidge Effect)

　항상 같은 생활을 반복하면 지루하고 맛있는 음식도 자주 먹으면 물리듯이 아무리 멋진 파트너라 해도 자주 보면 권태가 일어난다. 이런 권태를 심리적 피로(psychological fatigue)라고 하는데 어떤 일을 계속할 의사가 있음에도 불구하고 심리적, 신체적, 생리적 탈진현상으로 계속할 수 없는 상태이다. 쿨리지 효과란 상대를 바꾸었을 때 욕망이 증대되는 경우로 미국의 30대 대통령인 캘빈 쿨리지(John Calvin Coolidge)의 이름에서 유래되었다. 황소는 성질이 사납고, 암소 욕심이 많아서 한 우리 안에 황소 두 마리 이상을 둘 수가 없다. 결국 한 울타리 안에 한 마리의 황소와 여러 마리의 암소가 지내게 되는데, 황소는 새로운 암소가 지속적으로 등장하는 한 한번 관계를 맺은 암소와는 다시 짝짓기를 하지 않는다.

■ 낙인효과(Stigma Effect)

어떤 사람이 전과나 정신 병력이 있다고 하면 왠지 모르게 색안경을 끼고 보는데 일종의 편견이다. 그러나 그런 사람들과 거래는 물론이고 인간적인 교류조차 하지 않으려고 한다. 이처럼 과거 경력이 현재의 인물평가에 미치는 영향을 말한다.

■ 떠벌림 효과(Profess Effect)

자신이 목표로 삼은 행동을 공개적으로 표방하면 자신이 한 말에 더 책임을 느끼고 실없는 사람이 되지 않기 위해 약속을 더 잘 지키게 된다는 현상이다. 즉, 자신의 결심을 주변에 공개적으로 밝히면 실행력이 증가돼 목표를 보다 수월하게 성취할 수 있게 된다.

■ 로미오와 줄리엣 효과(Romeo & Juliet Effect)

부모들이 반대할수록 애정이 더 깊어지는 현상이다. 반발 심리와 인지부조화(cognitive dissonance) 때문에 로미오와 줄리엣 효과가 나타난다. 인지부조화란 태도와 행동이 일치하지 않을 경우 사람들이 느끼는 긴장과 불안을 말한다. 사람들은 긴장과 불안을 감소시키려고 태도나 행동 중 하나를 바꿔 태도와 행동을 일치시키려는 경향이 있다.

■ 바넘효과(Barnum Effect)

점괘는 매우 일반적이다. 그래서 점술가들이 하는 얘기는 다 맞는 것 같다. 12개의 별자리, 토정비결, 사주, 역학의 해석들은 일반적인 특성을 기술한다. 그렇기 때문에 많은 사람들은 점괘가 마치 자신을 잘 나타내는 것처럼 받아들이고, 그런 점괘가 정확하다는 착각을 한다. 이렇듯 어떤 일반적인 점괘가 마치 자신을 묘사하는 것이라고 받아들이는 현상을 의미한다.

■ 방관자 효과(Bystander Effect)

사람들이 위기에 처해 있는 사람들을 도와주는 것은 여러 가지 요인에 의해 결정된다. 시간 압박, 도움을 줄 수 있는 능력 그리고 성격 등이 영향을 미친다. 나 이외에 다른 사람이 있었느냐에 따라 도움 행동이 결정된다는 것이다. 특히 사람들은 목격자가 많을수록 다른 사람을 덜 도와준다. 설령 도움 행동을 한다 하더라도 도움 행동을 하기까지 걸리는 시간이 더 길다. 이런 현상을 방관자 효과라고 한다.

■ 부정성 효과(Negativity Effect)

사람들은 어떤 사람의 인상을 평가할 때 대개는 긍정적으로 평가를 한다. 이왕이면 좋게 사람들을 평가하려는 경향을 인물 긍정성 편향이라고 한다. 사람들은 어떤 부정적인 정보가 나타나면 다른 긍정적인 정보보다 부정적인 것에 더 비중을 두고 인상을 평가한다. 모든 것이 동일하다면 부정적인 특성들은 긍정적인 특성들보다 인상형성에 더 많은 영향을 준다.

■ **칵테일 파티 효과(Cocktail Party Effect)**

사람들은 시끄러운 파티장, 나이트클럽, 시끄러운 공사장에서도 서로 대화가 가능하다. 자기에게 의미 있는 정보만을 선택적으로 받아들이기 때문이다. 칵테일 파티장에서 일어나는 것과 같은 선택적 지각현상을 말한다.

■ **방사효과(Radition Effect)**

매력적인 짝과 함께 있는 사람의 사회적인 지위나 가치를 높게 평가하는 현상이다. 예쁜 여자와 다니는 남자는 뭔가 다른 특별한 게 있을 것이라고 보는 것처럼 사회적 지위나 자존심이 고양된다고 느끼는 현상이다.

■ **대비효과(Contrast Effect)**

방사효과와는 반대로 여자들이 자기보다 예쁜 친구와는 될 수 있는 대로 같이 미팅에 안 나가는 것처럼 너무 매력적인 상대와 함께 있으면 그 사람과 비교되어 평가절하 되는 현상이다.

■ **허구적 일치성 효과(False Consensus Effect)**

거짓 합의효과 또는 거짓 일치성이라고도 하는 데 자신의 생각, 의견, 행동에 대하여 누구나 다 그렇게 한다고 믿는 현상이다. 예를 들면, 바람기 있는 남자는 자기 친구가 업무상 여자를 만나면 바람을 피운다고 추측하기 쉽듯이 객관적인 절차 없이 남들도 자기와 같을 것이라고 생각하는 착각현상이다.

■ **허구적 톡특성(False Uniqueness)**

다른 사람들의 의견이 나와 같다는 허구적 일치의 오류와 반대현상으로 자신은 다른 사람들과 달리 독특한 개성을 갖고 있다고 보려는 것이다. 자신이 남들과 달리 독특한 존재라는 착각현상인 것이다. 허구적 독특성은 거짓 독특성으로 자기 자신과 자신이 하는 일은 실제보다 훨씬 특별하고 예외적이라고 생각하는 경우다. 예를 들면, 내로남불이다. 자신을 훨씬 특별하고 예외적인 경우라고 과대평가하는 현상이다.

제8장

/

기만탐지전략

察言而觀色(찰언이관색)

말을 살피고 얼굴을 살펴라(논어).

지옥에서도 악마들끼리는 서로

거짓말하지 않는다

말과 표정의 진실과 거짓 탐지 기술

기만탐지 모델

열 길 물속은 알아도 한 길 사람 속은 모른다. 그러나 거짓말은 진실과 오랜 시간 어울리지 못한다. 이는 보이는 것만 보려고 하기 때문이다. 그러나 보이지 않는 것을 보면 알 수 있다. 거짓말을 하는 자가 거짓말하는 행동에서 나타나는 속임수 단서와 자신의 감정을 억제하고 가짜 감정을 표현하는 누출단서를 본다면 기만을 탐지할 수 있다. 이청득심(以聽得心)은 귀 기울여 들으면 사람의 마음을 얻을 수 있다는 뜻이다. 모든 것을 귀로만 듣지 말고 눈과 마음으로 들어야 한다. 『논어』찰언이관색(察言而觀色)은 말을 살피고 얼굴빛을 보라는 뜻이다.

[그림 8-1] 속임수 단서와 누출단서의 발원지

- 머리 전후 숙임
- 가짜 미소
- 코 긁기와 막기
- 말실수/말 주저/휴지
- 입 모양/안색

- 열린 어깨/닫힌 어깨

- 허리 자세

- 앉은 자세
- 손 위치

- 다리 지향점
- 발 동작
- 발 모양

- 머리 손질
- 눈썹 동작
- 시선회피
- 시선접촉
- 동공확대/수축
- 호흡/땀/심박수
- 침/입술
- 어깨 지향점

- 팔짱 모양
- 손동작 동작

- 다리 동작

- 발 위치

[그림 8-2] 기만탐지 모델

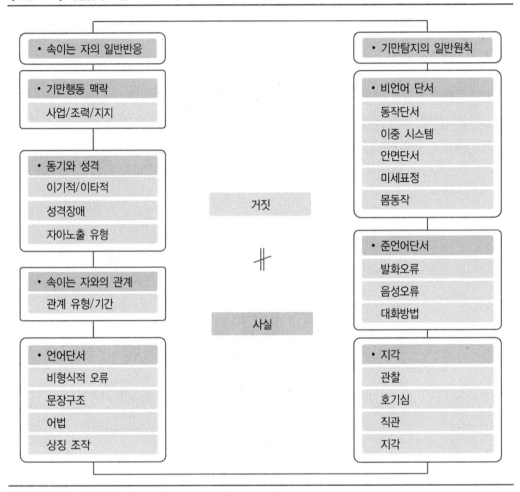

- 속이는 자의 일반반응
- 기만행동 맥락
  사업/조력/지지
- 동기와 성격
  이기적/이타적
  성격장애
  자아노출 유형
- 속이는 자와의 관계
  관계 유형/기간
- 언어단서
  비형식적 오류
  문장구조
  어법
  상징 조작

거짓

‖

사실

- 기만탐지의 일반원칙
- 비언어 단서
  동작단서
  이중 시스템
  안면단서
  미세표정
  몸동작
- 준언어단서
  발화오류
  음성오류
  대화방법
- 지각
  관찰
  호기심
  직관
  지각

■ 기만탐지 모델의 개요

프랑스의 사회학자인 귀스타브 르봉(Gustave Le Bon)은 『군중의 심리』에서 사회전염(social contagion)을 설명하였다. 어떤 경우에는 다른 사람들에게 무의식적으로 동조하고, 어떤 경우에는 집단 속에서 자기 자신을 잃어버린 채 행동하기도 한다. 집단의 한 점에서 시작된 소용돌이가 집단 전체로 전염되어 나타난 현상을 병이 전염되어 퍼져나가는 현상에 비유한 것이다. 세균과 바이러스가 질병을 옮기는 것과 같이 사람들의 정  서와 행동이 한 사람에서 다른 사람에게로 옮겨지는 현상이 사회전염이다. 사회전염은 사람들이 가지고 있는 도덕심, 가치체계, 사회적 규칙들, 책임감에 의한 행동통제 기제가 무너지고 원초적인 공격성과 성충동들이 나타나기 때문에 발생한다. 예를 들면, 전철 안에서 한 사람이 하품을 하면 다른 사람도 하품을 한다. 한 회사에서 노사 분규가 시작되면 전국적으로 확대된다.

기만행동은 사회적 가치와 도덕체계의 붕괴와 같은 사회적 맥락, 개인의 성격장애와 이기적 신념 등이 결합되어 나타나는 현상이라고 할 수 있다. 이런 현상의 이해를 전제로 기만탐지를 해야 한다. 기만탐지 모델에서는 기만탐지의 일반 원칙과 속이는 자의 일반적 반응을 토대로 하여 기만행동 맥락, 속이는 자의 성격, 성격장애 유형과 자아노출 유형, 속이는 자와의 관계를 기본적으로 파악하고, 언어와 비언어 단서를 관찰하여 지각과정에서 사실과 거짓을 식별한다.

▪ 속이는 자의 일반적 반응

거짓말할 때 거짓말을 하는 자에게 나타나는 특징적인 심리와 행동 반응이 있다. 자율신경 반응, 공포, 불안과 이에 수반되는 행동적 반응이다. 이러한 반응은 무의식적이거나 의식적인 반응으로 복합적으로 나타난다. 속이는 자의 일반적 반응에는 생리적, 행동적, 인지적, 비언어적, 언어적 반응이 있다.

[그림 8-3] 속이는 자의 일반적 반응

생리적 반응	반응	감정적 반응
행동적 반응		비언어적 반응
인지적 반응		언어적 반응

거짓말하는 사람은 발각의 공포나 거짓말 행동에 대한 죄책감과 수치심의 부정적인 감정을 경험한다. 발각되지 않기 위해 고도의 인지적 노력을 기울인다. 이러한 일련의 과정은 심리적으로 긴장과 불안을 야기한다. 이러한 심리적 긴장과 불안은 자율신경계의 반응으로 나타난다. 자율신경은 감정이 증가함에 따라 여러 가지 변화를 일으킨다. 즉, 교감신경이 활성화되었을 때 눈깜빡임, 심박수, 혈압, 호흡수가 올라가고, 얼굴이 창백해지거나 붉어지고, 땀이 나고, 동공이 커지며 침이 마르게 된다. 침이 마른다는 것은 소화작용을 억제하고 있다는 것이다. 이러한 현상들은 감정으로 유발되어 무의식적으로 발생하기 때문에 의도적으로 억제하기 어렵다.

[그림 8-4] 생리적 반응

▷ **긴장**

속이는 자는 항상 긴장하고 불안하다. 고도의 인지적 노력을 기울여야 하기 때문에 신경이 예민하다. 거짓말할 때는 발각의 두려움이 나타나고, 이것은 불안을 심리적으로 느낀다. 이때 긴장, 발한, 발적, 호흡, 심박수, 혈압, 동공과 침 분비에 변화가 일어난다. 이러한 변화는 인위적으로 거짓말을 하는 자가 통제하기 어렵다. 불안하면 근육이 긴장되는 경향이 있고, 경직되고 발작적 동작으로 나타난다. 성대의 긴장은 정상적일 때보다 더 높은 음조로 들린다. 긴장은 사지, 목 등을 긁는 등 신체적인 불편을 유발한다.

▷ **발한**

발한(sweating) 현상은 발각의 두려움과 거짓말의 죄책감을 느낄 때 더 많은 땀을 흘리는 현상이다. 공포와 죄책감의 감정으로 피부가 붉어지고, 손이 끈적거리고, 긴장을 완화하기 위해 옷을 조정하는 단서가 드러난다. 일반적으로 신체를 비비는 것과 만지는 것은 피부에 소금 끼 있는 담에 의해서 유발되는 불쾌의 감정 때문이다.

▷ **발적**

발적(redness)은 불안으로 피부가 붉어지는 현상이다. 예를 들면, 투쟁이나 도주 준비 시 육체는 사지로 피를 보낸다. 특히 어렵고 황당한 질문을 받았을 때 얼굴을 가로지르고 때때로 귓속과 목 아래로 나타나는 혈액으로 얼굴이 빨개진다. 불안은 분노로 표현되어 신체에 붉게 드러난다. 불안한 사람은 양쪽 눈썹이 중앙으로 함께 밀려오며 사지는 굳고 눈은 축축하게 나타날 뿐만 아니라 팔과 다리를 꼬거나 한손은 다른 손이나 팔을 편하게 하기 위해 잡는다. 효과적으로 몸을 작게 만들거나 아래로 구부리는 등의 행동을 보인다. 손은 편안하게 하거나 얼굴과 목을 구부리기도 하고, 눈 접촉을 회피함으로써 자신을 감춘다.

▷ 자율신경반응

거짓말은 고도의 인지적 노력을 요하는 행동으로 거짓말을 하는 자는 허위사실과 대화를 해야 하고, 진술의 모순성을 극복해야 할 뿐만 아니라 더욱 중요한 것은 진짜 감정을 차단하고 가짜 감정을 표현하여야 한다. 이는 자율신계에의 반응으로 나타난다. 이러한 반응은 거친 호흡, 동공확장, 말 주저, 문장수정, 표현행동 감소나 반응시간 감소 등이다.

▷ 어색한 상황 연출

거짓말을 하는 자는 상황을 미리 계획해야 하고 필요시 상황에 따라서 대화 방식을 변경하여야 한다. 상대방을 세밀하게 관찰하여 의심 여부를 판단하여야 한다. 거짓말 상황에서 자신을 이탈시키고 관여 정도를 낮추어야 한다. 발언을 하나하나 신경 써야 한다. 애매모호하게 말을 하여 상대방이 판단하는 데 어려움을 느끼게 해야 한다. 상대방의 질문을 예상하고 답변을 준비해야 한다. 준비되지 않은 질문일 때는 시간을 지연해야 한다. 이러한 행동은 의사소통 채널들 간의 괴리나 즉각적이지 않은 표정 등 언어사용의 지장을 초래한다. 또한 거짓 감정을 노출하고 진짜 감정을 은폐해야 하는 이중적 시스템으로 이때 나타나는 감정은 미소 지속시간, 어색한 행동증가, 부정적 문장사용 증가 등으로 단서를 노출한다.

▷ 비언어적 반응

비언어적 반응으로 몸 움직임 증가, 자세 바꾸기, 어깨 으쓱하기나 언어적 반응으로 말의 모순, 기억 망각, 말의 길이에서 평상시와 다르게 나타난다. 이처럼 거짓말할 때는 각성상태, 인지적 복잡성, 자기통제 노력, 감정적 반응, 신체적 반응, 그리고 말에서 단서가 누출된다. 이러한 단서는 언어적 행동과 비언어적 행동단서로 속임수 단서와 누출단서가 된다.

[표 8-1] 거짓말의 일반적 반응

지표	구체적 단서
생리적 반응	동공확장, 눈 깜빡거림, 피부전도 반응증가, 표현행동 감소
인지적 반응	말실수, 음성고조, 말 주저, 문장수정
행동적 반응	덜 즉흥적인 행동, 상황에 대한 낮은 관여도, 반응시간 감소 의사소통 채널들 간의 괴리, 즉각적이지 않은 표정
감정적 반응	미소 지속시간, 어색한 행동증가, 부정적 문장사용 증가
비언어적 반응	몸 움직임 증가, 자세 바꾸기, 어깨 으쓱하기
언어적 반응	말의 모순, 이전에 했던 말 기억망각, 말의 길이, 언어유창

■ 기만탐지의 일반원칙

기만은 인간에게는 매우 바람직하지 않은 사회적 장애물(social obstacle)이다. 거짓말을 하는 자와 접촉하지 않고 빈틈을 보여주거나 허황된 것을 바라지 않으면 속을 일이 없다. 접촉하지 않는다면 속을 일도 전혀 없다. 그러나 인간관계는 사회적 상호작용 속에서 이루어지기 때문에 대인접촉 없이는 혼자서 정상적으로 살아갈 수 없다. 그렇다고 모든 사람을 의심부터 할 수 없다. 따라서 중요한 타인을 의심한다면 사회관계와 인간관계를 형성하기 어려워 사회로부터 소외당할 수 있다.

기만탐지는 일반적으로 어려운 것 같지만 기만탐지전략을 배우고 익히면 그리 어렵지 않다. 본장에서 일반적인 원칙부터 매우 전문적인 전략까지 설명하고자 한다. 속임수나 누출단서를 한 가지 요소로 판단하는 것은 매우 위험한 일이다. 언어와 비언어적 단서를 모두 결합해서 판단하여야 한다. 종합적인 사고로 판단을 하기 전까지는 상대방의 말을 거짓이라고 단정해서는 안된다. 피고인 또는 피의자는 유죄판결이 확정될 때까지는 무죄로 추정한다는 원칙인 무죄추정의 원칙(presumption of innocence)을 내면화해야 한다. 그렇지 않다면 주변 사람을 의심하게 되어 결국은 사회적 고립을 자초하게 되기 때문이다.

속이는 자는 상대방이 가장 관찰하기 쉬운 것을 주로 은폐하고 위장한다. 사람들은 속이는 자의 말과 표정에 주로 주의를 기울이기 때문에 쉽게 거짓말에 속는다. 속이는 자가 부주의하기 쉬운 곳은 발, 다리와 몸통 등이다. 기만탐지의 일반원칙을 기준으로 세부탐지에도 항상 이 원칙을 따르는 것이 필요하다. 따라서 우선적으로 고려할 필요가 있는 기만탐지의 일반원칙을 설명한다.

[그림 8-5] 기만탐지의 일반원칙

- 포도덩이 판단
- 관찰의 우선순위 설정
- 평상시와 다른 점 포착
- 일관성이 없는 점 파악
- 맥락과 관계
- 직관과 호기심 발동

일반
원칙

▷ 포도덩이 판단

포도덩이 판단은 종합적인 판단을 의미한다. 기만을 탐지할 때는 속임수 단서와 누출단서를 종합하여 전체로써 판단하는 것이다. 포도 알 하나로 포도를 판단하지 말고 포도 덩이로 판단하라는 의미이다. 속임수 단서나 누출단서는 언어와 비언어 단서를 모두 종합해서 활용해야 의미가 있다. 어떤 단서는 의미가 거의 없을 뿐만 아니라 오히려 상이한 의미로 오판할 가능성이 매우 크다. 부분적인 단서는 의미가 거의 없기 때문에 노출되는 모든 단서를 모아서 판단한다. 부분이 모인 전체로 판단할 때 단서로서의 가치나 유용성이 크다고 할 수 있다. 예를 들면, 질문을 받은 속이는 자가 정보처리 과정에서 3~5초 간 의식적 또는 무의식적으로 갑자기 웃거나, 발을 꼬고 있다가 풀거나, 팔짱을 끼고 있다가 코와 입을 만지는 등 무의식적인 행동을 외부로 드러내는 경우가 있다. 이때 나타나는 호흡과 맥박의 변화와 같은 자율신경 반응도 관찰하고 분석한다. 이처럼 거짓을 드러내는 행동징후 하나만으로 판단하지 말고 종합적으로 판단한다면 정확한 기만탐지가 될 것이다.

▷ 관찰에는 우선순위

관찰에는 우선순위가 있다. 진실은 듣는 것보다는 보고 느끼는 것이다. 잘 보는 만큼 잘 보인다. 속이는 자가 등한시하는 부분은 더 잘 보이고 그 의미는 결정적일 때가 많다. 결정적인 단서는 바로 속이는 자가 덜 주의하는 부분이다. 그렇기 때문에 관찰의 우선순위가 있다. 속이는 자들은 진실을 은폐하거나 왜곡하기 위해서 말과 표정에는 지나칠 정도로 신경을 기울인다. 그러나 별로 주의를 기울이지 않는 부분은 의도적으로 통제할 수 없는 자율신경계 반응, 발과 다리

동작 등이다. 바로 이 부분에 기만에 대한 중요한 단서들이 탐지자들을 위해 기다리고 있다. 신체영역의 신뢰도가 높은 순서는 신체 자율동작 반응, 발과 다리 움직임, 몸통 움직임, 어깨, 팔, 손동작, 얼굴 표현, 목소리와 말 등으로 이러한 순서로 관찰할 필요가 있다.

[그림 8-6] 기만탐지 관찰 우선순위

▷ 평상시와 다른 점 포착

평상시와 다른 점을 포착하는 것이다. 다르다면 이상한 것이다. 평상시의 행동과 일관성을 갖지 못한 것이 속이는 자의 기만활동 중에 일어나는 특징 중의 하나이다. 왜 다른가를 의심해야 한다. 거짓말을 하는 자는 진실을 말하는 것이 아니라 거짓말을 말하는 것이기 때문에 그의 태도, 가치, 견해나 동작부터 다르다. 갑자기 변한 것은 탐지하기 위한, 접근하기 위한 기초공사라 할 수 있다. 분위기를 자신에게 유리하도록 만드는 속이는 자의 기초공사 과정을 신중하게 관찰하면 평상시와는 아주 다른 언행이 보일 것이다. 평상시와 다른 행동의 차이점은 대부분 기만행동의 전주곡일 수 있다.

▷ 일관성이 없는 점 파악

일관성이 없는 점을 파악하는 것이다. 말, 목소리, 몸짓과 표정의 일관성이 없는 점을 파악한다. 거짓말을 할 때 말, 목소리, 몸짓과 표정이 일치하지 않는 점이 드러난다. 예를 들면, 말은 부정적인 내용이지만 몸짓은 긍정적인 자세이다. 상징동작이나 설명동작이 실제의 의미와 다른 모습이 보일 수 있다. 말과 표정이 내용과 일치하지 않는 점이 드러나기 마련이다. 왜냐하면 거짓말은 사건의 기억이 아니라 꾸며낸 가공의 이야기이기 때문에 생생하게 두뇌에 저장하기 어려울 뿐만 아니라 사고의 이중성으로 속이는 자는 감정표현의 어려움을 경험하기 때문이다. 그렇기 때문에 기억의 공동화 현상과 감정의 이중성이 발생하게 된다. 거짓말은 고도의 인지와 감정적 활동이기 때문에 모두 통제하기가 대단히 쉽지 않다. 거짓말의 성격과 유형에 따라 행동단서가 다를 수 있다. 주로 의견을 거짓말하는 경우에는 말을 많이 하기 때문에 언어적 단서의 노출빈도가 클 것이다. 거짓말의 대가가 높은 경우에는 정보에 관한 내용의 불일치 노출이 상대적으로 높게 드러날 것이다. 질문을 많이 하고 답변과 행동을 살핀다면 많은 단서의 포착이 가능할 것이다.

▷ 맥락과 관계

기만맥락과 관계를 파악한다. 기만을 당하는 사람은 당할 만한 이유를 상대방에게 노출하게 된다. 상대방은 그 상황을 적극적으로 포착하여 접근하는 것이다. 현재 놓여 있는 상황을 냉정하게 판단하여야 한다. 예를 들면, 누군가의 도움이 절실하다. 투자하려고 하지만 투자할 만한 대상을 못 찾았다. 불행한 일을 겪고 있다. 정신적으로 고통과 스트레스를 당하고 있다. 실직하여 새로운 사업을 찾아야 한다. 부동산을 매각하여 투자할 여력이 있다. 이러한 정보가 노출되면 기만을 당하기에 좋은 상황이 된다. 이러한 맥락에 놓여 있게 되면 속이는 자에게는 아주 접근하기 좋은 상황이어서 이를 해결하기 위한 대안을 제시하게 된다. 문제해결이나 문제예방을 위한 제안을 제시하려고 할 것이다.

속이는 자와의 관계를 고려해야 한다. 속이는 자들은 상대방과의 신뢰를 바탕으로 정서적 지지나 문제해결을 원조하려고 한다. 신뢰가 형성되어 있지 않으면 불가능할 수 있다는 것을 속이는 자들은 너무 잘 안다. 속이는 자들은 제일 먼저 칭찬, 즐거움, 호의나 정보력을 과시하여 깊은 신뢰를 형성하기 위해 많은 노력을 기울인다. 일반적으로 친근하고 가까운 사람에게서 기만당할 확률이 가장 높다. 상대방의 태도가 예전과 다르게 변화되었다면 이는 거짓말의 신호일 수 있다. 따라서 기만을 당하지 않으려면 상대방의 태도변화, 관계의 종류와 기간 등을 면밀한 관찰하거나 심사숙고하여야 한다.

▷ 자신의 직관과 호기심 발동

마지막으로 자신의 직관과 호기심을 발동하여 전체를 종합적으로 판단하는 일이다. 이러한 준비가 되어있다면 속이는 자가 결코 생존할 수 있는 서식지는 근원적으로 제거될 수 있다. 보이는 것이나 보고 싶은 것만 보지 말고, 말을 살피고 얼굴을 살피라는 논어를 다시 인용한다.

기만탐지단서

고대 서남아시아 제국의 수도 바빌로니아에서 발견된 점토판에는 거짓의 행동징후로 답변의 거부나 불안한 태도, 안색의 변화, 엄지발가락을 비비는 행위 등이 새겨져 있다. 이는 거짓말할 때 불안, 공포와 죄책감으로 의도적으로나 무의식적으로 언어나 비언어 행동을 나타내는 거짓말의 신호이다. 거짓말할 때는 불안하기 때문에 시선을 회피하고 정돈행동(grooming gesture)[6]을 취하거나 움직임이 증가할 것이라는 신념이 있다. 거짓말을 하는 사람은 거짓말의 증거를 남기는 것이 일반적이다. 변화된 태도나 행동의 흔적을 통해서 거짓말을 탐지할 수 있는 단서로는 속임수 단서와 누출단서가 있다.

[그림 8-7] 기만탐지단서의 유형

■ 기만탐지단서의 개요

거짓말을 하는 자가 거짓말을 하는데 매우 집중하더라도 진실이 아니기 때문에 거짓말은 진실과 어울리지 못한다. 그래서 발견되거나 노출되는 단서가 속임수 단서와 누출단서이다. 속임수 단서(deception cue)는 거짓말을 하고 있음을 알게 해주는 거짓말을 하는 자가 말하는 애매모호하거나 간접적인 의미와 신뢰할 수 없는 변명과 모순 등으로 이루어진 단서이다. 누출단서(leakage cue)는 거짓말을 하는 자가 숨기려고 한 것이 무의식적으로 실수로 드러낸 것이다. 따라서 속임수 단서는 어떤 사람이 속이려고 제안한 표현이나 비언어 행동인 데 비해 누출단서는 거짓말을 하는 자가 숨기고 있는 감정, 즉, 실제로 느낀 감정이나 기만내용인 것이다. 다시 말하면 속임수 단서는 속이고 있다는 기만행동을 무심결에 드러내는 것이지만, 누출단서는 기만내용을 자기도 모르게 저절로 드러내는 것이다. 이와 같이 누출단서는 속임수 단서보다 더 많은 정보를

---

6) 옷의 보푸라기 같은 것을 뽑거나 만지작거리는 등의 행동.

제공한다. 이처럼 모든 사람이 항상 이와 같은 단서를 누출하거나 제공하는 것은 아니지만 거짓말을 알아차릴 수 있는 방법이 있다.

- 속임수 단서: 거짓말을 하고 있음을 알게 해주는 단서
- 누출단서: 숨기려고 한 것이 무의식적으로 실수로 드러낸 단서

속임수와 연상되는 단서들은 개인에 따라 다르다. 속임수는 연령, 문화, 성, 양심의 가책, 행동의 강도와 상황에 따라 많이 다르기 때문에 속이는 행위의 일반적인 지표는 존재하지 않는다. 그렇다고 하더라도 거짓말을 탐지하는 데 영향을 주는 유형은 많이 있다. 그중 하나가 거짓말의 길이이다. 거짓말의 구성이 간단하다면 단서를 누출할 기회가 적기 때문에 거짓말을 하는 자는 교묘히 모면할 수 있는 반면 탐지자는 단서가 매우 부족하기 때문에 속임수를 판단하는 능력이 떨어진다. 거짓말을 하는 자가 거짓말을 하는 시간이 길수록 거짓말을 하는 자들은 단서를 누출할 기회는 더 커진다. 표는 언어, 안면이나 몸동작에서 나타나는 단서이다.

[표 8-2] 기본적인 속임수 단서와 누출단서

범 주	행동단서	행동 동작
언어 혼란	높은 목소리 톤	말하는 도중 목소리 톤이 고조
	말 주저	말하는 사이에 '아' 또는 '음' 소리 개재
	말실수	단어나 문장 반복 또는 번복
	휴지 빈도	대답을 하는 도중 잠시 멈추는 빈도
	답변 지연시간	질문과 대답 사이의 시간
	시선회피	머리는 움직이지 않으면서 2초 이상 시선회피
안면 동작	웃음	말하는 도중에 미소 짓거나 웃는 것
	눈 깜빡임	말하면서 눈을 깜빡거림
	혀 내밀기	말하면서 혀를 내밀거나 굴리고 또는 깨무는 것
	치장행동	말하면서 코나 입 등의 얼굴을 만지는 것
	부연설명 동작	말을 보충, 수식하기 위해 팔이나 손 움직임
	손/손가락 동작	팔을 움직이지 않고 손이나 손가락 움직임
몸동작	발/다리 동작	발이나 다리 움직임
	머리 동작	말하면서 머리 움직임(좌우상하 15도 이상)
	몸동작	말하면서 몸 움직임(좌우상하 15도 이상)

■ 속임수 단서

속임수 단서는 거짓말을 하고 있음을 알게 해주는 거짓말을 하는 자가 말하는 애매모호한 말이나 우회적인 표현, 신뢰할 수 없는 변명과 모순 등으로 이루어진 단서이다. 속이는 자가 속이려고 제안한 표현이나 비언어 행동이다. 속임수 단서는 속이는 자의 행동을 통해서 사실이 아닌 것이 드러난 것이다. 이러한 속임수 단서에는 인지적 단서와 감정적 단서의 두 가지 유형이 있다.

인지적 단서(cognitive cues)는 불충분하게 준비된 거짓말이 애매모호성, 간접성, 신뢰할 수 없는 변명과 모순 등과 같은 언어적 단서이다. 감정적 단서(emotional cues)는 감정을 숨기거나 거짓 감정을 나타내려고 할 때 무의식적으로 저절로 나타나는 단서이다. 거짓말을 하는 자들은 감정적 단서를 노출하지 않거나 통제하려고 한다. 구체적인 단서는 응시회피, 동공확대, 눈 깜빡거림, 얼굴표정, 안색변화, 몸동작 등으로 자신도 모르게 저절로 나타나는 비언어적 반응이다. 에크먼(Paul Ekman)에 의하면 감정적 각성은 거짓말을 하는 자의 얼굴, 신체나 음성에서 탄로 나는 속임수 단서의 증거를 제공한다. 거짓말을 하는 자는 거짓말을 하는 동안 이러한 동작을 극소화하려고 한다. 이와 같이 속임수 단서는 대명사 사용의 감소, 배타적 단어의 감소, 눈 접촉의 증가나 감소, 몸짓, 연습, 입술 깨물기, 동공확장, 눈 깜빡거림 증가, 그리고 음 높낮이 증가 등으로 매우 많다.

- 인지적 단서: 불충분하게 준비된 거짓말이 애매모호성, 간접성, 신뢰할 수 없는 변명과 모순 등과 같은 언어적 단서이다.
- 감정적 단서: 감정을 숨기거나 거짓 감정을 나타내려고 할 때 무의식적으로 저절로 나타나는 단서이다.

▷ 대명사 사용의 감소

책임감 회피나 진술로부터 거리를 두기 위해 '나'라는 말보다 '우리'라는 말을 대신 사용한다. 왜냐하면 '나'라는 대명사를 가급적 적게 사용하는 것은 자신의 관여를 의도적으로 희미하게 하려는 목적이기 때문이다. 거짓말을 하는 자는 거짓말을 하고 있는 상황에서 자신을 분리하여 의심을 받을 상황을 가급적 적게 하려고 노력한다.

▷ 배타적 단어의 감소

거짓말을 하는 자는 행동과 비행동을 구별하는 진술을 회피하기 위해 '제외하고', '그러나'와 같은 배타적 단어를 가급적 적게 사용한다. 부정적인 의미는 부정적인 감정을 낳고 부정적인 감정은 거짓말을 의심할 수 있는 근거가 될 수 있다는 것을 우려한다. 포괄적인 언어의 진술은 내용을 더욱 애매모호하게 만들어 상대방이 진실을 판단하는 데 장애가 된다.

▷ 신체적 반응의 증가나 감소

보통 때보다 눈 접촉이 많거나 적다면 거짓말하고 있다는 신호가 된다. 거짓말을 하는 자는 투쟁이나 도주반응으로 시선접촉(eye contact)이 증가하거나 감소한다. 거짓말을 하는 동안 거짓말을 하는 자는 극심한 불안, 초조, 공포반응 등이 나타날 수 있다. 이것은 인체가 위기에 봉착하면 작동하는 투쟁이나 도주반응으로 생물학적으로 정상적인 반응이다. 투쟁방식은 시선접촉이 증가하는 반면, 도주방식은 시선접촉이 감소할 것이다.

숲 속을 산책하고 있다가 맹수를 만났고 이 상황에서 생존하려면 맹수와 싸우거나(투쟁) 맹수로부터 도망쳐야 한다(도주). 이처럼 투쟁이나 도주해야 하는 심각한 상황에서 몸에 나타나는 생리적 반응을 투쟁이나 도주반응이라고 한다. 죽기 살기로 싸우거나 도망치는 상황은 많은 운동량을 필요로 한다. 교감신경이 활성화되고 아드레날린을 비롯한 스트레스 호르몬이 분비되면서 근육 및 글리코겐을 분해해서 혈당수치를 높이고, 고강도의 육체활동에 필요한 에너지를 비축한다. 그래서 심박수, 혈압을 증가하여 전신의 근육에 혈액순환이 원활하게 되도록 준비한다. 이렇게 나타나는 것이 바로 속임수 단서가 된다.

몸짓은 거짓말할 때 드러나는 단서의 원천이다. 예를 들면, 거짓말을 하는 자들이 단서가 드러날 것으로 예상돼 감정을 위장하거나 은폐하기 위해 입이나 얼굴을 간단히 가린다. 대화에서 눈 접촉을 중단하거나 자신의 안경을 조절하는 것처럼 몸동작을 통제한다. 방어적인 자세를 취하고, 팔이나 다리를 꼬고 뒤로 기대기도 한다.

연습은 거짓말을 할 때 이해하고 믿을 수 있도록 줄거리를 사전에 연습하는 것으로 연습의 목적은 스트레스, 각성과 신경성을 낮추기 위한 것이다. 그러나 이러한 연습에도 불구하고 대화중에 입술을 깨무는 것은 속임수 단서이다. 거짓말을 하는 자가 거짓말할 때 동공은 조명이 어두운 방에 있는 것처럼 확대된다. 보통 때보다 눈 깜빡거림이 증가한다면 이것은 거짓말하고 있다는 지표이다.

보통 때보다 높은 음으로 말한다면 거짓말하는 지표이다. 속임수 단서는 말의 길이와 속도와 같은 준언어적 정보에 의해서 노출된다. 거짓말을 하는 자들은 실언, 노출억제, 주저, '음'과 '어'로 가득한 휴지와 아주 짧은 대답과 같은 특징을 나타낸다. 비록 구두 메시지가 비언어적 메시지

211

보다 더 통제할 수 있다고 하더라도 구두 발언의 내용은 속임수의 좋은 지표이다. 거짓말을 하는 자는 그럴듯하지 못하고 일관적이지 못한 설명, 상세한 이야기와 회피적이거나 간접적인 말을 사용하는 경향이 있다(Zuckerman).

■ 누출단서

숨기려고 한 것을 실수로 나타나는 경우가 있다. 누출단서(leakage cue)는 거짓말을 하는 자가 숨기려고 한 감정이나 내용을 실수로 나타내는 단서이다. 실제로 느낀 감정으로 무심결에 사실을 드러내는 것이다. 누출단서는 전달하려고 하는 반대 표정인 자신의 진짜 감정을 나타내는 비언어 단서이다. 거짓말을 하는 자가 진짜 감정을 억제하고 노출하려는 가짜 감정을 표현하는 것은 매우 어렵다. 거짓말을 하는 자는 은폐하려고 하는 것과 실제로 느끼는 것을 드러낸다. 얼굴 표정이 너무 간결해서 감정을 분별할 수 없더라도 속인 결과로 일어나는 미세 영향은 속임수 단서로서 역할을 충분히 한다. 누출단서는 속임수 단서에 비해 더 많은 사실을 드러내기 때문에 기만탐지에 더 큰 역할을 한다.

미세표정(micro expressions)은 거짓말을 하는 자가 잠시 방심한 순간 스치는 찰나의 표정이다. 이것은 순간적으로 발생하는 진짜 얼굴 표정으로 비자발적 감정누출은 개인의 진정한 감정을 드러낸다. 이것은 혐오, 분노, 두려움, 슬픔, 행복, 경멸 및 놀라움의 7가지 보편적 감정을 표현한다. 어떤 사람이 거짓말할 때 스트레스 반응과 그 결과 교감신경계로부터 나타나는 반응인 누출단서에 해당한다. 감정의 억제로 인해 무의식적인 감정이 드러나는 것이다. 이것은 25분의 1초 동안만 지속되는 불완전한 얼굴표정이기 때문에 미세표정이라고 부른다(Paul Ekman). 자신의 감정을 은폐하기 전에 미세표정이 발생한다. 거짓말을 하는 자는 진짜 감정의 신호누설 때문에 실패한다. 거짓말을 숨기기 위해서 다른 감정으로 진짜 느낌을 은폐하려고 한다.

- 미세표정: 잠시 방심한 순간 스치는 찰나의 표정

개인의 언어 스타일, 안구동작이나 제스처의 변화와 같은 반응은 느낌의 강도를 나타내지만, 반드시 감정상태의 특징적인 지표는 아니다. 분노, 경멸, 반감, 공포와 놀람과 같은 감정은 안면에 나타나고, 또 감정의 결과로써 무의식적으로 나타난다(Paul Ekman). 이 악물기는 신경질적인 습관인 경우도 있지만 들은 것을 확실하게 통제하려는 것을 의미한다. 개인의 감정적 느낌이 강할 때 감정적 신호는 통제하려고 하지만 개인의 얼굴에 노출될 수 있다. 감정의 미세한 표현은 거짓말 판단의 70~80%를 설명하지만(Ekman, Sullivan, and Frank), 대부분은 놓치기 쉽다. 그 만큼 순간적으로 나타났다 소멸되기 때문에 세심한 관찰을 필요로 하는 것이다.

▪ 탐지단서의 특성

속이는 자의 특정 행동 때문에 거짓말이 탄로 나는 경우도 많다. 속임수가 드러나는 종류는 크게 두 가지가 있다. 거짓말하는 사람의 행동으로 인해 은폐되었던 사실이 무심결에 드러나는 속임수 단서와 은폐된 것이 노출되지는 않았지만 실수로 사실을 말하게 되는 누출단서가 있다. 속임수 단서는 사실을 사실이 아니라는 것을 알려주나 누출단서는 속이는 내용이 무엇인지를 알려준다. 에크만과 프리이센(Ekman and Friesen)은 거짓말할 때 드러나는 얼굴, 몸짓과 신체표정의 의미를 밝혀냈고, 기만을 탐지할 수 있는 방법으로는 기만과 감정의 동시발생 신호, 모순누출, 내재된 대화행위자 형성, 기만적 얼굴표정 연출규칙과 기만 시의 태도와 행동특성 등이 있다. 그들의 연구결과를 중심으로 설명한다.

[그림 8-8] 탐지단서의 특징

- 기만과 감정의 동시발생 신호
- 모순누출
- 내재된 대화행위자 형성
- 기만적 얼굴표정 연출규칙
- 기만 시의 태도와 행동특성

▷ 기만과 감정의 동시발생 신호

거짓말을 하는 자는 속일 때 특정한 긍정이나 부정적 감정을 느낀다. 당황, 수치, 속이고 있다는 죄책감, 발각의 공포나 다른 사람을 속일 수 있다는 쾌감 등이다. 기만할 때 나타나는 감정은 서로 상반되는 감정들이거나 동일한 부류의 감정들로써 복합적으로 동시에 발생된다. 이러한 감정으로 인한 표정이 전달하는 내용에 첨가된다면 거짓말하고 있다는 단서이다.

▷ 모순누출

기만할 때 속이는 자의 마음은 기억에서 기만적이고 진실한 생각을 모두 유지하지만, 거짓 생각과 진실한 생각에 대한 표정은 위장과 함께 동시에 누출된다. 이러한 표정은 속이기 전이나 후에 즉시 후속적으로, 또는 동시에 누출되는 것이다. 이것은 위장표정과 진실한 표정이 동시에 노출되는데 이것이 바로 모순적인 표정으로 속임수의 단서가 된다. 이러한 모순된 행동은 대체로 자신이 의도적으로 억제하기 힘들다.

▷ 내재된 대화행위자 형성

거짓말을 하는 자가 드러내는 얼굴근육에 대한 높은 수준의 인지적 표현부터 낮은 수준의 통제에 이르기까지 모두 기만기술과 기만행동에 포함된다. 내재된 대화행위자(embodied conversational agent)는 거짓말을 말할 때 마치 진실을 말할 때처럼 나타나는 몸짓, 얼굴표정과 언어를 사용하도록 하는 것을 말한다. 이것은 자연적으로 나타나는 것이 아니라 기만적 얼굴표정을 사용함으로써 감정적 상태를 속일 수 있을 때 나타난다. 거짓말에 몰입되어 거짓을 진실로 위장하여 언어나 신체언어를 사용하여 상대방과 소통하는 것이라 할 수 있다. 따라서 내재된 대화행위자를 형성하고 그것의 통제 하에 기만행동을 한다고 할 수 있다.

- 내재된 대화행위자: 거짓말을 말할 때 마치 진실을 말할 때처럼 나타나는 몸짓, 얼굴표정과 언어를 사용하도록 하는 것을 말한다.

이렇게 하여 감정의 진실한 표현이 다른 표현에 의해서 억제되고 감춰지는 대신 위장표현이 노출된다. 내재된 행위자는 상대방과의 관계를 고려하기 위해 자신의 얼굴표정을 수정할 수 있다. 속이는 자는 상황에 적합한 얼굴표정으로 자신을 은폐하여 진짜 감정을 숨기려 하기 때문이다. 감정을 표현하는 내재된 대화행위자와의 상호작용은 음성이나 동작이 없는 냉정한 일면이 있는 것보다 속이는 자를 더 만족하고 자극한다.

▷ 기만적 얼굴표정 연출규칙

느낀 감정의 표현은 슬픈 눈썹이나 기쁠 때의 원형의 눈 근육활동과 같은 얼굴 특징과 관련이 있다. 위장표정(fake expressions)은 탐지하기는 쉽지 않지만 진짜 표정과는 다소 다르다. 자신이 느낀 감정을 충분히 숨길 수 없기 때문에 눈 근육의 모순에 의해서 나타나는 눈가의 잔주름이 없는 것처럼 위장 미소는 진짜 미소와 구별된다.

다윈(Darwin)의 억제가설(inhibition hypothesis)에 의하면 개인이 표  정을 통제하려고 하더라도 의식적으로 통제할 수 없는 얼굴동작은 무의 식적으로 드러난다. 이것은 얼굴표정과 감정발생은 두뇌의 다른 영역에 서 비롯되는데, 이는 얼굴표정을 중재하는 중립적인 이중경로가 있기 때문이다. 얼굴표정이 의식적으로 일어나고 대뇌피질에서 비롯되는 경 로와 감정표현이 무의적으로 뇌의 피질하부에서 비롯되는 경로가 있다. 그래서 느끼지 않은 감정을 얼굴표정으로 나타내기가 어렵다.

[그림 8-9] **표현의 이중경로**

▷ **기만 시의 태도와 행동특성**

거짓을 말할 때와 진실을 말할 때에는 태도와 행동에서 많은 차이가 있다. 기만할 때 나타나 는 새로운 변화에는 자율신경계의 변화, 태도와 행동의 변화, 행동과 감정의 부조화, 비대칭 표 정, 상황에 부적합 행동, 순서 불일치, 감정표현의 지속시간과 강도, 그리고 빈번한 주기 등이 있 다. 이러한 현상은 복합적으로 동시에 또는 순차적으로 발생할 수 있다.

■ **자율신경계의 변화**

신경에는 중추신경, 말초신경, 자율신경, 감각신경과 운동신경이 있다. 인간의 신경은 신경세 포들의 그물망으로 구성되어 있으며, 인체의 외부자극을 감각신경계를 통해 받아들여 척수를 거쳐 뇌로 전달한다. 그중 자율신경계는 의지와 관계없이 신체내부의 기관이나 조직의 활동을 지배하는 신경계이다. 자신이 마음먹은 대로 할 수 있는 수의운동은 뇌척수신경이 지배하고 있 지만, 의지나 의도와는 관계없이 나타나는 운동, 즉 심장이나 위장의 운동은 불수의운동이며 이 운동을 지배하는 신경계가 자율신경계이다.

[그림 8-10] 거짓말 할 때 나타나는 현상

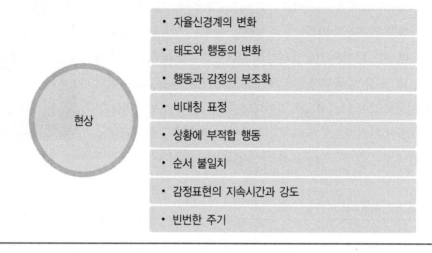

현상

- 자율신경계의 변화
- 태도와 행동의 변화
- 행동과 감정의 부조화
- 비대칭 표정
- 상황에 부적합 행동
- 순서 불일치
- 감정표현의 지속시간과 강도
- 빈번한 주기

　자율신경계는 교감신경(交感神經)과 부교감신경(副交感神經)으로 나누어지며 서로 활성과 억제의 길항작용(antagonism)을 통해 몸의 전체적인 건강을 유지하게 된다. 길항작용은 2가지 요인이 동시에 작용하여 그 효과를 서로 상쇄시키는 작용을 이다. 자율신경계는 대뇌의 직접적인 영향을 받지 않고 몸의 기능을 자율적으로 조절하는 신경계이다. 그 말단이 내장과 혈관에 분포되어 주로 소화, 순환, 호흡 등 생명유지 활동 및 항상성 유지와 관련된 기능을 담당한다. 교감신경은 동공을 확장시키나 부교감신경은 동공을 축소시킨다.

　자율신경은 감정이 증가함에 따라 여러 가지 변화를 일으킨다. 즉, 교감신경이 활성화되었을 때 눈 깜빡임, 심박수, 혈압, 호흡수가 올라가고, 얼굴이 창백해지거나 붉어지고, 땀이 나고, 동공이 커지며 침이 마르게 된다. 침이 마른다는 것은 소화 작용을 억제하는 것이다. 이러한 현상들은 감정에 의해서 유발되어 무의식적으로 발생하기 때문에 의도적으로 억제하기 어렵다. 그래서 자율신경계에서 나타나는 현상은 거짓말 단서로써 충분히 신뢰할 수 있다. 속이는 자는 공포, 고통, 죄책감, 수치심이나 쾌감 등의 감정을 느끼고 심박수, 혈압, 침, 발한, 호흡수나 증가하거나 확대하는 변화가 일어나는 것이고 이러한 원리를 이용한 것이 바로 거짓말 탐지기(lie detector)이다. 윌리엄 마스턴(William Marston)은 1915년에 혈압 변화를 이용해 처음으로 현대적인 거짓말 탐지기를 고안했다. 존 라슨(John Larson)은 마스턴의 논문을 읽고 혈압, 맥박, 호흡을 동시에 자동적으로 기록하는 기계인 폴리그래프(polygraph)를 만들었다.

■ 태도와 행동의 변화

거짓말할 때는 태도나 행동에서 평상시와 다른 변화가 나타난다. 거짓말할 때 나타나는 태도와 행동의 변화는 평상시와 다른 태도나 행동의 출현, 행동의 소멸과 변화, 반응시간 간격 단축과 화제전환, 모순적이거나 상세한 답변, 투사답변 등이 있다. 이러한 태도와 행동은 언어적, 비언어적이거나 심리적인 변화를 포함한다. 상대방이 하는 말을 들을 때 이러한 현상이 복합적으로 나타난다면 거짓말이라고 생각해도 좋을 것이다.

[그림 8-11] 거짓말할 때의 태도나 행동의 변화

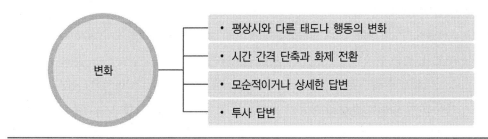

① 평상시와 다른 태도나 행동의 변화

거짓말할 때 평상시와 다르게 눈 시선, 몸동작, 음성이나 몸짓 등 비언어적이나 언어적 변화가 나타나고, 또한 평상시에 갖고 있는 견해와 신념이 다르다면 거짓말로 인해 평상시와 다른 태도나 행동이 변화한 것이다.

② 시간 간격 단축과 화제전환

거짓말을 하는 자가 거짓말을 할 때 계속되는 행동이나 반응하는 시간의 간격이 줄어들고 다른 주제로 화제를 전환하려고 노력한다. 이뿐만 아니라 초조해하거나 황급히 원래의 모습으로 다시 되돌아가려고 노력하는 행동양상이 나타난다.

③ 모순적이거나 상세한 답변

상반되는 여러 개의 질문을 빠르게 할 때 거짓말을 하는 자는 거짓과 진실 사이에서 내적인 불일치를 경험하기 때문에 속이는 자의 대답이 모순적일 수 있다. 시간을 벌고 생각할 시간이 필요하고 교묘히 피해야 하기 때문에 대답이 장황하고 상세한 내용일 수 있다. 이것은 심리적인 불안감에서 오는 자기방어로 기만단서이다.

④ 투사답변

거짓말을 하는 자는 사건으로부터 자신을 분리하고 주의를 분산하려고 한다. 그렇기 때문에 자신이 관여된 행동을 회피하려 한다. 이럴 때 타인의 행위를 질문하는 투사질문 기법으로 간접적으로 질문하려 한다. 이때 비난하는 내용이 포함되지 않는 것이 중요하다. 예를 들면, 부인을 구타한 적이 있느냐고 묻는다면 구타한 적이 있는 남편이라도 대답하지 않는다. 주변에 남편이 부인을 구타하는 것을 보거나 들은 적이 있느냐고 물으면 직접 경험이 있는 사람은 상세하게 답변할 것이다. 자신의 얘기를 남을 빗대어 간접적으로 말하는 것이다.

■ 행동과 감정의 부조화

니체(Nietzsche)는 사람들은 입으로 거짓말하지만, 거짓말할 때 사용하는 입술로 진실을 말하기도 한다고 했다. 입은 한쪽으로는 거짓을 말하지만 다른 쪽으로는 진실을 함께 말한다. 인지부조화는 사회심리학자인 레온 페스팅거(Leon Festinger)에 의해 도입된 이론이다. 자신의 신념이나 가치가 행동과 일치하지 않을 때 자신의 선택을 정당화할 수 있는 방향으로 기존의 신념이나 가치를 바꿔 행동과 일치하여 평형상태를 유지하려고 한다는 이론이다. 인지부조화 상태는 사람들에게 심리적 긴장감을 불러일으키기 때문에 이러한 부조화를 해소하기 위한 방안을 모색하게 되며 이를 통해 태도나 행동이 변화하게 된다.

거짓말을 준비하거나 실행하는 행동은 감정이나 생각과 일치하지 않기 때문에 감정과 얼굴표정, 신체언어나 말을 일치하려고 한다. 거짓말하기 전에 말하려는 내용에 집중하여 얼굴표정이나 신체행동에는 상대적으로 소홀히 하게 되어 부조화가 나타난다. 에크만(Paul Ekman)에 의하면 얼굴이 감정을 직접적으로 반영해서 거짓말을 하는 자가 드러내는 표정의 부조화는 거짓말 탐색에 중요하다. 잭 내셔(Jack Nasar)는 거짓말할 때 얼굴에 나타나는 감정은 표현감정과 은폐감정이라고 한다. 인위적인 미소는 긴장된 감정을 은폐하려는 동작이다. 거짓말할 때 얼굴에는 의식적 표정과 무의식적 표정이 공존하는 것은 의식과 무의식은 서로 다른 뇌 영역에서 조정을 받기 때문이다. 즉 의식과 무의식이 작용하는 뇌의 영역이 다르기 때문이다. 거짓말을 하는 자가 의도하는 감정이 얼굴 다른 부분과 조화를 이루지 않게 된다.

■ 비대칭적 표정

얼굴표정의 불균형은 얼굴의 양쪽에 나타나는 표정의 강도가 서로 다르기 때문이다. 이 표정은 어느 한쪽에만 나타나는 단독표정이 아니다. 단독표정은 한쪽 눈만 깜빡이는 윙크나 한쪽 눈썹만 치켜 올리는 의심의 표시처럼 상징동작의 일부이다. 얼굴의 한쪽이 다른 쪽보다 강한 비대칭적인 표정은 가짜 감정을 표현하고 있는 것이다. 감정을 억제하고 태연하게 보이려는 인위적인 행동을 할 때 얼굴에 비대칭적으로 나타나는 표정을 비대칭적 표정이라고 한다. 진실한 감정은 얼굴표정과 조화를 이룬다. 인위적인 얼굴표정은 얼굴 좌우나 상하 한쪽에는 더 강하게 나타나고, 다른 쪽에는 약하게 나타나 표정에 차이가 있어 비대칭이다.

필요에 의해서 만드는 의도적인 가짜 표정은 불균형으로 나타나지만 얼굴 좌우에 자연스럽게 나타나는 균형표정은 무의식적으로 드러나는 진짜 표정이다. 표정의 불균형은 표현하고 있는 감정이 느끼지 않는 위장 감정이라는 증거가 된다. 감정을 정말로 느끼지 않았을 경우에 드러나는 미소는 일차 근육의 움직임이 어느 한쪽의 얼굴에 더 강하게 나타난다. 표정을 위장하는 사람은 전형적으로 얼굴의 왼쪽 부분이 오른쪽보다 강한 움직임을 보인다. 표정의 불균형은 부정적인 감정에서도 가짜 감정을 꾸미는 경우에는 나타나고 실제로 느끼는 감정을 표현할 경우에는 나타나지 않는다.

■ 상황에 부적합 행동

상황에 부적합한 행동은 납득할 만한 이유 없이 웃거나, 우호적인 칭찬을 자주하거나, 도움을 주려는 것처럼 행동하는 것이다. 상황에 맞지 않거나 이유 없는 호의는 그 후에 사건을 예고하는 징후에 해당하는 경우이다. 상황에 부적합하기 때문에 이 부적합한 상황에 맞는 표정을 연출하는데, 이는 진짜 감정의 표현이 아니라 고의적으로 꾸며낸 가짜 감정의 표현이다. 몸짓과 맞물려 있지 않은 표정은 속임수가 있다는 확실한 단서일 가능성이 높다.

거짓말 탐지여부는 거짓말뿐만 아니라 속이는 자가 꾸며놓은 거짓말의 내용, 상황, 변명의 선택 폭에 따라 달라진다. 또한 억제하는 진짜 감정과 꾸미는 가짜 감정 등으로부터 영향을 받기 때문에 거짓말 탐지가 어렵다. 거짓말을 찾아내려면 어떤 단서는 특정한 정보를 담고 있고, 어떤 정보는 단순히 일반적인 정보만을 담고 있는지 항상 기억하고 있어야 한다.

■ 순서 불일치

말과 얼굴표정의 시점이 중요하다. 진실한 표정은 말보다 먼저 나타난다. 즉, 선표정 후 언어(後表情 先言語)의 순서로 나타난다. 이러한 순서와 반대로 말한 시점보다 표정이 뒤에 나타났다면 순서 불일치인 것이다. 진짜 반응이라면 무의식적인 표정과 행동이 먼저이고 말이 뒤에 따르는 것이다. 선(先) 표정과 행동 후(後) 언어의 순서가 진행되어야 진짜 반응인 것이다. 그러나 가짜 반응은 선언어 후표정(先言語 後表情)이다. 제품을 구매하려고 할 때 추가적으로 또 가격

할인을 요구하니까 손해난다고 화를 낼지도 모른다. 얼굴을 보니까 찌푸리고 나서 못 팔겠다고 말한다면 진짜로 이익이 적은 경우이다.

[그림 8-12] 진짜 반응의 시간적 순서

先 표정·행동 ▶ 後 언어

신체적 표현, 발성법과 표정의 타이밍은 매우 효과적인 단서이다. 진실한 감정의 지표는 대개 동시에 나타난다. 그러나 조작된 신호는 빠르게 연속적으로 지나간다. 예를 들면, 격분한 척하는 사람은 팔짱을 끼고 쏘아볼 것이다. 그 사람이 정말로 화가 났다면 팔의 동작과 노려보는 행동이 동시에 일어난다. 성형미인이 자연미인보다 더 섬세하듯이 조작된 표정은 더 물 흐르듯 유창하게 보인다. 동작과 표정이 동시에 발생하면 진실한 것이지만 양자가 연속적으로 순서 있게 발생한다면 그것은 틀림없이 조작된 신호로 가짜이다.

■ 감정표현의 지속시간과 강도

실제로 느껴지는 감정표정은 오랫동안 지속되는 경우가 드물다. 긴 시간 동안 지속되는 표정은 대부분 표정이 가짜 감정일 것이다. 희열의 절정, 격분의 끝, 혹은 절망의 바닥에 떨어진 경우가 아니라면 진짜 표정은 몇 초 이상 지속되는 일이 드물다. 실제로 느낀 감정상태에서 나타나는 표정들은 매우 짧은 시간 동안 다양하게 나타난다.

놀라움의 표정만 제외하면 표정이 시작되는 시점과 사라지는 시점을 통해 속임수에 대한 단서를 얻을 수 있다. 진짜로 놀랐을 때 나타나는 표정은 시작, 중단, 그리고 지속시간 모두 1초 이내로 아주 짧게 나타났다가 사라진다. 10초 이상 오랫동안 지속되는 표정의 경우 거의 가짜 표정이고, 5초 이상 머무르는 대부분의 표정도 가짜일 가능성이 매우 높다. 지속시간이 길면 숨기려 하거나 새로운 것을 꾸미려 할 때 나타나는 신호이다. 그 이상 긴 시간 동안 지속되는 것은 가짜 놀라움, 놀라움을 의미하는 상징동작, 혹은 잘못된 표정임을 의미한다.

거짓 감정은 동일한 감정으로 오랫동안 얼굴에서 지속된다. 이것은 의도적으로 동일한 감정을 오랫동안 유지하려고 노력하는 인위적인 감정표현 때문에 나타나는 현상이다. 뿐만 아니라 거짓말을 하는 자가 자신의 행위를 합리화하려고 연기하기 때문이다. 진실한 표정은 짧은 순간에 짧게 나타나 없어진다. 거짓말을 하는 자가 하는 말을 부인하거나 의심하면 오히려 크게 화를 내는데, 이는 과장된 행동이 나타난 결과이다. 따라서 얼굴에 나타난 표정이 오래 지속되거나 반응하는 강도가 크다면 이는 대부분 거짓말 신호에 해당한다.

■ 빈번한 주기

거짓말을 하는 자는 감정을 속여서 표현하기 때문에 대화 도중에 감정이 자주 교차된다. 특히 감정의 기복이 심한 것은 아이들이다. 아이들은 부모에게 요구할 때는 조르기도 하고 아양도 떨면서 감정의 표현이 자주 바뀐다. 거짓말하는 사람은 대화 도중에 거짓말하는 부분에서는 기분이 교차하기 때문에 감정의 기복이 생기는 것이다. 시작과 중단은 갑작스러운 것일 수도 있고 점진적인 것일 수도 있다. 시작과 중단은 감정이 발생하는 상황에 따라 달라진다.

유머 감각도 없고, 분위기 파악도 못하는 친구가 농담 같지도 않은 농담을 몇 번이나 반복했다면 이는 무엇을 의미할까? 웃음이 시작되기까지의 시간은 웃음을 터뜨리는 부분이 어떤 것이냐에 따라 달라질 것이 점진적인 것인지, 약간 우스운 것인지 또는 갑작스러운 것인지에 따라 다르다. 누구나 가짜 즐거움을 표현하는 거짓 미소를 꾸밀 줄 알지만, 미소의 시작시간과 종료시간까지 특정한 상황에 어울리도록 조정할 수 있는 사람은 많지 않다.

[표 8-3] 감정과 행동 노출

감정의 유형	행동 노출
일반적 감정	말실수, 장황한 설명, 미세표정, 차단표정
공포	간접적 표현, 말의 중단, 표현의 실수, 목소리 톤의 고조
	크거나 빨라진 목소리, 신뢰표정 근육, 창백한 얼굴
분노	음성 톤의 고조, 크거나 빨라진 음성, 얼굴 붉힘, 창백한 얼굴
슬픔	낮아진 목소리 톤, 느려진 말, 말투가 부드러워진 말투, 신뢰표정
	근육, 눈물, 시선 내림, 얼굴 붉힘
당혹감	얼굴 붉힘, 시선을 내리거나 회피
흥분	설명동작 증가, 목소리 톤의 고조, 목소리의 속도 증가
따뜻함	설명동작 감소, 느려지고 부드러워진 말
부정적 감정	간접적 표현, 말의 중단, 표현의 실수, 목소리 톤의 고조
	낮아진 목소리 톤, 조절동작 증가
감정의 고조	호흡의 변화, 발한, 침을 삼킴, 차단표정, 눈 깜빡임 증가, 동공확대

SENSE ● 대통령 탄핵 놓고 '욕설과 공갈' 난무하는 워싱턴

미국 워싱턴 정가가 '욕설'과 '공갈'로 채워지고 있다. 대통령 탄핵을 놓고 도널드 트럼프 대통령과 민주당이 서로 원색적인 비난을 주고받으며 충돌하면서다. 트럼프 대통령은 2일 워싱턴을 방문한 사울리 니니스퇴 핀란드 대통령과의 정상회담 전 머리발언과 회담 뒤 공동기자회견에서 조 바이든 전 부통령, 애덤 시프 하원 정보위원장, 낸시 펠로시 하원의장 등 민주당 지도부들에게 조목조목 비판하며 욕설과 비속어를 퍼부었다.

그는 바이든 전 부통령과 아들 헌터 바이든을 "냉혹한 부패꾼"이라며 바이든은 "과거보다도 지금 더 멍청하다"고 말했다. 특히, 애덤 시프 하원 정보위원장에게 분노를 쏟아부었다. "구린내 나는 시프" "밑바닥 인생"이라며 시프 위원장이 "망신스럽게 자리에서 물러나야만 한다"고 공격했다. 트럼프는 "솔직히 말해, 그를 반역죄로 봐야만 한다"며 시프가 자신에 대한 탄핵조사를 촉발한 "내부고발자의 고발을 작성하는 데 도움을 줬다"고 주장하기도 했다.

출처: 한겨레신문 2019.10.03.

■ 기만탐지의 문제점

사람들은 의식적으로 감정을 꾸며서 표현할 수가 있을 뿐만 아니라 한두 가지 표정쯤은 쉽게 꾸며낼 수 있다. 각각의 감정마다 별개의 표정이 있는 것은 아니지만 하나의 감정에 수십 가지의 표정이 있을 수도 있다. 이중에서 가장 공통적으로 나타나는 것은 표정의 중단이다. 표정의 중단이란 하나의 표정이 드러나기 시작하자마자 자신이 알아차리고 지었던 표정을 멈추거나 다른 표정으로 가장하여 자신이 드러냈던 표정을 감추는 경우이다.

사람들은 미소를 가장 표정으로 자주 사용한다. 미세표정은 지속시간이 짧기는 하지만 완벽한 메시지가 들어 있다. 중단된 표정은 어느 순간 감정의 중단으로 멈춘 것으로 하나의 표정으로 완전하지 않다. 이처럼 미세표정과 중단된 표정은 세 가지 취약한 문제점이 있기 때문에 속임수의 단서를 해석하는 데 어려움이 있다. 따라서 기만탐지의 어려움은 개인적 특성의 위험, 오델로의 실수와 역할극의 위험 등이라 할 수 있다.

[그림 8-13] 기만탐지의 문제점

- 개인적 특성의 위험
- 오델로의 실수
- 역할극의 위험

문제점

▷ 개인적 특성의 위험

인간은 개인적으로 다양하고 독특한 면이 있기 때문에 기만탐지에서 개인차를 고려하는 것은 필수적이다. 개인적 특성의 위험은 언어습관이 개인에 따라서 독특한 면이 많다. 거짓말을 하는 자의 언어특성은 장황하고, 직접적이 아닌 우회적, 간접적, 복잡하고, 애매모호한 답변이다. 그러나 개인적으로 이러한 언어 습관이 있는 사람은 거짓말하는 것으로 오해받을 수 있는 위험이다. 이러한 사람의 특성을 이해하지 않는다면 기만탐지에 크나큰 실수를 할 수 있다. 따라서 상대방의 부주의한 실수, 실언, 장황한 설명, 우회적, 간접적, 애매모호한 표현은 사실을 은폐하고 왜곡하기 쉽지만, 평상시에도 언어습관이 있는 사람이 있기 때문에 탐지위험이 있다는 것을 인식하는 것이 매우 중요하다.

▷ 오델로의 실수

오델로 신드롬(Othello syndrome)은 셰익스피어(Shakespeare)의 4대 비극『햄릿(Hamlet)』, 『오델로(Othello)』, 『리어왕(King Lea)』, 『맥베스(Macbeth)』중 하나인 오델로(Othello)에서 유래되었다. 오델로는 이야기 속에서 흑인장군의 주인공이 자신의 열등감을 바탕으로 아내의 대한 애정을 의심하면서 허물어가는 과정을 그린 이야기이다. 여기에서 연유된 오델로 신드롬(Othello syndrome)이란 명확한 증거 없이 배우자의 불륜을 의심하고, 이 때문에 자신이 피해를 입고 있다고 생각하는

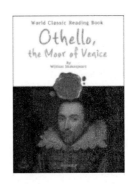

증상이다. 이 증상은 의처증이나 의부증으로 잘 알려져 있으며, 이 증상이 심해지면 배우자가 성적으로 부정하다는 증거를 찾으려고 한다. 상대방의 감정표현만 보고 그릇되게 판단할 수 있는 오류가 있다. 속이는 자들이 일반적으로 드러내는 목소리를 통한 감정표시들을 모두 거짓말의 징후로 해석하는 것은 매우 위험하다는 것을 인식할 필요가 있다.

- **오셀로 신드롬:** 명확한 증거 없이 배우자의 불륜을 의심하고, 이 때문에 자신이 피해를 입고 있다고 생각하는 증상이다.

오델로처럼 의심하는 마음으로 진실과 거짓을 분별할 수 없게 된다. 결백한 사람도 거짓말을 한 것으로 오해를 받았을 경우 지나치게 흥분하고 불안할 수 있다. 정직한 사람이 의심받는다고 생각할 때 공포, 불안이나 흥분을 거짓말을 하는 자가 드러내는 거짓말 단서로 판단하는 실수를 에크만(Paul Ekman)은 오델로의 실수(Othello Error)라 한다. 정직한 사람도 상대방이 자신을 의심한다고 생각할 때는 속이는 자가 발각의 공포를 느낄 때처럼 목소리가 고조되기 때문이다. 이런 표정은 선의로 감정을 감추려는 지극히 단순한 상황이나 결백한 사람도 상대방이 자신을 의심하지 않을까 봐 두려워할 때 나타나기도 한다. 따라서 거짓말하는 사람들에게서 나타나는 단서가 모두 거짓말에 대한 충분한 증거가 되는 것은 아니다.

- **오델로의 실수:** 정직한 사람이 의심받는다고 생각할 때 공포, 불안이나 흥분을 거짓말을 하는 자가 드러내는 거짓말 단서로 판단하는 실수

의심을 받는다는 두려움은 거짓말 발각의 공포와 매우 비슷하게 나타난다. 이것은 감정을 표현하는 정도가 사람마다 다르기 때문에 발생한다. 따라서 평소에 어떠한 행동을 보이는지 파악하지 않는 한 거짓말 탐지자는 실수를 저지르기 쉽다. 목소리의 고조가 언제나 거짓말 단서가 아닌 것처럼 목소리에 감정을 드러내는 단서가 전혀 없다는 것 또한 반드시 정직함을 의미하는 것도 아니다. 결코 자신의 감정을 드러내지 않는 사람도 있는 반면 감정을 드러낸다고 하더라도 거짓말 때문에 생긴 감정이 아닐 수도 있다는 것을 고려해야 한다.

▷ 역할극의 위험

역할극의 위험은 상황에 맞는 감정을 연출할 때 진실인 것으로 오판할 수 있는 위험이다. 거짓말 상황에 몰입하여 거짓을 진실처럼 위장하여 연기하는데 탁월한 사람들도 있어 그들의 감정과 표정을 구분하기가 매우 어려운 경우가 있다. 위장 감정을 꾸며내어 표현할 때 신뢰근육의 동작이 나타나더라도 얼굴에 나타나는 신뢰근육의 동작을 해석하기가 어렵다. 그렇기 때문에 역할극에 의한 감정은 진짜와 가짜를 구분하기가 쉽지 않다. 더구나 거짓말을 하는 자가 자신의 거짓말을 진실로 착각한다면 더욱 양자를 구분하는 것은 더욱 어렵다.

224

제9장

언어단서

口乃心之門(구내심지문) 守口不密(수구불밀): 입은 곧 마음의 문이니 입을 엄밀히 지키지 못하면
洩盡眞機(설진진기): 진정한 비밀이 다 새어 나가고 말리라(菜根譚).

지옥에서도 악마들끼리는 서로

거짓말하지 않는다

말과 표정의 진실과 거짓 탐지 기술

언어단서

거짓말을 하는 자는 몸짓보다 말을 반복하는 경향이 있다. 신중한 사람이라도 말실수 때문에 거짓말이 탄로 날 수 있다. 이런 말실수는 프로이트(Sigmund Freud)에 의해 처음으로 개념화되었다. 『일상생활에서의 정신병리』라는 책에서 프로이트는 말실수를 하거나, 익숙한 이름을 갑자기 잊어버리는 행동, 실수로 잘못 읽거나 쓰는 것 같은 일상생활에서의 불완  전한 행동들은 우연한 것이 아니라 내부의 심리적 충동을 드러내는 의미 있는 사건이라고 한다. 실수로 나온 표현은 사실은 자신이 말하고 싶지 않았던 표현으로 자아폭로라고 한다. 거짓말을 하는 사람은 감정에 휩싸여 있기 때문에 스스로 거짓말의 단서를 드러내는 결과를 초래하게 된다. 속이는 자가 냉정을 잃고 스스로 비밀을 누설하는 것은 불안, 공포, 분노, 긴장, 혹은 고통과 같은 감정에 압도되어 심리적 압박을 받기 때문이다.

■ 언어단서의 개요

속이는 자는 속이는 활동 중에 많은 단서들이 동시에 다양하게 발생하는 경우가 있다. 거짓말 탐지의 문제는 정보의 동시발생성이다. 말 중단, 목소리, 표현, 머리 동작, 제스처, 자세, 호흡, 얼굴 붉힘, 창백함 등 너무 많은 원천이 동시에 한꺼번에 드러나 상대방의 주의를 경합한다. 대화 중의 모든 정보가 모두 신뢰할 수 있는 것이 아니기 때문에 거짓말 탐지자가 듣고 본 모든 것을 동일한 주의로 관찰하지 않는다. 사람들이 쉽게 속는 것은 말과 얼굴표정 같은 최소한의 신뢰할 수 있는 정보에만 주로 주의하기 때문이다.

속이는 상대방이 자신을 관찰하고 있다는 것을 의식하고 주의한다. 속이는 자는 자신의 모든 행동을 스스로 언제나 감시하고 통제하고 위장할 수 없지만, 속는 자가 관찰하고 있다고 예상하고 행동한다. 자신의 단어선택에 매우 신중하고 발언에 많이 주의하는 등 언어에 매우 신중하다. 이것은 많은 내용이 얼굴, 음성이나 신체에 의해서 보다 발언에 의해서 매우 빠르게 전달되기 때문이다. 이외에도 전달하고 싶지 않은 메시지를 신중하게 은폐하고 전달한 말을 감시한다. 발언을 신중하게 추적하고 종종 위장하는 것은 사실이 아닌 허위를 말하기 때문에 전후와 내용의 불일치와 상대방의 의심탐지우려 때문이다.

얼굴표정, 제스처와 음성 변화를 매우 정밀하게 계획할 수 있는 사람은 그리 많지 않다. 거짓말을 하는 자는 상대방의 말을 들으면서 동시에 계속적인 피드백을 해야 하고 동시에 자신의 메시지를 상대방의 행동에 따라 미세 조정한다. 거짓말을 하는 자의 얼굴, 신체와 음성경로의 피드백은 정확하게 파악하기 쉽지 않지만, 탐지자는 그의 말, 목소리, 몸짓, 표정을 통하여 감정을 노출과 은폐하는지, 또 다른 감정으로 위장하는지를 포착해야 한다. 주된 판단정보는 비언어적 단서는 표정, 머리동작, 제스처, 자세, 호흡, 안색, 발한 등이 있으며, 이러한 정보요소는 동시에 그리고 연속적으로 나타난다는 점을 알아야 한다. 말, 이야기의 중단이나 음성 등과 같은 언어적 단서는 문장 어법이 있다.

SENSE ● 누구도 예상하지 못했던 숫자의 사람들이 모였다

기자들은 이날 문 대통령의 발언과 주말 집회와의 연관성을 집중적으로 물었다. 문 대통령은 직접적인 언급을 안 했다고 한다. 다

"검찰총장에 지시한다" 文의 830자…'국민' 5번 언급했다
검사 출신 변호사 "文, 윤석열에 팔·다리 자르라 한 것"
평검사의 응원 "총장님, 힘센 쪽 붙어 편한길 가시지…"
"윤석열, '조국 되면 사퇴한다' 했다"…이낙연에 묻자

만, 청와대 관계자는 "누구도 예상하지 못했던 숫자의 사람들이 모였다. 수많은 사람이다 함께 촛불을 들고 한목소리를 외쳤다는 것에 대해서는 당연히 무겁게 받아들여야 한다"고 말했다.

출처: 중앙일보 2019.10.01

■ 문장 어법

속이는 자는 거짓말하는 동안에 설득력 있는 말을 논리적으로 구성하려고 할 뿐만 아니라 평소와 다른 행동이나 초조한 모습을 보이지 않으려고 행동한다. 모순된 말을 회피하고 상대방이 알거나 발견할 수 있을 것 같은 내용을 은폐하여 실수하지 않도록 노력한다. 중요한 것은 속이는 자가 일상적으로 보여주던 일관된 감정만을 드러내야하기 때문에 억제와 압박감으로 거짓말할 때 나타나는 발화의 특징이 있다.

속이는 자들이 사용하는 문장 어법, 즉 단어와 구절의 선택은 자체가 속임수를 암시하는 단서가 된다. 거짓말하는 동안에 발생하는 긴장, 불안, 피로 등 생리적, 심리적 요인이 언어표현에 영

향을 미친다. 물론 속이는 자들이 사용하는 단어나 구절이 이상하다고 해서 모두 거짓말 단서는 아니지만, 그들이 사용하는 전략적 우회적인 표현은 의심의 대상이다.

　속이는 자는 전략적 표현을 계획하고 특정한 답변을 회피하기 때문에 특정한 질문회피와 의심전환을 위해 사용하는 고유한 문장 어법이 있다. 이러한 어법에는 반복어법, 죄책감 유발어법, 항의어법, 강조어법, 분리어법, 완곡어법, 비단축형 부정어법, 구체적 부정어법, 부정확한 대명사 사용, 대체용어, 회색진술, 종교적 진술, 과도한 예의와 유력인사 언급이 있다.

[그림 9-1] 그림 거짓말 할 때의 문장 어법

- 반복어법
- 죄책감 유발어법
- 항의어법
- 강조어법
- 분리어법
- 완곡어법
- 비단축형 부정어법

어법

- 구체적 부정어법
- 부정확한 대명사 사용
- 대체용어
- 회색진술
- 종교적 진술
- 과도한 예의
- 유력인사 언급

▷ **반복어법**

　반복어법(repetition sentence)은 속이는 자가 상대방이 한 질문을 듣고 그대로 반복하는 것이다. 반복하는 동안 상대방의 말에 경청하는 듯이 보이면서 답변할 시간을 벌려는 속셈이다. 예를 들면, '아', '어' 등과 같이 말을 끌거나 '나는', '나는', '내가 생각한 것은', '사실은'과 같이 말을 반복하는 것, "지-진짜로 좋아하고, 또 좋아해" "정말로 좋은, 아주 좋은 기회야"처럼 한 단어를 나누어 발음하는 것이다. 결국 반응시간의 지연이 나타난다.

- 아, 어
- 나는, 나는, 내가 생각한 것은, 사실은
- 지-진짜로 좋아하고, 또 좋아해, 정말로 좋은, 아주 좋은 기회야.

　반복어법과 말 중단에서 발생하는 음성단서는 두 가지로 서로 연관되어 있다. 첫째는 거짓말을 하는 자가 속임수의 전체적인 줄거리를 모두 완성하지 못했을 경우이다. 거짓말을 하게 될 줄

몰랐거나 알았더라도 세밀한 사항까지 예측하지 못했다면 망설이거나 실수를 하게 된다. 둘째는 거짓말의 줄거리를 잘 조직화하여도 발각될지도 모른다는 공포를 느낄 때 미리 생각해 두었던 줄거리를 잊었거나 말을 더듬게 되는 경우이다. 거짓말할 내용을 잘 준비하지 못한 사람은 두려움으로 더 많은 실수를 하게 된다. 자신의 목소리가 이상하게 들린다고 여겨지면 거짓말이 탄로 날까 봐 더욱 두려워하게 되고 더 많은 실수를 한다.

▷ 공격적 어법

공격적 어법(aggressive statements)은 속이는 자가 오히려 공격적인 자세로 전환하여 속는 자가 방어적 태도를 취하게 유도하여 상황을 얼버무리는 전략이다. 상대방의 기선을 제압하고 대화를 자신이 주도적으로 유도하려는 속셈이다. 질문에 대한 반발을 통해 거짓말을 하는 자로 취급을 받을 만한 이유가 없다는 것을 강조하면서 대응하려는 것이다. 이때 장황하게 말을 늘어놓는 것은 말 어디에도 질문에 대한 대답을 상대방이 찾지 못하도록 하려는 전략이다. 상대방이 대화에 끼어들 여지를 주지 않고 자신이 계속적으로 이끌어나가려고 한다.

▷ 방어적 어법

방어적 어법(defensive statements)은 속이는 자가 상대방의 질문에 수동적으로 응답함으로써 상대방의 반발을 완화하고 상황을 일시적으로 모면하려는 회피전략이다. 속이는 자가 자신을 방어태세로 몰아넣어 가급적 단서를 누출하지 않으려는 소극적인 어법을 사용한다. 질문에 대답할 준비자세로 전환하여 의식적으로나 무의식적으로 최선의 답을 찾고 있는 중이다. 가급적 과묵한 자세를 취하여 추가적인 틈새를 주지 않으려는 어법이다.

▷ 강조어법

강조어법(bolstering statements)은 속이는 자가 자신의 말이 설득력 있고 진심이라는 것처럼 들리도록 강조문장을 사용한 어법이다. 대체로 강조문장은 한정적 어구를 사용한다. 예를 들면, '절대로', '내가 아는 한', '내 기억으로는'과 같이 거짓 장담이나 과대포장으로 비난을 모면하거나 자신의 발언에 대한 책임을 회피하려고 한다.

- 절대로
- 내가 아는 한
- 내 기억으로는

▷ 분리어법

분리어법(distancing statements)은 속이는 자가 거짓말 속에서 자신을 꺼내어 배제하는 어법이다. 거짓말 상황과 자신을 분리하는 것이다. 말과 상황 속에서 자신을 빼면 거짓말을 하는 자가 진실한 사람으로 둔갑하는 것이다. 따라서 속임수, 사기, 사기꾼, 허위, 거짓말, 기만 등과 같은 부정적인 단어를 속이는 자는 가급적 표현하려 하지 않는다. 상황과 부정적 언어에서 자신을 독립시키고 연상을 하지 않도록 하는 자신과 상황의 분리전략이다. 이러한 부정적 언어와 자신을 분리하려는 전략은 속임수의 확실한 단서가 된다.

▷ 완곡어법

완곡어법(euphemism statements)은 속이는 자아 표현할 언어를 신중히 선택하는 어법이다. 이것은 듣는 사람의 기분과 심정을 고려한 어법으로 말하는 어투를 듣는 사람의 감정이 상하지 않도록 모나지 않고 부드럽게 하는 것이다. 아주 강도가 부드러운 완곡어로 표현하여 가급적 특정 사건과 자신을 관련시키지 않거나 상대방을 자극하여 의심받을 상황을 방지하려는 의도이다. 그러나 혐의를 부인하면서 감정이 결여된 완곡어법은 의심의 단서이다.

▷ 비단축형 부정어법

비단축형 부정어법(non-contracted denial)은 속이는 자가 단축형을 쓰지 않고 완전한 문장과 혐의를 부인하는 문장을 사용하는 어법이다. 또한 자신의 거짓을 숨기기 위해 평소와는 매우 달리 정식적인 문법을 사용할 가능성이 높다. 이것은 본능적으로 가장 빠르고 강력하게 혐의를 부인하려는 의지가 잠재해 있기 때문이다. 속이는 자는 말속도가 느려지는 것을 이용하여 다음에 할 말을 준비할 시간을 벌고 덜 감정적이면서 이성적 사고를 부각하려고 한다.

▷ 구체적 부정어법

구체적 부정어법(specific denial statements)은 속이는 자가 자신의 부정행위에 대해 전반적으로 구체적인 부정어법을 사용하는 어법이다. 예를 들면, "단연코, 결코 누구를 속여본 적이 한 번도 없다" 등이 있다. 자신의 진실이나 정직에 관하여는 구체적인 부정어를 사용하지만 기만이나 허위에는 강력한 부정어법을 사용한다. 같은 부정어법이라도 진실과 허위에 사용하는 법이 다르다. 이 어법을 지나치게 강조하여 사용하는 것이 단서이다.

- 단연코, 결코 누구를 속여본 적이 한 번도 없다.

231

▷ 부정확한 대명사의 사용

부정확한 대명사의 사용(pronoun inaccuracies)은 속이는 자가 불안한 주제를 다룰 때 언어를 통해 자신의 개입을 최소화하는 방식이다. 예를 들면, 대명사 '나'를 '당신'으로 바꾸는 경우이다. 이것도 특정한 상황과 관련성에서 자신을 배제하려는 탈출하려는 의도이다.

▷ 대체용어의 사용

대체용어(replaced terms)의 사용은 속이는 자가 기만행위의 실체를 피하고자 대체표현을 사용하는 어법이다. 즉, 본질을 벗어난 표현법을 사용한다. 자신을 특정한 상황에서 배제하려고 무관한 상황 속에 객관적인 입장에 위치하려는 의도이다.

▷ 회색진술

회색진술(gray statement)은 어떤 질문에 답할 때 해석이 모호한 가치진술을 사용하는 경우이다. 이러한 진술은 대부분 경계선이 불분명하고 명쾌한 답변이 거의 없다. "~이지 않을까", "하지만 오래전 일이라서"와 같이 애매모호하고 중립적인 의견진술이다.

- ~이지 않을까
- 하지만 오래전 일이라서

▷ 종교적 진술

종교적 진술(religious statements)은 종교적 신념이나 가족관계를 표현하는 문구를 사용한다. '신', '하나님', '성경', '부모나 자식의 이름을 걸고'와 같이 요란하게 말하는 사람일수록 진실을 말하지 않고 있을 가능성이 매우 높다. 대체로 숨길 것이 있는 사람은 자신의 의견과 종교를 관련지어 진실하다는 것을 표현한다. 대부분 자신의 말에 신빙성을 부여하기 위하여 절대적 진리와 자신의 행동을 일치하려는 목적으로 종교적 진술을 사용한다. "하늘에 대고 맹세한다", "종교적 상징물을 들고 온다", "하나님께 맹세한다"

- 신, 하나님, 성경, 부모나 자식의 이름을 걸고
- 하늘에 대고 맹세한다.

- 하나님께 맹세한다.
- 종교적 상징물을 들고 온다.

▷ **과도한 예의**

과도한 예의(excessive courtesy)는 자신을 아주 예의 바른 사람으로 보이기 위해 극진한 예의를 갖추는 경우이다. 이를테면, 교양이 있고 예의 바른 사람이 거짓말을 하지 않는다는 것을 확신시키려는 속셈이다. 교양인은 예의도 바르고 예의가 바른 사람은 사회규범과 질서를 존중하기 때문에 정직하다는 것을 자신과 대입하는 것이다. 거짓말을 하는 자를 진실한 사람으로 둔갑하는 전략이다. 지나친 예의는 예의가 아니듯이 의도적인 예의 뒤에는 은폐가 있다.

▷ **유력인사 언급**

유력인사 언급(celebrity mention)은 유력인사 이름이나 언행을 언급하여 자신의 사회적 지위나 관계를 과시하여 신뢰할 수 있는 사람으로 인지하도록 하는 어법이다. 유력인사 이름이나 언행을 거명하는 사람은 많은 것을 숨기고 자신을 진실한 사람으로 위장하려는 것이다. 유력인사와 친분을 과시하고 자신을 그 유력인사와 동일시하려는 전략이다. 자신이 속이지 않는다면 굳이 유명인사의 이름을 거명할 필요가 없을 것이다. 그러나 유명인사를 언급하는 사람일수록 그 유명인사를 잘 알지 못하는 경우가 허다하다.

SENSE ● **오델로 신드롬(Othello syndrome)**

- 오델로(Othello)는 셰익스피어(William Shakespeare)의 4대 비극 중 하나
- 오델로 신드롬은 오델로는 고귀하고 용맹스러운 장군으로 질투와 의심에 가득 찬 의처증 환자로 부인인 데스데모나까지 살해하는데서 유래
- 배우자의 부정으로 자신이 피해를 받는다고 느끼는 현상
- 명확한 정신과적 증상이 없는 와중에 배우자가 자신에게 불충실하게 대해 자신이 피해를 받는다고 비합리적으로 생각하는 것
- 다른 정신과적인 증세가 없는데도 배우자가 성적으로 부정한 행동을 하여 자신이 피해를 입고 있다고 느끼는 상태
- 부정망상(infidelity delusion)이라고도 한다.

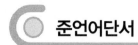

준언어단서

목소리, 음조, 음높이, 말속도, 억양, 음량, 음질, 속도, 말더듬, 휴지, 주저와 침묵 등과 같이 발언으로 생산된 음성을 준언어(paralinguistics)라 한다. 음성단서는 어떤 사람이 빈정거리는지를 판단할 때 특히 중요하다. '예'라는 단어는 거짓말을 하는 자가 진심이거나 빈정투로 말하는지 여부에 따라 다른 의미를 전달하고, 이러한 단어의 해석은 상대에게 반응하는 방법에 영향을 준다. 음성단서는 말하는 사람의 신체적 특성, 감정상태, 개성, 신념과 신뢰성을 마음에 연결하기 때문에 중요하다. 또한 연령, 신장, 외모와 신체유형과 같은 말하는 사람의 특성에 관한 정보를 종종 전달한다.

■ 준언어단서의 특성

사람들은 종종 여성, 청소년이나 신장이 작은 사람은 높은 음을 연상한다. 큰 음성을 사용하는 사람을 큰 사람이나 신경질적인 사람으로 시각화하기 때문이다. 느리고 신중하게 말하는 경향이 있는 사람은 신분이 높거나 매우 신뢰할 수 있는 사람으로 지각하기도 한다. 즐거움과 증오와 같은 활발한 느낌은 큰 음성, 높은 음조와 빠른 말을 연상하고, 애정과 슬픔과 같은 수동적인 느낌은 부드러운 음성, 낮은 음조와 비교적 느린 말로 커뮤니케이션한다. 성격특성은 대체로 음성단서와 관련이 있다. 권위, 사회적 조정과 사회성은 특정한 음성단서와 명백히 상관관계가 있다고 한다. 풍자는 음성단서만으로는 측정되지 않는다.

■ 정상적 준언어단서

상황에 적합한 음성단서(vocal cues)는 청중에게 신뢰성을 줄 수 있고 메시지를 분명하게 할 수 있다. 음조와 억양은 언어음(speech sound)을 심미적으로 유쾌하고, 의미에서 미묘한 변화를 수행하기 위해서 사용될 수 있다. 빠른 말하기 속도는 대중 앞에서 말하는 것이 자신이 있거나 자신의 언어를 신속하게 결론을 맺으려 하는 것이다. 음량의 변화는 강조하거나 긴장을 창조하기 위해 사용된다. 발성은 피드백이 적은 공중연설에 특히 중요하다. 침묵은 모순으로 둘러싸인 복잡한 행동이다. 침묵은 다른 사람이 말하거나 개인적 정보를 노출할 때 존경과 공감을 나타낸다.

■ 음성과 관련된 실수

일반적으로 거짓말할 때 음성과 관련된 실수가 발생하는 이유가 있다. 예상하지 않은 상황에서 주저하거나 언어실수를 할거나 높은 탐지우려로 망설이거나 방향을 망각하기 쉽다.

▷ 주저 또는 언어실수

속이는 자는 예상하지 않은 상황이라면 주저하거나 언어실수를 할 것이다. 거짓말하는 것을 예상하지 않았거나 준비하지 않았다면 주저하거나 언어실수를 할 것이다. 그러나 이런 것들은 잘 준비되었을 때도 발생한다. 따라서 한 가지 단서로 판단하는 것은 위험하다.

▷ 망설 또는 방향 망각

속이는 자는 높은 탐지우려로 망설이거나 방향을 망각하기 쉽다. 탐지우려는 준비가 소홀한 속이는 자가 하는 오류이다. 나쁜 것을 듣는 것은 속이는 자를 더욱 발각을 두렵게 하여 휴지와 언어오류를 증가한다. 오랫동안 말을 중단하거나 말이 자주 끊길 때가 있다. 이야기할 차례가 되었을 때 망설이는 것, 특히 어떤 질문에 대답해야 하는 순간에 나타나는 주저는 상대방의 의심을 불러일으킬 수 있다. 잠시 동안이라 하더라도 이야기 도중 상대방이 지나치게 자주 말을 중단하면 의심을 해볼 만하다.

▷ 발화오류

개인적인 특성과 맥락적 상황에도 불구하고 거짓말을 하는 자가 하는 발화오류는 실언, 말더듬과 휴지, 음성의 요소는 음조, 음높이, 말속도, 억양, 음량, 음질, 비어음(非語音), 발음, 발성, 똑똑한 말투 등이 있다. 거짓말을 탐지하려면 이러한 발화오류를 포착해야 한다.

■ 발화오류

발화(發話, utterance)는 아직 입 밖으로 나오지 않은 상태의 추상적인 말이 생각이라면, 이러한 생각이 실제로 입을 열어 말하는 행위를 의미한다. 즉, 목소리를 내는 일이다. 말이 속임수의 도구로 흔히 사용되는 이유는 사실이 아닌 것을 말로 속이는 것이 가장 쉽기 때문이다. 말할 내용을 미리 적어 놓고 검토해서 정확한 표현으로 바꾸어 놓을 수 있지만, 표정, 동작, 목소리에 대한 계획을 미리 세워 놓고 그대로 행동할 수 있는 사람은 아마도 드물 것이다. 말을 할 때는 말을 듣고 있는 상대방의 반응이 어떠한지 계속 점검할 수 있기 때문에 상대에 맞춰 자신의 표현을 조금씩 수정해 갈 수도 있다.

　거짓말을 하는 자는 얼굴표정보다 발언을 통하여 더 많이 성공할 수 있기 때문에 언제나 자신의 음성과 신체보다 더 많이 발언과 얼굴을 추적하고 통제하고자 한다. 거짓말을 하는 자가 언어선택에 세심하게 주의를 기울이는 이유는 언어가 비언어에 비해 많은 정보를 신속하고 정확하게 전달할 수 있기 때문이다. 말을 신중하게 선택하여 은폐할 부분을 은폐하고 전달할 정보만 전달한다. 사실을 거짓으로 왜곡하는 것은 말이 가장 효과적인 수단이지만 이때 발화오류(speech errors)가 많이 발생하고 이것이 속임수 단서이다.

▷ 실언 또는 말실수

　발화과정에서 실수가 따르는 경우가 있는데 이를 발화오류, 즉 말실수라 한다. 발화오류(slip of the tongue)는 발화가 생성되는 과정에서 나타나는 일회적이고 순간적인 오류로 말하는 사람이 원래 의도하였던 것과는 다르게 생성된 발화이다(Jaeger, 2005). 말실수는 언어 생산 과정에서 무의식적으로 일어나는 현상이다. 예를 들면 조의금을 축의금이라고 하는 경우이다. 말실수는 언어능력이 부족해서 기인된 것이 아니고 발화과정에서 나오는 일시적인 현상으로 발화에 앞서 발화가 계획되기 때문이다. 그렇다면 발화오류의 원인은 무엇인가?

[그림 9-2] 발화오류의 원인

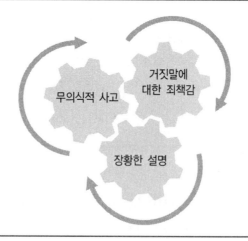

- ■ 무의식적 사고

발화오류는 무의식적 사고로 나타나는 것이다. 프로이트(Sigmund Freud)에 의하면 말실수는 무의식적 사고 때문에 생기는 것이다. 말실수는 자신의 숨어 있는 사고를 무의식적으로 드러내는 것으로 말하는 사람이 무의식 속에 있던 것을 드러내어 억제하지 못하고 실수하는 것을 뜻한다. 발화오류는 무의식 및 잠재의식 세계의 영향으로 인해 발생하는 말, 기억, 행동상의 오류이며 프로이트의 실수(Freudian Slip)라고 알려진 실착행위(parapraxis)이다. 실착행위(失錯行爲)는 잘못 말하거나 잘못 쓰는 등 일상적으로 흔한 잘못을 말한다. 프로이트는 이것을 단순한 부주의나 우연에서 생기는 것은 아니고 무의식적인 의미를 지니고 있으며 의식적인 의도가 무의식적인 의지에 의해서 방해를 받고 나타난 행동이라고 한다. 예를 들면, 커피점에 손수건을 놓고 왔다면 함께 대화를 했던 아름다운 여인의 생각으로 다시 커피점을 방문하고 싶은 무의식적 소망을 의미한다.

신중한 행동에도 불구하고 역설적으로 거짓말을 하면서 부주의 때문에 종종 거짓말이 탄로가 난다. 프로이트는 실언을 하거나 이름을 잊거나 잘못 읽거나 쓰는 일상생활 속에서 저지르는 실수는 우연한 일이 아니라 내면의 심리적 갈등이라고 하였다. 즉, 실언은 밝히고 싶지 않은 것이 저절로 드러나는 자기배반의 한 형태이다. '저절로'라는 말은 무의식적인 충동으로 자신의 진심이 통제되지 않고 노출되는 것을 의미한다. 실언이 속임수의 수법은 아니지만 무의식적 사고, 감정이나 발화자의 욕구를 무심코 노출시키는 실수이다. 따라서 말하고자 하는 의지를 억누르면 내면의 심리적 갈등이 발생하여 말실수를 하게 된다.

- ■ 거짓말에 대한 죄책감

속이는 자는 거짓말이 발각될 때나 거짓말에 대한 죄책감을 가질 때 말실수가 발생한다. 물론 모든 말실수가 모두 거짓말의 증거는 아니다. 죄책감, 분노, 공포, 불안, 고통과 같은 감정으로 무의식적으로 말실수가 드러나게 되는 것처럼 말실수에는 여러 가지 원인이 있을 수 있다. 말실수는 속이는 자가 한 말을 위장하지 않아서가 아니라 위장을 경시했기 때문이다. 실언은 무의식적 사고, 감정이나 발화자의 욕구를 무심코 노출시키는 실수이다. 속이는 자들이 발각될 때나 거짓말에 대한 죄책감을 가질 때 말실수가 발생한다.

- ■ 장황한 설명

말로 인해 거짓말이 탄로 나는 이유는 장황한 설명이다. 장황한 설명에서는 정보가 쏟아져 나온다. 장광설은 말실수는 아니지만 속이는 자가 발언에서 누설하는 맥락이 된다. 속이는 자는 한

참 지난 후에야 자신이 무슨 말을 했는지 깨닫게 되는 경우가 있고, 또한 누설하는 것을 알 때까지 감정으로 전달한다. 그러나 속이는 자가 냉정을 유지한다면 불리한 정보를 누설하지 않을 것이다. 속이는 자가 상대방에게 정보를 제공하는 것은 격분, 공포, 고뇌와 같은 과도한 감정의 억압 때문이다.

말실수는 자신이 의도한 생각의 내용이나 말과 일치하지 않는 언어적 표현이 나타나는 현상을 뜻한다. 말실수에는 일정한 규칙이 있으며, 공통적으로 나타나는 경향이 있다. 말실수는 평소에 남에게 감추고 싶은 생각을 무의식 중에 밖으로 드러내는 데서 시작된다. 미국의 언어학자 프롬킨(Victoria Fromkin)은 말실수할 때 발화가 어떤 형태로 나타나는지에 따라 대체, 교환, 예상, 이동, 첨가, 탈락, 지속 및 혼합 등으로 구분하였다.

[표 9-1] 말실수의 분류(by Fromkin)

종류	의미
대체(substitution)	한 언어의 특성을 다른 특성으로 바꾸는 것
교환(exchange)	두 언어가 서로 자리를 맞바꾸는 것
예상(anticipation)	다음 언어의 특성이 전에 있는 언어에서 나타남
이동(shift)	음소나 형태소, 단어와 같은 언어의 자리가 바뀜
첨가(addition)	없는 언어를 첨가하는 것
탈락(deletion)	의도한 한 부분이 빠져나가는 것
지속(perseveration)	앞에 나온 언어의 특성이 다음 언어에 계속 나타남
혼합(blend)	두 언어의 특성을 합쳐서 하나의 언어로 만듦

▷ 말더듬

말더듬(speech disfluency)은 대화하는 도중에 말이 막히는 현상이다. 즉, 말을 순조롭게 하지 못하고 막히는 증상이다. 긴장, 초조, 불안과 스트레스에 처한 사람은 할 말을 생각하고, 다음에 이어지는 말까지 생각해야 하기 때문에 시간을 벌려고 말을 천천히 한다. 이때 말이 끊기거나 추임새가 부정확하거나 말을 더듬게 된다.

▷ 비단어, 반복어, 부분어, 부연

거짓말을 하는 자는 비단어(nonword), 반복어, 부분어, 부연과 같은 여러 가지 특징적인 행동을 한다. 비단어(nonword)는 '아', '어', '음', '그', '저', '애' 와 같은 의미 없는 단어이다. 반복어는

'나는, 나는', '실제로, 사실은', '나는, 그러니까, 내가 하는 말은'과 같이 단어나 표현을 반복하는 것이다. 부분어는 '나는 실제', '좋아한다'와 같이 완전한 문장이 아닌 부분적인 말이다. 그리고 '나는 정말 좋아, 내가 우승한 것처럼 기뻐' 같은 상술, 예시, 첨가, 인용하는 것으로 부연(paraphrase)은 다른 단어를 사용하여 문장이나 구를 재진술하는 것이다. 발화시작 단계에서 주저가 발생하는데, 특히 질문에 응답할 때 주저가 나타나면 거짓말 징후이다.

- 비단어: 의미 없는 단어
- 반복어: 단어나 표현을 반복하는 것
- 부분어: 완전한 문장이 아닌 부분적인 말
- 부연: 다른 단어를 사용하여 문장이나 구 재진술

▷ 휴지

휴지(pause)는 대화하는 중에 일어나는 말 중단이다. 목소리는 속이는 자가 말하면서 느끼는 감정상태를 말보다 더 잘 드러낸다. 음성을 통해 알 수 있는 가장 일반적인 단서는 휴지이다. 휴지는 너무 길거나 지나치게 자주 발생하는 말 멈춤이다. 이 경우는 지나친 오랜 휴지나 빈번한 휴지인 경우를 의미한다.

말할 차례나 대답할 차례에 망설일 때 의심해 볼 수 있다. 말하는 동안에 자주 말을 중단한다면 더욱 의심할 수 있다. 음성은 단어 자체보다 발화에 포함된 모든 것이다. 그러나 휴지는 극적효과를 창조하고 청중의 관심을 환기하기 위해서 대중연설에서 사용하면 효과적이다. 휴지의 종류는 언어산출의 시간적 양상으로 유언휴지와 무언휴지가 있다.

유언휴지(filled pause)는 의미 없이 더듬는 어구를 사용하는 소리를 내는 말 멈춤으로 '음', '어', '자', '저기', '저', '혹시' 등의 소리를 내는 것으로 채워진 말의 멈춤이다. 이것은 말을 하는 것이 주저되거나 말문이 막힐 경우 사용되는 말이다. 이 경우 생각하는 시간, 또는 다음에 이을 단어나 구절을 계획한다. 아무런 소리가 나지 않는 침묵의 말 멈춤인 무언휴지(unfilled pause)는 200ms[7] 내지 250ms 이상 어떤 발화가 발생하지 않는 것으로 말이 없는 빈 멈춤이다. 소리를 내는 유언휴지를 많이 사용하는 사람은 근심이 많거나 어떤 것을 지루해 하고, 무언휴지를 길게 사용하는 사람은 남을 경멸하거나 근심 또는 분노가 있는 경우이다. 유언휴지는 채워진 멈춤으로

---

7) millisecond: 1밀리세컨드는 1,000분의 1초.

무언휴지는 빈 멈춤으로 불리기도 한다.

- **유언휴지:** 의미 없이 더듬는 어구를 사용하는 소리를 내는 말 멈춤
- **무언휴지:** 아무런 소리가 나지 않는 침묵의 말 멈춤

골드만과 아이슬러(Goldman-Eisler)의 연구에서는 전체 발화시간의 40~50%가 무언휴지이었다. 휴지가 발생하는 이유는 어휘접속에서의 어려움, 즉 언어생성의 미시적 측면에서의 어려움과 문장을 계획하는 데서 비롯되는 거시적 측면에서의 과정이라 할 수 있다. 헨더슨(Henderson)은 일상적인 대화에서는 멈춤이 별로 없는 유창단계(fluent phase)와 멈춤이 많이 나타나는 주저단계(hesitant phase)가 번갈아 나타난다는 사실을 토대로 발화를 계획하는 데에는 인지적인 주기가 있다고 주장한다. 즉, 주저단계에 주로 계획을 세우고 유창단계에서는 계획된 바를 발화하는 것으로 보고 있다. 그의 연구에서는 유창단계에서보다 주저단계에서 유언휴지가 더 많이 관찰되었다.

비티(Beattie)는 유창단계에서의 무언휴지는 청자가 내용을 종합하고 발화자의 의도를 파악할 시간을 주기 위한 것이고, 유언휴지는 발화자가 계속 발화할 의향이 있다는 것을 알려주는 기능을 하는 것으로 해석하였다. 이런 행동적인 특징들은 모든 내용을 다 계획한 다음 발화를 시작하는 것이 아니라 발화할 문장에 대해 어느 정도 계획이 되면 발화를 시작한 다음 계획을 마무리 짓는 점진적 처리가 일어난다는 것이다.

▷ 주저

주저와 침묵은 준언어다. 주저는 불확실성이나 공포 때문에 말하기를 머뭇거리거나 망설이는 것으로 이때 일시적인 휴지나 말더듬이 나타난다. 휴지시점을 아는 것은 중요한 기술이다. 대체로 의미 없는 음이나 구를 삽입함으로써 휴지를 채우는 경향이 있다. 이런 비유창성이나 주저현상은 언어의 자연스런 흐름을 방해하고 능력과 자신감을 감소시킨다.

▷ 침묵

침묵은 언어로 모순이 가득한 복잡한 동작이다. 언어의 속도를 느리게 하고 주요 아이디어를 강조하는 것 이외에 침묵이나 휴지의 짧은 기간은 생각할 기회를 준다. 지속된 휴지는 사람을 무시한다는 의미를 줄 수 있다. 극도의 불안이나 고민의 순간 중에 침묵하는 경향이 있다. 특히 기만탐지에서 침묵시간은 무엇인가 인지적인 노력을 하는 과정이다.

[표 9-2] 음성단서와 의미

단서	의미
말실수	특정한 감정, 죄책감
장황한 설명	은폐
간접적인 표현	은폐, 공포
말의 중단과 표현의 실수	시간 벌기, 공포
음성 톤 업	부정적 감정, 분노나 공포
음성 톤 다운	부정적 감정, 슬픔
음성 톤 업과 스피드	분노, 공포, 흥분
음성 톤 다운과 슬로우	슬픔, 따분
비단어: 아, 어, 음	긴장, 초조, 준비, 공포
반복어: 나는, 나는	긴장, 초조, 준비, 공포
부분어: 나는 실제	긴장, 초조, 준비, 공포
말더듬: 나는 그게, 정말 좋아	긴장, 초조, 준비, 공포
유언휴지: 어, 자, 저기	긴장, 초조, 준비, 공포
무언휴지	긴장, 초조, 준비, 공포
주저와 침묵	긴장, 초조, 준비, 공포

■ 음성오류

음성은 말소리 혹은 목소리로 사람의 감정상태를 나타내지만 얼굴처럼 많은 정보를 제공하지는 않는다. 음성은 사람이 감정에 휘말려 있는지 혹은 그렇지 않은지 보여줄 수 있다. 속이는 자는 속는 자가 자신의 말과 표정에 집중하고 있다는 것을 알기 때문에 스스로 관찰하여 상황에 맞게 조정한다. 상대방을 속일 때도 말로 속이는 것이 표정으로 속이는 것보다 훨씬 쉽다. 속이는 자는 누설되는 것을 감시하면서 자신의 얼굴보다 더 즉시 발언을 추적할 수 있다. 감정이 고조될 때 목소리의 변화를 감추기 어렵다. 따라서 발언보다 음성과 신체에 더 많이 주의하여야 할 이유이다.

목소리가 사람이 느끼는 감정을 알려주기 때문에 기만은 목소리로 누설될 수 있다. 직접 얼굴을 마주 보고 대화할 때 목소리 톤이 높아지거나 머뭇거린다면 거짓말하고 있다는 단서이다. 거짓말하면 말을 멈추는 시간이 길어지는데 이는 신중하게 생각할 시간이 필요하기 때문이다. 말의 속도가 느린 것은 스트레스 상황에서 긴장하고 심사숙고하면서 작은 행동에도 매우 신중하기 때문이다. 자신이 해야 할 말을 신중하게 생각하고 검토하면서 말하기 때문에 매우 정확하고 분명하게 말을 하려고 한다. 그런데 역설적이게도 심사숙고하다 보면 주저하는 행동이 나온다. 그래서 경험이 많은 사기꾼들은 주저하지 않기 위해 부단히 노력한다.

▷ 음성과 감정

감정 때문에 생기는 목소리 변화는 대부분 감추기 어렵다. 특히 거짓말하는 순간의 감정을 속여야 하기 때문에 거짓말이 누설될 가능성도 그 만큼 커진다. 속이려는 감정이 공포나 분노라면 목소리가 크고 높아질 뿐만 아니라 말의 속도는 더불어 빨라질 것이다. 이와 반대되는 특징이라면 슬픈 감정을 감추려고 애쓰고 있음을 암시할 수도 있다. 그러나 목소리에 나타난 감정표현들을 모두 거짓말의 단서로 해석하는 것은 위험하다. 목소리의 고조가 항상 거짓말의 단서가 아닌 것처럼 목소리에 감정을 드러내지 않는다고 해서 반드시 정직하다는 증거도 결코 아니다. 왜냐하면 자신의 감정을 드러내지 않는 사람도 있기 때문이다. 또한 감정을 띠고 있다고 하더라도 거짓말 때문에 생긴 감정이 아닐 수도 있다.

상대방을 의심하고 있다면 상대의 목소리와 몸짓에도 많은 관심을 기울여야 한다. 얼굴과 마찬가지로 음성은 직접 뇌의 감정영역과 연결되어 있기 때문에 감정이 각성될 때 음성에서 변화를 은폐하는 것이 어려운 이유이다. 속이는 자는 자신의 목소리가 어떻게 들리는지 검토해 보겠지만 자신이 느끼는 자기 목소리의 느낌과 실제로 상대방이 듣는 느낌이 다르기 때문에 목소리 변화의 단순한 은폐는 큰 효과가 없다.

▷ 음조

음조(tone)는 음의 높낮이와 길이의 어울림 정도를 말한다. 음조는 전달하려고 하는 것에 도움을 주거나 은폐하려고 하는 생각을 노출할 수 있다. 그것은 말하는 단어를 강화하거나 부정할 수 있다. 다른 사람에게 감정상태, 태도, 개성, 신분과 상호작용 유지, 순서교대나 욕구를 나타냄으로써 음성이 커뮤니케이션하는 것이다. 분노나 공포를 느껴 흥분하는 경우는 목소리 톤이 높고 말이 빨라진다. 슬프거나 우울할 때는 목소리 톤이 낮고 말이 느려진다. 감정의 변화에 의한 목소리 변화는 숨기기 쉽지 않다. 거짓말하는 바로 그 순간에 느끼는 감정을 속여야만 한다면 거짓말이 누설될 가능성이 커지고, 발각에 대한 공포는 목소리를 떨리게 한다고 해서 항상 거짓말을 의미하지는 않는다.

▷ 음 높낮이

음 높낮이(pitch)는 음성의 고저이다. 즉, 목소리의 높낮이이다. 고음과 저음은 각각 여성의 음성과 남성의 음성과 관계가 있다. 저음은 힘, 성적 매력과 성숙, 고음은 조력, 긴장과 신경과민과 관련이 있다. 단조음은 지루하고 관심의 결여를 반영하고, 활기찬 음높이는 상호작용을 촉진하나 단조음은 그렇지 않다. 음높이는 감정상태를 표현한다.

민감한 주제를 말할 때 대체로 목소리가 고조된다. 특히 주제가 분노나 공포의 감정을 수반하는 경우 더욱 그렇다. 슬프거나 비통할 때 목소리가 낮아진다는 주장도 있지만 확실한 것은 아니다. 흥분, 고통, 혹은 역겨움이나 경멸을 느낄 때의 음의 높낮이 변화도 확실하지 않다. 그러나 증명된 것은 아니지만 화가 나거나 두려움을 느낄 때는 목소리가 더 커지거나 빨라지고, 슬플 때는 말이 더 부드러워지거나 느려진다는 것은 일반적으로 믿을 만하다.

감정에 의해 산출되는 목소리의 변화는 은폐하기 쉽지 않다. 따라서 거짓말하는 순간에 속이는 자가 느끼는 감정이라면 누출의 좋은 기회를 제공한다. 거짓말의 목적이 공포나 분노를 은폐하는 것이라면 음성은 더 높고 더 크게 들리고 말의 속도는 더 빨라진다. 음성변화의 반대에는 속이는 자가 은폐하려는 슬픔의 감정누출이 있다. 탐지우려는 공포의 목소리를 산출한다. 높아진 음높이는 기만의 신호가 아니라 공포, 흥분이나 분노의 신호이다.

▷ 말 속도

말 속도(rate)는 말하는 속도로 의미의 전달에 영향을 미치는 음성단서이다. 대부분의 사람들은 1분에 150단어를 평균적으로 말한다. 속도를 높이면 말하는 것을 실제로 이해하기 어렵다. 반대로 너무 천천히 말하면 우유부단하거나 자신감이나 이해력이 부족한 사람으로 지각된다. 지나치게 신중한 말하기 속도는 지루, 주의력 부족과 타인에 대한 무반응의 원인이 된다. 속도는 전념과 분위기의 판단에 영향을 준다. 진지한 주제에 관하여 말할 때 종종 속도를 낮추나 가벼운 주제를 말할 때는 보통 속도를 높인다. 따라서 동요, 흥분과 행복을 전달할 때는 속도를 빠르게 하고, 진지함, 정숙이나 슬픔을 전달할 때는 낮춘다.

▷ 음량

음량(volume)은 음성의 힘, 음의 세기(loudness)를 의미하며 의도된 의미의 지각에 영향을 미친다. 어떤 사람은 속삭이기도 하지만 어떤 사람들은 크게 외치기도 한다. 대체로 크게 말하는 사람은 다른 사람들을 소외시킨다. 그러한 사람은 종종 위압적 또는 공격적으로 간주된다. 이와 달리 부드럽게 말한다면 다른 사람들은 소심한 사람으로 해석한다.

효과적인 의사전달자는 의미 있는 상호작용을 촉진하려는 노력으로 음량을 조절한다. 음량은 메시지의 성질, 자신이 있는 공간의 크기와 음향, 다른 사람에 대한 근접과 경합하는 소음이나 대화를 반영한다. 대체로 특정한 단어와 아이디어를 강조하고 감정의 강도를 반영하기 위해 음량을 증가한다. 갑작스런 음량의 감소는 불안을 증가하지만 때로는 다른 사람의 주의를 유지한다. 따라서 대화중에는 다양한 음량을 사용하는 것이 가장 효과적이다.

▷ 조음과 발음

조음과 발음의 소리 속성은 신뢰성의 지각과 메시지의 이해력에 영향을 준다. 조음(調音)은 개별적인 음을 발음하는 방법이다. 개인 간 접촉 중에 언어의 음은 날카롭고 뚜렷하다. 조음의 중심은 언어음의 발음이지만 발음의 중심은 단어를 정확하게 말하는지 여부이다. 한 단어를 잘못 발음할 때 신뢰성을 손실하고 말하는 것을 이해하기가 어렵다.

▷ 말투

똑똑한 말투(enunciation)는 이해되도록 분명하고 선명하게 말을 산출하는 발음과 명확한 표현을 결합할 수 있는지 여부이다. 중얼거리는 사람은 말투에 문제가 있다. 똑똑하지 못한 말투는 무언가 숨기고 생각하거나 당황하고 있을 가능성이 높다. 특히 똑똑한 말투는 대중연설에서 많은 사람에게 메시지 전달을 명확하게 할 수 있기 때문에 중요하다.

■ 대화방법

설득력 있는 진술이 되기 위해서는 절대로 반박하기 어려워 진실로 인식되도록 하는 것이 매우 중요하다. 그러나 거짓말을 하는 자는 거짓말 징후가 포착된다고 느낄 때는 이를 회피하거나, 주의를 분산하기 위하여 감정을 동반하거나, 편견과 일치시키려고 하는 것이다. 거짓말을 하는 자가 자주 사용하는 특징적인 대화방법을 설명한다.

- 무대답: 질문했는데 바로 대답하지 못한다면 이유가 있다. 자신에게 불리하므로 이 상황을 모면할 방법을 찾거나 시간을 벌려고 한다.
- 완곡한 부정: 진실을 말하기 어려울 때 심리적으로 편하다고 생각하는 정보를 말한다. 완곡하게 부정함으로써 상대방의 기분이나 감정을 손상하지 않으려고 한다.
- 포괄적 부정: 구체적 부정이 아니라 포괄적 부정은 애매한 거짓말이므로 심리적으로 자

신의 책임을 면제해준다.

- **간결한 부정**: 장황한 대화에 부정과 관련된 대답의 비중이 상대적으로 간결하다.
- **상세한 대답**: 오히려 답변을 지나칠 정도로 상세하게 답하는 것이다.
- **대답기피나 거부**: "내가 이런 얘길 해도 되는지 모르겠다", "내가 대답을 할 수 있을지 모르겠다"처럼 답변을 기피하거나 거부하는 것이다.
- **상대의 질문반복**: 질문반복은 아주 어색해질 수도 있는 침묵의 순간을 메우는 것으로 시간 벌기이다. 질문반복은 2~3초이지만 생각의 속도는 말보다 열 배나 빠르다.
- **미응답 전술**: 어색한 침묵을 피하고 적당한 대답을 생각해 낼 시간을 버는 것이다. 질문과 관련이 없는 말을 하는 경우이다. "좋은 질문이다.", "물어봐주시니 고맙군요."
- **일관된 진술**: 몽테뉴(Montaigne)는 "기억력이 좋지 못한 사람은 결코 거짓말이라는 거래에 뛰어들어선 안 된다"라고 말했듯이 전후 내용이 일관적이어야 한다.
- **공격태도 돌입**: 궁지에 몰리면 중압감을 받고 공격을 하여 상황을 반전한다.
- **부적절한 질문**: 직접적인 연관이 없는 질문을 하여 본질에서 벗어난다.
- **과도한 정중**: 친절한 태도나 갑자기 튀어나오는 칭찬은 호감을 사기 위한 것이다.
- **냉소적 반응**: 불리하면 빠져나갈 구멍을 파고 그 구멍으로 들어간다. 자신에게 좋은 일이 별로 없기 때문에 사안의 중요성을 헐뜯는 전략을 사용한다. 사안이나 절차 중 하나에 초점을 맞춘다. "이게 뭐가 그리 중요하냐?", "그게 뭐라고 다들 야단법석이냐?"
- **질문자와 동등한 위치 설정**: 질문에 대한 답변 없이 농담하려고만 한다.
- **과정이나 절차에 대한 문제제기**: 시간을 끌거나 방향을 다른 방향으로 전환하려고 한다. "왜 내게 묻는 거지?"
- **질문의 범위축소**: 질문자의 표현과 용어를 바 꾸게 하는 전략이다. 범위와 규모를 축소하여 질문을 유리하게 해석하여 질문자와 자신을 동시에 만족하게 하는 대답을 한다.
- **참조진술**: 질문을 받으면 전에 했던 대답을 다시 꺼낸다. "전에 했던 말을 참조하시기 바랍니다.", "다른 분께 말씀드린 것처럼", "방금 말했던 것처럼"
- **종교 들먹이기**: 거짓말 치장하기(dress up the lie)이다. "신에게 맹세한다."
- **선택적 기억**: 불리한 것은 기억이 안 난다고 말한다. 심리적 알리바이를 주장한다. "내가 알기로는", "내가 아는 한"
- **진실은폐 수식어**: '기본적으로', '대부분은', '아마도', '대개는'과 같은 배제 수식어구는 특정 정보를 끝까지 내놓지 않으면서도 질문에 대답하려는 경우이다. '솔직하게 말하면',

'추호의 거짓도 없이'처럼 인지 수식어구는 진실을 은폐하면서도 신뢰를 높이기 위해 사용한다. 진실을 강조하는 언어사용은 진실을 더욱 은폐하는 것이다.

SENSE ● 거짓말할 때 드러나는 이상한 행동

- 반응 지연
  → 생각할 시간이 필요하다.
- 말과 행동의 불일치
  → 뇌는 말과 동작이 자연스럽게 어울리도록 작용한다.
- 동작의 불일치
  → 부정적 답변과 고개 끄덕이기, 긍정적 답변과 고개 가로젓기
- 자율신경 반응
  → 입이나 눈 가리기, 헛기침이나 침 삼키기
- 고정점 이동
  → 사람을 어떤 위치나 자세로 움직이지 않게 해주는 부분이다.
  → 서 있다면 고정점은 발이다. 불안감을 감소한다.
- 차림새 정돈
  → 불안감 완화행동이다.
  → 자신이나 가까운 주변을 정돈하는 식으로 신체를 움직인다.
  → 질문에 답할 때 넥타이나 소매를 바로잡거나 안경을 고쳐 쓴다.
  → 머리 몇 가닥을 넘기거나 치마를 똑바로 펼 수도 있다.
  → 손수건 없이 맨손으로 땀을 닦는다면 징후일 것이다.
  → 질문을 했더니 전화기 위치를 바로 잡거나 컵이나 연필을 움직이는 경우이다.
- 손을 얼굴로 가져가는 행동
  → 투쟁이나 도주반응
  → 사람의 몸은 위협을 느끼면 신체기관이나 주요 근육에 혈액을 더 많이 공급함으로써 더 빠르게 달리고 더 높이 뛰고 더 강하게 싸울 수 있게 만든다.
  → 혈액을 많이 필요로 한다. 이는 평소 혈액이 풍부하다가 순간적으로 혈액공급을 낮출 수 있는 부분에서 온다. 얼굴 표면이나 귀, 신체의 끝부분이다.
  → 이 부분에서 피가 갑자기 빠져나가면 모세혈관이 자극을 받아 한기나 가려움을 유발할 수 있다. 그 부위로 손이 가서 두 손을 맞잡아 비비거나 쥐어짜거나 한다.

제10장

비언어 커뮤니케이션

言顧行行顧言(언고행행고언): 말은 행동을, 행동은 말을 살펴라(중용).

A bad thing never dies: 나쁜 일은 결코 없어지지 않는다(속담).

지옥에서도 악마들끼리는 서로

거짓말하지 않는다

말과 표정의 진실과 거짓 탐지 기술

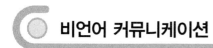 비언어 커뮤니케이션

인간 커뮤니케이션 연구에 과학적 방법의 도입을 주장했던 베이컨(Francis Bacon)은 몸짓에 대한 과학적 연구를 제안해 냈고 이를 바탕으로 존 불워(John Bulwer)는 『수화법』이라는 책을 편찬해 비언어적 방식을 통한 사고와 감정의 표현에 대한 연구를 진행했다. 손은 모든 언어를 구사하는 보편성을 지니는 이성처럼 모든 민족에 의해 이해되고 인식된다. 손짓은 언어이고 배우지 않고도 모든 인간이 한눈에 쉽게 이해할 수 있는 인간 본성의 보편적인 언어라고 하였다.

비언어는 만국 공통어로 언어의 장벽을 뛰어넘는 호소가 가능하다. 비언어 커뮤니케이션은 몸짓과 표정, 제스처, 음성의 어조, 강약, 고저 등이 포함된다. 즉, 외모, 목적물, 소리, 시간, 냄새, 후각 등을 사용하여 사회적으로 공유된 의미를 갖고 다른 사람에게 의미를 자극하는 인간의 행동이나 속성이다. 비언어 커뮤니케이션에는 얼굴표정, 눈 동작, 몸짓과 신체방향과 같은 시각·동작단서, 음량, 음높이, 속도와 억양과 같은 준언어단서, 공간과 거리 같은 공간단서, 후각단서, 장식물이나 용모단서, 색상 단서와 시간 단서 등이 있다.

■ 비언어 커뮤니케이션의 특성

언어커뮤니케이션(nonverbal communication)은 언어나 문서를 통한 정보나 메시지의 표현 또는 교환이나 비언어커뮤니케이션은 말이나 글로 된 단어를 사용하지 않고 몸짓, 표정, 목소리, 눈 접촉, 신체언어, 몸동작이나 자세, 거리나 공간 등을 사용한다. 학자들은 비언어커뮤니케이션이 언어커뮤니케이션보다 더 많은 의미를 전달할 수 있고, 그래서 개인들이 더 많이 신뢰한다고 주장한다. 그러나 비언어커뮤니케이션을 해석하는 것은 그렇게 간단하지 않다.

비언어적 신호는 적절하게 산출될 때 신뢰, 명확성을 높일 수 있다. 대인관계 의사소통은 단어의 명시적 의미와 단어가 전달하는 정보 또는 메시지 이상의 의미를 갖는다. 또한 의도적이든 아니든 비언어적 행동을 통해 표현되는 암시적 메시지도 포함된다. 실제로 일부 학자들은 약 70-80%의 의사소통이 비언어커뮤니케이션이라고 제안한다. 대인커뮤니케이션은 일반적으로 몸짓이나 표현을 정확하게 해석하는 것이 불가능하기 때문에 더욱 복잡하다. 따라서 비언어커뮤니케이션은 말과 함께 해석되어야 한다.

모든 비언어 행동은 메시지의 가치를 가지고 있다. 말을 억제하는 동안에는 입을 의도적으로

닿을 수 있다. 말하는 동안 비언어 행동을 멈춘다는 것은 불가능하다. 의도적이든 아니든 행동은 계속된다. 비언어 메시지를 보내는 것을 중단할 수 없다. 상대방의 존재를 인식하고 비언어 커뮤니케이션을 해독하는 동안 커뮤니케이션하지 않는 것은 불가능하다. 심지어 상대방에게 등을 돌리고 시야를 회피하더라도 커뮤니케이션은 이루어지고 있는 것이다.

■ 비언어 커뮤니케이션의 중요성

비언어 커뮤니케이션은 언어 커뮤니케이션과 달리 뇌의 변연계에서 이루어지기 때문에 전달자의 숨은 뜻을 감추기 어렵다. 이와 달리 대뇌피질은 이성적 사고, 언어와 고차원의 사고능력을 관장한다. 언어는 커뮤니케이션의 핵심이지만 생각과 의견을 언어만으로 전달하기에는 한계가 있다. 커뮤니케이션에서 비언어적 요소의 중요성은 매우 크다. 언어만으로 커뮤니케이션할 경우 오해의 가능성이 더 크다. 따라서 언어가 커뮤니케이션에서 핵심을 이루는 요소는 분명하지만 언어만으로 생각이나 의견이 전달되는 것은 아니다. 비언어 단서는 내면의 동기와 감정을 드러내는 것이기 때문에 대인관계는 언어보다 비언어에 더 많은 영향을 받는다. 사실상 비언어 단서들은 마음의 상태, 기대와 자아감을 알리는 메시지이다. 상대방의 겉으로 드러낸 언어만으로는 속마음을 파악하기 힘들다.

- 신뢰성이 높다.

비언어 커뮤니케이션은 언어커뮤니케이션보다 더 신뢰할 수 있다. 말은 쉽게 통제될 수 있지만, 슬픔, 즐거움, 기쁨과 같은 안면표정을 숨기는 것이 어렵다.

- 신체언어와 외모는 비언어 커뮤니케이션을 지원한다.

손의 움직임, 미소 등은 특정한 관점을 설명하고 이해하는데 매우 유용하다.

- 언어전달의 신속성을 준다.

머리를 흔들어 표현하는 부정이나 수락은 많은 시간을 절약한다. 비언어 커뮤니케이션은 신속히 메시지를 전달한다는 측면에서는 매우 중요하다.

미국의 심리학 교수인 앨버트 메라비언(Albert Mehrabian)은 『침묵의 메시지(Silent Messages)』에서 메라비언의 법칙(The law of Mehrabian)을 발표하였다. 이 법칙에 따르면 한 사람이 상대방으로부터 받는 이미지는 신체언어가 55%, 청각이 38%, 언어가 7%로 구성된다. 시각 이미지는 태도나 자세 등 신체언어이며, 청각은 목소리 톤이나 음색 등이다. 비언어 부분이 무려 93%나 차지한다. 신체언어를 통해 보는 시각 요소 55% 중에서도 표정이 35%, 태도가 20%라고 한다. 사람들은 표정을 통해 듣는다는 것이다. 전체 커뮤니케이션의 93%가 비언어적 행위에 의해 이루어지고 비언어적 커뮤니케이션 행위를 통해 전달할 수 있는 표현이 거의 70만 가지 이상이라고 한다.

[그림 10-1] 커뮤니케이션의 영향력

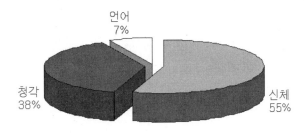

■ 고맥락과 저맥락

고맥락 문화는 의사소통이 대화내용 자체보다는 맥락(context), 즉 대화 시 외부환경, 상황, 비언어적 표현 등에 의존해서 이루어지는 문화이다. 저맥락 문화에서는 주로 대화내용 자체를 중요시하며 의사소통을 하게 된다. 따라서 고맥락 문화에서는 책임과 신뢰가 중요한 가치덕목으로 여겨지고 있어 법률적인 서류보다 때로는 개인의 말이 더욱 확실한 보증이 되지만, 저맥락 문화에서는 명확한 정보의 교환으로 의사소통이 이루어지고 법률적인 서류가 보증서 역할을 한다.

[표 10-1] 저맥락과 고맥락 문화의 비교

저맥락 문화	고맥락 문화
사실, 자료와 논리에 의존	객관적 자료보다 오히려 관계에 의존
사업과 사회적 관계 분리	사업과 사회적 관계 결합
최종적이고 엄격한 협상된 결정 기대	사전에 협의된 결정의 재개 기대
부와 권력에 대한 관대한 견해 유지	부, 위치, 서열과 연령에 근거하여 양보
의미 분석과 단어에 의미부여	단어를 그대로 받아들이지 않고 의미추론

[그림 10-2] 고배경 문화와 저배경 문화의 국가

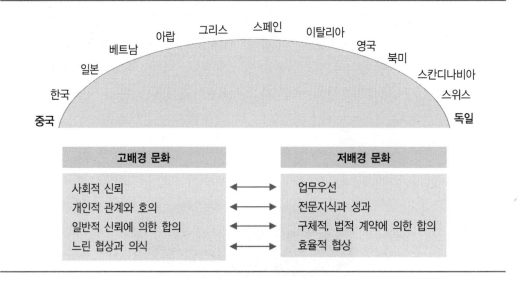

비언어 커뮤니케이션의 기능

신체언어는 거짓말이 아니라 진실을 말한다. 언어가 전달하지 못하는 다양한 의미를 담고 있다. 그러나 의미는 사용하는 사람의 감정상태, 습관이나 문화에 따라 다른 경우가 있다. 따라서 비언어는 맥락에서 이해해야 한다. 각각의 메시지는 사람이 느낀 것을 나타내는데 도움이 되는 비언어 단서(nonverbal cues)를 포함한다. 비언어 단서는 커뮤니케이션에 필수적이다. 에크만과 프리이센(Ekman & Friesen)은 비언어 커뮤니케이션의 기능에 대하여 모순기능, 강조기능, 규제기능, 보완기능과 대체기능 등을 제시하였다.

[표 10-2] 비언어 커뮤니케이션의 기능

기능	의미
모순(Contradicting)	언어 메시지에 상반되는 비언어적 수단의 의도적 사용
강조(Emphasizing)	언어 메시지를 강조하는 역할
규제(Regulating)	눈으로 보이는 행동들을 통해 언어를 제한하는 규제
보완(Complementing)	비언어로 전달하고자 하는 언어메시지 보완
대체(Substituting)	언어 메시지를 대신하는 역할

■ 모순기능

언어와 비언어는 대체적으로 일치하지만, 서로 다르게 전달되어 혼란을 주는 경우가 있다. 언어와 이에 동반되는 비언어 메시지가 상반된 뜻으로 전달될 수 있다. 언어 메시지와 비언어 메시지가 서로 상반될 때 비언어 메시지가 더 신뢰할 수 있다. 즉, 비언어가 언어적 메시지를 부정하게 되는 것이다. 송신자는 수신자에게 비언어 메시지가 전달되기 원하면서 비언어 메시지가 언어 메시지와 상반되는 의미의 메시지를 전달할 수 있다. 언어와 비언어 메시지 사이에 상충이 일어나는 모순된 커뮤니케이션을 이중구속(double bind)이라고 한다. 이러한 상호작용은 이중메시지(double-message)를 나타낸다.

■ 강조기능

비언어 단서는 언어 메시지를 강조하거나 역설한다. 말하는 중에 특정 단어를 크게 말하거나 문장에 특정 단어에 줄을 긋는 것은 다른 단어보다 더 강조하는 것이다. 사람들이 자신의 음성을 높이거나 낮출 때나 말의 속도를 느리게 할 때 고의적으로 일련의 말을 강조하는 것이다. 말하는 중에 얼굴을 붉히고 탁자를 치는 비언어적 행동은 언어 메시지를 강조하는 것이다. 이것은 모두 자신의 말을 강조하기 위해 사용하는 비언어 단서이다.

■ 규제기능

만일 특정인이 자신의 뒤에 사람이 있는 것을 모르면서 그를 흉본다면 대화 상대자가 몰래 눈짓을 하거나 툭 치는 등 비언어 행동으로 규제할 수 있다. 말로써 이를 규제하기란 매우 어렵다.

비언어로써 언어를 제한하는 것이 규제기능이다. 비언어 단서는 대인간의 상호작용을 규제하거나 통제할 수 있다. 규제기능은 주로 피드백 기능을 한다.

■ 보완기능

비언어 단서는 언어 커뮤니케이션의 내용을 보완하여 나타낸다. 예를 들면 상대방의 대화내용을 듣는 중에 '예'하면서 고개를 끄덕인다면 긍정의 대답을 보완하는 것이다. 의사전달과정에서 수신자가 전체 메시지를 이해하기 위해 송신자와 그 사람의 기분, 태도와 분위기 등을 이용하는데 이 때 비언어 커뮤니케이션 단서는 메시지 전달과 해독에 보완적 역할을 한다. 얼굴표정, 시선, 어조, 크기, 제스처, 몸동작 같은 비언어는 모두 언어를 보완하거나 강조하는 기능으로 의미 전달을 보다 뚜렷하게 한다.

■ 대체기능

비언어 단서는 자신의 의견이나 느낌을 말로 표현하기 어려울 때 사용된다. 극적인 감동이나 슬픔은 말로 표현하기 쉽지 않다. 이럴 때 무엇을 만지거나 두드리는 비언어적 동작은 언어적 행동의 상징으로 언어적 표현을 대신한다. 잡음으로 시끄러울 때 말없이 '이리 오라'는 손짓이 훨씬 유용하다. 또 엄지손가락을 치켜세우면 말이 없어도 '최고'라는 뜻을 전달한다. 이러한 것이 비언어의 대체 기능이다. 그러나 비언어 행동은 문화권마다 해석의 차이가 있을 수 있다.

 비언어 단서의 유형

비언어는 인간의 생각, 욕구, 의도, 감정, 느낌과 태도를 전달하는 작용을 한다. 언어를 대신할 뿐만 아니라 대화를 조절하고 대화내용을 명확하게 해준다. 또한 상호작용을 원활하게 해주고, 커뮤니케이션의 내용을 예측하게 하는 기능도 수행한다. 이러한 신체언어는 생물학적 의미 이외에 정치, 경제, 사회, 문화, 종교와 교육 등 복합적인 맥락을 포함한다. 비언어의 유형은 동작언어, 준언어, 공간언어, 촉각언어, 후각언어, 옷과 인공치장물, 색채언어, 시간언어와 기호학 등이 있다.

[표 10-3] 비언어 단서의 유형

유형	내용	전달경로
동작언어(Kinesics)	얼굴표정, 몸짓, 눈 동작, 자세, 걸음속도	시각
준언어(Paralinguistics)	음성단어를 구사하는 방법, 변화	청각
공간언어(Proxemics)	공간과 거리 사용방법	감정
촉각언어(Haptics)	포옹, 손잡기	촉각
후각언어(Olfactics)	냄새	후각
옷과 인공물(Artifacts)	외관, 스타일	시각
색채언어(Color)	옷의 변화와 환경색채	시각
시간언어(Chronemics)	침묵, 시간	감정
기호학(Semiotics)	상징, 숫자, 장식, 표시, 표지판	시각

■ 동작언어

동작언어(kinesics)는 움직임의 메시지로 언어에 의하지 않고, 몸짓·손짓·표정 등 직접적인 신체동작으로 의사나 감정을 표현·전달 또는 이해하는 행위를 연구하는 학문이다. 즉, 말을 할 때에 나타나는 몸짓, 손짓, 얼굴표정, 눈 동작, 자세와 걸음의 의미를 파악하는 것이다. 신체동작과 그 의미를 포착하면 상대방의 기분과 태도를 파악할 수 있기 때문에 신체언어로 감정을 읽는 것이다. 그래서 신체언어를 침묵의 언어라고도 한다. 상대를 응시하거나 회피하는 것, 어깨를 똑바로 하는 것, 입술에 미소가 피어있거나 냉소로 경멸을 보이는 것, 걸음걸이가 열망이나 불안을 나타내는 것 등은 비언어 커뮤니케이션 행위이다.

▷ 신체단서의 유형

피터 드러커(Peter Drucker)는 커뮤니케이션에서 가장 중요한 것은 상대방이 입으로 말하지 않은 것을 듣는 것이라 한다. 신체언어는 몸짓과 말이 일치하지 않는 행동실수가 거짓말할 때 단서가 자주 누출된다. 신체는 누출과 속임수 단서의 좋은 원천이다. 얼굴이나 음성과 달리 대부분의 신체동작은 감정에 포함된 두뇌의 영역과 직접적으로 연결되어 있지 않다. 그렇기 때문에 신체동작의 관찰은 어려울 이유가 없다. 사람들은 자신의 신체가 나타낸 것을 종종 느끼고 볼 수 있다. 속임수에 대한 비언어적 신호는 거짓말 할 때 발생하지만 진실을 말할 때 더 적거나 존재하지 않는 독특한 행동이다.

신체행동에서 누설되는 것을 거짓말을 하는 자들이 주로 무시하기 때문에 신체단서(bodily cues)가 누출되는 것이다. 또한 사람들은 누출과 속임수 단서를 제공할 수 있는 언어실수를 한다. 거짓말을 발견하는 것, 진실판단의 오류를 줄이는 것과 가능하지 않은 때를 아는 것 등은 신체언어로 가능하다. 특징적인 보행이나 자세로 다른 사람을 구별할 수 있다. 신체의 메시지는 다른 사람들이 의식적이든 무의식적이든 대인 상호작용을 효과적으로 촉진한다. 에크만(Paul Ekman)은 비언어 행동을 상징동작, 설명동작, 조절동작, 감정표현과 적응동작 등 다섯 가지로 분류하였으나, 여기에 거울동작을 추가하여 설명한다.

[표 10-4] 신체단서의 유형

분류	정의	보기
상징동작	언어로 변환하는 신중한 의도동작	엄지 세우기, 손을 흔들어 인사하기
설명동작	언어를 지지, 강화하는 신체단서	방향 안내
조절동작	말의 교대순서에 영향, 의도된 단서	머리 끄덕이기, 눈 귀띔
감정표현	감정상태를 반영, 비의도 동작	구부정한 신체, 자신 있는 신체
거울동작	상대방의 몸짓에 따른 맞장구	상대방이 하는 동작 따라 하기

상징동작

상징동작(emblem)은 말과 구절을 대신하는 비언어 동작신호이다. 이러한 신호는 한 단어나 한 구절로 대체될 수 있을 정도로 정교하고 구체적이다. 말없이는 대부분의 몸짓은 많은 의미를 갖지 못하지만 상징동작은 그렇지 않다. 상징동작은 말 대신 사용되거나 말이 사용할 수 없을 때 사용된다. 상징동작은 대부분 신중하게 수행된다. 오라는 의미의 '손을 흔드는 신호'나 괜찮다는 의미의 '엄지 세우기'처럼 몸짓은 의식적으로 전달하고 쉽게 전환되는 신체동작이다. 경매나 스포츠 심판 등이 사용하는 수화도 이에 해당된다.

상징동작은 한 문화집단에 속하는 사람들이 모두 아는 확실한 의미를 나타내는 동작이다. '어깨 으쓱하기'는 나도 모른다는 의미이고, '가운데 손가락 펴는 것'은 욕을 의미하는 동일한 문화권에서 통용되는 의미 행동이다. 따라서 상징동작은 한두 단어나 한 구절의 언어를 동작으로 전달하는 비언어 행위이다.

설명동작

설명동작(illustrator)은 이야기하는 내용을 설명해주는 동작이다. 단어나 문구를 강조하기 위해 강세 부호나 밑줄을 긋는 행동, 생각의 흐름을 나타내기 위해 마치 지휘를 하듯이 허공에 손짓을 하는 것이나 말하는 내용을 반복하거나 강조하기 위해 허공에 그림을 그리는 동작이다. 설명동작은 발화와 직접적으로 관련이 있는 몸짓이다. 요점을 강조하거나 의미를 반복하거나 보충할 때 사용된다. 따라서 설명동작은 언어 메시지를 수반하거나 강화하는 비언어동작이다. 언어로 전달되는 내용과 함께 또는 직접적 관련을 갖고 사용되는 비언어 행위이다. 이는 지지하거나 강화함으로써 언어의 이해를 향상하는 데 사용되는 신체단서이다. 말을 대변하는 것이 아니라 특정 의미를 부각하는 것이다. 예를 들면, "예"를 말할 때 고개를 끄덕이는 것이다. 축구 경기에서 선수가 골을 넣는 장면을 보고 있던 관중이 "이겼다" 하면서 두 손을 들어 올릴 경우 이 행동은 이겼다는 언어표현을 강조한다.

손은 공간 속에서 그림을 그릴 수 있고 들은 것을 반복하거나 확대하는 행동을 보일 수 있다. 비록 눈썹과 위 눈꺼풀 동작이 종종 강조하여 설명동작을 제공하더라도 통상 언어를 설명하는 동작은 손이다. 설명동작을 하는 이유가 있다. 설명동작은 듣는 것과 관련성이 있을 때 증가한다. 사람들은 분노하고, 공포에 떨고, 매우 동요하고, 비탄에 빠지거나, 매우 열중할 때 더 많이 설명동작을 하는 경향이 있다. 관심이나 열중을 위장하는 사람들은 설명동작이 증가하여 자신의 언어를 잘 수행하지 못한다.

설명동작은 상징동작과 종종 혼합되지만 구별하는 것이 중요하다. 설명동작은 단어로 설명하기 어려운 아이디어를 설명하기 위해 사용된다. 손가락을 잡아채거나 뻗는 것은 단어를 발견하는 데 도움이 된다. 거짓말을 할 때 상징동작과 설명동작의 빈도수가 정반대로 나타난다. 상징동작과 설명동작의 차이점은 움직임과 메시지의 정확성이다. 상징동작은 움직임과 의미하는 메시지가 모두 정확하게 정해져 있다. 설명동작은 다양한 움직임이 포함될 수 있다. 상징동작은 말을 대신할 수 있고 말을 대신할 수 없는 상황에서 사용되기도 하나 설명동작은 반드시 설명할 때에만 더불어 쓰인다.

조절동작

조절동작(manipulators)은 커뮤니케이션의 흐름을 통제하는 비언어 동작이다. 조절동작은 신체의 일부를 매만지기, 주무르기, 잡기, 꼬집기, 긁기, 머리 만지기, 입술 깨물기, 입술 빨기, 입술 닦기, 턱 불기 등의 하나가 다른 신체 부분을 조절하는 것이다. 조절동작의 수행자는 손, 귀, 코나

가랑이이다. 조절동작은 주로 얼굴 안에서 수행된다. 상대방이 말할 때 고개를 빠른 속도로 계속 끄덕이는 행위는 말을 빨리하고 끝내라는 의미이다.

　대화를 멈추기 원할 때 입을 막거나, 흥미가 없을 때 창문을 응시하거나 눈길을 돌리고, 지루할 때 시계를 보거나 하품을 하는 경우이다. 만일 다른 사람의 조절동작을 무시하거나 알지 못한다면 무례나 둔감으로 비난을 받을 것이다. 조절동작을 적응동작(adaptors)이라고도 한다.

　사람들은 자신의 특징이 되는 조절동작의 개별적인 유형이 있다. 아무도 사람들이 좋아하는 조절동작에 대해 갖고 있는 이유나 특별한 개인이 특유한 조절동작을 갖지 않는 이유를 발견하려고 하지 않는다. 어떤 조절동작은 불편한 것 이상으로 폭로한다는 증거가 있다. 어떤 사람들은 대부분의 상황에서 다른 사람들보다 더 많이 조절동작을 하는 경우가 있다. 조절동작이 불편한 신호, 신경질적인 행동이라는 것은 일반적인 민속학의 일부이다.

감정표현

　감정표현(affect displays)은 감정을 보이기 위해 사용되는 얼굴과 신체의 비언어 동작이다. 감정표현은 사람의 감정상태를 반영하는 신체동작이다. 얼굴이 경험하는 감정의 주요 지표이고 감정의 강도를 나타내는 것은 신체이다. 감정상태를 나타내는 것은 얼굴표정이나 신체접촉 행위이다. 감정표현은 언어표현을 반복하거나 상반되거나 관련이 없는 경우도 있다. 예를 들면, 어떤 사람이 패배하거나 슬럼프에 빠진 경우 조용하고 동작이 없고, 자신감이 있거나 승리에 차 있는 경우는 빠르고 활발하다. 감정이나 느낌의 표현이 부족한 사람들은 다른 사람들과 의미 있는 관계를 맺는 것이 어렵다.

거울동작

　거울동작(mirroring)은 상대방의 몸짓을 그대로 따라 하는 맞장구 동작이다. 목적은 두 가지가 있다. 첫째, 대화에 동참하는 모습을 보여줌으로써 상대방으로부터 편안함을 느낀다는 것을 보여주는 방법이다. 즉, 상대방이 대화를 편안히 진행하도록 한다. 이것은 호감이나 동의를 나타내는 단서이다. 예를 들면, 상대방이 몸을 앞으로 기울이거나 뒤로 기대면 그대로 따라서 하는 것이다. 이외에도 발화패턴, 음성의 강약, 숨소리까지도 비슷하게 따라서 한다. 거울동작은 상대방의 행동 후 10~20초 후에 이루어져야 자연스럽다. 둘째, 상대방의 의견을 존중하고 수용한다는 것을 의미한다. 상대방이 마음을 닫고 있거나 저항할 때 거울동작은 상대를 편안하게 해주는 방법이다. 이러한 동작으로 상대방이 마음을 개방하고 수용적인 자세를 취하게 되어 공감적인 원활한 의사소통이 이루어질 수 있게 된다.

▷ 신체언어의 종류

신체언어 중에서 거짓말 탐지에 가장 중요한 얼굴, 눈, 몸짓 등을 설명한다.

① 얼굴

말 다음으로 중요한 요소는 표정이다. 표정은 자아의 표시이자 상징으로 사람들을 구별하는 많은 정보를 제공하는 중요한 부분이다. 또한 감정은 표정을 통해서 드러난다. 목소리나 몸짓은 표정만큼 많은 정보를 제공하지 못한다. 거짓말하는 사람은 말과 표정에 많은 주의를 기울인다. 사람들은 자기 표정을 잘 인식하지 못하며 대부분 표정에 관심을 잘 기울이지 않기 때문에 말보다는 표정에서 거짓말 단서를 더 많이 찾을 수 있다. 표정은 감정과 연관된 두뇌 영역과 직접적으로 연결되어 있지만 말은 그렇지 않다. 감정이 고조되면 자신도 모르게 안면근육이 경련을 일으킨다. 이처럼 표정은 이중적이어서 위장하거나 왜곡할 수 있다.

얼굴표정의 의미

얼굴표정은 개인의 성격, 관심, 반응에 대한 정보 및 감정의 상태를 전달해주는 다면적 메시지 체계이다. 얼굴표정이 나타내는 의미는 다양하다. 첫째, 얼굴표정은 상호작용 당사자가 유쾌하거나 불쾌한 판단을 가능하게 해준다. 둘째, 개인이 접촉하는 동안 얼굴은 관심이나 몰입 등의 긍정적 의사와 무관심, 반대 등의 부정적 의사를 전달한다. 셋째, 얼굴은 어떤 상황에 대한 몰입의 정도를 나타낸다. 넷째, 얼굴은 접촉하는 동안 반응이 자발적인가 통제하는가의 정도를 나타낸다. 다섯째, 얼굴은 이해나 공유의 정도를 나타낸다. 여섯째, 얼굴은 감정의 주요 전달자이다. 얼굴표정에 나타난 감정을 읽는 능력은 다른 사람의 느낌에 반응할 수 있는지를 결정한다. 일곱째, 얼굴 특징은 다른 사람을 확인하고 식별하는데 사용하는 가장 분명하고 신뢰할 수 있는 수단이다. 이외에도 얼굴은 신체적 매력성과 접근성을 판단하는 데 매우 중요한 영향을 준다.

[그림 10-3] 얼굴표정의 의미

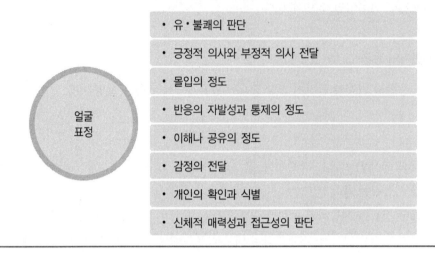

얼굴위장

진실한 감정을 커뮤니케이션할 때 전형적인 얼굴표정을 보이지만 공개적으로 메시지를 커뮤니케이션할 때는 얼굴을 의식적으로 통제함으로써 표정을 연출을 한다. 얼굴을 위장할 때 나타나는 미세표정은 순식간의 감정변화를 노출하고 개인이 감정을 위장하거나 은폐할 때 감정상태가 보통 나타난다. 대인간 기만에 관여할 때는 얼굴표정을 의식적으로 통제한다.

얼굴위장을 위해 어떤 기법을 사용하는가? 첫째, 얼굴표정을 수정한다. 원래 표정을 수정하고 다른 표정을 추가하는 것이다. 둘째, 얼굴표정을 조절한다. 실제로 느낄 때 다소간 강한 느낌을 반영하기 위해 간단히 표정의 강도를 조절한다. 셋째, 직접적으로 왜곡한다. 이것은 어떤 감정을 실제로 느낄 때 느끼지 않은 감정을 자극하고 아무 것도 보이지 않음으로써 감정을 무력화한다. 실제로 느끼지 않는 감정은 보이지만 느낀 감정을 숨긴다.

[그림 10-4] 얼굴 위장의 유형

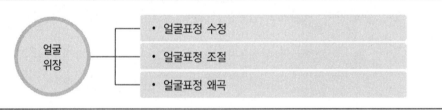

아무리 얼굴을 계획적으로 위장하더라도 예리한 관찰자는 다수의 단서를 포착한다. 예를 들면, 얼굴표정은 말이나 행동으로 인해 동시적이지 못하고, 단지 몇 분의 일 초 동안만 얼굴에 표정이 나타나는 무의식적인 단서이다. 미소로 시작한 것은 찡그린 표정으로 나타나고 그런 다음에 미소로 재구성된다. 이런 표정은 아주 빨리 사라지는 감정변화일 뿐만 아니라 감정상태를 위장하거나 은폐하려고 할 때 대체로 나타나는 현상이다. 입이나 눈썹의 경련은 전달되는 감정이 실제 느낀 감정이 아니라는 것은 충분하다. 한편 정상적인 대인관계를 경험하는 데 시달림을 받은 개인들을 어렵게 함으로써 뫼비우스 신드롬(Möbius syndrome)[8]이라 하는 미소를 짓는 신체적 능력의 결핍은 끊임없이 찌푸린 표정을 보인다.

② 눈

눈은 속내를 그대로 드러내기 때문에 마음의 창이다. 눈은 대인간의 접촉을 시작, 유지와 종결하기 위해 사용하는 대인간 커뮤니케이션이다. 눈은 관계를 수립하거나 증진하려는 행동의 동기성이나 느낌을 파악할 수 있는 단서를 제공한다. 눈으로 보내는 메시지는 다양한 방법으로 해석되지만 눈 동작에는 세 가지 핵심 기능이 있다. 첫째, 눈은 관심과 감정적 관여의 정도를 나타낸다. 둘째, 눈은 설득의 판단, 권위나 복종의 정도를 파악할 수 있다. 셋째, 눈은 대인간 상호작용을 규제한다. 눈 접촉의 정도와 방법은 상호간의 관계에 많은 영향을 미친다.

[그림 10-5] 눈 동작의 핵심적인 기능

- 관심과 감정적 관여의 정도
- 설득의 판단과 권위
- 복종의 지각
- 대인간 상호작용 규제

눈 동작

말을 들을 때는 대체로 상대방의 눈을 더 많이 응시한다. 눈 접촉이 많을수록 더 좋게 평가되며 진정성이 전달되어 상호간의 적극적인 관계가 성립된다. 대화중에 상대방의 눈이 아닌 주위를 응시하는 것은 상대방을 회피하는 것으로 보여 경멸이나 무시하는 태도로 오해받을 수 있

---

8) 안면신경 마비로 표정을 짓거나 눈동자를 좌우로 움직일 수 없는 선천성 희귀질환.

다. 눈 접촉이나 상대방의 응시회피는 은폐, 자신감 부족이나 이해부족으로 오해받을 수 있다. 대화중 상호작용은 눈 접촉의 증가와 상관관계가 있으나, 빈번한 시선 회피는 복종과 회피의 양면적인 인상을 생성하기도 한다. 눈 접촉은 커뮤니케이션의 채널이 개방적인지를 알려준다. 눈 접촉을 하지 않는다면 상호작용을 회피하는 인상을 받을 수 있다. 동공은 감정을 판단할 수 있는 신뢰 가능한 지표이다. 말하는 것에 관심이 있을 때 눈 깜빡거리는 속도는 감소하고 동공은 확대되지만, 흥미가 없을 때 동공은 수축된다. 긍정적인 것을 경험할 때는 동공은 확대되지만, 부정적인 것을 경험할 때는 동공은 수축된다. 동공의 확대는 대부분 심리적인 요인으로 유발되나, 잘 생긴 사람을 보거나 혐오스런 모습을 보면 동공이 확장되고, 동공확대는 스스로 통제하기 어렵다.

응시는 일방응시, 상호응시와 회피가 있다. 일방응시는 매력적인 사람에게 끌려 쳐다보는 것처럼 일방적인 관심의 표시이다. 상호응시는 마주보기나 눈 맞춤처럼 서로가 쳐다보는 행위이다. 상호시선을 교환하고 대화의 준비, 상대방에 대한 호의나 동의의 표시이다. 관심이나 적대감이 많을수록 상호응시 행동이 빈번하게 오래 일어난다. 이와 달리 모르는 타인응시는 자칫 할 말이 있다는 것으로 비쳐 오해를 살 수 있다. 시선회피는 자신감이 없거나 거짓말할 때 본능적으로 발생하는 행동이다. 아래쪽으로 향하는 시선회피는 적대감이 없는 경우이고, 옆이나 위쪽으로 향하는 시선회피는 상대방의 주장에 동의하지 않거나 대립적인 경우이다.

응시의 기능은 감정을 표현하고, 대화의 흐름을 조절하고, 현재의 관계를 표현한다. 따라서 응시는 놀람, 공포, 분노, 혐오감, 슬픔이나 행복, 기쁨, 흥분, 감격 등을 표현한다. 예를 들면, 학생들이 설명을 들을 때는 응시하다가도 교수님이 질문하면 학생들은 교수님과 눈을 마주치지 않으려고 시선을 피한다. 또 교수님은 학생들이 이해가 되는지를 파악하여 강의를 진행하기 위해 학생들을 응시한다. 이와 같이 응시는 커뮤니케이션의 흐름을 조절하는 기능을 한다. 지위가 낮은 사람은 높은 사람을 많이 응시한다. 또 친밀한 사람이 많이 상대를 응시한다. 상대방을 위협하거나 적대감이 있을 때도 많이 응시한다. 이처럼 응시는 현재 대화자와의 관계를 설정하고 표현하는 것이다.

③ 몸짓

몸짓(gesture)은 생각을 표현하거나 음성을 강조하거나 표현하기 위해 만들어진 손, 발이나 몸의 동작을 말한다. 몸짓은 태도나 의도를 나타내는 신호나 형식으로 이루어진 행동이나 발언이다. 의사소통을 하기 위해서 손, 발, 표정 등과 같은 몸을 사용하는 기호이기도 하다. 가시적인 육체적 행동이 말을 대신하거나 말과 결합하여 특정한 메시지를 전달하는 비언어 커뮤니케이션의 한 형태이다. 몸짓은 손, 얼굴이나 신체의 다른 부분의 동작을 포함한다. 몸짓은 개인들에게 경멸과 적대감부터 인정과 애정까지 말할 때 단어뿐만 아니라 신체언어와 함께 종종 다양한 느낌과 생각을 전달한다.

몸짓을 통해 개인은 경멸과 적대감에서 승인과 애정에 이르기까지 다양한 언어와 감정을 의사소통할 수 있다. 이러한 몸짓에는 네 가지 속성이 있다. 첫째, 몸짓은 무의식적으로 체화되어 있다. 자신이 어떤 몸짓을 구사하는지 잘 자각하지 못한다. 둘째, 몸짓은 지문처럼 개인의 고유한 특성이고 개성이다. 몸짓을 보면 특정인을 구분할 수 있는 것은 몸짓이 사람마다 다르기 때문이다. 셋째, 몸짓은 사회적 약속이다. 몸짓이 사람마다 조금씩 다르긴 해도 일정한 공통점이 있어 소통이 가능하다. 몸짓이 사회적 약속이므로 문화가 다르면 상이한 의미를 나타내는 경우가 많다. 넷째, 몸짓은 음성언어보다 근원적인 기호이다. 몸짓의 사용은 음성언어보다 훨씬 먼저 사용되었다. 그리하여 몸짓은 인간이 사용하는 언어의 근원이므로 몸짓과 음성언어가 충돌할 때 몸짓을 더 신뢰한다.

[그림 10-6] 몸짓의 속성기능

- 무의식적으로 체화
- 개인의 고유한 특성
- 사회적 약속
- 근원적인 기호

부시(George Walker Bush) 미 대통령이 1993년 호주를 방문하였을 때 일이다. 리무진 안에서 두 손가락으로 'V'를 표시하였는데 호주 신문에 호주 국민을 모독한 대통령이라고 보도되었다. 손등을 앞으로 내보이면 영국이나 호주에서는 욕인 것을 모르고 한 행동이다. 이처럼 몸짓은 문화에 따라서 매우 다른 경우가 많다. 그러나 양손의 손바닥을 보여주는 것은 아무 것도 숨기지 않았다는 것을 의미한다. 몸짓의 정확한 의미를 파악해야 메시지를 이해할 수 있다. 몸짓과 언어의 조화나 부조화를 포착하기 위하여 주의 깊은 관찰이 필요하다.

부시(George Bush) 전 미국 대통령이 1993년 호주를 방문하였다. 리무진 안에서 두 손가락으로 'V'를 표시하였는데 호주 신문에 호주 국민을 모독한 대통령이라고 보도되었다. 손등을 앞으로 내보이면 영국이나 호주에서는 욕인 것을 모르고 한 행동이다. 이처럼 몸짓은 문화에 따라서 매우 다른 경우가 많다. 몸짓의 정확한 의미를 파악해야 메시지를 이해할 수 있다. 몸짓과 언어의 조화나 부조화를 포착하기 위하여 상대방에 대한 주의 깊은 관찰이 필요하다.

열린 신호는 팔이 벌어지지 않고 몸통 양측에 가지런히 놓고, 손바닥은 노출되며 다리도 꼬지 않는 자세이다. 이런 자세는 개방적이며 수용적인 자세이다. 마음을 열고 상대방의 접근을 허용하며 상호작용에도 적극적인 신호이다. 반면 닫힌 신호는 팔짱을 끼고 다리를 꼬고 상대방과 반대로 자세를 취하는 자세이다. 이러한 자세에서는 상대방의 접근을 허용하지 않고 상호작용에도 부정적이다. 머리를 숙이는 것은 실제보다 작게 보여 위협적이지 않도록 하는 것이다. 몸을 웅크리는 것은 낮은 지위를 의미한다. 여성은 좋아하는 사람과 함께 앉아 있으면 팔이 벌어지고 그렇지 않으면 가슴 앞으로 팔짱을 끼는 경향이 있다. 이처럼 열린 자세와 닫힌 자세는 그 동작의 방향이나 의미가 거의 반대이다.

- 머리 흔들기: 질문을 받았을 때 머리를 흔든다. 머리를 끄덕이면 예를, 머리를 좌우로 돌리면 부정을, 고개를 갸우뚱거리면 곤란할 때이다.
- 손짓: 손바닥을 벌리는 것은 결백, 정직, 충실과 복종을 의미한다. 손바닥을 위로 향하는 행위는 거지가 돈이나 음식을 요구할 때, 손바닥을 아래로 향하는 행위는 우세함을 보일 때이다. 자신의 결백함을 보이고 싶을 때 손바닥을 보여준다. 양 손바닥을 문지르는 것은 긍정적인 기대를 하고 있다는 것이다.
- 악수: 악수는 인사·감사·화해 등의 뜻으로 두 사람이 손을 마주 내어 잡는 동작이다. 손바닥을 아래로 하는 것은 좀 우월함, 손바닥을 위로 보이는 경우는 타협이나 순종을 의미

한다.

- 다리 몸짓: 다리를 꼰 자세는 부정적이거나 방어적인 태도를 나타낸다. 가슴에 팔을 X자로 얹는 것은 마음과 신체상위 부분을 보호하기 위한 행위이다. 다리를 꼬는 것은 논쟁적이거나 쟁의적인 태도를 나타내기도 한다.
- 팔짱 끼기: 아무도 없을 때 팔짱은 자기 접촉이라는 위로의 감정이 담겨져 있어 안정감을 가져다준다. 이에 비해 다른 사람들과 함께 있을 때 혼자 하는 팔짱에는 중립으로 방관자적 태도이다. 상대와 말할 때 팔짱 끼는 행위는 상대의 의견에 별다른 공감을 느끼지 못한다는 자세이다. 옆 사람의 팔에 자기 팔을 끼는 팔짱은 다정함을 남에게 보이기 위해서 하는 동작이다. 남녀 간 팔짱을 끼는 행위에서 여성이 남성의 구부린 팔에 손을 얹게 되는 것은 상징적이며 서로의 소유권을 나타내는 신호로 보고 있다(Desmond Morris). 이런 신체 접촉 형태는 여성들이 남성에 대한 소유력, 지배력, 경외심을 인정하고, 남성의 주도권이나 권력이 자연스럽게 사회적 관습 속에서 구현되고 있다.

[표 10-5] 몸짓의 자세와 의미

	자세	의미
머리	머리를 수그림, 눈을 내리 깔기	지루함
	머리 두드리기	자신감의 결핍, 불안
눈	눈 비비기	불신
	아래를 봄, 시선 외면	불신
코	코 만지기, 눈 감기	부정적인 평가, 거절, 의심
턱	턱을 친다.	결정하기 위한 노력
팔	팔을 접고 자신을 감싸기	자기방어, 가슴의 방어, 후퇴
	드레스를 꽉 조이는 코르셋	신체적 손상에 대한 두려움
	가슴에 팔을 교차시켜 얹음	방어
	어깨 움츠리기, 손바닥 내놓기	수동적 무력
손	등 뒤로 손을 움켜쥠	화, 좌절, 염려
	어깨 숙임 주머니에 손을 넣고 걷는 것	평가, 생각
	손 비비기	기대
	엉덩이에 손을 얹고 섬	준비, 신속성
	편 손바닥	솔직, 정직, 결백
	머리 뒤로 손을 깍지 끼고 앉음, 다리를 꼼	확신, 우월
	손가락으로 두들기기	조바심
	손톱 물어뜯기	불안정, 불신

	거만하게 다리 꼬기(여성)	자기방어, 물러나기
다리	다리 꼬기를 풀기	희롱
	다리를 꼬고 앉아 약간의 발길질을 함	지루함
	다리를 벌리고 앉음	편안함
	과시하는 듯한 다리 꼬기(여성)	희롱
	골반의 부동	성적 억제
	생기 있는, 똑바로 선 걸음	자신감
	고정된 발목	우려
몸통	똑바로 서기, 군인다운 태도(남성)	근심 감추기
	태도를 깔끔히 하고 똑바로 서기(여성)	근심 감추기
	뽐내는, 태도에 영향을 미치는	희롱과 부끄러움 간의 대립
	늘어진, 생기 없는, 움직이지 않는	속수무책, 도움 요청
	의자에 바짝 달라붙기, 성적 몸가짐	성적 충동 표출하기
	엉덩이에 손을 얹고 섬	준비, 신속성

■ 공간언어

공간언어(proxemics)는 공간과 거리를 사용하는 방식으로 공간과 거리의 대화이다. 상대방과 이야기할 때도 허락되는 거리가 있어 너무 가깝거나 멀게 되면 불편을 느끼게 된다. 공간과 거리의 사용은 자신에 대하여 어떻게 느끼는가와 다른 사람에 대하여 무엇을 생각하는가를 나타낸다. 일반적으로 커뮤니케이션의 요구와 혐오를 알리기 위해 물리적 근접과 거리를 사용한다. 가까울수록 서로를 좋아하는 기회는 더 커진다. 근접이나 근접의 결여는 인간관계에서 지배적이거나 복종적인지를 나타낸다. 복종적이라고 느낄수록 상호작용 거리를 더 감소하려고 한다. 사생활과 사회적 접촉 욕구, 우호성이나 비우호성과 외향성이나 내향성의 지각은 공간적 관계를 반영한다. 공간적 관계는 가깝거나 먼 관계이다. 에드워드 홀(Edward Hall)은 상호작용의 종류를 네 가지 거리로 구별한다.

[그림 10-7] 공간언어

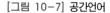

친밀한 거리 0~45cm	개인적 거리 45~120cm	사회적 거리 120~360cm	공적 거리 360cm이상

▷ **친밀한 거리**

친밀한 거리(intimate distance)는 피부 접촉에서 다른 사람의 45cm 범위이다. 이 거리에서 신체적 접촉은 정상적이다. 이 거리는 보통 신뢰하고 감정적 유대를 공유하는 사람과 함께 친밀감을 공유하는 한편 신체적 다툼과 성희롱에 사용되는 거리이기도 하다. 연인이나 부모님, 배우자, 자녀, 친한 친구 등이 해당된다.

▷ **개인적 거리**

45cm에서 120cm에 이르는 개인적 거리(personal distance)는 친밀한 거리보다 덜 가깝거나 개인적이다. 가족이나 서로 친한 친구 사이의 거리이다. 이 거리에서 다른 사람의 손을 잡고 흔들 수 있지만, 단지 비공식적으로 대화를 할 가능성이 높다. 만일 개인과 친밀한 거리 간의 간격을 일방적으로 접근한다면, 상호작용하는 사람을 불편하게 만든다. 반면 거리를 넓힌다면 그를 거절하는 것이 된다. 사교 모임, 친구들과의 만남, 어느 정도의 친분이 있는 사람과의 거리이다.

▷ **사회적 거리**

사회적 거리(social distance)는 120cm에서 360cm이다. 개인 혹은 집단 간의 친근성 정도를 말한다. 공감에 기인한 이해도가 친근성의 정도로 나타난다. 사회적 집단 등 사회의 공식적, 비공식적 관계에서의 거리이다. 이 거리에서 개인적인 문제에 대해서는 이야기를 적게 하는 경향이 있고, 팔을 뻗을 만한 거리를 유지할 수 있고, 사업을 경영하거나 사적이거나 개인적인 것이 아닌 문제를 토의한다. 식사, 회의 중에 많은 토론은 사회적 거리 범위 내에서 개최된다. 이 경우 개인 간 또는 집단 간의 수평적 거리와 함께 사회계층이나 지위의 차이로 인한 수직적 거리도 존재한다. 집단 외적 감정이 많아지면 사회적 거리는 멀어져 집단과 조직의 해체를 갖고 온다. 낯선 사람과의 거리이다.

▷ **공적 거리**

공적 거리(public distance)는 360cm 이상으로 커뮤니케이션은 큰 목소리와 몸짓에 의해서 이루어진다. 낯선 사람과 커뮤니케이션하거나 큰 집단에서 발언하기 위해 상호작용으로부터 자신을 물리적으로 제거하기 위해 사용되는 거리이다. 공적 거리는 대규모의 연설이나 군중을 상대로 할 때의 거리이다.

■ 촉각언어

신체접촉행위는 인간 상호 간의 감정이나 느낌을 전달하는 가장 기본적이고 보편적으로 요구되는 신호이다. 촉각언어(haptics)는 인간과 인간의 신체가 접촉하면서 이루어지는 의사소통으로 보통 매우 친밀한 관계 안에 포함된다. 접촉은 신체의 부분, 상황, 시간과 장소에 따라 의미하는 바가 다르다. 손, 팔, 다리, 발 등 모든 신체 부분의 접촉이 의미하는 것에 차이가 있다. 또 기쁨, 행복이나 호의와 불쾌, 적대감과 같은 감정에 따라서도 차이가 있다. 접촉은 손, 팔, 머리, 어깨, 무릎 등 상체에서 주로 일어난다. 기타 머리, 몸, 어깨나 팔 흔들기, 스치기, 만지기, 핥기, 깨물기, 쥐기, 차기, 간질이기나 키스하기 등이 있다. 보통 성적 의사소통의 일부는 더 밀접한 관계로 발전하는 데 도움이 되고 개인적 관계를 맺거나 유지하는 주요한 요인이다. 인정할 만한 접촉의 양은 문화적으로 다르다. 이러한 접촉은 개방성, 관계의 편안함과 느낌을 표현하는 능력과 긍정적인 상관관계가 있다.

[그림 10-8] 신체접촉의 기능

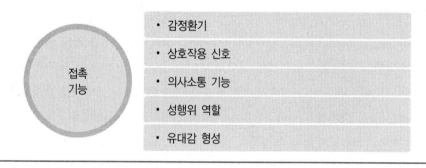

신체접촉이 갖는 기능과 의미를 파악해 본다(Samovar and Porter). 첫째, 신체접촉은 감정을 환기한다. 신체접촉은 감정이나 느낌을 환기하여 상대방과의 이해를 높이는 상호작용이다. 둘째, 신체접촉은 상호작용 신호이다. 인사, 악수나 껴안는 것 등은 상호작용하는 의사소통이다. 셋째, 의사소통 기능을 한다. 신체접촉은 인사, 경의, 찬사, 친밀, 적대, 불쾌나 위협을 표현하는 정보이다. 넷째, 신체접촉은 이성 간의 생물학적인 성행위 역할을 한다. 모든 문화에서 유사하다. 기타 신체접촉은 유대감을 형성한다. 동료와 협력적인 관계와 연대감을 형성한다. 그러나 신체접촉의 부위를 상대방과의 관계에 따라서 접촉의 의미가 다르기 때문에 자칫 성희롱이 되지 않도록 세심한 주의를 해야 한다.

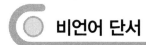

비언어 단서

　몸은 많은 것을 표현하는 언어이다. 거짓말을 하는 자들은 표정보다는 말에 더 많은 신경을 쓴다. 그들은 언어에 신중하다 보니 보통 사람들보다 훨씬 적게 제스처를 사용하기도 한다. 거짓말을 하는 자는 진짜 감정을 억제하고 가짜 감정을 드러내야 하기 때문에 자기도 모르게 유출하는 감정이 있다. 진실은 듣는 것이 아니라 보는 것이다. 진실을 보는 것도 일정한 원칙이 있다. 연구결과에 의하면 거짓말을 하는 자가 주의를 기울이는 정도가 약한 순서는 자율동작, 발과 다리 동작, 몸통 동작, 어깨, 팔, 손동작, 얼굴 표현, 목소리와 말 순이다. 따라서 은폐가 적고 노출이 많은 순서이기 때문에 다른 단서보다 더 많은 단서역할을 한다.

[그림 10-9] 비언어 단서의 신뢰 수준

- 신체 자율 동작
- 발과 다리 동작
- 몸통 동작
- 어깨, 팔, 손동작
- 얼굴 표현
- 목소리와 말

신뢰 수준

[표 10-6] 일반적 단서와 발견되기 쉬운 단서

■ **거짓말할 때 나타나는 일반적 단서**
- 거짓 미소를 보일 때 안면근육을 매우 적게 사용한다.
- 눈 깜빡임이 자주 나타난다.
- 동공이 확대된다.
- 손이나 팔을 함께 비비고 코의 한쪽을 긁거나 입을 가린다.
- 몸 자세를 자주 이동한다.
- 분명히 그리고 더욱 신중하게 발음한다.

- 다른 때보다 더 천천히 그리고 적게 말한다.
- 보통 때보다 더 많은 오류와 주저를 포함한 말을 보인다.
- 음높이를 더 높인다.
- 복합적인 메시지를 전달한다.

■ **거짓말이 발견되기 쉬운 경우**

- 고의적으로 감정을 은폐한다.
- 숨긴 정보를 유지하려고 한다.
- 죄책감을 느낀다.
- 이야기가 거짓말에 의해 충족된다.
- 준비가 되지 않았다.

■ 동작단서

신체단서의 유형인 상징동작, 설명동작, 조절동작, 거울동작의 단서를 설명한다.

▷ 상징동작

메시지를 표현하기 위해서 상징동작은 선택되지만 예외는 있다. 몸동작 실수는 사람들이 사실을 은폐하려고 하는 정보를 누출하는 상징이 된다. 이와 같이 거짓말은 사실과 다른 새로운 것을 꾸미거나 숨기는 과정이기 때문에 진짜 감정을 은폐하고 거짓 감정을 노출하는 행동에서 많은 실수가 의식적으로나 무의식적으로 노출된다. 상징동작 실수는 어떤 사람이 노출하려고 하지 않는 메시지의 진짜 신호로써 신뢰할 수 있다. 왜냐하면 상징동작이 거짓말하는 동안에 새나가는 것은 의도적으로 메시지를 전달하려고 하기 때문이다.

상징은 특유의 메시지를 갖고 있기 때문에 상징동작 실수는 언제나 모호한 것은 아니다. 말실수처럼 몸짓에도 상징동작으로 인해 숨기려고 하는 정보가 누설되는 실수가 있다. 즉, 숨겨진 정보를 드러내는 실수이다. 거짓말이 누설되는 경우에는 상징이 한 가지 동작만 보이는 데다 완전하지도 않다. 이러한 과정에서 나타나는 은폐정보와 신중하지 않은 메시지를 노출하는 상징동작의 실수 유형이 네 가지가 있다.

[그림 10-10] 상장동작의 실수 유형

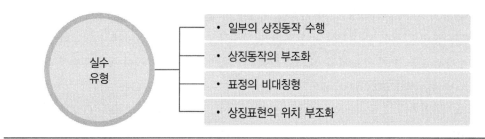

일부의 상징동작 수행

전체 행동이 아니라 상징의 일부분만이 수행된 때이다. 예를 들면, 어깨 으쓱하기를 상징하는 동작이 나타날 때 단지 하나의 요소가 나타나고, 심지어는 완전하지 않은 경우이다. 한쪽 어깨를 올리면 거짓 감정이고, 움켜쥔 주먹은 억압된 분노를 가리킨다. 일부동작이 종종 나타나는 유형은 양어깨 올리기, 손바닥 높이기, 이마를 올리고 위 눈꺼풀을 축 늘이기, 말굽 모양의 입을 만드는 얼굴 동작, 모든 행동을 결합하기, 옆머리 기울기 등이 있다.

상징동작의 부조화

의미와 행동이 맞지 않는 상징은 신중한 행동이기 보다는 오히려 실수이다. 한쪽 어깨가 올라가나 매우 높지는 않은 경우이다. 아랫입술을 밀어 올라가거나 손바닥이 가볍게 보인다. 손은 앞과 위로 자주 반복적으로 찌른다. 이러한 상징은 오히려 실수이기 때문에 일반적인 표현 위치에 있지 않다. 대부분의 상징은 허리와 목 부분 사이 사람 면전에서 바로 수행된다.

표정의 비대칭형

진실한 표정은 보통 대칭형이지만 꾸민 표정은 비대칭형이다. 속이는 자는 불완전하거나 어색한 몸짓을 연출한다. 예를 들면 한 어깨가 어색하게 기울어져 있다든가 팔 동작과 어깨 동작이 어울리지 않는 경우이다. 상징동작이 어울리지 않는 상황에서 사용될 때는 상대방이 감정을 억제하고 있다는 것이다.

상징표현의 위치 부조화

누출상징은 결코 표현 위치에서 수행되지 않는다. 거짓말을 하는 자는 이러한 누출상징을 반복적으로 보이지만 거짓말을 하는 자나 그의 희생자는 보통 이런 것들을 알아채지 못한다. 또 상징동작이 일반적인 위치에서 나타나는 것이 아니라 엉뚱한 위치에서 동작이 이루어지는 경우이다. 대부분의 상징은 사람의 정면, 허리와 목 사이에서 이루어진다. 일반적인 위치에서 일어나는 상징동작과 달리 감정이 은연중에 누설되는 상징동작은 일반적인 위치에서 일어나지 않는다. 모든 거짓말을 하는 자가 상징동작 실수를 저지르는 것은 아니지만, 일단 상징동작의 실수가 일어났다면 상당히 믿을 만한 단서이다.

▷ **설명동작**

설명동작은 이야기하는 내용을 설명해주는 동작이다. 거짓말을 할 때 설명동작이 줄어드는 경향이 있다. 평상시보다 적게 설명동작을 하는 것이 다름 아닌 기만단서가 된다. 대체로 거짓말 하는 동안에는 상징동작 실수가 증가되지만, 설명동작은 보통 감소한다. 그래서 설명동작이 감소하는 것은 기만하고 있다는 이유가 분명하다.

기만탐지자는 설명동작을 해석할 때 더욱 신중해야 한다. 사전의 행동습관을 알지 못한다면 설명동작을 보고 거짓말을 탐지하는 것은 매우 어렵지만, 상징동작은 그렇지 않다. 그래서 기만 탐지자는 상징동작보다 설명동작을 해석할 때 더 많은 주의를 해야 한다. 만일 기만탐지자가 설명동작의 감소를 알아챘다면, 속이는 자가 각 단어를 신중히 선택하는 이유를 파악해야 한다. 기만탐지자는 상징동작 실수를 해석하기 위해서 사전의 친분을 필요로 하지 않다. 그러나 개인들은 설명동작 비율에서 많은 차이가 있고, 설명동작의 해석은 사전친밀을 필요로 하기 때문에 기만탐지는 처음 만남에서는 매우 어렵다.

[그림 10-11] **설명동작 감소 이유**

감정투자 부족

거짓말은 사실이 아닌 꾸민 것이기 때문에 감정의 관여가 되어있지 않다. 그렇기 때문에 허위에는 자신의 감정투자가 거의 없다. 따라서 감정투자가 없고 말하는데 신중하기 때문에 설명동작이 감소할 수밖에 없다. 그러므로 사람들은 자신이 관여되어 있지 않을 때나 지루하거나 흥미가 없거나 아주 슬플 때 설명동작은 감소한다.

사전준비 부족

사전준비가 부족한 경우로 말할 것을 정확히 결정하기 어려울 때 감소한다. 말하기 전에 단어를 신중히 생각해야 하기 때문에 설명동작을 많이 하기 어렵다. 거짓말을 하는 자는 미리 충분히 방향이 해결되어 있지 않다면, 듣기 전에 각 단어를 신중하게 생각함으로써 주의를 기울일 수밖에 없을 것이다. 준비에 몰두하다보면 설명동작이 감소하게 된다.

위험이 높은 상황

위험이 높을 때는 많은 주의가 필요하고, 발각의 공포는 위험에 대한 주위를 필요로 하기 때문에 일관성 있게 말하는 것을 방해한다. 상사에 대한 첫인상, 수상 시 받는 질문에 대한 답변, 열정적인 환호 등은 설명동작을 감소하는 경우도 마찬가지이다. 뿐만 아니라 소심한 사람은 새로운 일과 관련된 위험을 두려워하기 때문에 설명동작은 감소한다.

사전연습 부족

사전연습이 부족한 경우이다. 사전계획을 했더라도 연습을 하지 않고 속이는 자에게 설명동작이 감소한다. 거짓말을 하는 자가 거짓말을 고안해내고 방향을 연습했다고 해도 감정의 간섭 때문에 설명동작이 감소할 것이다. 강한 감정을 겪는 부담은 단어를 정리하는 과정에서 마음의 혼란이 야기된다. 만일 감정이 은폐된다면, 강한 감정이라면 비록 잘 준비된 방향을 갖고 있는 거짓말을 하는 자라도 말하는 데 어려움이 있고 설명동작은 감소된다.

▷ 조절동작

조절동작은 어떤 사람이 당황한다는 신호이지만 항상 그런 것은 아니기 때문에 몸동작의 유형인 교묘한 조절동작은 기만의 상징으로 해석하는 데 위험이 있다. 조절동작의 증가는 신뢰할 수 있는 기만의 신호는 반드시 아니다. 거짓말을 하는 자들은 상대방이 조절동작을 주시하는 것을 안다면 그것을 빨리 차단하고 감소하거나 위장하려고 할 것이다. 거짓말을 하는 자들은 자신의 조절동작을 억압해야 한다는 것을 안다. 기만탐지는 조절동작의 변화를 관찰하면서 다른 행동과의 불일치를 탐지하는 것이 더욱 효과적이다.

조절동작은 감정적으로 고조되었다는 증거가 될 수 있다. 조절동작은 거의 무의식적으로 이루어지기 때문에 거짓말을 하는 자는 조절동작을 감추기 위한 전략을 대부분 인식하지 못한다. 대부분 조절동작을 하지 않으려고 의도적으로 노력하지만 그러하지 못하다. 긴장하거나 불안할 때 안절부절 못하고 끊임없이 움직인다. 몸을 긁거나, 꼬집거나, 후비거나, 매만지는 행동은 불편함을 느낄 때 증가한다. 조절동작이 긴장에서 비롯되는 불편함을 나타내는 증거일 수 있다. 거짓말할 때 조절동작의 횟수가 증가한다는 연구가 있다. 거짓말 단서를 억제하고 발각에 대한 두려움으로 인한 불편함이 조절동작의 발생빈도를 높인다. 조절동작은 주시되고 억제되는 동안 나타나지 않다가 어느새 갑자기 나타나게 특성이 있다.

▷ 거울동작

거짓말을 하는 자들은 마음이 불편하고 커뮤니케이션을 회피하려고 하기 때문에 상대방과 반대의 제스처를 취하거나 따라하지 않는다. 즉, 거짓말을 하는 자들은 거울동작을 잘하지 않는다. 예를 들면, 상대방이 몸을 앞으로 당기면 뒤로 물러설 줄 모른다거나, 상대방이 자신의 시선을 응시하면 외면하거나 손을 입에 갖다 댈 수 있다. 이것은 입으로는 상대방의 질문에 답변하지만, 몸은 회피하고 싶다는 신호이며, 이런 상황은 속이고 있을 때 나타날 가능성이 높다. 상대방의 움직임에 맞장구를 치지 못하고 상징이나 설명동작의 사용을 고의적으로 자제한다면 어딘지 부자연스런 행동이 노출되기 마련이다.

제11장

안면단서

聆音察理(령음찰리) 소리를 듣고 이치를 알고,
鑑貌辨色(감모변색) 몸짓을 보고 낌새를 판단한다(千字文)

지옥에서도 악마들끼리는 서로

거짓말하지 않는다

말과 표정의 진실과 거짓 탐지 기술

안면단서

　거짓말을 할 때 거짓말을 하는 자가 가장 많이 신중한 곳이 말과 표정이다. 말실수, 휴지, 말더듬이나 중복표현 이외에도 입술 깨물기, 희미한 동공, 미세표정, 표정의 지속성, 얼굴의 불균형, 얼굴 동작의 감소나 눈 깜빡임 등에서 거짓말을 할 때는 진실한 말을 할 때와 다른 변화를 감지할 수 있다. 왜냐하면 거짓말을 할 때는 공포나 불안을 경험하고, 진짜 감정을 은폐하고, 가짜 감정을 노출해야 하는 이중적인 인지적 노력이 필요하기 때문이다.

[그림 11-1] 안면근육의 이름

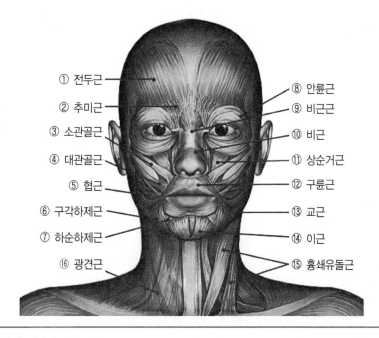

① 전두근	⑧ 안륜근
② 추미근	⑨ 비근근
③ 소관골근	⑩ 비근
④ 대관골근	⑪ 상순거근
⑤ 협근	⑫ 구륜근
⑥ 구각하제근	⑬ 교근
⑦ 하순하제근	⑭ 이근
⑯ 광견근	⑮ 흉쇄유돌근

출처 : clients.mindbodyonline.com

■ 안면표정근육의 역할

　안면표정근육(facial expression muscle)은 일반적으로 얼굴의 뼈에서 시작하여 얼굴의 피부에 부착되어 피부 바로 아래에 위치하는 근육이다. 또한 이것은 모두가 수의근(voluntary muscle)⁹⁾으로 얼굴신경의 영향을 받아 얼굴표정을 조절한다. 이 근육은 눈, 코 그리고 입 주위의 근육들로 이루어지며 근육의 겉면을 싸고 있는 막인 근막(fascia) 없이 머리뼈와 얼굴을 직접 연결하여 피부조직을 당김으로써 얼굴표정을 나타낸다. 즉, 얼굴표정근육은 근막에 둘러싸이지 않은 채로 머리뼈와 피부를 바로 연결하여 섬세한 얼굴표정을 표현하는 역할을 한다. 다음은 각 근육의 역할이다.

① 전두근(前頭筋: 이마근)은 머리의 앞면에 있는 근육으로 눈썹을 올리거나 이마의 가로 주름을 만들고 놀란 표정을 짓게 한다.

② 추미근(皺眉筋: 눈썹주름근)은 눈썹을 내하방으로 당기고 좌우 미간의 주름을 만든다.

③ 소관골근(小觀骨筋: 작은광대근)은 윗입술을 위로 당겨 부정적인 표정을 짓게 한다.

④ 대관골근(大觀骨筋: 큰광대근)은 입을 바깥으로 하여 환한 표정을 짓게 한다.

⑤ 협근(頰筋: 볼근)은 뺨의 넓고 얇은 근육이며 볼을 오므리거나 빵빵하게 만들어준다.

⑥ 구각하제근(口角下制筋: 입꼬리내림근)은 입으로 향하는 근육이며 슬픈 표정을 만든다.

⑦ 하순하제근(下制下脣筋: 아랫입술내림근)은 입으로 향하는 근육이다.

⑧ 안륜근(眼輪筋: 눈둘레근)은 눈을 감거나 뜰 때 작용한다.

⑨ 비근근(鼻根筋: 눈살근)은 코로 향하는 근육이다. 코끝으로 사선 주름을 만들고 눈살을 찌푸릴 때 눈썹을 내려오게 한다.

⑩ 비근(鼻筋: 코근)은 코로 향하는 근육으로 비공을 넓히며 콧구멍을 크게 만들어 준다.

⑪ 상순거근(上脣擧筋: 윗입술올림근)은 입으로 향하는 근육이다.

⑫ 구륜근(口輪筋: 입술둘레근)은 입의 개폐와 입을 오므리거나 휘파람을 불 때 작용한다.

⑬ 교근(咬筋: 깨물근)은 턱의 측면에 있는 광대뼈에서 시작되어 아래턱뼈로 이어지고 아래턱을 끌어올려 위턱으로 밀어붙이는 기능을 한다. 저작근이라고도 한다.

⑭ 이근(耳筋: 턱근)은 턱의 주름에 관여한다.

⑮ 흉쇄유돌근(胸鎖乳突筋: 목빗근)은 흉골 및 쇄골과 유양돌기를 잇는 굵은 근육으로 등이나 후두의 근육과 함께 머리를 좌우로 돌리거나 기울이는 기능을 한다.

⑯ 광견근(広頸筋: 넓은목근)은 목의 피부 밑에는 얇고 넓게 퍼진 근육으로 안면의 움직임에 영향을 주어 얼굴을 대칭이 되도록 한다.

---

9) 수의근(隨意筋): 의지의 힘으로 수축시킬 수 있는 근육.

[표 11-1] 주요 안면근육의 역할

안면근육	역할
• 전두근	이마 부위의 근육으로 놀랐을 때 눈썹을 올리는 역할
• 후두근	두피에 주름을 형성하는 근육
• 안륜근	눈꺼풀 속에 있는 고리 모양의 힘살, 눈을 깜빡거리거나 감는 기능
• 추미근	눈썹을 밑으로 내리고 이마에 주름을 만드는 근육
• 비근	좌·우의 안와 사이에 위치하고 비공을 넓히는 작용
• 구륜근	입 주위를 싸는 고리 모양의 근육으로 입을 닫고 오므리는 기능
• 소근	입의 주위 근육, 뺨에 웃는 표정과 보조개를 만드는 기능
• 구각하제근	구각을 아래로 잡아당기는 근육
• 협근	턱뼈에서 두 입술에 붙은 근육, 입을 다물게 하여 화가 난 표정 만듦
• 턱근	턱의 주름 생성, 아랫입술을 밀어올림, 입술을 내밀게 만듦

■ 이중 시스템

얼굴표정은 순간의 감정으로 표현되기 때문에 정보의 훌륭한 원천이다. 감정은 순식간에 무의식적으로 얼굴에 나타나기 때문에 의도적으로 통제하기 어렵다. 슬프거나 우울한데 남을 의식하여 기쁜 감정으로 미소를 지으려면 자발적 감정을 의도적으로 억제하고 다른 감정을 만들어야 한다. 의식과 무의식적인 표정이 서로 다른 뇌의 영역과 관련이 있다고 한다. 즉, 추체로와 추체외로에서 각각 조정된다. 추체로(錐體路: pyramidal tract)는 대뇌피질의 운동과 감각영역에서 나와 뇌신경·척수신경을 거쳐 골격근에 이르는 경로로 의식적인 운동을 주재한다. 이와 달리 추체외로(錐體外路: extrapyramidal tract)는 추체로계의 운동에 따른 근육의 긴장, 이완 등의 운동을 무의식적으로 조절한다.

진짜 미소는 광대근(zygomatic muscle)과 안륜근(orbicularis oculi)이 함께 움직이고 눈가에 주름이 생긴다. 광대근은 광대뼈에서 윗입술과 입꼬리로 붙는 두 근육을 가리키는 근육으로 윗입술과 입꼬리를 위쪽으로 올려 웃을 때 작용한다. 뇌의 한 부분에서는 의식적으로 다른 부분에서는 무의식적인 표정을 담당한다. 얼굴표정은 거짓말을 할 때와 진실을 말할 때의 표정을 동시에 나타내는 이중 시스템이다. 속이는 자가 은폐하려는 것과 노출하려는 것이 얼굴에 동시에 담겨 있다. 진짜로 경험한 감정표정은 무의식적으로 나타난다.

[그림 11-2] 추체로와 추체외로의 기능

| 추체로 | ➡ | 의식적인 운동: 발생, 지속, 종식 등을 지령하는 기능 |
| 추체외로 | ➡ | 무의식적인 운동: 근의 긴장이나 협동운동, 불수의적 운동 |

감정과 얼굴표정 등에 대해서 연구한 미국의 심리학자 폴 에크만(Paul Ekman)은 표정, 몸짓, 목소리만으로 거짓말을 알아내고, 상대방이 어떤 감정 상태인지를 연구했다. 얼굴동작 해독법을 개발하고, 환자들의 얼굴표정과 행동을 분석하여 그들이 숨겼던 부정적인 감정이 어떻게 미세한 얼굴표정을 밝혀냈다. 감정은 임의적으로 선택할 수 있는 것이 아니라 단지 수동적으로 느낄 수 있을 뿐이다. 특히 공포나 분노 같은 부정적 감정은 의지와 관계없이 갑자기 발생되어 은폐하기 어렵다. 대부분 감정은 아주 서서히 발생하고 작은 상태에서 나타나기 때문에 자신보다는 다른 사람들이 먼저 알기 쉽다. 본서에서는 안면단서에 관한 이론은 매우 많은 업적을 낸 미국의 감정심리학자 폴 에크만의 연구를 토대로 설명한다.

▷ 안면근육

감정경험은 얼굴표정과 신경회로로 연결되어 있어서 감정을 느낄 때 자동적으로 감정에 상응하는 얼굴표정이 만들어진다고 한다. 사람들은 표정을 지을 때 표정근육을 사용한다. 얼굴근육은 감정과 관련하여 긍정 표정근육과 부정 표정근육으로 구분되고, 각 표정근육은 뇌의 해당 중추와 연결되어 있다고 한다. 감정표정의 하나인 미소는 매우 복잡한 표정으로 종류가 많고, 노출되는 모습과 전달하는 의미가 다를 때도 아주 많다.

긍정적 감정에서 오는 미소는 즐거움, 신체적 또는 감각적 쾌락, 만족감, 단순한 재미 등이 있다. 사람들은 부정적인 기분에서도 미소를 띠기도 한다. 에크만(Paul Ekman)에 의하면 웃음근육은 일차적으로 대뇌의 웃음 운동중추와 연결되어 있고, 입 부위의 근육으로 의식적으로 웃는 사회적 미소인 가짜 미소(fake smile)와 입과 눈의 근육을 모두 사용하여 느끼는 감정에서 웃는 마음의 미소인 진짜 미소(genuine smile)가 있다. 가짜 미소는 입 주위의 근육만 사용하는 반면 영혼의 기쁨을 표현하는 진짜 미소는 눈 주위의 안륜근까지 사용한다. 가짜 미소는 가식적인 미소이나 진짜 미소는 진심으로 웃는 미소이다.

- **가짜 미소**: 의식적으로 웃는 사회적 미소
- **진짜 미소**: 느끼는 감정에서 웃는 마음의 미소

[그림 11-3] 가짜 미소와 진짜 미소의 의미

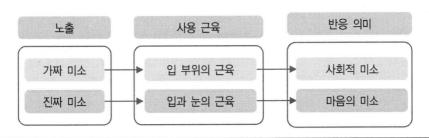

노출	사용 근육	반응 의미
가짜 미소	입 부위의 근육	사회적 미소
진짜 미소	입과 눈의 근육	마음의 미소

INSIGHT ● Pan-American Smile

　　미소는 입의 측면근육을 수축함으로써 형성되는 안면표정이다. 미소는 즐거움, 사교성, 행복을 표현한다. 미소는 다른 사람에게 호의적이고, 좋아하고, 더 접근할 수 있는 것을 보여 준다. 미소를 최초로 학문적으로 연구한 심리학자 뒤센의 이름을 딴 뒤센 스마일(Duchenne smile)은 진짜 미소라 하고, 억지 미소인 거짓 미소는 팬 아메리칸 스마일(Pan-American smile)이라고 부른다. 19세기 중반 프랑스 신경 생리학자였던 기욤 뒤센(Guillaume Duchenne)이 실험을 통하여 발견해 낸 뒤센미소(Duchenne smile)는 인간이 웃을 때 인위적으로는 절대 만들어 낼 수 없는 진짜 기쁘고 행복해서 짓는 미소를 말한다. 팬 아메리칸항공 여승무원들의 미소가 아름다웠는데 이는 승객을 위한 억지 미소라고 하여 유래되었다. 미국 항공사인 팬 아메리칸 승무원들의 광대뼈근육만 이용해서 짓는 가식적이고 형식적인 미소를 지칭한다. 팬아메리칸 미소는 업무형 가장 미소이지만, 뒤센 스마일은 마음에서 우러나와 눈과 입 모두 미소를 띠게 되는 진정한 미소이다. 승무원들의 억지미소에도 불구하고 팬아메리칸항공은 1991년 도산되었다.

에크만 (Paul Ekman)은 진짜 미소와 가짜 미소를 구별하였고, 특정 얼굴 근육이 항상 진짜 미소 동안 존재하나 가짜 미소는 없거나 강요된 미소라고 주장한다. 그는 얼굴에 있는 42개의 근육을 조합하여 모두 19가지의 미소를 사람들은 만들 수 있지만 그중에 한 가지만이 진짜 즐거워서 웃는 것이고, 18가지는 가짜로 웃는 것이라는 것을 밝혀냈다. 광대뼈와 입술 가장자리를 연결하는 안륜근, 협골근과 구륜근이 웃을 때 주로 사용되나, 진짜 웃음이 되려면 다른 근육들과 함께 반드시 눈 가장자리 근육인 안륜근이 사용된다. 눈을 둘러싸며 눈꺼풀이 자동적으로 감기게 하는 안륜근은 의도적으로 움직이기 매우 어렵다. 이와 같이 진짜 웃음과 가짜 웃음은 사용하는 근육 자체가 다르다.

[그림 11-4] 가짜 미소와 진짜 미소의 관계

▷ 진짜 감정과 가짜 감정

말은 거짓말을 하더라도 표정은 일반적으로 거짓말하지 않는다. 표정은 사람이 노출과 은폐하려는 것을 모두 담고 있다. 가짜 감정(fake emotion)은 실제로 느낀 진짜 감정을 속이고 의식적으로 노출하는 거짓 감정이나, 진짜 감정(genuine emotion)은 생각하거나 의도하지 않고도 무의식적으로 나타는 실제 감정이다(Paul Ekman). 진짜 감정을 은폐하고 가짜 감정을 노출할 때 얼굴에 거짓 표정이 나타난다. 무의식적인 표정은 자신조차도 잘 알아채지 못할 수 있다. 종종 얼굴의 이중체계는 어울리지 않는 표정으로 나타나 거짓말을 발각된다.

감정의 구분
• **진짜 감정**: 무의식적으로 나타나는 실제 감정
• **가짜 감정**: 진짜 감정을 속이고 의식적으로 노출하는 거짓 감정

얼굴은 거짓말을 하는 자가 노출과 은폐하려는 의미를 포함한다. 거짓말을 할 때는 실제로 느끼지도 않는 거짓 감정을 만들어 거짓 표정, 거짓 동작과 거짓 음성을 드러낼 수 있다. 특정한 감

정에 맞는 얼굴표정을 고의적으로 나타내는 것은 매우 어렵지만, 거짓말을 하는 자들은 가짜 감정에 맞는 동작과 목소리를 내야 한다. 거짓 감정은 얼굴표정의 불균형, 노출 타이밍, 대화의 흐름에서 차지하는 위치 등에서 나타난다. 거짓말할 때 얼굴 양쪽에 나타나는 움직임 정도나 강도가 다르기 때문에 좌우의 얼굴이 비대칭적으로 나타나게 되는 것이다.

[그림 11-5] 거짓 감정의 노출과 불균형

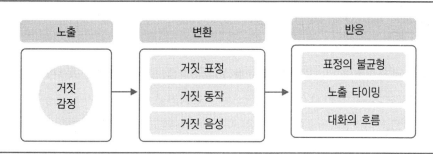

표정을 꾸밀 때 오른손잡이는 얼굴의 왼쪽 부분이 오른쪽보다 강한 움직임을 보인다. 얼굴표정 시작시간, 종결시간이나 지속시간은 단서이다. 10초 이상 지속되는 표정은 대부분 거짓 표정이다. 5초 이상 띠는 표정도 거짓일 수 있다. 그러나 대체로 진짜 감정표정은 1초 이내에 사라지며 길어도 몇 초 정도만 지속된다. 진짜 감정을 은폐하고 가짜 감정을 표현하는 것은 어렵다. 더구나 복합 감정이 서로 상반적인 감정, 즉 부정과 긍정의 감정을 동시에 표현하는 것은 더욱 어렵다. 예를 들면, 공포의 감정은 눈썹을 치켜 올리고, 분노의 감정은 눈썹을 아래로 내리는 동작이다. 두 감정이 복합될 때 눈썹의 표정은 어떻게 나타날까? 실제 감정과 가짜 감정 사이에서 동작이 다르게 나타난다.

가짜 감정
• 좌우의 얼굴이 비대칭적
• 5초 이상 지속되는 표정은 대부분 거짓 표정

▷ 진짜 미소와 가짜 미소

미소에는 진짜 미소와 가짜 미소가 있다. 진짜 미소는 무의식적으로 나타나는 실제 미소이며, 가짜 미소는 진짜 감정을 속이고 의식적으로 드러내는 미소이다. 진짜 미소는 광대뼈 주변의 볼이 올라가고 눈 아래의 피부가 부풀어 오르고, 눈가에 주름이 생기면서 눈썹이 약간 아래로 내려간다. 실제로 느낀 감정을 속이고, 가짜 감정을 표현하고, 그리고 거짓말할 때 유발되는 감정 때문에 단서가 발생한다.

미소
• **진짜 미소**: 무의식적으로 나타나는 실제 미소
• **가짜 미소**: 진짜 감정을 속이고 의식적으로 드러내는 미소

가짜 미소는 진짜 미소보다 표정의 불균형 상태가 심하고, 눈 주변의 근육동작이 나타나지 않는다. 과도하게 갑자기 사라지거나, 단계적으로 사라지거나, 또는 일부가 오랫동안 그대로 얼굴에 남아 있기도 하다. 가짜 미소는 긍정적인 감정이 없는데도 마치 있는 것처럼 사람들을 믿도록 하는 미소로 남들을 속이는 미소이다. 당황할 때의 미소는 시선이 아래나 옆쪽으로 향한다. 때로는 미소가 아랫입술과 볼 사이의 피부와 근육이 위로 움직이기도 한다. 가짜 표정을 식별하는 방법은 표정의 비대칭성, 표정의 지속시간, 그리고 말과 표정의 노출 순서이다.

[그림 11-6] 가짜 표정의 진단방법

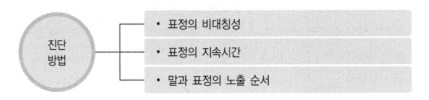

표정의 비대칭성

가짜 미소가 눈 주변의 근육동작이 수반되지 않기 때문에 가짜 미소는 진짜 미소보다 얼굴표정의 불균형 상태가 심하다. 가짜 미소는 진짜 미소처럼 볼이 올라가고, 눈 아래의 피부가 부풀고, 눈가의 주름이 생기면서 눈썹이 약간 아래로 내려가지 않는다.

표정의 지속시간

가짜 미소가 시작할 때는 매우 부자연스럽다. 5~10초 동안 지속되는 표정은 가짜 표정일 가능성이 높다. 때로는 가짜 미소가 완전히 사라질 때까지 미소가 어느 정도 남아 있다. 진짜 표정은 지속시간이 매우 짧다. 진짜 놀란 표정은 1초 내에 소멸되고, 갑자기 사라지기도 하고, 단계적으로 미소가 멈춘다. 또 미소가 정지하거나, 다른 표정이 나타나기도 한다.

말과 표정의 노출 순서

마지막으로 말과 표정의 발생순서이다. 진짜 표정은 동기와 원인으로 인해 감정이 발생하여 표정이나 행동이 먼저 나타나고 말이 나오지만, 가짜 표정은 말 다음에 나타난다. 즉, 가짜표정은 선언 후표정(先言語 後表情)이다. 선후가 바뀐 표정은 가짜 표정일 가능성이 매우 높다. 한편 진짜 감정에서 나타나는 표정은 언어적 메시지보다 앞서거나 동시에 나타난다.

SENSE ● 진짜 미소와 가짜 미소

- **눈이 반짝임(진짜 미소)**

  미소가 참이면 눈이 알려줄 것이다. 누군가가 정말로 행복하거나 농담을 즐기는 경우 웃음은 내면에서 진정한 기쁨을 반영한다. 행복한 사람의 눈은 흥분으로 반짝거리거나 반짝거리는 것처럼 보일 것이다. 이렇게 표현되는 행복이 진짜라는 것을 알 수 있다.

- **눈썹 내리기(진짜 미소)**

  눈 주위의 안륜근은 진정한 미소의 영향을 받는다. 이 근육은 진짜 미소를 짓는 동안 눈썹을 눈꺼풀 쪽으로 약간 떨어뜨린다. 누군가가 진정으로 행복하거나 즐겁다는 것을 가장 잘 나타내는 지표이다. 이러한 표현이 없다면 틀림없이 가짜 미소를 의미한다.

- **눈가의 주름(진짜 미소)**

  눈가에 주름이 없으면 미소가 더 낮은 안면근육만을 사용한다는 것을 의미한다. 진짜 미소는 입의 근육만을 사용하지 않으므로 눈가의 잔주름은 웃는 사람이 행복하지 않다는 것을 의미하지 않을 수 있다. 진짜 미소는 눈가에 작은 주름이 여러 개 나타날 수 있다. 이것은 진정한 만족을 의미한다.

- **뺨 융기(진짜 미소)**

  진정으로 행복하거나 흥분을 느끼면 뺨이 일어난다. 그러나 가짜 웃음 중에는 이 동작을 쉽게 제어할 수 있다. 미소를 짓는 동안 뺨이 일어날 유일한 시간은 누군가를 속이려고 이 움직임을 의도적으로 기억하는 때이다.

- **똑바른 입술 미소(가짜 미소)**

   입술을 입에 넣고 미소를 짓는다면 보통 화를 내거나 잘난 척하기 때문이다. 행복하지 않거나 아주 조금도 즐겁지 않다는 것을 뜻한. 잘난 척하는 미소는 가장 잘 알려진 가짜 웃음 중 하나이다.

- **아랫니 보이는 미소(가짜 미소)**

   의도적으로 아래쪽 치아를 보여주는 것은 속이는 사람들이 사용하는 동작이다. 웃는 사람이 너무 열광적으로 보이려고 하기 때문에 넓은 치아 영역을 나타내는 미소이다. 그러나 미소를 짓는 사람이 큰 입을 가질 가능성은 적으며 위와 아래의 치아를 전체적으로 보여주는 데 익숙하다.

- **억지로 뜬 눈(가짜 미소)**

   진정한 미소는 얼굴의 위쪽과 아래쪽 모두에서 움직임을 보여 주므로 미소 짓는 동안 눈은 반 또는 완전히 닫힌다. 따라서 눈이 넓게 열리면 미소가 가짜이다.

▷ 차단표정

감정을 은폐하더라도 자신의 얼굴에 미세표정이나 표정중단이 나타나는 것은 아니다. 어떤 표정이 나타나려는 순간 의도적으로 표정을 없애거나 미소와 같은 다른 표정으로 위장하는 것이 차단표정(squelched expression)이다(Paul Ekman). 차단표정은 대개 미세표정보다 오래 지속되지만 완전하지 못하기 때문에 어떤 감정을 숨긴다는 단서가 된다. 정직한 사람도 상대방이 신뢰하지 않을까 하는 두려움 등으로 미세표정이나 차단표정이 나타날 수 있다. 진실을 숨기려다 진짜 감정이 노출되는 표정이 또 다른 미소다. 이러한 미소는 인간이 의식적으로 지을 수 있는 가장 쉬운 표정이며 부정적인 감정을 은폐하는 데 이용된다.

- **차단표정**: 어떤 표정이 나타나려는 순간 의도적으로 표정을 없애거나 미소와 같은 다른 표정으로 위장하는 것

▷ 신뢰근육

신뢰근육(reliable muscles)은 다른 근육에 비해 의지대로 움직일 수 없는 근육이다. 거짓말하는 사람이 마음대로 움직이지 못하는 신체적 특성이 있기 때문에 가짜 표정에 사용할 수 없다.

진짜 감정을 은폐하려고 할 때도 신뢰근육을 조정하거나 차단할 수 없다. 또 신뢰근육을 억제할 수 없기 때문에 느낀 감정을 숨기려고 할 때 자신의 행동을 은폐하기도 어렵지만, 실제 감정을 막을 수는 없더라도 미소를 지어 위장할 수 있다.

- 신뢰근육: 다른 근육에 비해 의지대로 움직일 수 없는 근육

눈을 둘러싼 안륜근을 억지로 움직여 미소를 짓는 표정을 만들기는 거의 불가능하기 때문에 신뢰근육을 통제하기 어렵다. 미소를 지으려면 얼굴 전체를 이용해야 한다. 진짜 미소는 말려들어간 입술, 치켜 올린 입 꼬리, 팽팽한 볼 근육 등으로 이루어진다. 눈가의 잔주름이 보이지 않을 경우는 거짓 미소일 수 있다. 아래로 늘어진 입술과 움직이지 않는 턱이 만들어내는 근육패턴은 슬픔을 느낄 때 저절로 형성된다. 진심에서 우러나는 슬픔은 턱의 근육을 통해 드러나지만 많은 진정한 감정들이 얼굴의 윗부분, 즉 이마, 눈썹, 눈에서 저절로 나타난다. 이마는 신뢰근육이 주로 움직이는 곳으로 슬픔, 괴로움이나 죄책감을 느꼈을 때 신뢰근육 움직임을 보여준다. 눈썹의 안쪽 끝이 위로 올라가고 눈꺼풀도 삼각형이 되고 이마 가운데 주름도 잡힌다. 이런 움직임은 슬픔, 괴로움과 죄책감을 거짓으로 꾸민다고 나타나지 않는다.

소근(risorious muscle)은 웃을 때 입술을 옆으로 당기는 근육이다. 이 근육과 피부 사이는 대부분 연결고리가 없으나 선천적으로 근육과 피부 사이에 연결섬유가 있는 사람도 있다. 입의 주위에 있는 근육으로 구각(입 꼬리)을 밖으로 당기어 뺨에 웃는 표정을 만들거나 볼에 보조개를 만드는 기능을 한다. 보조개가 나타나는 경사진 입술 모양도 진짜 미소와 공통되는 부분이기 때문이기 때문에 혼동을 하게 되는 것이다. 진짜 미소에서도 보조개를 종종 볼 수 있다. risorious는 라틴어로 웃음을 의미한다.

- 소근: 웃을 때 입술을 옆으로 당기는 근육

[표 11-2] 감정과 얼굴 신호

감정	얼굴 신호
불안	축축한 눈썹, 눈썹이 약간 함께 움직임, 아래 입술 떨림, 턱 주름, 약간 아래로 기울어진 머리
공포	넓은, 감은, 아래로 향하는 눈, 치켜 올라간 눈썹, 열린 입, 당겨진 턱, 하향 머리, 창백한 얼굴
분노	넓은 눈, 쳐다보는 눈, 하향으로 당겨진 눈썹, 주름진 이마, 나팔 모양의 콧구멍, 납작한 입, 꽉 다문 이, 돌출 턱, 빨간 얼굴
행복	입 미소(열림 또는 닫힘), 어울리는 웃음; 반짝 눈의 측면에서 눈꼬리 주름, 약간 올라간 눈썹, 머리 수준
비애	하향 눈과 축축하고 눈물이 있는 눈, 하향이나 측면 향 머리, 초췌한 입술
질투	눈 응시, 입 끝 접어짐, 냉소 코, 턱 돌출
소망	동공확장과 활짝 열린 눈, 약간 올라간 눈썹, 약간 갈라지거나 잔주름 진 입술 또는 미소, 앞으로 기울어진 머리
관심	눈의 꾸준한 시선(곁눈질할 수 있다), 약간 올라간 눈썹, 약간 압박된 입술, 세우거나 앞으로 내민 머리
권태	눈이 멀리보고, 움직이지 얼굴; 입 끝 접어짐, 입술 옆이 당겨짐, 손으로 괸 머리
경이	넓게 뜬 눈, 높이 올라간 눈썹, 낮은 턱으로 넓게 열린 입, 뒤를 지지한 머리나 옆으로 기운 머리
안도	바깥으로 기운 눈썹, 아래로 기울거나 미소 진 입, 기운 머리
혐오	외면하는 눈과 머리, 벌어진 콧구멍, 냉소가 깃든 코, 닫힌 입, 튀어나온 혀, 돌출 턱
수치	외면하는 눈과 머리, 아래로 매달린 눈썹, 붉은 피부
동정	증가한 응시와 축축한 눈, 끝의 중간이나 아래에 함께 약간 끌어당겨진 눈썹, 입 끝이 접힘

미세표정

미세표정이라고도 알려진 얼굴과 얼굴표정은 영혼의 창이다. 미세표정은 표준적으로 볼 수 있는 얼굴 표정과 관련이 없다. 사람들은 대부분 표준적인 얼굴 표정을 알고 통제한다. 미세표정은 무의식적이며 비자발적이며 또한 보이지 않는다. 슬로우 모션 촬영을 사용하면 정확하게보고 해석할 수 있다. 사람들은 자신의 얼굴 표정을 조절할 수 있고 통제하지만, 미세표정은 너무 짧아서 사람들이 조절할 수 없으며 종종 자신의 미세 표정을 인식하지 못한다.

■ 미세표정의 특징

에크만(Paul Ekman)에 의하면 미세표정(micro expressions)은 인간의 표정 중에서 1/15에서 1/25의 초 내에 나타났다가 사라지는 표정이다. 거짓말을 하는 자가 잠시 방심한 순간 스치는 찰나의 표정이다. 순간적이고 무의식적인 얼굴표정으로 어떤 감정을 숨길 때에도 저절로 드러나는 표정이다. 이것은 사람들이 자신의 얼굴표정을 숨기거나 통제하려고 할 때 누출되는 감정표현이다. 어떤 감정을 느낀다고 의식하기도 전에 얼굴에 이미 나타나는 반응이다. 미세표정은 사람들에게서 스스로 깨닫지 못하는 순간에 아주 빠르게 발생하고 그 다음 순간에 잘못된 표정임을 자각하고 얼굴에서 의도적으로 사라지게 할 수도 있는 것인데 그 간격이 최소 0.3초 정도 걸린다.

- 미세표정: 거짓말을 하는 자가 잠시 방심한 순간 스치는 찰나의 표정

▷ 기본감정의 표정

미세표정을 통해서 숨기려는 감정을 포착할 수 있다. 매우 짧은 순간에 얼굴에 나타나는 미세표정은 의식적으로 통제하기 어렵다. 숨기려는 감정은 드러나자마자 곧 표정을 멈추거나 미소와 같은 다른 표정으로 위장된다. 저절로 나타나는 감정표현이 몇 분간 지속되기 때문에 순간적인 표정은 은폐된 감정의 신호이다. 순간적으로 제어할 수 없는 까닭은 사람 얼굴에는 43개의 근육이 약 1만 개의 표정을 만들고, 표정을 제어하는 근육은 사람의 감정에 의해 본능적으로 제어되기 때문에 대부분의 사람들이 자기 의지대로 제어할 수 없는 근육이다. 미세표정을 유발하는 7가지 요인은 공포, 비애, 혐오, 행복, 경멸, 경악, 분노 등이 있다. 에크만(Paul Ekman)은 찰스 다윈(Charles Darwin)과 같이 얼굴표정은 문화에 따라서 다르지 않고 보편적이라고 연구를 통하여 밝혔으며, 이를 인간의 기본감정이라고 한다.

[표 11-3] 기본감정의 표정

감정	부위	표정
공포(fear)	눈썹	올라감
	눈동자	커짐
	턱	벌어짐
	입술	옆으로 벌어짐
비애(sadness)	입꼬리	처짐
	눈	가늘게 찡그림
	위눈꺼풀	늘어짐

혐오(disgust)	코	찡그림
	뺨	올라감
	윗입술	올라감
행복(happiness)	눈가	눈가의 잔주름과 갸름한 눈꺼풀 동반
경멸(contempt)	입꼬리	좌우 비대칭
경악(surprise)	눈썹	올라감
	입	잠깐 벌어짐
분노(anger)	눈썹	내려감
	입술	팽팽하게 말려듦

■ 감정별 미세표정

에크만이 인간의 기본적 감정, 즉 공포, 비애, 혐오, 행복, 경악, 분노에 대한 미세표정을 이미지와 함께 설명한다. 먼 조상들이 직면한 생태학적 도전에 대한 반응으로 기본 감정은 진화했으며, 고정된 기본 감정은 타고난 보편적이다. 기본 감정에는 때때로 독특한 표정과 행동 반응이 수반되지만 감정과 감정의 표현 사이에는 일치하는 바가 크지 않다. 사람들은 감정에 수반되는 표정을 억제하는 데 능숙하다. 예를 들면, 진심으로 슬프지만 다른 사람들 앞에서 큰 미소를 지어서 동료들이 속을 수 있다. 기본 감정이 독특한 표정, 생리적 반응 및 행동 경향 외에 다른 많은 표현을 유발할 수 있다.

① 공포 미세표정(Fear Microexpression)

- 눈썹이 언제나 고른 선으로 상하로 움직인다.
- 이마의 주름이 눈썹 사이의 중앙에 있다.
- 위 눈꺼풀이 올라가나 아래 눈꺼풀은 팽팽하게 당겨지고 위로 주름살이 진다.
- 입이 벌어지고 입술이 조금 팽팽하게 늘어지고 뒤로 팽팽해 진다.
- 치켜 올라간 눈썹의 위치는 통제하기 어렵다.

② 비애 미세표정(Sadness Microexpression)

- 이마의 중앙 부분도 약간 찡그린 모양을 하게 된다.
- 눈썹의 속 부분이 안과 위로 끌어당겨진다.
- 눈썹 아래 피부가 속 주변에 삼각형으로 이루어진다.
- 입술 가장자리가 아래로 당겨진다.
- 이 감정을 가짜로 위조할 경우에는 이마 근육의 동작이 나타나지 않는다.

③ 혐오 미세표정(Disgust Microexpression)

- 윗입술이 올라간다.
- 아랫입술이 올라간다.
- 코에 주름이 진다.
- 볼이 올라간다.
- 주름이 아랫입술 밑으로 보인다.

④ 행복 미세표정(Happiness Microexpression)

- 입술 가장자리는 뒤와 위로 끌어당겨진다.
- 입은 벌어지거나 그대로 있고, 치아는 노출된다.
- 주름이 바깥 코에서 바깥 입술에 생긴다.
- 볼이 올라간다.
- 아래 눈꺼풀이 주름지거나 팽팽해진다.
- 눈가의 잔주름이 눈의 바깥으로 다가간다.

⑤ 경악 미세표정(Surprise Microexpression)

- 눈썹이 올라가고 주름진다.
- 눈썹 아래 피부가 늘어난다.
- 수평주름이 이마 쪽으로 향한다.
- 눈꺼풀이 열리고 위아래로 눈의 흰자가 보인다.
- 턱이 아래로 향하여 열리고 윗니와 아랫니가 벌어지나 입은 긴장하지 않는다.
- 턱이 올라간다.
- 아랫입술이 튀어나온다.
- 이것은 위장하기 위한 아주 확실한 미세표정이다.

⑥ 분노 미세표정(Anger Microexpression)

- 눈썹이 내려가고 함께 늘어진다.
- 수직 주름이 눈썹 사이에 나타난다.
- 아랫입술이 팽팽해진다.
- 눈이 지독하게 응시하거나 툭 튀어 나온다.
- 외치듯이 입술이 모서리 아래로 꽉 압착되거나 네모 모양
- 콧구멍이 팽창된다. 아래턱이 튀어나온다.
- 입술의 붉은 부분이 좁아지는 것은 모방하기 어렵다.

SENSE ● 우리말의 웃음 표현

- **너털웃음**: 큰 소리로 호기스럽게 웃는 웃음
- **눈웃음**: 소리를 내지 않고 눈으로만 가볍게 살짝 웃는 웃음
- **비웃음**: 흉을 보듯이 빈정거리거나 업신여기는 웃음
- **선웃음**: 우습지도 않은데 꾸며서 웃는 거짓 웃음
- **소웃음**: 웃음 같지 않는 웃음(소는 웃을 줄 모른다.)
- **쓴웃음**: 마음에는 차지 않으면서 마지못하여 웃는 웃음
- **억지웃음**: 웃기 싫은 것을 억지로 웃는 웃음
- **찬웃음**: 냉소, 가소로운 듯 웃음
- **코웃음**: 콧소리를 내거나 코끝으로 가볍게 웃는 비난조의 웃음
- **함박웃음**: 환하게 활짝 웃는 웃음
- **헛웃음**: 마음에 없이 겉으로만 거짓 지어 웃는 웃음

제12장

몸동작 단서

四知: 天知 地知 汝知 我知(사지: 천지 지지 여지 아지(後漢書))

하늘이 알고 땅이 알고 네가 알고 내가 안다. 즉, 세상에는 비밀이 없다.

지옥에서도 악마들끼리는 서로

거짓말하지 않는다

말과 표정의 진실과 거짓 탐지 기술

몸동작

몸동작은 결코 거짓말하지 않는다. 누구나 자신의 몸동작을 느낄 수 있고 직접 볼 수도 있지만, 대부분 자신의 몸짓을 굳이 숨기려 하지 않는다. 표정과 말에 집중하다 보니 몸짓은 주의하지 않아 많은 단서를 누출하게 된다. 대부분의 사람들은 상대방의 표정을 지켜보고 말의 진위를 파악하는 데 너무 몰두한 나머지 상대방의 몸짓에는 신경을 거의 쓰지 않는 편이다. 그래서 관찰하기는 훨씬 쉽다. 그러나 어떤 말이 거짓일 수 있다고 생각하고 주로 언어에 근거하여 상대방의 진실성을 판단하려 하기 때문에 사람들은 잘 속게 되는 것이다.

■ 몸동작의 특징

발각이 우려될 때 몸동작이 뜸해지는 것은 경직반응으로 단서이자 신호이다. 거짓말을 하는 자들은 많은 몸동작은 탄로의 신호라고 생각하기 때문에 평소보다 더 적은 몸동작을 하려고 노력한다. 이와 달리 몸동작이 증가하는 경우도 있다. 가벼운 경련과 자신의 몸을 여기저기 만지는 조절동작은 무의식적인 자율신경반응이자 상대방의 주의를 분산이나 이동하려는 노력이다. 이것은 거짓말을 감지하지 못하도록 하는 심리적인 반응이 몸동작으로 나타나는 것이다. 또한 혼란스럽게 동작을 하는 경우가 있는데, 예를 들면 주장을 강력히 하면서 어깨를 으쓱거리거나 상대방의 말에 전적으로 찬성한다는 등 상대방을 인정이나 칭찬하는 말을 할 때는 거짓말을 할 가능성이 매우 높다.

■ 몸동작의 단서

말은 거짓말을 하더라도 몸은 결코 거짓말하지 않을 뿐만 아니라 상대방과 소통하는 가장 신뢰할 수 있는 언어이다. 표정이나 목소리와 달리 몸동작은 감정을 지배하는 뇌 영역과 직접 연결되어 있지 않기 때문에 몸짓을 숨기는 것은 표정이나 목소리의 변화를 숨기는 것보다 훨씬 어렵다.

▷ 몸통

가장하는 몸통 동작이 있으니 조심해야 한다. 대화에 흥미를 느끼면 몸통이 상대방 쪽으로 기

울고, 권태를 느끼면 몸통이 상대방 쪽에서 멀어진다. 몸이 앞뒤로 움직인다면 떠나고 싶지만 상대방의 마음을 상하지 않게 하기 위해 체면상 있는 것이다. 몸을 뒤로 기울인다면 상대방과 대화하는 것을 싫어하는 부정적인 감정신호이나 때때로 자신의 지배적인 위치를 나타내기도 한다. 몸을 뒤로 기울이고 앞이 열렸다면 무엇인가를 생각하고 있는 중이지만, 앞이 닫혔다면 상대방의 의견에 동의하지 않는 것이다. 몸을 앞으로 기울이고 앞이 열렸다면 상대방에 대한 관심과 의견에 대한 동의이지만, 앞이 닫혔다면 반감을 뜻한다. 몸을 뒤로 기울이고 머리 뒤에 깍지 끼는 것은 자신감이나 우월감의 신호이다. 몸이 비스듬히 특정인을 향한다면 그 사람에게 무의식적으로 우호적인 의미를 보내는 것이다. 몸이 옆으로 약간 기울고 팔다리가 비대칭적이면 편안하다는 신호이다. 몸이 먼 쪽으로 기울고 팔짱을 끼고 손바닥을 감추는 동작은 다른 사람을 속일 때 나타난다.

허리에 양손 얹는 자세는 공격성, 자신감과 독립성을 의미한다. 의자 끝에 걸터앉기, 의자 팔걸이나 무릎에 손을 얹고 몸을 앞으로 기울이는 것은 대화를 빨리 끝내려는 신호이다. 앉은 자세도 가장 중요한 비언어적 표현으로서 문 쪽이나 창문 쪽을 향해 놓인 경우 그 상황을 빨리 피하고 싶은 '도주'의 자세로 볼 수 있고, 의자 등받이에 등을 대고, 다리는 X자로 꼬고 양팔을 무릎 위에 놓아 척추의 피로를 줄이려는 것이다.

[표 12-1] 몸통 동작의 의미

동작	의미
몸통이 상대 쪽으로 기울임	대화 흥미
몸통이 상대 쪽에 멀어짐	대화 권태
몸통의 전후 동작	떠나고 싶음
몸통 뒤로 기울임	대화 기피
몸통 뒤로 기울이고 앞이 열림	생각 중
몸통 뒤로 기울이고 앞이 닫힘	부정
몸통 앞으로 기울이고 앞이 열림	관심과 동의
몸통 앞으로 기울이고 앞이 닫힘	반감
몸을 뒤로 기울이고 머리 뒤에 깍지	자신감, 우월감
몸이 비스듬히 특정인을 향함	우호적
몸이 옆으로 약간 기울이고 팔다리가 비대칭적	편안
몸이 먼 쪽으로 기울고 팔짱을 끼고 손바닥을 감춤	기만의도

허리에 양손 얹는 자세	공격성, 자신감, 독립성
의자 팔걸이나 무릎에 손을 얹고 몸을 앞으로 기울임	대화 신속 종결
의자 끝에 걸터앉기	대화 신속 종결
문 쪽이나 창문 쪽을 향해 앉음	상황회피, 도주
등받이에 등을 대고, 다리는 X자, 양팔을 무릎 위	피곤

▷ **머리**

머리의 위치나 얼굴표정은 거짓말의 상태를 파악하는 아주 좋은 단서이다. 인위적으로 안색을 바꾸면 목 주위가 하얗게 변하거나 모세혈관의 확장으로 붉어진다. 심각한 스트레스에서는 눈과 입 주위가 검게 된다. 고개를 젖히거나 기울이면 불안한 상태의 반영이다. 두뇌의 좌반구는 사고, 논리, 말의 영역이며 몸의 오른쪽을 통제한다. 우반구는 감정과 관련하고 몸의 왼쪽을 통제한다. 머리가 왼쪽으로 기울면 감정이입과 부드러움을 나타낸다. 머리가 오른 쪽으로 기울면 긴장, 염려를 나타낸다. 머리와 시선을 아래로 내리고 턱을 목에 붙이면 판단이나 의심 중에 있는 것이다. 머리를 손으로 받친다면 지루함이나 피로의 징후이다.

턱을 손으로 괴고 검지를 귀 쪽으로 향하면서 머리를 지지하지 않으면 생각하고 있을 뿐이다. 턱을 괸 손을 약간 빼고 머리를 아래로 기울이면 지루해 하는 것이다. 머리 기울임은 어떤 대상에 대한 관심과 열중의 신호이자 상대방의 비위를 맞추는 행동이기도 하다. 머리를 곧게 세우는 것은 자신감이 넘칠 때이다. 머리를 천천히 끄덕이는 것은 동의, 이해나 흥미를 나타내지만, 빠르게 끄덕이기는 대화나 상황을 빨리 끝내기를 바라거나 자기가 말할 기회를 기다리는 신호이다. 고개를 움츠리는 것은 개인 간의 관계와 서열을 드러내는 신호이다.

[표 12-2] 머리 동작의 의미

동작	의미
고개를 젖히거나 기울임	불안한 상태
머리를 왼쪽으로 기울임	감정이입과 부드러움
머리를 오른쪽으로 기울임	긴장, 염려
머리와 시선이 바닥 쪽으로 내리고 턱은 목에 붙음	판단이나 의심

머리를 손으로 받침	지루함이나 피로
턱을 손으로 괴고 검지를 귀 쪽으로 향함	단지 생각
턱을 괸 손을 약간 빼고 머리가 아래로 숙임	지루
머리 곧게 세움	자신감
머리를 천천히 끄덕임	동의, 이해나 흥미
머리를 빠르게 끄덕임	대화나 상황 종결
고개를 움츠림	관계와 서열

▷ **어깨**

상대와 마주 보고 대화하면서 어깨가 평행이면 적절한 정보교환이 이루어지진다. 적어도 한쪽 어깨가 돌아서면 말로 표현하기 힘든 부분이 있다. 상대방의 양 어깨가 반대방향으로 회전하거나 움직이면 더 이상 연루되기 싫어하는 것이고, 어깨 회전은 상대가 거부하는 대화의 순간에 일어난다. 이것은 말에 대한 무의식적인 거부이다. 대답을 모르거나 개의치 않을 때 어깨를 으쓱한다. 어깨 으쓱하면서 말한다면 이것은 회피나  거짓말의 신호이다. 어깨를 폭포처럼 떨어뜨리는 것은 거짓말을 하는 자가 고백하려는 순간이다. 머리를 약간 뒤로 젖히고 눈을 하늘로 향한다면 내적 저항과 싸우는 중이다.

어깨근육은 아주 작은 감정변화에도 반응한다. 마음이 편할 때 팔과 어깨가 이완되어 어깨를 약간 앞으로 숙이고 팔을 늘어뜨린다. 어깨를 위로 세워 뒤로 젖힌 자세는 통제력이 있고 빈틈이 없다는 것이다. 굽은 어깨는 체념과 패배의 신호이다. 한쪽 어깨의 힘이 빠지고 다른 쪽 어깨보다 처지게 한 자세는 친절하고 접근하기 쉬운 사람이라는 신호이다. 양쪽 어깨가 번갈아 낮아지는 경우 상대방이 방금 한 말을 이해하려고 애쓰고 있거나 말하기 전에 자신이 가진 선택을 분석해 보는 중이다.

[표 12-3] 어깨 동작의 의미

동작	의미
상대와 마주 보고 대화하면서 어깨 평행	적절한 정보교환
한쪽 어깨가 돌아섬	곤란
양 어깨가 반대방향으로 회전이나 동작	연루 기피

어깨 회전	거부
어깨 으쓱	모르거나 개의치 않음
어깨 으쓱하기와 대화	회피나 거짓말
어깨 폭포 하강	고백 순간
머리를 약간 뒤로 젖히고 눈을 하늘로 향함	내적 저항
어깨를 위로 세워 뒤로 젖힌 자세	통제력
굽은 어깨	체념과 패배
한쪽 어깨의 힘이 빠지고 한쪽이 쳐짐	친절
한쪽 어깨가 번갈아 낮아짐	이해 노력 중

▷ 얼굴표정

얼굴은 사람의 상징이자 표시이기 때문에 얼굴표정은 기만탐지단서에 많은 관심의 대상이 된다. 얼굴은 사람을 구별해 주는 가장 중요한 기준이며 감정이 가장 잘 표현되는 곳이다. 얼굴은 말하고 있는 사람의 느낌을 전달해 준다. 표정을 만드는 근육조직은 감정을 관장하는 뇌 영역과 직접적으로 연결되어 있기 때문에 의식적으로 모든 표정을 통제할 수 있는 사람은 거의 없다. 자율신경계는 얼굴을 붉히거나 창백해지거나 땀이 나는 등 눈에 띄는 변화를 일으키고 이런 변화는 숨기기 어렵다.

거짓말하는 사람은 얼굴 양쪽에 나타나는 표정의 움직임 정도나 강도가 다르기 때문에 좌우의 얼굴이 비대칭적으로 된다. 표정을 위장하는 사람이 오른손잡이일 경우 얼굴의 왼쪽 부분이 오른쪽보다 강한 움직임을 보인다. 얼굴표정이 나타나는 시간이나 표정이 사라지는 시간, 표정이 지속되는 시간 등도 거짓 감정의 단서가 된다. 10초 이상 지속되는 표정은 대부분 거짓 표정이고, 5초 이상 머무르는 표정도 가짜일 확률이 높다. 감정표정은 1초 이내에 나타났다 사라지며 길어도 몇 초 정도만 지속되기 때문이다. 말과 표정의 발생순서이다. 가짜표정은 선언어 후표정(先言語 後表情)이다. 선후가 바뀐 표정은 가짜 표정일 가능성이 매우 높다. 한편 진짜 감정에서 나타나는 표정은 언어적 메시지보다 앞서거나 동시에 나타난다.

수치심이나 죄책감을 느낄 때나 당황하거나 숨겨진 감정에 대해 부끄럽게 생각할 때 얼굴이 붉혀진다. 화를 많이 참으면 얼굴은 두려움을 느낄 때처럼 창백해질 수 있다. 분노나 두려움을 숨길 때에도 얼굴이 창백해져 감정이 드러날 수 있다. 긴장과 분노는 뺨과 턱선, 목이 팽팽하게 긴장하게 만든다. 불안은 혈관을 팽창시켜 피부표면으로 피를 몰리게 하여 홍조가 발생하고 체온을 높여 몸은 과열방지를 위해 땀을 발산한다. 그래서 입술 주변과 이마 옆에서 땀이 난다. 특별한 이유가 없는데 홍조와 발한이 나타난다면 거짓말하고 있다는 징후이다.

[표 12-4] 표 얼굴표정의 의미

동작	의미
좌우의 얼굴이 비대칭	거짓말 징후
얼굴표정의 지속 시간 10초 이상	거짓말
선언어 후표정(先言語 後表情)	가짜 감정
선표정 후언어(先表情 後言語)	진짜 감정
홍조	수치심, 죄책감, 당황, 불안
발한	거짓말 징후
창백	공포
입 주변이나 이마 땀	불안

▷ 눈 동작

눈 굴리기는 상대방의 말에 매우 회의적이거나 불신한다는 것을 의미한다. 곁눈질을 하는 것은 관심이나 적대감의 표시이다. 눈썹을 치켜세우기나 미소가 동반된 곁눈질은 상대방에게 관심이 있거나 이성으로서 흥미를 느끼는 신호이다. 눈썹과 입 꼬리가 처진 곁눈질은 의심, 적대감, 비난을 뜻한다. 힐끔거리기는 초조함의 신호이다. 곁눈질로 신속하게 시선
응시와 시선끊기는 사기나 속임수의 신호가 된다. 이것은 수세에 몰렸을 때나 당면한 상황이 자신이 없을 때 무의식적으로 탈출구를 찾는 경우이다.

시선을 내려 보거나 머리 숙이고 올려보는 것은 순종을 의미한다. 다이애나 황태자비가 이 몸짓을 사용하는 모습이 언론에 자주 등장하였는데, 이는 대중의 지지와 동정을 얻으려는 무의식적인 행동이다. 좋은 소식을 전하는 사람으로 눈이 향하면 좋은 소식이라고 생각하며, 소식을 전하는 사람으로부터 눈이 도망가면 나쁜 소식이라고 생각하는 것이다. 눈을 가리거나 감는다면 방금 들은 말 때문에 위협이나 슬픔을 느끼고 있다는 것을 의미한다.

[표 12-5] 눈 동작의 의미

동작	의미
눈 굴리기	매우 회의, 불신
곁눈질	관심이나 적대감
눈썹을 치켜세우기나 미소가 동반된 곁눈질	관심이나 매력
눈썹과 입 꼬리가 처진 곁눈질	의심, 적대감, 비난
곁눈질로 신속하게 시선응시와 끊기	사기나 속임수
힐끔거리기	초조함
시선 내려 보기	순종
머리 숙이고 올려보기	순종
소식을 전하는 사람으로 시선집중	좋은 소식
소식을 전하는 사람으로 시선회피	나쁜 소식
눈 가리거나 감음	위협이나 슬픔

▷ **눈 접촉**

말을 끝내려고 할 때, 끼어들려고 할 때나 간단한 질문을
할 때 눈을 맞춘다. 친밀한 대화일수록 더 자주 또 오래 시선
을 접촉한다. 과도한 시선접촉은 지배욕구나 우월감, 무시
나 경멸하는 마음을 표시한다. 오른손잡이는 자신이 본 적
이 있는 것을 생각할 때 눈의 초점이 흐리거나 왼쪽 위를 보지만, 왼손잡이는 눈의 신호가 좌
우가 반대로 나타난다. 오른손잡이는 상상의 이미지를 만들 때는 눈이 오른 쪽 위를 향한다.
또 느낌을 기억해낼 때는 눈이 오른쪽 아래를 본다. 속으로 혼잣말을 할 때 눈이 왼쪽 아래를
향한다.

먼 데를 보거나 방안을 훑어보거나 시계를 본다면 듣기를 중단한 것이다. 슬픔을 느끼면 시선
이 아래로 향한다. 수치심이나 죄책감은 아래를 보거나 다른 방향으로 돌린다. 역겨움을 느끼면
다른 곳을 바라본다. 거짓말을 할 때 똑바로 응시하지 않으나, 반대로 진실을 말할 때나 누명으
로 억울할 때 똑바로 응시한다. 정직하지 않거나 숨기는 것이 있을 때 상대방이 보내는 시선을
잘 받아주지 않는다. 은밀한 사적인 이야기나 난처한 이야기를 할 때, 관심이 없을 때, 좋아하지
않을 때, 불안하거나 수줍을 때, 우울하거나 슬플 때 시선접촉을 줄인다.

시선차단은 달갑지 않거나 위협적인 영상으로부터 눈을 보호하는 행동이다. 시선차단에는 눈

감기, 눈 문지르기, 손이나 물건으로 눈 덮기가 있다. 상대방이나 그의 말에 관심이 없을 때 시선을 차단한다. 시선회피는 단서이지만 대담하거나 연습을 많이 한 경우는 예외이다.

[표 12-6] 눈 접촉의 의미

동작	의미
눈 접촉	말 중단, 끼어들기, 간단한 질문
시선접촉 증가	친밀한 대화
과도한 시선접촉	지배, 우월, 무시, 경멸
눈의 초점이 흐리거나 좌측 위를 봄	오른손잡이가 자신이 본 적이 있는 것을 생각
눈의 초점이 흐리거나 우측 위를 봄	왼손잡이가 자신이 본 적이 있는 것을 생각
눈이 오른쪽 위를 향함	오른손잡이가 상상의 이미지를 만들 때
눈이 오른쪽 아래를 향함	오른손잡이가 느낌을 기억해낼 때
눈이 왼쪽 아래를 향함	혼잣말을 할 때
좌우의 얼굴이 비대칭	거짓말
먼 데, 방안, 시계를 봄	듣기 중단
시선이 아래로 향함	슬픔
시선을 아래 또는 다른 방향으로 돌림	수치심이나 죄책감
다른 곳을 바라봄	역겨움
똑바로 응시하지 않음	거짓말
똑바로 응시	진실을 말할 때, 누명으로 억울할 때
상대방 시선 회피	정직하지 않거나 숨기는 것이 있을 때
시선접촉 감소	은밀한 사적인 이야기나 난처한 이야기할 때
시선접촉 감소	관심이 없을 때, 좋아하지 않을 때
시선접촉 감소	불안하거나 수줍을 때, 우울하거나 슬플 때
시선 차단	말에 관심이 없을 때 시선

▷ **눈물**

눈물은 알레르기나 통증, 눈에 들어가는 이물질 등으로 나타나는 신체적 반응이지만 언어로 표현할 수 없는 것을 대신하기도 한다. 눈물은 연민, 관심이나 이해 등과 같은 반응이다. 얼굴을 굴리는 실제 눈물은 종종 극심한 두려움이나 슬픔의 증상이지만 역설적으로 기쁨의 눈물을 흘릴 수도 있다. 눈물과 슬픔은 분노로 바뀔 수 있으며, 이는 가능한 사람에게

직접적일 수 있다. 눈물은 고통, 슬픔, 재미와 행복과 웃음을 주체하지 못할 때 흐르는 감정지표이지만, 가식적인 눈물이 많다. 눈물에 주목하되 눈물에 현혹되지 말아야 한다. 악어의 눈물(crocodile tears)은 거짓 눈물 또는 위선적인 행위를 일컫는 용어로 교활한 위정자의 거짓눈물 등을 뜻하는 말로 굳어졌다.

▷ 동공확장과 축소

동공은 자율신경의 지배를 받기 때문에 속이는 자가 거의 통제할 수 없는 부분이다. 동공은 조명에 노출될 때처럼 물리적 자극으로 커질 수 있으나 기분이 좋거나 자극적인 대상을 볼 때 무의식적으로 확대된다. 동공확장은 관심, 두  려움이나 걱정에 대한 생리적 반응이며, 동공수축은 저항, 분노, 부정적인 평가를 의미한다. 이러한 생리적 반응은 얼굴이 빨개지고 창백해지거나 땀을 흘리고 호흡에 문제가 생긴다. 이러한 현상은 속이는 자의 감정변화가 크게 일어나는 현상을 뜻한다. 감정이 고조되면 동공이 확대되는데 의도적으로 되는 것이 아니다. 동공확장은 침 분비, 호흡, 발한처럼 자율신경계와 관계있다. 동공의 변화는 스스로 통제할 수 없으며 관심, 매력과 감정적 태도에서는 매우 신뢰적이다.

눈을 크게 뜨는 것은 마음이 들고 기분이 좋아 놀랐다는 신호이다. 기뻐서 눈을 크게 뜰 때는 눈썹이 올라가고 입이 살짝 벌어진다. 한편 공포나 격분했을 때도 무의식적으로 눈이 급격히 커진다. 이는 신경계의 투쟁이나 도주 반응에서 생기는 신경충동으로 유발된다. 화난 사람이 눈을 크게 뜨면 언어나 신체적 공격의 가능성이 있다.

[표 12-7] 동공 변화의 의미

동작	의미
동공확장	관심, 공포, 걱정
동공수축	저항, 분노, 부정적 평가
동공확장과 분노	공격 가능성

▷ 눈 깜빡임

대화에서 정상적인 눈 깜빡임 빈도는 분당 6~8회이다. 이때 눈꺼풀은 약 0.1초 동안 닫힌다. 심리적 압박을 받을 때 눈 깜빡임이 증가한다. 특히 거짓말할 때 눈 깜빡임의 빈도는 뚜렷하게 증가한다. 뭔가를 속이려고 할 때, 상대방이 믿어주지 않을까
걱정하거나 자신이 없을 때도 눈 깜빡임은 증가한다. 긴 깜빡
임은 상대를 대화에서 배제하기 위해 사용하는 무의식적 몸짓
이다. 1초 이상 눈꺼풀을 닫았다면 상대를 시각적으로 차단하
려는 시도이다. 여기에다 고개를 뒤로 젖히는 동작까지 겸한다면 따분하다거나, 흥미가 없거나,
상대방에게 우월감을 느끼는 신호이다. 초조해지면 뇌는 적당한 말을 꾸며내기 위해 매우 분주
하다. 생각하는 과정에서도 눈이 깜빡이기 때문에 확실한 단서라고 생각하면 안 된다.

[표 12-8] 눈 깜빡임의 의미

동작	의미
눈 깜빡임의 빈도 증가	거짓말, 기만, 걱정
긴 깜빡임	상대방 대화배제
1초 이상 눈감고 고개 뒤로 젖힘	권태, 우월감

▷ **코**

　거짓말하는 것은 공포와 스트레스 등으로 신경긴장과 혈압을 높인
다. 그래서 거짓말할 때 코를 만지기도 한다. 거짓말이나 터무니없는
말을 시작하려는 사람은 흔히 무의식적으로 코를 문지른다. 이것은
불안해서 혈압이 올라가고 코의 연조직이 팽창되어 간지러워지기 때
문이다. 또 상대방의 말이 거짓이라고 생각할 때도 입이나 코를 만진
다. 코를 만지는 것은 스트레스를 조절하거나 무언가를 숨기고 싶은
것이다. 코를 만지면서 고개를 돌리는 것은 기만행동을 하기 전에 나타난다. 코를 약간 만지는
것은 지식에 대한 갈망이다. 이때 머리를 긁거나 검지를 턱에 대고 귀 쪽을 가릴 수도 있다. 코를
긁는 것을 피노키오 효과로 거짓말의 좋은 신호이다.

　콧구멍 앞에 손을 위치하는 것은 어떤 느낌을 갖고 싶지 않다는 것이다. 대화중에 왼쪽에서
오른쪽으로 코끝을 문지르거나 긁으면 거짓말하고 있다는 신호일 것이다. 콧구멍의 팽창은 신
체적으로 무엇인가를 행동하려는 신호이다. 코를 벌렁거린다면 어떤 행동을 취하려는 신호이
다. 코를 찡그리는 것은 내용에 의심하고 있다는 생각이다.

[표 12-9] 코 동작의 의미

동작	의미
코 만지기	거짓말, 은폐, 지적 욕구
코 만지고 고개 돌림	기만행동 전
코 문지르기, 긁기	거짓말
코 찡그리기	의심
빠르고 불규칙적인 호흡	기만위험

▷ **입과 혀**

손으로 입을 가리는 것, 손을 입술에 대는 것이나 혀를 입술에 대는 것은 불안이나 걱정을 완화하려는 것으로 거짓말의 신호이다. 입술에 혀를 대고 머리카락을 만지면서 보고 있다면 상대에게 끌린다는 신호이다. 아랫입술을 깨무는 것은 스트레스나 말을 참고 있는 것이다. 입술을 깨무는 것은 신경과민 또는 분노의 신호이지만 말을 통제하기 위한 시도일 수 있다. 입술을 오므리는 것은 선택을 망설이거나 불만의 신호로 말을 입 밖으로 뱉기 전에 나타내지 않으려고 하는 것이다. 입술을 깨물고 주먹을 쥐고 쳐다본다면 분노이다. 입을 만지고 손가락이나 손으로 입을 가리는 것은 거짓말을 감추기 위한 무의식인 동작이다. 상하 입술을 딱 붙여 다무는 것은 분노, 답답, 실망이거나 말하고 싶은 것을 참는 것이다. 입술이 공기를 내뿜는 듯한 모습은 체념, 회의나 좌절이다. 아랫입술이 떨리고 턱이 놀라면 낙담한 경우이다. 스트레스를 받거나 맛있는 음식을 생각할 때 혀를 내민다. 혀를 입술에 닿지 않게 재빨리 내미는 것은 기만의 신호이다. 혀를 날름하는 것은 무의식적인 몸짓으로 뭔가 교묘하게 은폐했다고 여기고 있는 것이다.

초초할 때 입이 마른다. 침을 삼키는 것은 불안, 곤혹감, 스트레스이기도 하고, 또 제안, 견해가 마음에 들지 않는다는 신호이기도 하다. 침을 삼키거나 목이 타는 현상 등은 범인임을 암시하는 좋은 동작이다. 거짓말은 발각위험이 있기 때문에 호흡을 빠르게 한다. 거짓말을 할 때 입이 마르기 때문에 많은 공기를 들이마시기 위해 자주 침을 삼킨다. 또한 입술을 깨물거나 빨고, 손톱, 안경, 볼펜 등을 깨물거나, 심하게 만지작거리는 행동은 탄로불안의 표시이며, 자신이 궁지에 몰릴지 모른다는 우려의 표시이기도 하다.

[표 12-10] 입과 혀 동작의 의미

동작	의미
손으로 입 가림, 혀를 입술에 댐	불안완화, 거짓말
혀를 입술에 대고 머리카락 만짐	매력
아랫입술 깨무는 것	스트레스
입술 깨무는 것	분노, 대화통제
입술 오므리기	선택주저, 불만
입술을 깨물고 주먹을 쥐고 쳐다봄	분노
아랫입술이 떨리고 턱이 놀람	낙담
혀를 내밈	스트레스를 받거나 맛있는 음식을 생각할 때
혀를 입술에 닿지 않게 재빨리 내미는 것	기만
혀를 날름하는 것	은폐 안도
입이 마름	초초
침 삼키는 것	불안, 곤혹감, 스트레스, 제안 불만족
침을 삼키거나 목이 타는 현상	범인 암시
입술, 손톱, 안경, 볼펜 등 깨물기	탄로 불안

▷ 미소

광대뼈의 주요 근육으로 입술 끝을 위로 당길 때 나타나는 것이 긍정적인 감정을 반영하는 진짜 미소이다. 근육이 강하게 수축하면, 입술이 당겨지고, 뺨은 위로 올라가며, 눈 아래 피부는 부풀어 오르고, 눈꼬리 부분에 주름이 생긴다. 진짜 미소는 눈가에 주름이 생기고, 얼굴 전체가 환하고, 눈이 빛나고, 광대뼈가 드러나며, 치아가 보인다. 때로는 웃으면서 얼굴 양옆의 주름은 밑으로 처지는 경우가 있다. 입을 삐죽이고 삐뚤어진 웃음은 무엇인가 숨기는 것이다.

가짜 미소는 얼굴이 비대칭적이고 눈 주위의 근육이 움직이지 않으며 미소 짓는 시점도 부적절하다. 이때 미소는 찡그린 표정을 가리기 위한 것이다. 가짜 미소는 미소가 갑자기 사라지거나, 단계적으로 분절되는 듯 사라지거나, 일부가 오랫동안 그대로 얼굴에 남아 있다. 가짜 미소는 긍정적인 감정으로 착각하도록 속이는 미소이다. 가짜 미소는 눈이 웃음을 부인할 뿐만 아니라 광대뼈가 움직이지 않고 얼굴의 아랫부분만이 웃게 된다. 가짜 미소는 눈웃음이 없으면서도 치아를 보이고, 웃음이 절반 정도만 드러난다. 입의 한쪽은 올라가면서 다른 쪽은 내려간다. 입술을 오므리거나 다문 상태의 작은 웃음은 진정한 웃음이 아니다. 눈가에 주름이 생기면서 눈썹이 약간 아래로 내려간다.

당황함의 미소는 시선의 방향을 아래쪽이나 옆쪽으로 향하는 미소이다. 때로는 미소가 얼굴에 나타나는 동안 아랫입술과 볼 사이의 피부와 근육이 위로 움직이는 현상도 보인다. 아래쪽이나 옆쪽으로 향한 시선과 감쇄된 미소가 함께 나타나는 당황함의 미소도 있다.

[표 12-11] 미소의 의미

동작	의미
입술 끝을 위로 당길 때 나타남	진짜 미소
눈에 주름, 얼굴 전체를 환함, 눈이 빛남	진짜 미소
광대뼈가 드러남, 치아가 보임	진짜 미소
입 삐쭉, 일그러진 웃음	진짜 감정, 속일 의도
얼굴 비대칭, 눈 주위의 근육 고정	가짜 미소
미소를 짓는 시점 부적절	가짜 미소
미소가 갑자기 소멸, 단계적 분절, 일부 오래 존재	가짜 미소
눈이 웃음 부인, 광대뼈 고정, 얼굴 하부만 웃음	가짜 미소
눈은 웃지 않고 치아 보임	가짜 미소
입의 한쪽은 올라가고 다른 쪽은 내려감	가짜 미소
입술을 오므리거나 다문 상태의 작은 웃음	가짜 미소
눈가에 주름이 생기면서 눈썹이 약간 아래로 내려감	가짜 미소
시선의 방향을 아래쪽이나 옆쪽으로 향하는 미소	당황
아랫입술과 볼 사이의 피부와 근육이 위로 움직임	당황
아래쪽이나 옆쪽으로 향한 시선과 감쇄된 미소	당황

▷ 턱

말이 지루할 때 턱을 손으로 받친다. 턱을 괴지 않고 손을 뺨에 가볍게 얹는 것은 진정한 흥미이다. 턱을 쓰다듬는 것은 상대방의 말을 평가하는 신호이다. 턱을 쓰다듬은 후 몸을 앞으로 기울이거나 손을 첨탑 모양으로 만들면 긍정적인 입장으로 상대에게 이로운 결정을 할 수 있는 반면, 몸을 뒤로 젖히고 팔짱을 낀다면 부정적 입장으로 상대에게 곤란한 상황으로 돌아온다.

[표 12-12] 턱 동작의 의미

동작	의미
턱을 손으로 받침	권태
턱을 과지 않고 손을 뺨에 가볍게 얹는 것	흥미
턱을 쓰다듬는 것	상대방의 말 평가
턱을 쓰다듬고, 몸 전방 기울이거나 손 첨탑 모양	긍정적 입장
몸을 뒤로 젖히고 팔짱	부정적 입장

▷ 팔

팔짱을 끼고 한손으로 다른 손의 소매나 시계 등을 만지는 것은 방어벽을 만드는 것으로 불안이나 자신감이 없다는 인상을 주고 싶지 않다는 의미이다. 팔짱 끼고 움직인다는 것은 자신을 안심시키는 중이다. 팔아랫부분을 긁는 것은 함께 있는 사람을 껴안고 싶어 하는 억눌린 욕구이다. 팔의 안쪽을 긁으면 매력이고 바깥쪽을 긁으면 거부이다. 가슴 앞에서 팔짱을 끼는 것은 방어, 반대, 저항과 같은 부정적 의미이다. 팔짱을 끼고 이야기를 듣는 것은 부정적 생각을 갖고 말의 내용을 경시하는 것이다.

[표 12-13] 팔 동작의 의미

동작	의미
팔짱 끼고 한손으로 다른 것 만지기	방어벽, 불안이나 자신감 방어
팔짱 끼고 움직임	안심 시도
팔 아랫부분 긁기	껴안고 싶은 욕망
팔 안쪽 긁기	매력
팔 바깥쪽 긁기	거부
가슴 앞 팔짱 끼기	방어, 반대, 저항
팔짱 끼고 청취	부정적 생각, 내용 경시
팔짱 긴 자세	폐쇄적 자세

▷ 손

손은 권태, 흥분, 기쁨 등 모든 영역의 감정을 표현한다. 진실을 말할 때 손바닥과 손목을 보이

308

고 손과 팔을 몸통에서 내려 벌리는 열린 제스처를 사용한다. 진실
하게 말하는 사람은 양손을 탁자 위에 올린 채 말한다. 진실하게
말하지 않는 사람은 손을 탁자 밑에 숨기거나 몸 가까이에 둔다.
속이거나 은폐할 때 손과 팔의 동작은 평소보다 줄어든다. 주머니
에 손을 넣고 있는 행동은 대화에 참여하기를 싫어하는 것이다. 손
을 마주 깍지 끼고 엄지를 계속 돌리고 있다면 권태의 기호이다.

엄지손가락을 주머니에 찔러 넣거나 감추는 것은 자신감이 낮다는 신호이고, 한손으로 다른
쪽 손가락을 만지는 것은 자신감이 부족하거나 마음이 불편하다는 신호이다. 자신감이 있을 때
는 양손가락을 모아 첨탑 모양으로 한다. 저항이나 의견의 불일치를 표현하는 것은 손으로 코,
입이나 귀 만지기가 있다. 탁자 위를 톡톡 두드리는 것은 초조와 짜증의 신호이다. 뺨에 검지를
대고 위로 향한 채 손으로 손으로 턱을 괴는 제스처는 비판적인 태도이다. 옷의 보푸라기를 떼는
시늉은 동의하지는 않지만 논쟁은 하지 않는다는 의미이다. 손가락을 좌우로 흔드는 것은 상황
통제력을 상실하고 있음을 의미이다.

주먹을 쥐고 있는 것은 스트레스나 분노상태로 감정과 긴장을 진정하는 것이다. 조용히 말하
고 화가 난 것을 부인하면서도 손을 꼭 쥐고 있다면 정직하지 못한 것이다. 엄지가 주먹에 숨겨
져 있다면 협박받고 불안해하고 있다. 의자의 팔걸이를 꽉 쥐고 있다면 주먹 쥔 손처럼 스트레스
나 분노를 진정하는 것이다. 질문을 받을 때 주먹을 쥐거나 손바닥을 아래로 향하는 것은 방어와
심리적 후퇴이다. 손동작은 주로 설명할 때 사용하기 때문에 말에 집중하거나, 신중할 때는 줄어
든다. 거짓말에 집중하고 있기 때문에 손동작이 줄어드는 것이다.

[표 12-14] 손동작의 의미

동작	의미
손바닥 위로 펼쳐 보이기	결백주장, 기만의심
손바닥과 손목을 보이고 손과 팔을 몸통에서 내림	진실을 말할 때
손과 팔의 동작을 평소보다 적게 사용	기만, 은폐
양손을 탁자 위에 올린 채 말함	진실을 말할 때
손을 탁자 밑에 숨기거나 몸 가까이에 둠	거짓을 말할 때
주머니에 손을 넣고 있는 행동	대화 참여 기피
손을 마주 깍지 끼고 엄지를 계속 돌림	권태
엄지손가락을 주머니에 찔러 넣거나 감추는 것	자신감 부족

한손으로 다른 쪽 손가락을 만짐	자신감 부족, 마음 불편
양손가락을 모아 첨탑모양	자신감
손으로 코, 입이나 귀 만지기	저항, 의견 불일치
탁자 위를 톡톡 두드리는 것	초조, 짜증
뺨에 검지를 대고 위로, 손으로 턱을 굄	비판적인 태도
옷의 보푸라기를 떼는 시늉	동의도, 논쟁도 하지 않음
손가락으로 좌우로 흔드는 것	통제력 상실
조용히 말하고 화를 부인하면서도 손을 꼭 쥠	정직하지 않음
엄지가 주먹에 숨겨져 있음	협박받고 불안
의자의 팔걸이를 꽉 쥠	스트레스, 분노, 진정
주먹 쥔 손	스트레스, 분노, 진정
손동작 감소	거짓말에 집중

▷ **발**

발은 몸에서 가장 솔직한 부분이다. 발동작을 억제하는 사람이 있는가? 다른 사람의 발을 보는 사람이 있는가? 억제하지도 보지도 않기 때문에 발은 많은 정보로 가득 차 있다. 다리도 마찬가지이다. 발은 그 사람의 감정적, 인지적 상태를 진실하게 반영한다. 발은 거짓말을 참지 못한다. 거짓말을 할 때 발의 움직임은 증가한다. 양발을 가지런히 모으면 불안을 의미하고, 반대로 양발이 산만하게 벌어지면 거만하거나 자신감을 의미한다. 발을 느릿느릿 움직이거나, 양쪽 발을 서로 휘감거나 의자를 휘감고, 쭉 폈다가 웅크리는 것은 긴장을 완화하는 것이다. 발을 꿈틀거리거나 불쑥 내미는 경우는 상황이탈 욕구이다. 발이 상하로 들썩이고 바닥을 톡톡 두드리고 흔들면 행복한 발이다. 협상상대가 줄곧 다리를 들썩거리다가 어떤 제안을 내놓고 다리 동작을 멈춘다면 기대감의 신호이다.

발은 관심을 끄는 사람을 향하지만, 피하고 싶은 것으로부터 발끝을 돌린다. 발끝이 다른 곳을 향한다면 상대방의 마음에서 벗어나려는 것이다. 위에 얹은 다리의 발끝이 상대방 쪽으로 향하면 공감하고 있다. 한 발 내밀고 서는 방향이 관심 가는 방향이다. 발이 바닥에 잘 놓이고 대화상대를 향한다면 정직한 사람이다. 체중이 발의 옆면이나 발뒤꿈치에 실린다면 부정직한 사람이다. 서 있는 사람에게 다가갈 때 상대방이 발은 그대로 두고 상체만 향한다면 대화에 끼는 것을 싫어하고, 발을 열어준다면 환영하는 것이다. 발이 향하면 대환영이다. 파티 장에서 각자의 발이 어떤 방향을 향하는지 살펴보자. 발이 출구 쪽을 향한다면 갈 생각을 하고 있는 것이고, 무게 중심을 계속 옮기며 서있으면 마음이 불편하여 불안을 진정시키는 것이다.

다리를 교차하고 서있으면 폐쇄적, 방어적, 자신감 부족이다. 발이나 발목 닿아걸기 즉 한쪽 발로 다른 쪽 발목이나 종아리 밑 부분을 휘감는 몸짓은 접근금지이다. 또 불안하거나 위협을 느낄 때도 사용한다. 양쪽 발끝을 안으로 향한 자세는 불안이나 자신감 부족이다. 발을 꼬지 않은 열린 다리 자세는 개방적이거나 지배적인 태도인 반면, 닫힌 다리 자세는 폐쇄적이거나 자신감이 부족하다는 의미이다. 발을 흔드는 것은 스트레스 해소신호이다.

[표 12-15] 발동작의 의미

동작	의미
발의 움직임 증가	거짓말할 때
양발을 가지런히 모음	불안
양발이 산만하게 벌어짐	거만하거나 자신감
발을 꼼지락거리거나 휘감기	긴장 완화
발을 꿈틀거리거나 불쑥 내미는 경우	상황 탈출 욕구
발이 상하로 들썩이고 바닥을 톡톡	행복한 느낌
발끝이 향하는 사람	관심
위에 얹은 다리의 발끝이 상대방 쪽으로 향함	공감
발끝이 다른 곳을 향함	마음 이탈
발이 바닥에 잘 놓이고 대화상대를 향함	정직한 사람
체중이 발의 옆면이나 발뒤꿈치에 실림	부정직한 사람
다가갈 때 상대의 발은 그대로, 상체만 향함	대화 참여 기피
발이 상대방 쪽으로 돌리면	매우 환영
발이 출구 쪽을 향하면	나갈 생각
무게 중심을 계속 옮기며 서면	불편, 불안 진정
다리를 교차하고 서면	폐쇄적, 자신감 부족
한발 내밀고 서는 방향	관심 가는 방향
발이나 발목 닿아걸기	접근금지
양쪽 발끝을 안으로 향함	불안, 자신감 부족
발을 꼬지 않은 열린 다리 자세	개방적이거나 지배적

▷ 다리

다리를 꼬고 앉는 이유는 대체로 자세가 편하기 때문이다. 한쪽 다리를 꼬아 다른 쪽 넓적다리 위에 올리는 것은 남성적인 자세로 집단에서 차지하는 자신의 위치를 매우 확신하는 신호이

다. 다리를 꼬아 양다리를 단단히 밀착시키는 자세는 경쟁적인 성격이 며 대화내용을 들으면서 불만이나 위협감을 느끼는 방어자세이다. 교차된 발목은 그 사람이 드러내길 원하지 않는 정보나 감정을 감추려 하는 것이다. 앉아 있고 발목이 의자 밑에서 교차되어 있고 손을 꼭 쥐거나 입을 꽉 다무는 것은 자신의 느낌을 억제하는 것이다. 교차된 다리의 방향이 바뀐다면 변화가 일어나는 것이다. 의자에 앉아 있을 때 다리를 앞으로 향하고 있다면 권태나 무관심을 표현하는 것이다. 팔짱 끼고 주먹을 쥐고 엄지를 감추고 있다면 마음을 닫고 있다.

무릎을 꺾어 주저앉기는 극심한 슬픔이나 절망을 느낄 때이다. 보폭이 일정하고 발걸음이 경쾌하면 좋은 기분이다. 또 몸과 머리가 똑바로 펴져 있고 팔은 몸통 옆에서 편안하게 흔들면 좋은 기분이다. 걸음이 빠른 사람은 유능해 보이고 바빠 보인다. 스트레스를 완화하기 위해 무릎을 흔든다. 스트레스가 강할수록 무릎의 움직임이 빨라진다. 발동작은 스트레스를 받을수록 바닥에서 떨어져 흔들리거나 다리에 영향을 준다. 발과 다리는 투쟁하거나 도주하려는 억압된 욕구를 드러낼 수 있다. 다리로 두드리는 것은 분노(투쟁)나 초조(도주)이다. 움직이는 속도가 증가하면 스트레스, 분노나 초조감의 증가이다. 초조나 흥분은 손을 떨거나 땀을 많이 흘리고 서 있을 때 체중이 한쪽 다리에 다른 쪽 다리로 이동이 잦으면서 흔들린다.

[표 12-16] 다리 동작의 의미

동작	의미
한쪽 다리를 꼬아 다른 쪽 넓적다리 위에 올리는 것	자신의 위치 확신
다리를 꼬아 양다리를 단단히 밀착	방어자세
발목이 의자 밑에 교차, 손을 꼭 쥠, 입을 꽉 다뭄	느낌 억제
교차된 다리의 방향 변화	태도 변화
발을 꿈틀거리거나 불쑥 내미는 경우	상황탈출 욕구
의자에 앉아 있을 때 다리를 앞으로 향함	권태, 무관심
팔짱 끼고 주먹을 쥐고 엄지를 감춤	마음 폐쇄
무릎을 꺾어 주저앉기	슬픔이나 절망
보폭이 일정하고 발걸음이 경쾌함	좋은 기분
무릎의 움직임이 빨라짐	스트레스
다리로 두드리는 것	분노, 초조
발을 흔드는 것	스트레스 해소

제13장

변명과 조종

可欺也 不可罔也(가기야 불가망야)(논어)
그럴 듯한 말로 잠시 속일 수는 있으나 오래 기망하지는 못하느니라.

지옥에서도 악마들끼리는 서로

거짓말하지 않는다

말과 표정의 진실과 거짓 탐지 기술

남녀의 비언어적 단서

사람에 따라서 사용하는 언어가 다르듯이 남녀에 따라서도 다르다. 또한 비언어커뮤니케이션에도 다른 면이 많이 있다. 남성들은 자기 스스로 권위나 위엄이 있는 자세를 취하는 것을 선호한다. 특히 상대방을 향해 등을 똑바로 세우고 부동자세를 취한다면 상대방에 대해 방어의 벽을쌓는 것으로 볼 수 있다. 여성들이 과열된 느낌일 때 그들의 손으로 부채질을 하거나 종이 같은재료가 있을 때 임시적인 부채를 만든다.

■ 남성의 비언어적 단서

일반적으로 남성의 자기위안 동작은 여자들보다 더 뚜렷하다(Navarro,). 남자들은 매우 자주입술을 깨문다. 얼굴 수염이 있는 사람들은 종종 자기위안 운동으로써 수염을 자주 쓰다듬는다.남자들은 스트레스가 되는 질문을 받을 때 옷매무새와 관련해서 코트의 단추를 채우고 바짓가랑이의 한쪽을 세게 당기거나, 옷깃을 바르게 하거나, 넥타이를 매만진다. 스트레스에 반응하는꿀꺽 삼키는 것은 후골(Adam's Apple)의 돌출 때문에 남자가 여자보다 더 뚜렷하다(Pease and Pease). 스트레스를 나타내는 가장 잘 알려진 비언어적 단서는 옷깃 잡아당기기(collar tug)는 옷깃 아래를 덮기 때문에 발한이나 발적을 식혀주는 데 도움이 된다. 이러한 동작은 불편함의 명백한 증거이다.

SENSE ● 남자의 몸짓 언어의 의미

- 마주 앉아 대화할 때 상의의 단추를 풀고 배를 보인다.
  - 상대방에 대해 경계심을 풀었다는 증거로 하루의 긴장에서 벗어나려는 심리
- 등줄기를 똑바로 세운다.
  - 자기규정이 명확한 성격으로 원리원칙을 고수하나 정신적으로 유연성이 부족하다.
  - 가벼운 장난이나 농담도 잘 통하지 않는다고 볼 수 있다.
- 마주 앉은 상대방을 향해 등을 똑바로 세우고 부동자세를 취한다.
  - 상대방에 대해 방어의 벽을 쌓은 상태이다.

- 서로 마주 앉아 대화는 상대방과 인격적인 교제를 거부하는 것이다.
- 대화 도중 웃으면서 팔짱을 낀다.
    - 상대방의 이야기에 흥미를 갖고 경청하고 있다.
- 소매를 걷어 올린다.
    - 힘의 과시인 동시에 적극성의 표현으로 이때 곤란한 부탁을 해도 좋다.
- 양복의 옷깃을 잡고 가슴을 펴서 뒤로 젖힌다.
    - 자신의 직업에 자신감과 긍지를 지니고 있는 사람이다.
    - 조끼 주머니에 손을 넣는 행동도 마찬가지이다.
- 눈이나 코, 턱 등의 얼굴의 일부분을 만진다.
    - 자기의 허약함을 감추려는 의사 표시다.
    - 뭔가를 추궁할 때 이런 행동을 보이면 확실히 심증을 굳혀도 좋다.
- 맞장구를 치지 않고 가벼운 미소를 짓는다.
    - 완곡한 거부나 난처한 입장이다.
    - 싱긋 미소는 반드시 긍정의 뜻은 아니다.
- 공연히 무뚝뚝한 표정을 짓는다.
    - 마음속에 간직하고 있는 혼자만의 기쁨을 남에게 알리지 않으려는 속셈이다.
- 남자가 다리를 벌리고 앉는다.
    - 다리는 성적 언어로 성에 자신감이 있고 지배적인 성격의 소유자이다.

■ 여성의 비언어적 단서

일반적인 의사소통에서 여성은 남성에 비해서 비언어적 메시지를 더 숙련되게 부호화하고 해석한다. 특히 여성은 얼굴 단서들을 통해서 자발적이거나 가장된 감정을 더 잘 부호화하고 이에 적합한 감정의 얼굴 표현에 더 민감하다(Riggio). 여자들은 스트레스가 되는 질문을 받을 때 목맨 아래 부분이나 근처에 손가락을 댄다. 만일 여성이 팔을 포갠다면 손이 목 아랫부분을 가리기 위해 올리는 속도는 질문에 의해 야기되는 스트레스의 정도와 직접적으로 관련이 있다.

목을 노출하지 않은 경우 여성은 블라우스의 상층 단추를 만지작거리고 목걸이를 갖고 논다(Pease and Pease). 이러한 행동은 남성들이 넥타이를 단정히 하거나 옷깃을 세우는 것과 같은 여성의 단서이다. 여성들이 과열된 느낌일 때 그들의 손으로 부채질을 하거나 종이 같은 재료가 있을 때 임시적인 부채를 만든다. 남자들과 달리 얼굴을 적게 접촉하지만 이것은 화장을 한 여성들에게 나타나는 현상이다. 옷매무새 만지기는 목에 있는 구멍을 닫는다. 이러한 행동은 스트레스를 감소하고 편한 수준을 증가하려는 노력이다. 머리카락 만지기(hair twirling)가 여성들에게 한정된 것은 아니지만 남자들보다 더 길기 때문에 더 많다.

변명과 조종 방법

거짓말을 하는 자가 거짓말이 실수하거나 발각된다면 무시, 전환, 공격, 부인, 변명이나 사과 등이 있을 수 있다. 부인하거나 변명할 것이고, 어떤 사람은 사실로 비난을 수용할 것이다. 대부분은 도와주려고 선의에서 한 일이라면서 의심한다고 부인하고, 오히려 분노하고 공격적 모드로 방향을 전환할 것이다. 거짓말을 하는 자를 어떻게 조종할 것인가? 조종하는 방법은 질문반복, 환언질문, 음조변경, 추후 재질문과 대안제시 등이 있다.

■ 거짓말을 하는 자의 행동특성

거짓말을 하는 자의 행동특성은 거짓말 탐지의 단서가 된다. 공통적인 면이 있으나 모두가 동일하지는 않다. 거짓말을 하는 자는 애매모호하고 간접적인 표현, 말 중단이나 표현의 실수 증가, 얼굴표정은 창백해진다. 몸동작 감소 등의 행동특성이 있다.

▷ 애매모호하고 간접적인 표현

거짓말을 하는 중에 나타나는 징후는 거짓말의 내용, 상대방과 상황에 따라 매우 다양하다. 일반적으로 거짓말을 하는 자가 준비하지 못한 말을 해야 할 때 나타나는 신호는 애매모호하고 간접적인 표현이다. 말하기 전에 시간을 벌고 할 말을 생각하기 위해 말을 중단한다. 말 중단, 주저나 침묵은 거짓말의 단서이다.

▷ 말 중단이나 표현의 실수 증가

공포나 불안을 느낄 때는 언어표현이 간접적이고, 심리적인 위축으로 말 중단이나 표현의 실수가 증가한다. 특히 목소리 톤이 높아지거나 목소리가 빨라진다. 부정적 감정일 때 표현은 간접적이고 말 중단이 자주 오거나 표현의 실수가 잦다. 또한 목소리 톤이 낮아지고 조절동작이 증가한다. 분노를 느낄 때는 대체로 음성의 톤이 높아지고, 말 속도가 빨라지고, 얼굴이 붉어지거나 창백해진다. 슬픔을 느낄 때는 목소리 톤이 낮아지고, 말이 느려지며, 말투가 부드러워진다. 흥분할 때는 목소리 톤이 높아지고, 목소리가 크거나 빨라질 뿐만 아니라 설명동작이 현저하게 증가한다. 반면, 온화할 때는 말이 느려지고 부드러워지고, 설명동작이 현저하게 감소한다.

▷ 얼굴표정

얼굴표정은 창백해진다. 이러한 감정의 얼굴표정은 신뢰근육으로 신뢰할 수 있다. 눈물이 보이거나 시선은 아래로 내리는 경우가 많다. 당혹할 때도 시선을 아래로 내리거나 얼굴 또한 붉어진다. 한편 감정이 고조될 때는 호흡이 거칠어지고, 땀이 나고, 입이 마르기 때문에 자주 침을 삼키며, 눈 깜빡거림이 증가하고, 동공이 확대된다.

▷ 몸동작 감소

말에 지나칠 정도로 매우 신중하게 주의하다 보면 몸동작이 현저하게 감소된다. 거짓말을 하는 자는 진짜 감정을 억제하고 가짜 감정을 드러내야 하기 때문에 비감정적인 정보를 많이 표현한다. 이럴 때 말실수가 따르고, 설명이 장황하며, 상징동작이 많이 감소한다. 행복, 놀라움이나 고통의 감정을 느낄 때도 비감정적인 정보를 표현할 때와 유사한 반응이 나타나지만, 이때는 차단표정이나 미세표정이 드러날 때가 많다.

■ 발각에 대한 변명의 유형

거짓말을 하는 자가 기만이 실수하거나 발각된다면 그의 태도는 어떨까? 어떻게 변명하고, 사과하는가? 상대방이 의심을 채고 있어 더 이상 계속 거짓말한다는 것이 불가능하다고 거짓말을 하는 자가 판단한다면 부인하거나 변명할 것이고, 어떤 사람은 불평이나 변명 없이 사실로 비난을 수용할 것이다. 대부분은 도와주려고 선의에서 한 일이라면서 의심한다고 부인하고, 오히려 분노하고 공격적 모드로 방향을 전환할 것이다.

거짓말의 징후를 포착하여 속고 있었다고 확실히 느꼈다면 어떻게 대할 것인가? 이때는 너무 실망하지 말고, 거짓말을 하는 자를 응시하고 분노나 관심을 보이지 말고, 미소도 짓지 않는 것이 좋다. 거짓말을 하는 자의 내적 갈등에 동요 받지 말고, 그의 요청 사항에 대해서도 즉각적인 답변을 할 필요가 없다. 단지 발생한 사건을 확실히 기억하는 것이 좋다. 거짓말을 하는 자가 그의 기만이 의심받거나 탄로 났을 때 주장할 수 있는 유형은 다음과 같다.

- **불가능**: 상대방의 견해가 가능하지 않다고 주장한다.
- **도덕적 분개**: 오히려 분노하고 근거를 제시한다.
- **도발**: 모욕하거나 큰 소리로 말한다.
- **역습**: 개인적으로 상대방을 공격한다.
- **편향**: 다른 데를 비난한다.
- **주의분산**: 주제를 바꾸어 상황을 탈출한다.
- **설명**: 불가피한 상황을 설명한다.
- **오해**: 상대방이 오해하고 자신의 의미는 다르다고 한다.
- **질병**: 아프다고 하면서 상황을 벗어난다.
- **외적 힘**: 거짓말의 원인을 다른 데로 돌린다.
- **망각**: 기억의 문제로 잘못 기억하고 있었다고 주장한다.
- **강화**: 자신은 좋은 사람이고, 자신의 명성을 강화할 방법을 찾는다.
- **보상**: 자신의 거짓말에 대한 보상을 제의한다.
- **좋은 의도**: 좋은 의도로 한 것이라고 한다.
- **최소화**: 작게 만들어 별 것이 아니라고 한다.
- **초월**: 높은 목적이라고 한다.
- **지원요청**: 가족이나 친구의 긴급지원을 요청한다.
- **사고**: 어쩔 수 없는 일종의 사고라고 한다.
- **일반적 관례**: 모든 사람이 다 하는 것이라고 말한다.
- **적절한 변명**: 통제할 수 없는, 비의도적 행위라고 변명한다.
- **수용**: 진심으로 비난을 받는다.
- **사과**: 죄송하다고 말한다.

■ 거짓말을 하는 자의 조종 방법

거짓말을 하는 자를 어떻게 조종할 것인가? 거짓말을 하는 자를 조종하는 것은 기만을 탐지하고 기만에 말려들지 않는 것이다. 그가 상대방으로부터 질문을 받고 새로운 거짓말을 만들면서 과거의 기억과 일치하는 인지적 과정은 거짓말을 계속하는 것에 관한 딜레마를 갖게 할 수 있다. 따라서 속이는 자를 딜레마에 빠지게 하여 스스로 기만행동을 중단하게 하는 방법들은 질문반복, 환언질문, 음조변경, 추후 재질문과 대안제시가 있다.

[그림 13-1] 거짓말을 하는 자의 조종 방법

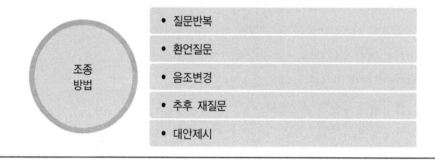

▷ **질문반복**

기만활동 과정에서 거짓말을 하는 자가 가장 싫어하는 것이 상대방이 하는 질문이다. 그가 답변이 준비되어 있지 않다면 또 다른 거짓말을 꾸며야 하고, 또 이 과정에서 이전 기억과 일치해야 하는 추가적인 노력을 요하기 때문에 발각위험이 더 커진다. 과거에 한 말을 회상하고 새로운 것을 생각해내는 일은 고도의 인지적 노력을 필요로 하는 과정이다. 반복질문을 한다면 거짓말을 하는 자는 속는 자가 설득 당하지 않았다고 인식한다. 그렇기 때문에 질문에 더 적절하고 상세하게 답변할 것이다. 답변을 회피한다면 확실한 기만징후이고, 답변을 한다면 이전 진술내용과 일치하도록 답변하면 단서가 노출될 수 있다. 질문은 반복할수록 정보를 많이 얻을 수 있고, 거짓말을 하는 자를 당황하게 만든다.

▷ **환언질문**

거짓말을 하는 자가 하는 말은 대체로 애매모호하고 간접적인 경우가 많아 상황에 따라 다르게 인식될 수 있는 소지가 충분하다. 거짓말을 하는 자는 상대방의 질문에 매우 방어적이고 신중하다. 이런 경우 다른 말로 바꾸어 질문하는 방법이 환언질문이다. 바꾸어 말하기는 거짓말을 하는 자에게 답변을 망설이게 한다. 왜냐하면 자신이 말한 것과 상대의 질문을 두뇌 속에서 일치하는 말을 찾아야 하는 고도의 인지적 과정을 필요로 하기 때문이다. 또 상세한 설명을 필요로 하고 상대방의 향후 추가적인 질문을 의식해야 하기 때문에 당황하고 주저하게 되어 상황에 맞지 않는 행동을 할 수 있다.

▷ 음조변경

상대방에게 말하는 평소의 목소리를 변경하여 간혹 말하는 것이다. 처음 듣는 낯선 음성은 상대방에게 공포와 불안을 조성하여 자율신경계를 반응하게 만들 수 있다. 사람은 생소하고 낯선 것에 대해서는 은근한 불안을 심리적으로 느낀다. 거짓말을 하는 자는 긴장하고 있는 상태이기 때문에 갑작스런 음조변경은 거짓말을 하는 자를 당황하게 만들고, 그 영향으로 진술이나 동작에 불일치하는 면이 자주 노출된다. 뿐만 아니라 거짓말을 하는 자가 느끼는 공포와 불안이 크면 클수록 포기나 자백의 가능성은 증가하게 된다.

▷ 추후 재질문

즉시 반복질문도 중요하지만 일정한 시간이 경과된 후 재질문한다면 거짓말은 사실적 기억이 아닌 꾸민 기억이고 긴장하지 않은 상태이기 때문에 생생하지 못하여 당황하게 된다. 기억을 더듬는다거나 새로운 말을 지어내야 하기 때문에 내용이나 행동의 일관성이 지켜지지 못할 수 있다. 과거의 거짓말에 맞는 답변을 하기 위해서는 시간과 공간의 일치성뿐만 아니라 내용의 일관성을 유지하여야 하기 때문에 휴지, 말더듬, 발한, 발적, 호흡, 땀, 심박수와 같은 자율신경계의 반응이 많이 노출될 것이다. 따라서 추후에 반복해서 다시 질문하여 내용과 행동의 모순을 찾는 데 활용할 수 있다.

▷ 대안제시

다른 사람이 대안을 제시한다면 거짓말을 하는 자는 무척 싫어한다. 만일 대안을 제시한다면 거짓말을 하는 자는 상대방이 자신을 신뢰하지 않는다는 것을 인식하게 되고, 준비되지 않은 상태에서 새로운 것을 꾸며 교묘하게 대응해야 하려고 할 것이다. 뿐만 아니라 상대방이 제시한 대안을 따른다면 자신의 거짓말이 결국 실패한 것이라고 스스로 인정하는 것이 된다. 이렇게 되면 거짓말을 차라리 고백하거나 다른 변명거리를 찾아야 한다.

거짓말을 하는 자가 대안을 오히려 제시받을 때 자신의 제안이 왜 합리적인지를 장황하게 설명하여 상대방이 끼어들지 못하도록 상황을 전개할 것이다. 이러한 장황한 설명에도 불구하고

상대방을 설득하지 못했다고 판단한다면, 기만발각 우려로 적극적인 공격모드로 전환할 가능성
이 높다. 이것은 기만을 성공하기도 전에 수행중의 실패로 인식하고 의심을 받는다는 분노를 노
출하거나, 행동이 성급해지거나, 그 상황을 빨리 모면하려는 이탈욕구가 나타날 것이다. 이러한
과정 중에서 몸짓과 말이 불일치하는 단서들이 많은 곳에서 자신도 모르게 통제하기 어려울 정
도로 노출될 수 있다. 지금까지 설명한 방법은 거짓말을 하는 자를 조정하여 기만을 스스로 포기
하게 만드는데 유용할 것이다.

SENSE ● '알아서 판단' 진술서 고쳐

"문준용 특혜 아니라던 감사관, '알아서 판단' 진술서 고쳐"

논설위원이 간다-문준용 의혹 감사한 노동부 감사관 진술

문재인 대통령의 아들 준용씨의 한국고용정보원 특혜 채용
의혹과 관련해 감사를 실시했던 노동부 감사관이 "문재인
후보 때문에 엄청 부담스러웠다"고 감사 당시의 정황을 –

출처: 중앙일보 2019.10.02.

참고문헌

노진아 · 현명호(2008), "거짓말의 음성 및 발화행동 특징 연구," **한국심리학회지**, 27(1), 119-137.

데즈먼드 모리스(2004), 김동광역(2004), **피플 워칭(보디랭귀지연구)**, 서울: 까치.

마이클 캐플런 & 엘런 캐플런, 이지선역(2010), 뇌의 거짓말 - 무엇이 우리의 판단을 조작하는가?, 서울: 이상

배식한(2003), "진리, 진실, 참," **철학**, 제84집, 129-155.

사이토 이사무, 최선임역(2014), **사람은 왜 거짓말을 할까**, 서울: 스카이.

손자, 유재주역(2007), **손자병법**, 서울: 돋을새김.

송인섭(1998), **人間의 자아개념 탐구**, 서울: 학지사.

시부야 쇼조, 송진명역(2005), **거짓말 심리학**, 서울: 휘닉스.

유순근(2016), **비즈니스 커뮤니케이션**, 서울: 무역경영사.

_____(2018), **행동변화이론과 실제**, 서울: 박문사.

_____(2019), **논리와 오류: 비판적 사고와 논증 개정판**, 서울: 박영사.

이인영(2006), "십계명 제9계에 대한 형법적 고찰-네 이웃에 대하여 거짓 증거하지 말지니라." **유관순 연구**, 7, 323-343.

전우병 · 김시업(2006), "남녀 대학생들이 거짓말시 나타내는 비언어적 행동단서의 차이," **한국심리학회지**, 20(2), 57-72.

조은경 (2002), "거짓말의 특징과 탐지," **한국심리학회지**, 21(2), 33-65.

지크문트 프로이트(1917), 최석진역(2009), **정신분석 입문**, 서울: 돋을새김.

최현석(2012), **인간의 모든 감정**, 서울: 서해문집.

폴 에크먼(2003), 함규정역(2014), **언마스크, 얼굴표정 읽는 기술**, 서울: 청림출판.

폴 애크먼, 이민주역(2012), **텔링라이즈**, 서울: 한국경제신문.

토니야 레이맨, 강혜정역(2011), **몸짓의 심리학**, 서울: 21세기북스.

하랄트 바인리히, 임우영역(2010), **거짓말의 언어학**, 서울: 한국외국어대학출판부.

한국철학사상연구회(편) (1989), **철학대사전**, 서울: 동녘.

행정학용어 표준화연구회(2010), **이해하기 쉽게 쓴 행정학용어사전**, 서울: 새정보미디어.

캐롤 킨제이 고먼, 이양원역(2011), **몸짓언어 완벽 가이드**, 서울: 날다.

Anderson, C. (1993), "Pasteur Notebooks Reveal Deception," *Science*, 259(5098), 1117-1117.

Augustine. St.(1952), *Treaties on Various Issues*, Washington, DC: Catholic University of America Press.

Austin, E. J., Farrelly, D., Black, C., and Moore, H.(2007), "Emotional Intelligence, Machiavellianism and Emotional Manipulation: Does I have a Dark Side?" *Personality and Individual Differences*, 43, 179-189.

Barnes, A. (1997), *Seeing through Self-Deception*, Cambridge, Cambridge University Press.

Blühdorn, I. (2007), "Sustaining the Unsustainable: Symbolic Politics and the Politics of Simulation," *Environmental Politics*, 16(2), 251-275.

Bok, S. (1978), *Lying: Moral choice in Public and Private Life*, New York: Random House.

Buller, D. B., and Burgoon, J. K. (1996), "Interpersonal Deception Theory," *Communication Theory*, 6(3), 203-242.

Buller, D. B., Strzyzewski, K. D., & Comstock, J. (1991), "Interpersonal Deception: I. Deceivers' Reactions to Receivers' Suspicions and Probing," *Communications Monographs*, 58(1), 1-24.

Choudhury, E. (2004), "The Politics of Symbols and the Symbolization of 9/11," *American Journal of Islamic Social Sciences*, 21(1), 73-96.

Daniel J. Boostin(1961), *The Image*, N. Y.: Athbaum.

David B. Buller and Judee K. Burgoon(1994), *Deception: Strategic and Nonstrategic Communication, in Strategic Interpersonal Communication*, John Daly and John Woman (eds.), Lawrence Erlbaum Associates, Hillsdale, NJ, 191~223.

David B. Buller and Judee K. Burgoon(1996), "Interpersonal Deception Theory," *Communication Theory*, 6, 203~242.

DeClue, G. (2007), "Detection of Deception," *Journal of Psychiatry & Law*, 35(1), 47.

DePaulo, B. M., Kashy, D. A., Kirkendol, S. E., Wyer, M. M., & Epstein, J. A. (1996), "Lying in Everyday Life," *Journal of Personality and Social Psychology*, 70(5), 979.

DePaulo, B. M., Lanier, K., Sc Davis, T. (1983), "Detecting Deceit of the Motivated Liar," *Journal of Personality and Social Psychology*, 45, 1096-1103.

DePaulo, B. M., Kashy, D. A., Kirkendol, S. E., Wyer, M. M., & Epstein, J. A. (1996), "Lying in Everyday Life," *Journal of Personality and Social Psychology*, 70(5), 979.

DePaulo, B. M., Malone, B. E., Lindsay, J. J., Muhlenbruck, L., Charlton, K., and Cooper, H. (2003), "Cues to Deception," *Psychological Bulletin*, 229(1), 74-118.

deTurck, M. A., Sc Miller, G. K (1985), "Deception and Arousal: Isolating the Behavioral Correlates of Deception," *Human Communication Research*, 12, 181-201.

Dittrich, W. H., Troscianko, T., Lea, S. E. G., and Morgan, D.(1996), "Perception of Emotion from Dynamic Point-Light Displays Represented in Dance." *Perception-London*, 25, 6, 727-738.

Downes, S.(1995), "Stephen's Guide to the Logical Fallacies," *http://datanation.com/fallacies/*

Edelman, Murray Jacob(1971), *Politics as Symbolic Action, Mass Arousal and Quiescence*, New York: Academic Press.

Ekman, P., Sc Friesen, W. V. (1974), "Detecting Deception from the Body and Face," *Journal of Personality and Social Psychology*, 20, 288-298.

Ekman, P., and O'Sullivan, M. (1991), "Who can Catch a Liar?" *American Psychologist*, 46, 913-920.

Ekman, P. (2009), Telling lies: Clues to Deceit in the Marketplace, Politics, and Marriage. New York: Norton.

Elliott, G, C (1979), "Some Effects of Deception and Level of Self-Monitoring on Planning and Reacting to a Self-Presentation," *Journal of Personality and Social Psychology*, 37(8), 1282.

Erat, S. and U. Gneezy(2011), "White Lies," *Management Science*, 58(4), 723-733.

Exlinc, R. V., Thibaut, J,, Hickey, C B,, and Gumpert, P. (1970), "Visual Interaction in Relation to Machiavellianism and Unethical Act," *In American Psychologist*, Vol. 16, No. 7, 396-396.

Grice, H. P. (1980), *Studies in the Way of Words*, Cambridge, MA: Harvard University Press.

Griffin, E. (2003), *A first Look at Communication Theory 4th edition*, Boston: McGraw-Hill.

Feldman, R. S., and White, J. B. (1980), "Detecting Deception in Children," *Journal of Communication*, 30,

324

121-129.

Feldman, R. S., Forrest, J. A., and Happ, B. R. (2002), "Self-Presentation and Verbal Deception: Do Self-Presenters Lie More?" *Basic and Applied Social Psychology*, 24, 163-170.

Ford, C V. (1996), *Lies! Ues! Lies!: The Psychology of Deceit*, Washington, DC: American Psychiatric Press, Inc.

Frank, M. G. and Ekman, P. (1997), "The Ability to Detect Deceit Generalizes across Different Types of High-Stake Lies," *Journal of Personality and Social Psychology*, 72(6), 1429-1439.

Frank, M. G., Menasco, M. A., & O'Sullivan, M. (2008), *Human Behavior and Deception Detection*, Wiley Handbook of Science and Technology for Homeland Security.

Friedman, H. S., Riggio, R. E., and Segall, D. O. (1980), "Personality and the Enactment of Emotion," *Journal of Nonverbal Behavior*, 5, 35-48.

Hare, R.D. (2006), "Psychopathy: A Clinical and Forensic Overview," *Psychiatric Clinics of North America*, 29, 709-724.

Harold D. Lasswell and Abraham Kaplan(1964), *"Power and Society,"* London: Routledge & Kegan Paul

Hocking, J. E., & Leathers, D. G. (1980), "Nonverbal Indicators of Deception: A New Theoretical Perspective," *Communication Monographs*, 47, 119-131.

Johnstone, T. and Scherer, K. R. (2000), *Vocal Communication of Emotion*. In M. Lewis and J. Haviland (2Eds.), 220-235, New York: Guilford Press.

Judee K. Burgoon, David B. Buller, Amy S. Ebesu, Cindy H. White, and Patricia A. Rockwell(1996), "Testing Interpersonal Deception Theory: Effects of Suspicion on Communication Behaviors and Perceptions," *Communication Theory*, 6, 243~267.

Judee K. Burgoon, David B. Buller, Laura K. Guerrero, Walid Afifi, and Clyde Feldman(1996), "Interpersonal Deception: XII. Information Management Dimensions Underlying Deceptive and Truthful Messages," *Communication Monographs*, 63, 50~69.

Kalbfleisch, P. J. (2001), "Deceptive Message Intent and Relational Quality," *Journal of Language and Social Psychology*, 20, 214-230.

Krupfer, J. (1982), "The Moral Presumption against Lying," *Review of Metaphysics*, 36, 103-126.

Lee, K., and Ashton, M. C. (2005), "Psychopathy, Machiavellianism, and Narcissism in the Five-Factor Model and the HEXACO Model of Personality Structure," *Personality and Individual Differences*, 38, 1571-1582.

Murray Edelman(1977), *Political Language*, Academic Press, N.Y.

Navarro, J. (2008), *What every Body is Saying: An Ex-FBI Agent's Guide to Speed-Reading People*, 26-53, New York, NY: Collins Living.

Newman, M. L., Pennebaker, J. W., Berry, D. S., and Richards, J. M. (2003), "Lying words: predicting deception from linguistic styles," *Personality and Social Psychology Bulletin*, 29(5), 665-675.

Poggi, I., Niewiadomski, R., & Pelachaud, C. (2008), "Facial Deception in Humans and ECAs,"In Modeling Communication with Robots and Virtual Humans. 198-221, *Springer Berlin Heidelberg*.

Porter, S., England, L., Juodis, M., Ten Brinke, L., & Wilson, K. (2008), "Is the Face a Window to the Soul? Investigation of the Accuracy of Intuitive Judgments of the Trustworthiness of Human Faces," *Canadian Journal of Behavioural Science/Revue*, 40(3), 171.

Porter, S., Gustaw, C., & ten Brinke, L. (2010), "Dangerous Decisions: The Impact of first Impressions of Trustworthiness on the Evaluation of Legal Evidence and Defendant Culpability," *Psychology Crime &*

Law, 16, 477-491.

Riggio, R. E. (1986), "Assessment of Basic Social Skills," *Journal of Personality and Social Psychology,* 51, 649-660.

Rosenthal, R., and DePaulo, B. M. (1979), "Sex Differences in Eavesdropping on Nonverbal Behavior," *Journal of Personality and Social Psychology,* 37, 273-285.

Serota, Kim B., Timothy R. Levine, and Franklin J. Boster(2010), "The Prevalence of Lying in America: Three Studies of Self-Reported Lies." *Human Communication Research,* 36, 12-25.

Shapiro, M. F., & Charrow, R. P. (1989), "The Role of Data Audits in Detecting Scientific Misconduct: Results of the FDA Program," *JAMA,* 261(17), 2505-2511.

Simon, George K (1996). *In Sheep's Clothing: Understanding and Dealing with Manipulative People,* AJ Christopher & Company.

Skinner, N. F. (1988), "Personality Correlates of Machiavellianism VI: Machiavellianism and the Psychopath," *Social Behavior and Personality: An international journal,* 16, 33-37.

Sporer, S. L., & Schwandt, B. (2007), "Moderators of Nonverbal Indicators of Deception: A Meta-Analytic Synthesis," *Psychology, Public Policy, and Law,* 13(1), 1.

Stafford, L., and Canary, D. J. (1991), "Maintenance Strategies and Romantic Relationship Type, Gender and Relational Characteristics," *Journal of Social and Personal Relationships,* 8, 217-242.

Twitchell, D. P., Jensen, M. L., Burgoon, J. K., & Nunamaker Jr, J. F. (2004), "Detecting Deception in secondary Screening Interviews Using Linguistic Analysis," *In Intelligent Transportation Systems,* 2004. Proceedings. The 7th International IEEE Conference on, 118-123, IEEE.

Vrij, A., Edward, K., Roberts, K. P. and Bull, R. (2000), "Detecting Deceit via Analysis of Verbal and Nonverbal Behavior," *Journal of Nonverbal Behavior,* 24(4), 239-263.

Vrij, A., Akehurst, L,, Soukara, S., and Bull, R. (2004), "Detecting Deceit via Analyses of Verbal and Nonverbal Behavior in Children and Adults," *Human Communication Research,* 30(1), 8-41.

Vrij, A., Ennis, E., Farman, S., & Mann, S. (2010), "People's Perceptions of their Truthful and Deceptive Interactions in Daily Life,"Open Access *Journal of Forensic Psychology,* 2, 6-49.

Vrij, A., Granhag, P. A., & Porter, S. (2010), "Pitfalls and Opportunities in Nonverbal and Verbal Lie Detection," *Psychological Science in the Public Interest,* 11(3), 89-121.

Warren, G., Schertler, E., & Bull, P. (2009), "Detecting Deception from Emotional and Unemotional Cues," *Journal of Nonverbal Behavior,* 33(1), 59-69.

White, C. H,, and Burgoon, J. K. (2001), "Adaptation and Communicative Design: Patterns of Interaction in Truthful and Deceptive Conversations," *Human Cmmunication Research,* 21, 9-37.

Zuckerman, M., DePaulo, B. M. and Rosenthal, R. (1981), "Verbal and Nonverbal Communication of Deception," *Advances in Experimental Social Psychology,* 14, 1-59.

찾아보기

(ㅇ)

(ㅈ)

(ㅊ)

지옥에서도 악마들끼리는 서로
거짓말하지 않는다
말과 표정의 진실과 거짓 탐지 기술

초 판 인 쇄	2020년 01월 10일
초 판 발 행	2020년 01월 17일
저　　　자	유 순 근
발 행 인	윤 석 현
발 행 처	박문사
책 임 편 집	최 인 노
등 록 번 호	제2009-11호
우 편 주 소	서울시 도봉구 우이천로 353 성주빌딩 3층
대 표 전 화	02) 992 / 3253
전　　　송	02) 991 / 1285
전 자 우 편	bakmunsa@hanmail.net

ⓒ 유순근 2020 Printed in KOREA.

ISBN 979-11-89292-54-6　93190　　　　　　　　정가 24,000원